Essentials of Strategic Management_3rd edition

전략 경영

저자 Charles W. L. Hill, Gareth R. Jones
역자 박철순, 김성훈, 서정일, 최원용

經文社

CENGAGE

Australia · Brazil · Japan · Korea · Mexico · Singapore · Spain · United Kingdom · United States

Essentials of Strategic Management

3rd Edition

Charles W. L. Hill
Gareth R. Jones

Original edition © 2012 South Western, a part of Cengage Learning.
Essentials of Strategic Management, 3rd Edition
by Charles W. L. Hill and Gareth R. Jones
ISBN: 9781111525194

ISBN-13: 978-89-420-0870-4

Cengage Learning Korea Ltd.
14F YTN Newsquare 76 Sangamsan-ro
Mapo-gu Seoul 03926 Korea
Tel: (82) 2 330 7000
Fax: (82) 2 330 7001

Cengage Learning is a leading provider of customized learning solutions with office locations around the globe, including Singapore, the United Kingdom, Australia, Mexico, Brazil, and Japan. Locate your local office at: www.cengage.com/global

Cengage Learning products are represented in Canada by Nelson Education, Ltd.

For product information, visit www.cengageasia.com

Printed in Korea
1 2 3 4 21 20 19 18

역자 서문

찰스 힐과 게러스 존스가 집필한 여러 버전의 교재들은 국내뿐 아니라 전 세계적으로 전략경영의 교육에 가장 많이 활용되고 있다. 그 이유는 이 책들이 전략경영의 각기 다른 주요 이론들을 빠짐없이 충실하게 다루면서도, 통합적이고 일관성 있으며 이해하기 쉽게 제시하고 있기 때문이다. 또한, 책의 내용이 군더더기 없이 명료하게 전개되는 것 또한 장점이라고 할 수 있는데, 'Essentials of Strategic Management'는 이러한 장점이 가장 잘 부각된 버전이다.

저자들의 다른 버전들과 비교했을 때 이 책의 가장 큰 특징은 콤팩트하다는 것이다. 지나치게 많은 내용을 담은 전략경영 교재는 학생뿐 아니라 강사들에게 심리적으로 큰 부담을 주는 것이 사실이다. 이 책은 이러한 부담을 줄여주면서도 전략경영의 핵심적인 내용을 모두 포함한다는 장점이 있다. 우리는 이러한 장점을 극대화하기 위해 원서의 사례 부분을 별도의 책으로 만들기로 결정하였다.

이 책의 번역은 역자들에게도 의미가 크다. 세 명의 번역자들은 모두 대표역자의 과거 대학원 지도학생들로서, 이제는 주요 대학의 중견 교수로 자리 잡고 학계에서 활발히 활동하고 있다. 우리는 20년에 가까운 시간 동안 여러 기업과제를 함께했을 뿐 아니라, 공동연구를 진행하여 그 결과를 국내외 주요 저널에 게재하고 서적으로 출판해왔다. 또한 우리 팀은 여러 경영자 교육과정에 참여하며, 효과적인 전략경영 교육에 대해 고민을 함께해왔다. 이 책의 출판 또한 이러한 공동작업의 한 성과물이고, 특히 짧은 시간에 전략의 핵심적인 내용을 전달해야 하는 경영자 교육에 적절한 교재를 찾지 못했던 우리의 고민을 해결한다는데 의의를 두고 추진되었다.

이 역서가 출판되기까지 여러 분들의 도움을 받았다. 특히 일정이 많이 지연됨에도 불구하고 묵묵히 기다려준 경문사의 한헌주 사장님께 감사 드린다. 또한 초벌 번역을 도와준 울산대 박사과정 김경미, 서강대 박사과정 이경환 조교에게 고마움을 전한다. 상명대 글로벌경영학과 연구소모임 '종이상자'의 학생들에게도 감사한다.

역자들은 이 책이 전략경영이라는 매우 중요하고 매력적인 영역 전반을 이해하는데 도움이 되길 빈다. 또한, 이를 통해 최근 많은 도전에 직면한 한국기업의 경쟁력 향상에도 기여했으면 한다.

2017년 6월

대표역자 박철순

저자 서문

저자들은 'Essentials of Strategic Management'를 준비하면서, 독자들이 오늘날의 글로벌 시대에 전략경영이 가지는 의미를 이해하고 친숙해지도록 하는 것을 목표로 삼았다. 많은 사람들은 전략경영이 자신들에게 어떤 영향을 주는지에 무관심하다. 우리는 다양한 니즈를 충족시키기 위해 거의 매일 음식점, 마트, 은행 등의 기업에 가서 제품과 서비스를 구매한다. 그러나 우리가 구매하는 제품과 서비스를 만들기 위해 필요한 전략과 관련된 활동과 프로세스는 모른 채 지나간다. 또한 기업이 '수익'을 창출하기 위해 존재한다는 것은 모두 알고 있다. 그러나 그 수익이 무엇이고, 어떻게 창출되며, 어디에 쓰이는지에 대해서는 관심을 기울이지 않는다. 더욱이, 제품과 서비스를 창출하는데 필요한 전략경영과 관련된 실제 활동이 무엇이고, 왜 어떤 기업은 다른 기업에 비해 높은 수익을 창출하는지를 생각하지 않는다.

우리는 이러한 이슈를 다루기 위해 이 책의 제3판을 구성하고 집필하였다. 개정판의 목표는 전략경영이 우리와 우리가 일하는 회사, 우리가 사는 사회에 왜 중요한가를 포괄적이지만 동시에 간결하고 명확하게 설명하는 것이다. 우리는 이 책을 집필하면서 전략경영이 무엇이고, 전략적 경영자는 어떤 역할을 하며, 전략경영의 프로세스가 어떻게 기업의 성과에 영향을 미치는지에 대한 전체적인 '큰 그림'을 제시하고자 하였다. 독자들이 전략경영의 속성, 기능, 구성요소에 대해 명확히 이해하도록 하는데 초점을 두고 이슈들을 통합적으로 접근하기 위해 노력했다.

책의 구성

이 책은 전략경영의 속성과 기능에 대한 전반적인 내용을 9개의 챕터에 담고 있다. 'Part 1. 전략경영의 입문'에서는 전략경영의 개념과 전략적 경영자의 역할에 대해 설명한다. Chapter 1에서는 전략경영과 전략적 리더십의 관계에 대해 살펴보고, 어떻게 경쟁우위가 우월한 성과를 창출하는지에 대해 논의한다. 또한 이 책의 전체 구성을 제시하고 전략적 경영자의 기본적인 기능에 대해 알아본다. Chapter 2에서는 기업이 어떻게 이해관계자에 영향을 주는지 살펴보고, 윤리적이면서 이해관계자의 이해에 부합하는 전략적 경영자의 행동을 유도하기 위한 기업지배구조 메커니즘에 대해 논의한다.

'Part 2. 경쟁우위의 본질'에서는 경쟁우위 창출과 우월한 수익성 달성을 위한 전략의 선택에 영향을 미치는 조직 내부와 외부의 요인들에 대해 알아본다. Chapter 3에서는 외부환경의 기회와 위협, 경쟁에 대해 살펴본다. Chapter 4에서는 어떻게 기업이 우월한 효율성, 품질, 혁신, 고객대응능력을 통해 경쟁우위를 구축할 수 있는지에 대해 논의한다. 또한, 이러한 목표를 달성하기 위해 경영자가 어떤 기능별 전략을 수립할 수 있는지 알아본다.

'Part 3. 장기적인 경쟁우위의 확보와 유지'에서는 기업이 경쟁우위를 구축하고 장기적으로 지속하기 위해 반드시 필요한 각기 다른 수준의 전략에 대해 살펴본다. Chapter 5에서는 어떻게 사업부수준의 전략을 활용하여 경쟁적 포지션을 최적화하고 경쟁자를 앞설 것인가를 설명한다. Chapter 6에서는 새로운 국가시장으로 진출하는 글로벌 확장을 통해 어떻게 경쟁우위를 강화할 수 있는지 알아본다. Chapter 7에서는 경쟁우위를 보호하고 강화하며 높은 수익성을 장기적으로 유지하기 위해 기업들이 활용하는 수직적 통합, 다각화, 아웃소싱과 같은 기업수준의 전략을 살펴본다.

'Part 4. 전략의 실행'에서는 앞서 살펴본 모든 전략을 동시에 실행할 때 생기는 다양한 운영적 이슈에 대해 다룬다. 먼저 Chapter 8에서는 오늘날의 급변하는 글로벌 경영환경에서 전략적 변화가 가지는 중요성을 생각해보고, 변화 프로세스의 효과적인 관리를 위해 고려해야 하는 이슈와 문제점들을 살펴본다.

이후 신사업을 개발하는 방식인 사내 사업 신설, 인수, 전략적 제휴에 대해 다루고, 각 방식의 장단점을 논의한다. Chapter 9에서는 어떻게 조직구조의 설계를 통해 전략을 실행하는지와 추구하는 전략에 적합한 구조를 선택하기 위해 고려해야할 운영적 이슈들을 다룬다. 또한, 전략과 구조를 일치시키기 위해 필요한 조직의 통제 시스템과 경쟁우위 창출에 기여하는 조직문화에 대해 알아본다.

이 책의 목차를 살펴보면, 저자들의 다른 책인 'Strategic Management: An Integrated Approach'와 유사함을 알 수 있다. 우리는 이 두 책 모두에서 최신의 통합적인 접근을 시도하고자 했다. 하지만 다른 책과는 달리 'Essentials of Strategic Management'에서는 전략경영이라는 복잡하지만 매력적인 주제에 대해 가장 핵심적인 내용만을 담기위해 노력했다.

학습 자료

각 장의 내용이 의미하는 것을 가장 잘 보여주는 실제 기업과 사람들의 이야기와 사례들은 전략경영을 학습하는데 생동감을 불어넣어 준다. 이 책의 과제들은 학생들이 여러 전략경영의 이슈와 의사결정에 직접 참여하여 적극적으로 생각할 수 있는 기회를 제공한다. 저자들은 정해진 시간 내에 학습효과를 극대화하기 위하여, 각 장의 중간과 마지막에 들어가는 자료와 연습 과제를 신중하게 선택하였다.

이 책의 각 장은 '전략의 실제'를 포함하고 있다. 학생의 관심을 불러일으킴과 동시에, 흐름을 방해하지 않고 교재 내용과 자연스럽게 연결되도록 하기 위해 매우 신중하게 사례들을 선택하였다. 많은 책의 사례들이 지나치게 자세한 내용으로 사고의 흐름을 방해하고 관심을 분산시키고 있다. 우리는 이러한 문제를 없애려 하였다.

각 장은 월마트를 중점 기업으로 하는 '중간 사례'를 담고 있다. 이 사례들을 통해 끊임없이 변화하는 현실에서의 전략경영 활동을 보여주고자 하였다. 예를 들어, 점차 중요성이 증가하는 글로벌 아웃소싱과 같은 원가절감 전략, 윤리적 이슈, 린 생산방식 등인데, 제3판의 수정작업 중 가장 신경을 많이 쓴

부분이다.

우리는 거대한 기업 스캔들과 요동치는 경영 환경에 직면해 있다. 따라서 교육자들은 윤리적 의사결정을 가르치는 매우 핵심적이고 어려운 과제를 안게 되었다. 이를 위해 각 장은 '윤리적 딜레마'를 포함하고 있다. 학생들은 건전한 경영 의사결정과 의사결정이 미치는 영향에 대해 이해할 수 있을 것이다.

각 장의 마지막에는 '전략경영 연습'이 있다. 이는 학생들이 각 장의 내용에 대한 좀 더 깊이 있는 통찰력을 가질 수 있도록 하는 과제들이다. '전략경영 연습'은 반 전체, 소집단, 개인 수준 모두에서 활발한 토론을 이끌어내기 위해 만들어졌다. 강사는 어떤 것을 한 학기 수업에 활용할지와 어떤 것을 과제로 할 것인가에 대해 결정해야 한다. 아마도 매 학기 다른 연습 과제를 활용하는 것이 바람직할 것이다.

- **토의 주제** : 각 장 학습 내용의 이해를 위한 문제들로, 경우에 따라서는 학생들이 실제 경영 이슈에 대해 조사하고, 실제 경영자들에게 직접 물어볼 필요가 있을 것이다.
- **소그룹 활동** : 강사가 3~4명의 소그룹으로 학생들을 나누어, 열띤 토론을 통해 학습 내용을 연습할 수 있도록 만들어졌다. 각 그룹은 다른 그룹의 학생들과 생각을 교류해야 한다.
- **웹 탐색** : 기업의 웹사이트를 방문하여 정보를 찾고, 이를 활용하여 학습 내용에 대한 질문에 답하도록 하는 것이다.
- **마무리 사례** : 각 장은 학습한 이슈의 분석에 활용될 수 있는 짧은 사례로 마무리된다. 이 사례들은 전략경영의 최신 이슈와 문제를 다루고, 학습 내용에 대한 추가적인 정보를 제공하기 위해 신중하게 선택되었다. 또한 마지막에 제시된 질문들은 전략경영의 세계에서 경영자들이 어떻게 실제 문제에 접근하는지를 학생들이 이해할 수 있도록 한다.

찰스 힐(Charles W. L. Hill)
게러스 존스(Gareth R. Jones)

목 차

PART 1 전략경영의 입문

Chapter 1 전략수립과정

Chapter 2. 이해관계자, 미션, 기업지배구조, 기업윤리

PART 2 경쟁우위의 본질

Chapter 3. 외부환경 분석

PART 4 전략의 실행

Chapter 8. 전략적 변화 : 기업 설립과 발전을 위한 전략의 실행

PART 1
전략경영의 입문

Chapter

1

전략수립과정

경쟁우위와 우월한 성과

전략적 경영자
기업수준 경영자
사업부수준 경영자
기능수준 경영자

전략수립과정
전략수립과정 모형
피드백 과정

우발적 과정에 의한 전략수립
예측가능성이 낮은 환경에서의 전략수립
자율적 행동: 하위 경영자에 의한 전략수립
우연한 사건과 전략수립
의도적 전략과 우발적 전략

전략수립의 실제
시나리오 플래닝
계획과정의 분권화

전략적 의사결정
인지적 오류
의사결정의 개선

전략적 리더십
비전, 호소력, 일관성
몰입
정보수집능력
권한이양 의지
권력의 현명한 활용
감성 지능

학습목표

- 경쟁우위의 의미를 이해
- 경영자의 유형과 전략적 역할을 논의
- 전략수립과정의 주요 단계를 이해
- 계획수립의 주요 문제점과 극복 방안을 논의
- 전략적 의사결정에서의 인지적 오류 및 극복 방안을 이해
- 전략수립과정에서 전략적 리더의 역할을 논의

개요

왜 어떤 기업은 성공하고 다른 기업은 실패할까? 예를 들어 급변하는 인터넷 비즈니스에서 많은 기업들이 사라질 때, 아마존, 이베이, 구글은 어떻게 수많은 고객들을 꾸준히 끌어들이고 있을까? 경쟁이 치열한 유통업에서 K마트와 같은 기업들이 어려움을 겪을 때, 월마트는 어떻게 지속적으로 성공하고 있을까? PC 산업에서 게이트웨이(Gateway)같이 덜 성공한 기업과 델컴퓨터(Dell)가 다른 점은 무엇인가? 항공 산업에서 경기와 상관없이 사우스웨스트항공(Southwest Airline)의 매출과 수익이 지속적으로 성장하는 이유는 무엇일까? 철강 산업에서 많은 기업들이 도산할 때, 뉴코(Nucor)는 어떻게 성장을 지속하여 미국에서 가장 큰 철강회사가 될 수 있었을까?

전략
경쟁자와 대비한 성과를 향상시키기 위해 경영자가 선택하는 행위의 집합

우리는 이 책에서 경영자가 추구하는 전략이 기업의 성과에 매우 중요한 영향을 미친다고 주장한다. **전략**이란 경쟁자와 대비한 성과를 향상시키기 위해 경영자가 선택하는 행위의 집합이다. 만약 기업의 전략이 실제로 경쟁자 대비 우월한 성과로 나타난다면 경쟁우위가 있다고 표현한다.

우리는 또한 이 책에서 경영자가 우월한 성과를 얻기 위해 추구할 수 있는 전략에 대해 자세히 설명하고자 한다. 이 책의 목적은 성공적으로 전략을 선택하고 실행하기 위해 필요한 개념과 분석 기법을 독자가 제대로 이해할 수 있도록 하는 것이다. 이 목적을 달성하기 위한 첫 번째 단계로 우월한 성과와 경쟁우위의 의미에 대해 살펴보자.

경쟁우위와 우월한 성과

수익성
기업에 자본을 투자함으로써 얻은 이익

우월한 성과(superior performance)는 한 기업의 수익성을 비슷한 사업 또는 산업의 다른 기업과 대비한 개념이다. 한 기업의 **수익성**(profitability)은 여러 방법 중에서 주로 투하자본 수익률(ROIC: return on invested capital)로 많이 측정한다. 이 수익률은 기업이 창출한 세후 이익을 기업에 투자한 자본으로 나눈 값이

다. 이 때 투하자본은 기업에 투자된 금액을 의미하다. 자기자본과 타인자본을 포함한 개념으로, 기업이 제품과 서비스를 생산하여 판매하기 위한 자원을 구매하는데 사용된다. 자원을 효율적으로 활용하는 기업은 투하자본 수익률이 높은 반면, 비효율적으로 활용하는 기업은 낮을 것이다.

기업의 수익성은 경영자가 선택하는 전략에 의해 결정된다. 예를 들어 월마트는 효율적인 물류와 정보시스템으로 원가를 절감하여, 낮은 가격을 통해 절감된 원가를 고객에게 돌려주는 전략으로 높은 시장점유율을 달성하였다. 높은 시장점유율은 규모의 경제 달성을 가능하게 했고, 이로 인해 월마트는 원가를 더욱 낮출 수 있었다. 그 결과 월마트는 낮은 가격에도 불구하고 수익성을 급격히 증대시킬 수 있었다.

한 기업의 수익성이 산업 내 모든 기업의 평균보다 높을 때, 경쟁자 대비 경쟁우위(competitive advantage)를 가지고 있다고 말한다. 이 때 이 기업의 수익성과 산업 평균의 차이가 많이 날수록 경쟁우위는 크다고 말한다. 또한 오랜 기간 수익성이 평균을 상회할 때는 지속가능한 경쟁우위(sustainable competitive advantage)를 가지고 있다고 표현한다. 월마트, 델컴퓨터, 사우스웨스트항공 등은 자신의 전략을 꾸준히 추구하여 우월한 성과를 지속적으로 달성함으로써 지속가능한 경쟁우위를 확보하고 있다.

> **경쟁우위**
> 한 기업의 수익성이 산업 내 모든 기업의 평균보다 높을 때 달성되는 우위

> **지속가능한 경쟁우위**
> 오랜 기간 수익성이 평균을 상회할 때 달성되는 경쟁우위

기업이 선택한 전략뿐 아니라, 기업이 경쟁하는 산업의 특성 또한 수익성에 큰 영향을 미친다. 산업마다 경쟁여건은 각기 다르다. 어떤 산업은 수요가 급격히 증가하는 반면 다른 산업은 그렇지 못할 수 있다. 어떤 산업은 공급과잉으로 가격경쟁이 항상 치열한 반면, 다른 산업은 강력한 수요로 가격이 꾸준히 오르기도 한다. 어떤 산업에서는 새로운 진입자들이 들어오기 어려운 상황이어서 높은 성과가 상당 기간 동안 지속되기도 한다. 이와 같이 산업마다 경쟁여건이 다르기 때문에 평균 수익성은 산업별로 큰 차이를 보인다.

중간사례 월마트의 경쟁우위

월마트는 경영사에서 가장 눈부시게 성공한 기업 중 하나로, 1962년 샘 월튼(Sam Walton)이 설립하여 세계 최대의 기업으로 성장하였다. "상시 최저가(everyday low price)"를 슬로건으로 하여 2008년 현재 15개국 7,400개 매장에서 200여만 명의 종업원을 고용하며 4,100억 달러의 매출액을 올리고 있다. 이는 미국 유통업 전체 매출의 약 8%에 해당한다.

월마트는 규모뿐 아니라 수익성 측면에서도 두드러진다. 2008년 현재 투하자본수익률(ROIC)은 14.5%로 가장 수익성 높은 경쟁자인 코스트코의 11.7%나 타깃의 9.5%보다도 월등히 높다. 아래의 그림처럼 최근 경쟁자들이 격차를 다소 줄이긴 했지만 월마트의 수익성은 오랜 기간 지속적으로 이들을 앞서왔다.

월마트와 경쟁자의 수익성

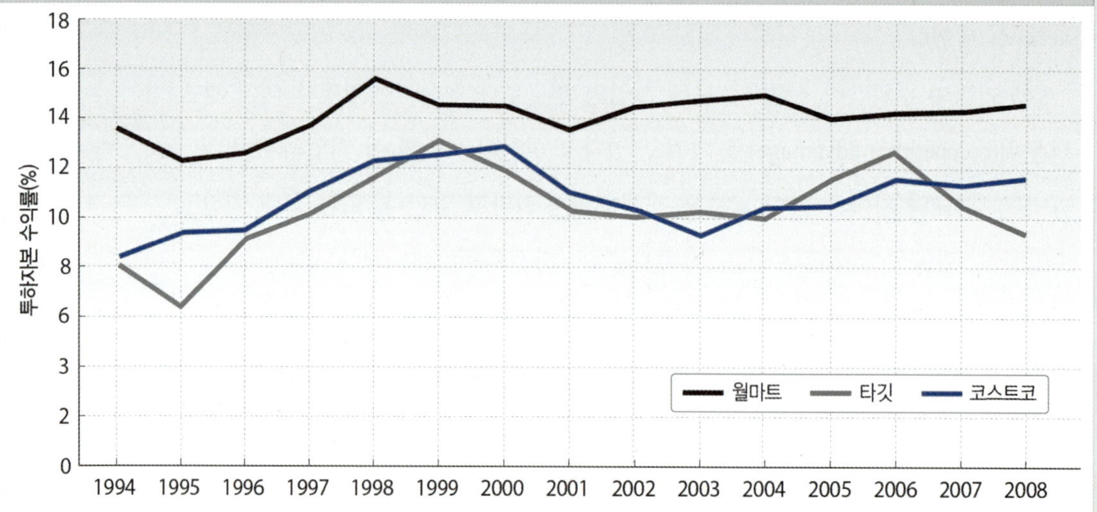

우월한 수익성이 지속되는 것은 월마트가 전략을 통해 경쟁우위를 구축하고 있음을 의미한다. 1962년 창업당시로 돌아가 보면, 월마트는 식료품 체인 업체들(grocery chains)이 개발한 셀프서비스 슈퍼마켓의 비즈니스 모델을 비식품 위주의 종합소매점(general merchandise store)에 선구적으로 적용한 기업이다. 경쟁자인 K마트나 타깃이 대도시 내 또는 그 외각에 중점적으로 매장을 개설한 반면, 월마트는 경쟁자들이 외면하던 미국 남부의 자그마한 시골 마을들에 초점을 맞추었다. 월마트는 저가격을 바탕으로 지역의 소매점들을 몰아내며 급격히 성장해 나갔다. 작은 시골 마을에도 대규모 종합할인소매점이 들어설 만큼의 수요가 있다는 것을 경쟁자들이 알게 된 즈음에 월마트는 이미 많은 마을을 선점하고 있었다. 한 개의 할인점까지는 가능하지만 두 개가 들어서기에는 너무 작은 이 시골 마을들이 월마트의 안정적인 이윤창출 기반이 되었다.

월마트는 정보시스템, 물류, 인적자원 기능 측면에서 매우 혁신적인 기업이다. 이 기업의 기능별 전략은 경쟁자보다 높은 생산성과 낮은 비용을 낳았고, 그 결과 월마트는 낮은 가격에도 불구하고 높은 수익을 올릴 수 있었다. 월마트는 미국 유통업 최초로 바코드와 계산대의 스캐너를 활용한 정교한 제품 추적 시스템을 개발하여 운용하였다. 이러한 정보시스템을 통해 제품별 판매 현황을 실시간으로 추적하여 각 지역 수요에 맞도록 재고를 적절히 조절할 수 있었다. 월마트는 적절한 수준의 재고만을 보유했기 때문에 다른 경쟁자처럼 과잉 재고로 인한 정기 세일 행사를 할 필요가 없었다. 이후에 월마트는 정보시스템을 전국 물류센터 네트워크와 연계하였다. 월마트의 물류센터는 제품을 보관하고 반경 400마일 이내의 매장에 매일매일 배송하는 역할을 한다. 물류센터와 정보시스템의 연계로 매장의 재고 보유 수준이 낮아져서 소중한 매장 공간이 재고 보관이 아닌 제품 판매에 쓰일 수 있었다. 또한 재고 보유를 위해 필요한 운영자금의 규모도 줄일 수 있었다.

창업자인 샘 월튼은 종업원과 관련된 확고한 철학을 가지고 있었다. 그는 항상 종업원을 존중해야 하고, 기업의 수익성 향상에 기여한 만큼의 보상을 종업원에게 제공해야 한다고 굳게 믿었다. 이러한 믿음에 따라 창업자는 종업원을 "동료(associate)"라고 불렀다. 월마트는 전종업원을 대상으로 이익공유제를 실시했고, 1970년 상장 이후에는 시가보다 낮은 가격에 주식을 구매할 수 있도록 했다. 이러한 접근법을 통해 노동생산성을 높여서 낮은 비용과 높은 수익을 달성할 수 있었다.

성장을 지속함에 따라 월마트의 구매량과 구매력은 증가하였다. 이를 바탕으로 공급자의 공급 가격을 낮추고 고객에게 더욱 낮은 가격을 제시할 수 있게 되었다. 낮은 가격이 시장점유율을 높이고 높아진 시장점유율이 구매비용을 더욱 낮추는 선순환 구조가 만들어진 것이다. 항상 낮은 가격을 요구함으로써 공급자가 받는 부담을 완화시키기 위해 월마트는 공급자와 판매 정보를 매일 공유하고 있다. 공급자는 월마트의 일간 판매 정보를 바탕으로 제품 공급을 위한 생산 스케줄을 스스로 조율함으로써 효율성을 높일 수 있다.

1990년대가 되자 이미 월마트는 미국 최대의 종합할인소매점 체인이 되었다. 이즈음 월마트는 성장을 지속하기 위해 식료품(grocery) 사업으로 다각화하였다. 한 매장에서 식료품과 잡화를 같이 판매하는 20만 평방피트 규모의 슈퍼센터 매장을 늘려나간 것이다. 또한 샘스클럽(Sam's Club)을 설립하여 창고형 회원제 사업으로 기업을 다각화하였다. 1991년에는 멕시코에 진출함으로써 글로벌 확장을 추진하기도 했다.

지금까지는 큰 성공을 이루었지만 이제는 월마트의 수익성 높은 성장도 한계에 이르고 있다. 미국 시장은 이미 포화상태에 접어들었고, 해외에서는 예상과는 달리 크게 고전하고 있다. 독일과 한국 시장에서는 적자에 허덕이다가 이미 철수하였고, 영국과 같은 선진국 시장들에서도 비슷한 어려움을 겪고 있다. 더욱이 경쟁자인 타깃과 코스트코는 성과를 지속적으로 개선하여 이제는 월마트의 턱밑까지 추격하였다.

전략적 경영자

경영자들은 전략수립과정에서 가장 핵심적인 역할을 수행한다. 경영자의 가장 중요한 임무는 경쟁우위 창출을 위한 전략을 수립하고 실행하는 것이다. 또한 경영자는 전략수립과정을 주도적으로 이끌어 나가야 한다. 지금부터는 경영자의 유형과 전략적 역할에 대해 알아보고, 전략수립과정을 이끄는 데 필요한 전략적 리더십에 대해 살펴보고자 한다.

> **일반경영자**
> 기업 전체 또는 독립적으로 운영되는 특정 사업부나 부문의 성과를 책임지는 경영자

> **기능별 경영자**
> 회계, 마케팅, 연구개발, 정보시스템, 물류 등 기업 내 특정 기능의 관리를 담당하는 경영자

대부분의 기업에는 보통 두 가지 유형의 경영자가 존재한다. **일반경영자**(general managers)는 기업 전체 또는 독립적으로 운영되는 특정 사업부나 부문의 성과를 책임지는 반면, **기능별 경영자**(functional manager)는 회계, 마케팅, 연구개발, 정보시스템, 물류 등 기업 내 특정 기능의 관리를 담당한다.

기업은 제품과 서비스를 시장에 공급하기 위해 협력하는 많은 기능과 부서의 집합이라고 할 수 있다. 한 기업이 시장에 제공하는 제품과 서비스가 다양하고 이질적인 경우, 독립적으로 운영되는 사업부를 만들어 각각의 제품과 서비스를 책임지도록 하는 경우가 많다. 보통 이 사업부는 독립적으로 운영이 가능하도록 필요한 기능을 자체적으로 보유하고 사업부의 일반경영자가 관리를 책임지게 된다. 일반경영자의 주요 관심은 자신이 맡고 있는 기업 전체 또는 사업부를 어떻게 성공으로 이끌 것인가에 있다. 즉 자신에게 주어진 자원을 가지고 경쟁우위와 우월한 성과를 어떻게 창출할 것인가가 가장 큰 고민거리이다. [그림 1.1]은 **사업부제 조직**(multidivisional organization)을 보여주는데, 수행하는 사업들이 다양하고 이질적인 기업이 각 사업별로 독자적으로 운영되는 사업부를 만든 모습이다. 그림에서처럼 경영자는 기업 수준, 사업부 수준, 기능 수준의 3가지 유형으로 나눌 수 있고, 일반경영자는 이 중 기업 수준과 사업부 수준에서 일하며, 맡고 있는 책임에 따라 전략적 역할은 각기 다르다.

> **사업부제 조직**
> 수행하는 사업들이 다양하고 이질적이어서, 각 사업별로 독자적으로 운영되는 사업부를 만든 기업

[그림 1.1] 전략경영의 수준

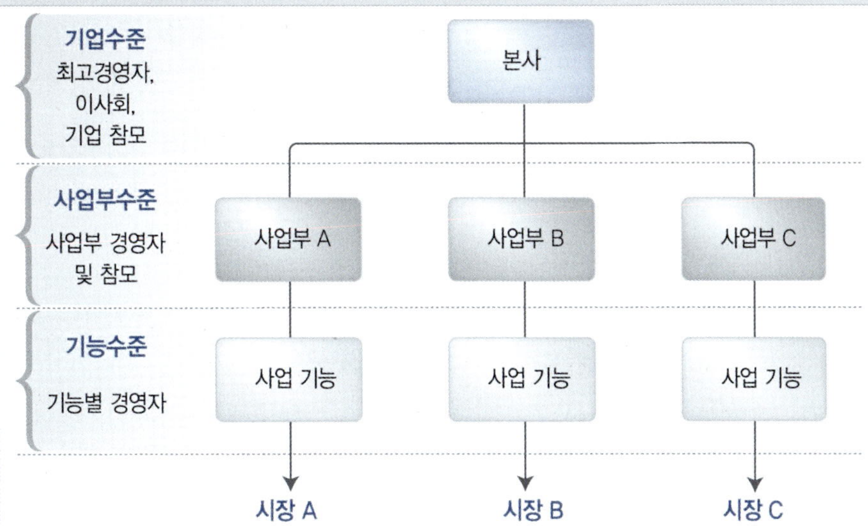

기업수준 경영자

기업수준 경영자(corporate-level managers)는 최고경영자를 포함해, 고위 임원, 이사회 구성원, 기업 참모들을 말하고, 기업 의사결정구조의 최상위를 차지한다. 이 중 최고경영자(CEO)는 가장 높은 지위의 일반경영자이다. 이들의 역할은 기업 전체에 영향을 미치는 전략을 개발하고 관리하는 것이다. 이러한 역할에는 기업 전체의 목표설정, 사업영역 설정, 사업부별 자원 배분, 기업 전체를 대상으로 한 리더십의 발휘가 포함된다.

GE의 사례를 통해 기업수준 경영자의 역할에 대해 좀 더 자세히 살펴보자. GE는 조명, 가전, 운송기계, 발전, 건설 및 엔지니어링 서비스, 산업용 전자기기, 의료시스템, 항공우주, 금융서비스 등 매우 다양한 사업을 수행하고 있다. 최고경영자인 제프리 이멜트(Jeffrey Immelt)의 전략적 역할은 전략적 목표를 설정하고, 사업영역별로 자원을 배분하며, 기존 사업으로부터의 퇴출 또는 새로운 사업으로의 진입을 결정하는 것이다. 즉 이멜트의 핵심적인 역할은 여러 사업에 영향을 미치는 전략을 개발하는 것인데, 그의 관심은 주로 기업 전체의 수익성을 극대화하기 위해 사업 포트폴리오를 구축하고 관리하는 데 있다.

윤리적 딜레마

당신은 다각화된 대형 금융회사에서 주택 대출 승인을 담당하고 있다. 회사의 미션선언문은 언제나 진실하게 행동해야 한다는 가치를 강조하고 있다. 최고경영자에게 그 의미를 물었을 때, 그녀는 옳은 일을 하되, 반드시 모든 일을 옳은 방식으로만 하려 하지는 말라고 했다. 그리고 CEO는 다음 해에 매우 도전적인 수익과 성장 목표를 당신에게 부여했고, 이러한 목표는 타협이 불가능하다고 했다. 당신이 목표를 달성하면 큰 보너스를 받고 승진도 할 수 있지만, 만약 실패하면 회사에서의 위치가 위험해질 수 있다. 당신은 목표를 달성하기 위해서는 대출 기준을 낮출 수밖에 없고, 당신의 회사가 상환능력이 의심되는 사람에게 돈을 빌려주게 된다는 것을 잘 안다. 그러나 고객이 대출을 갚지 못하더라도 회사는 담보로 확보된 주택을 처분함으로써 위험에서 비교적 쉽게 벗어날 수 있다. 이러한 상황에서 당신은 어떻게 하겠는가?

그러나 금융서비스 등 각 사업에서 경쟁하기 위한 전략의 개발은 이멜트의 책임이 아니다. 이러한 전략의 수립은 각 사업부에 속한 일반경영자, 즉 사업부수준 경영자(business-level managers)의 역할인 것이다. 그러나 각 사업부의 전략이 GE의 장기적인 수익성을 극대화하는 선택인지에 대해 검증하고, 사업부수준 경영자들에게 조언과 동기부여를 제공하며, 목표달성 여부에 따라 상벌을 내리는 활동은 여전히 이멜트의 몫이다.

기업수준 경영자들은 기업 내부 경영자들과 외부의 주주들을 연결하는 역할도 수행한다. 특히 최고경영자는 주주를 대신하여 기업을 경영하는 대리인이라고 할 수 있다. 따라서 최고경영자는 기업이 추구하는 기업수준 및 사업부수준의 전략이 기업의 수익과 성장을 통해 주주의 가치를 극대화하도록 해야 한다. 만약 그렇지 않으면 주주들은 최고경영자에게 책임을 묻게 되고, 극단적인 경우 대리인을 해고할 수도 있다.

사업부수준 경영자

> 사업부
> 특정 시장에 특정 제품이나 서비스를 제공하기 위해, 재무, 구매, 생산, 마케팅 등의 기능을 자체적으로 가지고 독립적으로 운영되는 기업의 한 부문

사업부(business unit)는 특정 시장에 특정 제품이나 서비스를 제공하기 위해, 재무, 구매, 생산, 마케팅 등의 기능을 자체적으로 가지고 독립적으로 운영되는 기업의 한 부문이다. 사업부장은 사업부의 일반관리자(사업부수준 경영자) 중 최상위에 위치한 사업부의 최고 책임자이다. 사업부수준 경영자의 전략적 역할은 기업수준에서 결정된 전략적 방향과 의도를 개별 사업의 구체적인 전략으로 전환하는 것이다. 따라서 기업수준 경영자들이 여러 사업에 영향을 미치는 전략을 고민하는 반면, 사업부수준 경영자들은 주로 특정 사업에만 영향을 미치는 전략에 대해 고민하게 된다. GE의 경우 기업수준에서 결정된 전략적 목표는 경쟁하는 모든 사업에서 1등 또는 2등을 하는 것이다. 이에 따라 각 사업부의 일반경영자들은 자신의 사업부가 이러한 목표를 달성할 수 있도록 하는 구체적인 비즈니스 모델을 도출하기 위해 노력한다.

기능수준 경영자

기능수준 경영자(function-level managers) 또는 기능별 경영자(functional managers)는 기업 전체 또는 특정 사업부에 속한 인적자원, 구매, 제품개발, 고객 서비스 등의 특정 기능을 책임지는 경영자들이다. 따라서 기업 또는 사업부 전반을 관리하고 감독하는 일반경영자와는 달리 기능별 경영자는 여러 조직의 활동 중 하나에 역할이 국한된다. 기능별 경영자들은 조직전반의 성과에 대한 책임은 없지만, 사업부수준 또는 기업수준의 일반경영자들이 설정한 전략적 목표를 달성하기 위한 기능수준의 전략을 개발하는 중요한 전략적 역할을 수행해야 한다. 예를 들어, GE의 항공우주 사업부의 생산부서 경영자는 '경쟁하는 모든 사업에서 1등 또는 2등'이라는 기업수준의 전략적 목표를 달성할 수 있는 생산 전략을 개발해야 한다.

기능별 경영자들은 기업수준 및 사업부수준 경영자들이 현실적이고 실현가능한 전략을 수립하는 데 필요한 대부분의 정보를 제공하는 역할도 수행한다. 일반적으로 기능별 경영자는 일반경영자에 비해 고객과 밀접하게 접촉하기 때문에, 이들이 제안한 아이디어가 기업의 주요 전략으로 발전하는 경우도 많다. 따라서 일반경영자들은 항상 기능별 경영자들에게 귀를 기울여야 한다. 마지막으로, 기능별 경영자들의 또 다른 핵심적인 역할은 기업수준 또는 사업부수준의 전략을 실제로 실행하는 것이다.

전략수립과정

많은 학자들이 전략은 공식적인 계획 과정을 거쳐 수립되고, 이 과정에서 최고경영진은 가장 중요한 역할을 한다고 주장해 왔다. 그러나 이러한 관점이 현실 모두를 반영하는 것은 아니다. 뒤에서 살펴보겠지만 때로는 사전 계획 없이 조직 내의 깊숙한 곳에서 가치 있는 전략이 우발적으로 출현하기도 한다. 그러나 합리적인 전략 수립의 정규 과정은 여전히 전략을 이해하는데 기초가 되기 때문에 전략계획과정의 모형을 먼저 살펴보자.

전략계획과정 모형

일반적으로 정규 전략계획과정(strategic planning process)은 다음의 5단계로 이루어진다.

1. 기업의 미션과 주요 목표를 설정한다.
2. 기회와 위협을 찾아내기 위해 조직 외부의 경쟁 환경을 분석한다.
3. 강점과 약점을 찾아내기 위해 조직 내부를 분석한다.
4. 환경으로부터의 기회를 포착하고 위협을 중화시키기 위해, 내부의 강점을 활용하고 약점을 극복할 수 있는 전략을 선택한다. 이러한 전략은 기업의 미션 및 주요 목표와 일관성을 가져야 한다. 또한 전략을 통해 실행가능성과 성공가능성이 높은 비즈니스 모델이 만들어져야 한다.
5. 전략을 실행한다.

전략수립
조직의 외부환경과 내부여건을 분석하여 적절한 전략을 선택하는 것

전략실행
선택된 전략을 실제 행동으로 옮기는 것

조직의 외부환경과 내부여건을 분석하여 적절한 전략을 선택하는 것을 **전략수립**(strategy formulation)이라고 하고, 선택된 전략을 실제 행동으로 옮기는 것을 **전략실행**(strategy implementation)이라고 한다. 구체적으로 전략실행은 기업, 사업부, 기능수준의 전략과 실제 조직의 행동이 일치하도록 하고, 조직구조의 설계를 통해 경영자들의 책임과 역할을 배분하며, 자본과 인적자원을 포함한 자원을 배분하고, 단기적 목표를 설정하며, 조직의 통제와 보상 시스템을 구축하는 것이다.

[그림 1.2]는 전략계획과정의 순차적인 단계들을 보여주고 있다. 전략계획의 프로세스는 기업의 미션과 주요 목표를 설정하면서 시작된다. [그림 1.2]에서 볼 수 있는 것처럼 기업 미션과 주요 목표는 기존의 비즈니스 모델을 기반으로 수립된다. 1단계가 끝나면 외부환경과 내부여건에 대한 전략적 분석과 전략적 선택이 이어진다. 이후 선택된 전략을 실행하기 위한 조직구조, 문화, 통제 시스템이 설계되면 전략계획과정이 끝나게 된다.

보통 기업들은 전략계획의 프로세스를 1년 단위로 거치게 되지만, 그렇다고

해서 매년 새로운 전략이 수립되는 것은 아니다. 대부분의 경우는 전략계획과정을 통해 기존의 전략과 구조를 수정하고 점검하게 된다. 일반적으로 전략은 향후 1~5년간의 기간을 대상으로 하도록 매년 업데이트 된다. 대부분의 조직에서는 연간 전략 계획을 예산 계획과 연계함으로써, 전략과 자원배분이 일관성을 가지도록 하고 있다.

[그림 1.2] 전략경영 프로세스

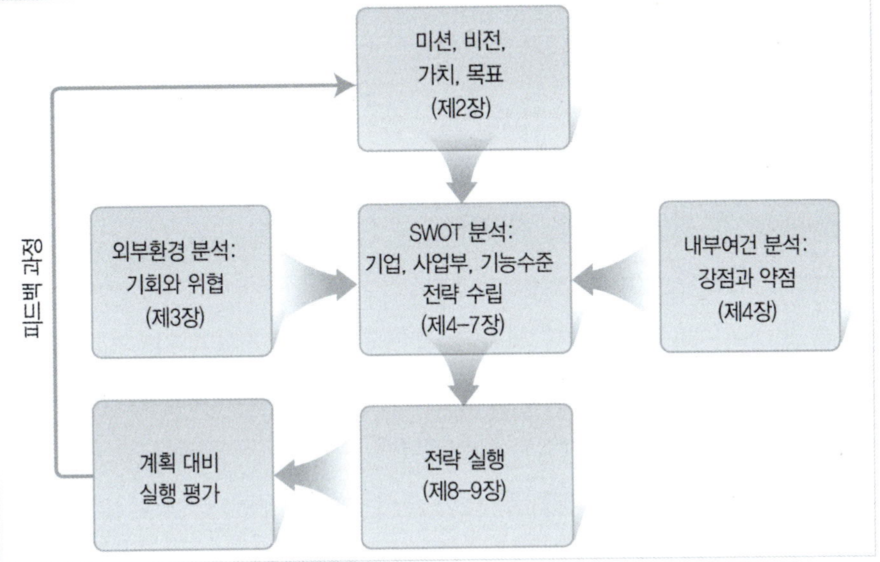

미션선언문

전략경영 프로세스의 첫 번째 요소는 전략 수립의 기초가 되는 미션선언문(mission statement)을 만드는 것이다. 미션선언문은 4개의 주요 구성요소를 가진다. 미션이라고 불리는 조직의 존재 이유, 보통 비전이라고 불리는 미래의 바람직한 모습, 조직이 추구하는 핵심적인 가치, 그리고 조직의 주요 목표에 대한 기술이다.

예를 들어 현재 마이크로소프트의 미션은 "전 세계 모든 사람들과 기업들이 더 많은 것을 성취할 수 있도록 힘을 실어줍니다"이고, 비전은 게임기, 스마트폰을 비롯한 전 세계 모든 컴퓨팅 기기에 윈도우즈 기반 소프트웨어를 설치하는 것이다. 또한 이 기업이 추구하는 핵심 가치는 "진실과 정직", "우리의 고객, 우리의 파트너, 우리의 기술에 대한 열정", "개방과 존중", "도전과 극복"이다. 마이크로소프트의 미션선언문은 기업 내에서 전략 수립의 기반으로서의 역할을 해왔다. 오랜 시간과 어려움에도 불구하고 끝까지 인내하여 윈도우즈나 X-박스 등의 결실을 맺은 것은 핵심가치인 "도전과 극복"의 사례라고 할 수 있다. 이 주제에 대해서는 제2장에서 좀 더 자세히 다룬다.

외부환경 분석

전략경영 프로세스의 두 번째 요소는 조직의 외부환경을 분석하는 것이다. 조직이 미션을 추구하는 데 영향을 미치는 외부환경으로부터의 기회(opportunity)와 위협(threat)을 파악하는 것이 핵심인데, 주로 서로 밀접한 관련이 있는 산업 환경(industry environment), 국가 환경(national environment), 거시 환경(macro environment)의 세 유형의 환경에 대한 분석이 이루어진다.

산업 환경 분석은 자신과 주요 경쟁자의 경쟁적 위치를 포함한 산업의 경쟁구조를 대상으로 하고, 산업의 속성, 발전단계, 역학구도, 역사에 대한 분석을 포함한다. 이미 대부분의 시장이 글로벌화 되어 있기 때문에, 산업 환경의 분석을 통해 자연스럽게 글로벌화가 산업 내 경쟁에 미치는 영향도 파악하게 되는데, 이를 통해 생산 설비의 해외 이전, 신흥시장으로의 공격적 진출, 신흥시장으로부터의 새로운 경쟁자에 대한 대응과 같은 전략을 도출할 수 있다. 거시 환경 분석은 기업과 산업에 영향을 미칠 수 있는 거시경제적, 사회적, 정치적, 법적, 국제적, 기술적 요인에 대해 점검한다. 이 주제에 대해서는 이 책의 제3장과 제6장에서 다룬다.

내부여건 분석

전략계획과정의 세 번째 요소인 내부여건 분석을 통해 조직의 강점(strength)과 약점(weakness)을 파악하게 된다. 이 단계에서는 자원과 역량의 질과 양을 평가하고, 기업 특유의 차별적 역량을 분석하여 경쟁우위의 원천을 파악한다. 기업이 경쟁우위를 구축하고 지속하기 위해서는 효율성, 품질, 혁신, 고객에 대한 대응능력에서 경쟁자보다 우월해야 하는데, 조직의 강점은 이를 용이하게 하는 반면, 약점은 어렵게 한다. 이 주제에 대해서는 제4장에서 다루게 된다.

SWOT 분석

전략적 사고의 다음 요소는 외부의 기회와 위협, 내부의 강점과 약점을 반영하여 향후 추구할 전략적 대안들을 도출하고 이 중 가장 바람직한 것을 선택하는 것이다. 강점(S)과 약점(W), 기회(O)와 위협(T)을 반영하여 전략적 대안을 도출하는 방법을 흔히 SWOT 분석이라고 한다. 이 분석의 목적은 내부의 자원과 역량을 외부 환경의 요구에 적합하도록 하는 전략을 도출함으로써 적절한 비즈니스 모델을 창출하는 것이다. 경영자들은 다양한 전략적 대안들을 경쟁우위 창출 가능성 측면에서 철저히 비교하여 향후 추구할 전략을 선택해야 한다. 이 때 전략은 다음과 같이 나눌 수 있다.

SWOT 분석
강점(S)과 약점(W), 기회(O)와 위협(T)을 반영하여 전략적 대안을 도출하는 방법

- **기능수준 전략**: 생산, 마케팅, 자재관리, 제품개발, 고객 서비스 등 운영활동의 효과성을 높이기 위한 계획이다. 이 책의 제4장에서 다룬다.
- **사업(부)수준 전략**: 한 사업에서 전반적인 경쟁 방식의 설정, 시장에서 경쟁우위를 창출하기 위한 전략적 위치의 선정, 산업의 여건에 따른 다양한 포지셔닝 전략의 선택에 대한 것이다. 예를 들어 원가 우위, 차별화, 집중화 전략이 있다. 이에 대해서는 이 책의 제5장에서 다룬다.
- **글로벌 전략**: 경쟁우위가 글로벌 수준에서 결정될 때, 자국을 벗어나 글로벌 시장에 진출함으로써 성장과 성공을 이루기 위한 것이다. 글로벌 전략에 대해서는 제6장에서 다룬다.
- **기업수준 전략**: "장기적인 수익과 성장을 극대화하기 위해 어떤 사업에 진입해야 하는가?", "경쟁우위를 창출하기 위해 어떻게 새로운 사업에 진입하고 그 사업에서 확고한 지위를 확보할 수 있을까"의 기본적인 물음에 대한 고민으로 제

7장에서 살펴본다.

SWOT 분석을 통해 도출된 전략들은 서로 일관성이 있어야 한다. 즉 기능수준 전략은 사업부수준 전략이나 글로벌 전략을 일관성 있게 뒷받침해야 하고, 기업수준 전략 또한 사업부수준 전략과 일관성을 가져야 한다.

전략실행

경영자가 경쟁우위 창출과 성과 향상을 위한 일관성 있는 전략들을 선택했다면, 그 다음으로 해야 할 일은 이 전략들을 실행하는 것이다. 전략실행은 기능수준, 사업부수준, 기업수준의 전략 계획을 행동으로 옮기는 것이다. 따라서 전략의 실행에는 품질개선 프로그램 실시, 제품 디자인 프로세스 변경, 시장 세분화와 마케팅 믹스의 변경, 인수합병을 통한 확장이나 사업 매각과 폐쇄를 통한 다운사이징 등이 모두 포함된다. 이러한 다양한 실행의 이슈에 대해서는 제4장부터 제8장까지에서 광범위하게 다룬다.

또한 전략실행은 선택된 전략을 행동에 옮기는 데 적합한 조직구조, 문화, 통제시스템에 대한 설계를 포함한다. 전략을 실행하는 데 필요한 조직구조, 문화, 통제시스템의 설계에 대해서는 제8장과 제9장에서 살펴본다.

피드백 과정

[그림 1.2]는 전략계획과정이 한 번에 끝나지 않고 무한히 반복되는 것을 보여준다. 전략이 실행되면, 이를 통한 전략적 목표의 달성정도와 경쟁우위의 창출 및 지속 여부에 대해 반드시 검토해 볼 필요가 있다. 이러한 정보와 지식은 피드백 과정을 통해 다시 기업수준에 전달되어 새로운 전략수립과 실행계획에 활용된다. 이 때 최고경영진은 기존 전략과 전략적 목표를 미래에도 유지할지, 아니면 수정할지에 대해 결정하게 된다. 예를 들어 전략적 목표가 너무 낙관적이었다면 차기에는 좀 더 현실적인 목표로 변경할 수 있다. 또한 피드백의 결과, 전략의 효과성이 떨어지는 것으로 판단되면 차기에는 이를 수정하게 된다.

우발적 과정에 의한 전략수립

지금까지의 논의에 따르면 조직의 전략은 최고경영진에 의해 조율되는 구조화되고 논리적인 과정을 통해 사전에 계획되는 것이다. 그러나 몇몇 연구자들은 (1) 미래에 대한 예측가능성이 현저히 떨어지는 현실, (2) 전략경영 프로세스에서 하위 경영자들이 실제로 수행하는 역할, (3) 현실에서 많은 성공적인 전략들이 논리적인 계획보다는 우연한 사건에 의해 수립되고 실행된다는 사실을 들어 이를 비판하며 전략수립에 대한 또 다른 시각을 제시한다.

예측가능성이 낮은 환경에서의 전략수립

우리는 불확실성이 높고, 복잡성과 모호성이 높으며, 실현 가능성이 매우 낮은 하나의 사건이라도 실제로 발생하면 중대하고 예측하기 어려운 결과를 낳을 수 있는 환경에서 살고 있다. 이러한 상황에서 아무리 정교하게 전략계획이 수립된다고 해도 급격하고 예측 못한 변화에 의해 쓸모없어지는 경우도 많이 발생한다. 따라서 연구자들은 이와 같이 예측가능성이 떨어지는 상황에서는 변화하는 여건에 따라 자신의 전략을 빠르고 적절하게 변화시키는 대응능력이 무엇보다 중요하다고 주장한다.

이에 대한 사례로 1994년과 95년의 마이크로소프트를 들 수 있다. '전략의 실제'에서와 같이 최고경영자인 빌 게이츠는 예상하지 못한 인터넷의 등장에 기업의 전략을 급격히 변화시켰는데, 이와 같은 유연한 대응은 매년 정기적인 정규계획과 실행 과정을 강조하는 전통적인 전략수립과정을 따르면 불가능했을 것이다.

자율적 행동: 하위 경영자에 의한 전략수립

정규 전략수립과정에 대한 또 다른 비판은 최고경영진, 특히 최고경영자의 역할이 지나치게 강조되고 있다는 것이다. 이와는 반대로 최근에는 기업 깊숙이 있어서 잘 드러나지 않는 개별 조직원들이 기업의 전략적 방향에 중요한 영향을 미치는 경우도 많다는 것이 널리 인정되고 있다. 스텐포드 대학의 로버트 버겔먼(Robert Burgelman) 교수와 인텔의 전임 최고경영자인 앤디 그로브(Andy Grove)는 글을 통해 인텔의 중요한 전략적 의사결정이 사실은 최고경영진에 의해서가 아니라 조직 내에서 잔뼈가 굵은 하위 경영자들에 의한 자율적 행동(autonomous action)의 결과였다고 설명한다. 인텔의 하위 경영자들이 스스로 주도적으로 새로운 전략을 수립하고 최고경영진을 설득하여 기업의 전략적 우선순위를 바꿨다는 것이다. 자율적 행동에 따라 수립된 전략은 당시 인텔의 최고경영진이 수립한 전략과 상반되는 것이었는데, 이에 따라 인텔은 DRAM 반도체 시장에서 철수하였고 RISC 기반의 마이크로프로세서를 개발하였다. '전략의 실제'에서는 두 젊은 직원의 자율적 행동이 인터넷의 출현에 대응한 마이크로소프트의 전략 변화에 어떻게 영향을 미쳤는지를 보여준다. 또한 마이크로소프트의 신제품인 X-박스 시스템의 시제품은 네 명의 하위직 엔지니어의 주도에 의해 개발되었다. 이 엔지니어들은 최고경영진을 설득하는 데 성공하여 필요한 자원을 확보함으로써 자신들의 시제품을 상용화하게 되었다.

> **자율적 행동**
> 하위 경영자들이 스스로 주도적으로 새로운 전략을 수립하고 최고경영진을 설득하여 기업의 전략적 우선순위를 바꾸는 행동

산업의 지배적인 패러다임을 바꿀 수 있는 급진적인 신기술이 출현할 때, 자율적 행동은 기존에 이미 탄탄한 기반을 가지고 있는 기업에서 특히 중요한 역할을 할 수 있다. 이러한 기업에서 최고 경영진은 기존 전략을 성공적으로 수행함으로써 그 자리에 오를 수 있었기 때문에, 일반적으로 현재 전략에 감정적인 집착을 하게 되고, 또 다른 새로운 시각으로 현실을 보지 못한다. 따라서 이들은 조직에서 관성을 키우는 보수적인 힘으로서 작용한다. 이와는 달리 하위 경영진은 현실에 안주하려는 경향이 상대적으로 덜하고, 새로운 기술이나 전략을 도입함으로써 조직 내에서 자신의 위치를 확고히 할 수 있다. 이 때문에 마이크로소프트의 사례에서와 같이 주로 하위 경영진이 새로운 기회를 포착하고 전략적 변화를 설득하는 역할을 하게 된다.

1.1 전략의 실제 마이크로소프트의 전략변화

인터넷이 개발된 것은 1970년대이지만, 1990년대 초반까지 인터넷은 지금의 생동감, 콘텐츠, 풍부함과는 거리가 먼 칙칙하고 재미없는 공간이었다. 인터넷이 지금과 같이 사용자 중심의 미디어 환경이 된 데에는 HTML과 이를 기반으로 한 브라우저의 발명이 큰 공헌을 했다. HTML과 브라우저의 결합은 월드와이드웹(World Wide Web)을 성공적으로 탄생시켰는데, 이러한 변화는 사전에 예측하기 힘든 것이었다.

일리노이대학교의 젊은 프로그래머이던 마크 앤드리센(Marc Andreessen)은 모자이크(Mosaic)로 알려진 최초의 브라우저를 개발하였다. 그는 일리노이를 떠나 1994년에 스타트업 회사인 넷스케이프에 참여하여 전 세계에서 최초로 상용화된 인터넷 브라우저인 넷스케이프 네비게이터(Netscape Navigator)와 웹페이지 제작 소프트웨어를 개발하였다. 이로 인해 인터넷 접속자는 믿기 힘들 정도로 크게 증가하였다. 1990년 1백만 명에 불과했던 접속자가 1995년 초에는 8천만 명으로 급증한 것이다.

월드와이드웹 이전에도 마이크로소프트는 인터넷을 기회로 활용할 전략을 가지고 있었지만, 그 비중은 셋톱박스, VOD, 양방향 TV, MSN 등에 대한 여러 전략 중 하나에 불과했다. 1994년 초에 빌 게이츠는 젊은 두 명의 직원으로부터 이메일을 받았는데, 그 내용은 마이크로소프트의 현재 전략이 급격히 떠오르는 웹을 과소평가하고 있다는 것이다. 위계질서가 확고한 조직이었다면 이러한 이메일은 무시되었을 것이다. 그러나 좋은 아이디어라면 위계를 따지지 않는 철저한 성과주의의 마이크로소프트에서는 전혀 다른 일이 벌어졌다. 빌 게이츠는 1994년 4월 임원회의를 소집하고, 인터넷이 컴퓨팅에 근본적인 변화를 가져올 것이므로 적절한 대응이 반드시 필요하다고 주장했다.

이로부터 마이크로소프트의 전략은 완전히 바뀌었다. 양방향 TV는 보류되었고, MSN은 HTML에 기반한 웹서비스로 바뀌어 다시 시판되었다. 마이크로소프트는 이후 자체적인 브라우저 기술 개발에 몰두하여 수개월 후에 넷스케이프 네비게이터와 경쟁할 수 있는 인터넷 익스플로러(Internet Explorer)를 발표하였다. 이에 필요한 기반 기술은 인수를 통해 확보하였다. 마이크로소프트는 웹에서 프로그램을 구동하기 위해 개발된 컴퓨터 언어인 자바(Java)를 주요 경쟁자인 선 마이크로시스템스(Sun Microsystems)로부터 라이선싱 하였다. 이 후에 나온 윈도우즈95와 NT에는 인터넷 프로토콜을 포함하였다. 또한 빌 게이츠는 MS 오피스 등 모든 응용 프로그램이 월드와이드웹을 수용하고, 문서를 HTML 형식으로 변환하는 기능을 포함하도록 지시하였다. 1995년 12월 7일 한 연설에서 인터넷이 이제 마이크로소프트가 하는 모든 일에 스며들어 있다고 빌 게이츠가 말할 정도로 전략의 변화는 분명해졌다. 그 때까지 마이크로소프트는 1년을 단위로 전략을 수립하고 추진하였으나, 인터넷에 대응하기 위한 전략의 변화는 매우 빠르고 급격하게 진행되었다. 이로써 마이크로소프트는 독점적 표준을 지향하는 오랜 접근방식에서 탈피하여, 월드와이드웹과 관련된 공개된 표준을 수용하는 방향으로 급격히 전환하게 되었다.

우연한 사건과 전략수립

경영의 역사에서 우연한 사건이 한 기업을 새로운 성공으로 이끈 사례는 그리 드물지 않게 찾아볼 수 있다. 즉 성공적인 전략이 구조화된 정규 계획과정을 거쳐 만들어지기도 하지만, 전혀 기대하지 않은 우연한 사건에 의해 도출되기도 한다는 것이다. 1960년대 3M은 플로로카본(fluorocarbons)이라는 화학물질을 에어컨 기기의 냉매 용도로 생산하고 있었다. 어느 날 연구소의 한 연구원이 실험하던 중에 이 물질을 자신의 신발에 떨어뜨렸다. 이후에 신발에 또다시 커피를 흘리게 되었는데 커피가 신발에 흡수되어 얼룩을 남기지 않고 작은 방울로 맺혀 흘러내리는 것을 발견했다. 이러한 현상을 보고 플로로카본이 액체로 인한 얼룩으로부터 섬유를 보호하는 것을 알게 되었고, 스카치 가드(Scotch Guard)가 탄생하게 되었다. 스카치 가드는 머지 않아 3M의 가장 수익성 높은 제품군이 되었고, 3M은 기존에 전혀 생각지도 않던 섬유 보호 관련 사업에 뛰어들게 되었다.

3M의 사례와 같이 우연한 발견이나 사건이 기업에게 완전히 새로운 기회를 제공하기도 하지만, 어떤 기업에서는 기존에 계획된 전략과 다르다는 이유로 이러한 기회를 놓치기도 한다. 100여 년 전 전신회사인 웨스턴 유니온(Western Union)은 벨이라는 사람이 만들어낸 혁신적인 발명에 대한 권리를 살 수 있는 기회를 우연히 얻었다. 그러나 이 회사는 기존의 사업(전략)과 다르다는 이유로 거부했는데, 이 발명이 바로 전화였고 훗날 전화는 웨스턴 유니온의 전신 사업을 무용지물로 만들어버렸다.

의도적 전략과 우발적 전략

헨리 민츠버그(Henry Mintzberg) 교수는 전략이 어떻게 만들어지는지에 대한 좀 더 현실적인 모델을 제안했다. [그림 1.3]에서 볼 수 있는 것처럼 실현된 전략은 계획된 전략이 실행된 것일 수도 있고(의도적 전략), 계획되지 않은 우발적 전략일 수도 있다. 계획된 전략 중 많은 부분은 예측하지 못한 환경의 변화로 실행되지 못하고 폐기된다(미실현 전략). 우발적 전략(emergent strategy)은 예측치 못

> 우발적 전략
> 계획 없이 우발적으로 탄생한 전략

한 상황에 대한 사전에 계획되지 않은 대응이다. 앞서 살펴본 것처럼 우발적 전략은 조직 내 깊은 곳으로부터의 자율적 행동에 의한 것일 수 있고, 우연한 발견이나 사건에 의한 것일 수도 있으며, 상황변화에 대한 최고경영진의 계획에 없는 전략 변화에 의한 것일 수도 있다. 즉 하향식(top-down)의 정규 계획 방식에 의한 결과가 아닌 것이다. 민츠버그는 의도된 전략보다 우발적 전략이 성공하는 경우가 더욱 많다고 주장했다. 더 나아가서 전략의 수립은 사람들이 학습능력을 가지고 있고 이러한 능력을 뒷받침할 자원이 있는 곳이면 어느 곳에서든 시작될 수 있다고 주장했다.

현실에서 조직의 전략은 대부분 의도적 전략과 우발적 전략이 결합된 것이라고 할 수 있다. 따라서 경영자들은 우발적인 프로세스를 이해하고, 필요할 때는 이 과정에 개입하여 부적절한 우발적 전략은 제거하는 한편 바람직한 것에 대해서는 적극적으로 지원할 필요가 있다. 경영자는 우발적 전략의 가치를 판단할 수 있어야 하는데, 이를 위해서는 전략적 사고를 가져야 한다. 비록 [그림 1.2]처럼 체계적이고 순차적으로 수립된 전략이 아닌 우발적 전략이라고 해도 최고경영진은 이를 평가해 보아야 한다. 즉 우발적 전략을 조직의 목표, 환경으로부터의 기

[그림 1.3] 우발적 전략과 의도된 전략

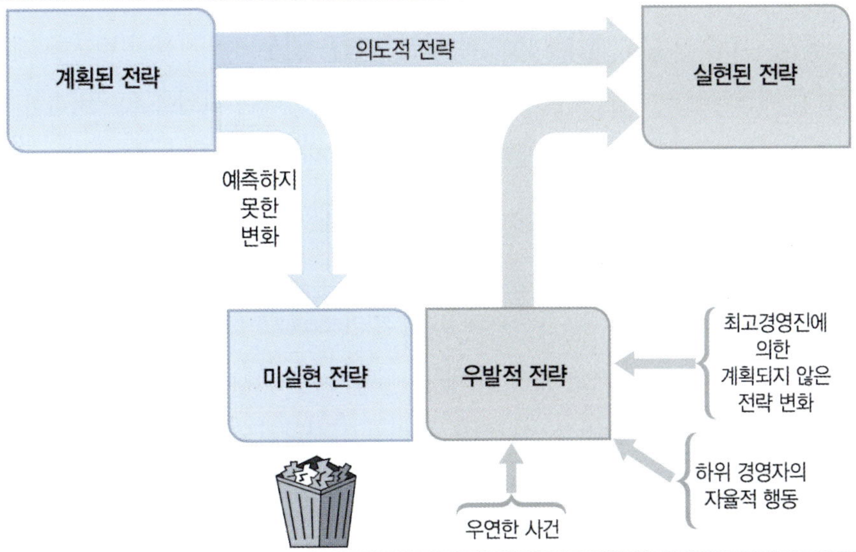

회와 위협, 조직 내부의 강점과 약점과 대비해 봄으로써 전략이 조직의 니즈와 역량에 부합하는지 살펴보아야 한다. 더 나아가서 민츠버그는 다양한 우발적 전략을 창출하는 조직의 역량은 조직구조와 통제시스템의 영향을 받는 조직문화가 기반이 된다고 주장했다. 이는 전략수립과정의 구성 요소들이 의도적 전략뿐 아니라 우발적 전략에서도 중요하다는 것을 의미한다.

전략수립의 실제

정규 계획과정이 때로는 비판을 받기도 하지만, 경영자들이 좀 더 나은 전략적 의사결정을 하도록 도와주는 것도 사실이다. 정규 계획과정이 좀 더 효과적이기 위해서는, 최고경영진이 현재가 아닌 미래의 경쟁 환경 하에서 경쟁우위를 창출할 수 있는 전략을 수립하는 것이 바람직하다. 따라서 최근에는 미래의 환경이 어떻게 변화할지 예측하고, 각기 다른 미래 예측에 따른 계획을 수립하기 위해 시나리오 플래닝 기법이 많이 사용된다. 또한 하위 경영자들을 전략수립과정에 적극적으로 참여시키기 위해 분권화된 계획 방법이 활용되기도 한다.

시나리오 플래닝

시나리오 플래닝
미래에 일어날 수 있는 '만약'의 시나리오에 기반한 계획 수립

장기적으로 보았을 때 전략계획의 실패는 많은 경우 경영자들이 정교한 계획 기법에 매료되어 미래는 어쩔 수 없이 예측 불가능하다는 사실을 잊어버리기 때문에 발생한다. 아무리 정교하게 계획을 수립하더라도 현실에서는 항상 예측하지 못한 상황이 발생하기 마련이다. 미래는 어쩔 수 없이 예측이 불가능하므로, 조직은 한 가지 상황이 아니라 미래에 발생할 수 있는 여러 상황에 동시에 대비해야 한다는 인식에서 출발한 것이 **시나리오 플래닝**(scenario planning)이다. 시나리오 플래닝은 미래에 일어날 수 있는 "만약"의 상황에 대비하여 계획을 수립한다. 일반적으로 시나리오는 낙관적 시나리오와 비관적 시나리오로 나뉜다. 경영자들은 각각의 시나리오에 대응하기 위한 구체적 전략을 개발하게 된다. 이 때 추세를 추적하여 특정 시나리오를 채택하는 기준이 되는 지표들이 "표지판"으로 선택된

다. 시나리오 플래닝을 통해 경영자들은 환경의 동태성과 복잡성을 이해하고, 문제를 전략적으로 접근하며, 상황에 따라 추구해야 할 전략적 대안들을 모색할 수 있다. 한 설문조사에 따르면 포춘(Fortune) 500대 기업 중 절반이 넘는 기업들이 이 기법을 사용하고 있다.

정유기업인 쉘(Royal Dutch Shell)은 가장 먼저 시나리오 플래닝을 도입한 회사인데, 이 기업의 경험은 기법의 유용성을 잘 설명해준다. 쉘은 1980년대부터 시나리오 플래닝을 사용하고 있다. 오늘날 이 회사는 미래의 석유 수요에 따른 두 가지 주요 시나리오를 사용하여 전략을 수립한다. 하나의 시나리오는 석유로부터 천연가스를 거쳐 신재생에너지로의 전환이 점진적으로 이루어질 때를 가정한다. 두 번째 시나리오는 기술의 혁신을 통해 새로운 에너지원으로의 급격한 전환이 이루어질 때를 가정한다. 쉘은 둘 중 어떤 시나리오에서도 기업이 수익을 창출할 수 있도록 투자를 진행함과 동시에 기술과 시장의 추세를 꼼꼼히 추적하고 있다.

시나리오 플래닝의 가장 큰 장점은 경영자들이 창의적으로 생각하도록 하고, 다양한 상황에서 어떻게 행동해야 할지에 대해 미리 계획하도록 하는 것이다. 또한 미래에 대한 특정한 가정을 기반으로 하여 수립된 유연성이 떨어지는 계획

[그림 1.4] 시나리오 플래닝

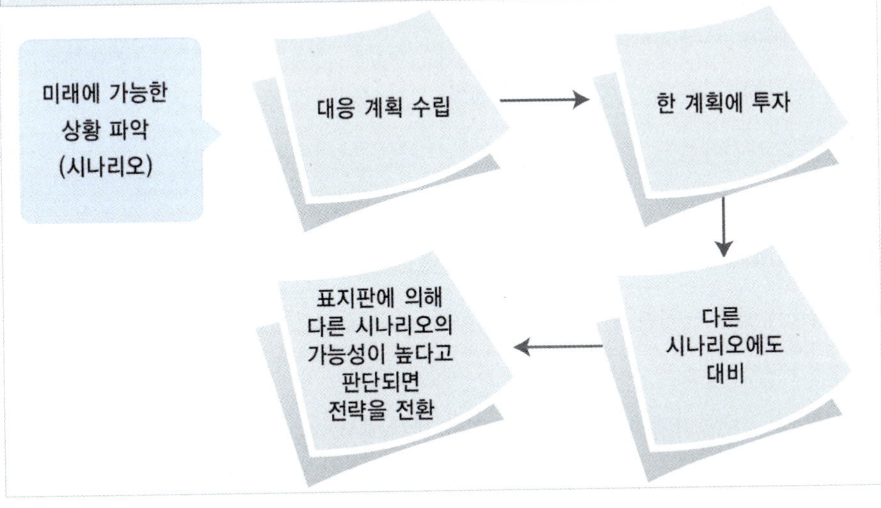

에 집착하기보다는, 환경은 복잡하고 예측이 불가능하기 때문에 유연성을 중시해야 한다는 사고를 경영자들에게 심어줄 수 있다. 일반적으로 조직은 시나리오 플래닝을 통해 가장 가능성 높은 시나리오에 따라 전략을 추진함과 동시에, 가능성이 낮은 시나리오 하에서 효과를 발휘하는 투자도 함께 진행하게 된다. 따라서 쉘의 현재 전략은 신재생에너지로의 전환이 점진적이라는 가정 하에서 수립되어 실행되고 있다. 동시에 신재생에너지 관련 기술에 투자하는 등 두 번째 시나리오의 상황에 대비한 계획도 수립하여 실행함으로써 잠재적 위험을 감소시키고 있다.

계획과정의 분권화

많은 기업에서 전략 계획은 최고경영자만의 책임이라고 인식하는 경향이 있다. 이러한 상아탑(ivory tower)식 접근법은 조직 현실을 잘 모르는 최고경영진에 의해 공허하고 비현실적인 전략이 수립될 수 있다는 위험을 가지고 있다. 조직에 득보다는 해가 되는 전략이 수립되는 것이다. 예를 들어 GE 가전사업부 경영자들은 가족과 주택의 규모가 줄어들 것이라는 인구통계적 자료에 근거해 미래에는 가전제품의 소형화가 큰 추세가 될 것으로 예측했다. 그러나 이들은 주택업자나 유통업자와의 접촉이 없었기 때문에 전체 주택의 크기는 줄었지만 주방과 욕실만은 크기가 줄지 않았다는 것을 알지 못했다. 또한 맞벌이 부부의 경우, 장보러 가는 횟수를 줄이기 위해 큰 냉장고를 선호한다는 사실 또한 포착하지 못했다. 그 결과 GE는 수요가 제한적임에도 불구하고 가전제품의 소형화에 막대한 투자를 낭비하게 되었다.

계획수립의 상아탑식 접근법은 기업수준, 사업부수준, 기능수준 경영자 간 갈등을 유발하기도 한다. GE의 가전사업부에서 일어난 일은 이러한 문제를 잘 보여준다. GE의 전략기획을 담당하는 기업수준 경영자들은 대부분 유명한 컨설팅 회사에서 스카우트되었고 최고의 경영대학원을 졸업한 사람들이었다. 이러한 모습을 지켜본 기능수준 경영자들은 이들이 워낙 똑똑해서 다른 사람의 도움 없이도 스스로 전략적 문제를 잘 해결해 나갈 것으로 생각하게 되었다. 또한 의사결정과정에서 기능별 경영자들은 철저히 배제되어 있다고 생각했다. 급기야 이러한 절차적 불공정성에 대한 인식은 기업수준 경영자들을 "남"으로 생각하여 적대감을 가지게 하였다. 그 결과 기업수준 경영자들이 옳은 것을 주장함에도 불구하고 기능별 경영자들은 귀를 닫고 들으려 하지 않았다. 예를 들어 기업수준 경영자들은 가전산업에서 글로벌화가 매우 중요하고, 일본의 기업들이 가장 큰 위협이라고 생각했고 이는 1980년대 당시의 상황에서 적절한 상황 인식이었다. 그러나 기능수준 경영자들은 이러한 경고에 귀를 기울이지 않았고, 시어스(Sears Roebuck)와 같은 유통업체들과의 힘겨루기에만 몰두했다.

마지막으로 전략계획과정에서 자율적 행동과 우연한 사건이 매우 중요한 역할을 할 수 있음에도 불구하고 상아탑식 접근법은 이를 활용하지 못한다는 또 다른 문제점을 가지고 있다.

상아탑식 접근법의 문제를 극복하기 위해서 조직 내 모든 수준의 경영자들을 전략계획과정에 참여시킬 필요가 있다. 많은 경우에 현실과 가장 가까운 사업부와 기능수준 경영자들이 가장 좋은 계획을 수립할 수 있기 때문에 계획과정이 분권화되어야 하는 것이다. 이 때 기업수준 경영자들의 가장 중요한 역할은 조직 전반의 목표를 설정하고 목표 달성을 위한 효과적인 전략을 찾는데 필요한 자원을 제공함으로써, 사업부와 기능수준 경영자들이 적절한 계획을 수립하도록 뒷받침하는 것이다.

전략적 의사결정

전략계획시스템이 아무리 잘 갖추어져 있어도 경영자들이 자신이 가지고 있는 정보를 효과적으로 활용하지 못하면 원하는 결과를 얻기 힘들다. 따라서 전략적 경영자들은 자신이 가진 정보를 좀 더 잘 활용하는 방법을 학습하고, 어떤 경우에 바람직하지 않은 의사결정이 내려지는지를 알고 있어야 한다. 경영자들이 지식과 정보를 잘 활용하기 위해서는 의사결정과정에서 자신 스스로의 감정 상태를 잘 이해하고 관리해야 한다.

인지적 오류

의사결정시 인간의 합리성은 인지적 능력의 한계로 인해 완벽하지 않고 제한적이다. 즉 수많은 양의 정보를 빠짐없이 습득하여 효과적으로 처리하는 것은 인간에게는 매우 어려운 일이다. 따라서 우리는 복잡하고 불확실한 상황에서 의사결정을 할 때, 경험에 입각한 간단한 법칙, 즉 휴리스틱(heuristics)에 주로 의존하게 된다. 이러한 휴리스틱은 매우 유용하기도 하지만, 경우에 따라서는 의사결정 과정의 심각하고 체계적인 오류를 낳기도 한다. 체계적인 오류는 반복적으로 일어나는 오류를 말하는데, 인간이 정보를 처리하고 의사결정을 하는 방식에서 발생하는 **인지적 오류**(cognitive bias)로 인해 주로 발생한다. 이러한 인지적 오류 때문에 경영자들은 좋은 정보를 가지고 앞서 살펴본 것과 같은 논리적인 의사결정과정을 활용함에도 불구하고 잘못된 의사결정을 내릴 수 있다.

> **인지적 오류**
> 인간이 정보를 처리하여 의사결정을 하는 방식에서 발생하는 체계적 오류

몇몇 인지적 오류는 실험 상황에서 지속적이고 반복적으로 관찰되기 때문에, 누구나 쉽게 빠질 수 있다고 볼 수 있다. 먼저 **사전가설오류**(prior hypothesis bias)란 의사결정자가 변수 간 관계에 대해 사전에 강력한 믿음을 가지고 있을 때, 믿음이 맞지 않다는 증거가 발견됨에도 불구하고, 자신의 믿음을 바탕으로 의사결정을 내리는 경향을 말한다. 더욱이 이들은 자신이 사전에 가진 믿음을 뒷받침하는 정보만을 찾아내어 의사결정에 활용하고, 그렇지 않은 정보는 무시한다. 전략계획 상황에서 예를 들면, 이 오류에 빠진 경영자는 자신이 효과적이라고 믿는 특정 전략만을 끈질기게 추구하며 그렇지 않다는 많은 증거는 무시해 버린다.

> **사전가설오류**
> 의사결정자가 변수 간 관계에 대해 사전에 강력한 믿음을 가지고 있어서 믿음이 맞지 않다는 증거가 발견됨에도 불구하고, 자신의 믿음을 바탕으로 의사결정을 내릴 때 발생하는 인지적 오류

잘 알려진 또 다른 유형의 인지적 오류로 **몰입상승**(escalating commitment)을 들 수 있다. 몰입상승은 경영자가 한 프로젝트에 상당한 자원을 투입한 후, 그 프로젝트가 성공적이지 않다는 피드백을 받으면 더욱 많은 자원을 투입하는 것을 말한다. 이러한 경우 프로젝트를 포기하는 것이 합리적인 의사결정일 것이다. 그러나 경영자들이 가진 프로젝트에 대한 개인적 책임감과 실패를 만회하겠다는 욕망이 이러한 비합리적인 의사결정을 낳게 된다.

> **몰입상승**
> 경영자가 한 프로젝트에 상당한 자원을 투입한 후, 그 프로젝트가 성공적이지 않다는 피드백을 받으면 더욱 많은 자원을 투입할 때 발생하는 인지적 오류

대표적인 인지적 오류의 세 번째 유형으로 **성급한 유추**(reasoning by analogy)를 들 수 있는데, 이는 복잡한 문제를 지나치게 간단한 유추를 통해

> **성급한 유추**
> 복잡한 문제를 지나치게 간단한 유추를 통해 해결할 때 발생하는 인지적 오류

해결하는 것이다. 성급한 유추의 문제는 틀리는 경우가 너무 많다는 것이다. 네 번째로 **대표성**(representativeness)의 문제를 들 수 있다. 대표성의 문제는 작은 규모의 표본, 때로는 하나의 이례적인 사례를 전체로 일반화하려는 경향을 말한다. 이러한 오류는 일반화하기 위해서는 많은 수의 표본이 필요하다는 통계적 사고를 무시하는 것이다. 1990년대 후반 수많은 인터넷 기업들이 우후죽순처럼 생겨난 것은 성급한 유추와 대표성의 문제에 큰 원인이 있다고 할 수 있다. 아마존과 야후와 같은 초기 인터넷 기업들이 크게 성공하자, 많은 사람들이 작은 표본으로부터 성급하게 유추하여, 모든 인터넷 기업이 그들과 비슷한 성공을 이룰 수 있을 것으로 생각했다. 투자자들 또한 마찬가지의 오류에 빠지게 되었고, 그 결과 수많은 기업들이 인터넷 사업에 뛰어들게 되었다. 그러나 이후 대부분 기업들이 실패함으로써 유추가 너무 성급했다는 것을 보여주었다. 즉 몇몇 초기진입자의 표본이 이후 뛰어 들어간 인터넷 기업들의 성공을 보장하지는 않는다는 것이다.

> **대표성**
> 적은 수의 표본, 때로는 하나의 이례적인 사례를 전체로 일반화하려는 경향으로 인해 발생하는 인지적 오류

또 다른 대표적인 인지적 오류인 **통제의 환상**(illusion of control)은 상황을 통제할 수 있는 개인의 능력을 과대평가하는 경향을 말한다. 사람들은 인생에서 성공은 자신이 의사결정을 잘했기 때문이고, 실패는 운 때문이라고 생각하는 경향이 있다. 특히 최고경영자 또는 높은 지위의 경영자들이 이러한 오류에 쉽게 빠질 수 있다. 지금까지의 성공으로 조직의 꼭대기까지 올라갔기 때문에, 언제나 자신의 능력으로 성공할 수 있다는 지나친 자신감을 가질 수 있다. 리처드 롤(Richard Roll) 교수에 따르면, 이러한 지나친 자신감은 기업인수의 상황에서 최고경영자를 오만(CEO hubris)에 빠지게 한다. 오만에 빠진 경영자들은 다른 기업을 인수함으로써 가치를 창출하는 자신의 능력을 과신하고, 따라서 기업인수에 지나치게 많은 비용을 지불하는 잘못된 의사결정을 내리게 된다. 인수비용을 마련하기 위해 빌린 막대한 부채를 갚으면서 이윤을 창출하는 것은 사실상 불가능한 경우가 많다.

> **통제의 환상**
> 상황을 통제할 수 있는 개인의 능력을 과대평가하는 경향에서 발생하는 인지적 오류

의사결정의 개선

악마의 변호
의사결정 집단의 한 구성원을 악마의 대변인으로 지정하여 계획안을 받아들일 수 없는 모든 이유를 찾아내도록 하는 기법

인지적 오류를 줄이는 대표적인 기법으로 악마의 변호, 변증법적 토의와 외부시각의 세 가지를 들 수 있다. 악마의 변호(devil's advocacy)는 계획안과 계획안에 대한 비판적 분석으로부터 시작된다. 의사결정 집단의 한 구성원을 악마의 대변인으로 지정한다. 이 구성원의 역할은 의사결정의 기반이 되는 가정에 도전하고, 계획안을 받아들일 수 없는 모든 이유를 찾아내는 것이다. 이러한 방법으로 의사결정자들은 계획안이 가지고 있는 잠재적인 문제점에 대해 인식할 수 있다.

변증법적 토의
계획안(thesis)과 계획안에 상반되는 행동을 제안하는 설득력 있는 대체적인 계획안(antithesis)을 만드는 기법

변증법적 토의(dialectic inquiry)는 악마의 변호에 비해 좀 더 복잡하다. 먼저 계획안(thesis)과 상반되는 행동을 제안하는 설득력 있는 대체적인 계획안(antithesis)을 만든다. 경영자들은 각 계획안을 주장하는 구성원들의 토론을 듣고, 어떤 안이 더 높은 성과를 낼 수 있을지를 결정한다. 이러한 토의의 목적은 두 안 모두에서 문제 정의, 행동 방향, 가정 상의 문제점들이 드러나도록 하는 것이다. 그 결과 경영자들은 문제에 대해 좀 더 새롭고 폭넓은 사고를 할 수 있고, 이를 바탕으로 최종 계획안(synthesis)을 수립할 수 있다.

외부시각
참조 사례군을 만들고, 성공과 실패를 평가한 후, 현재의 전략 대안을 유사한 사례와 비교하여 평가하는 기법

인지적 오류를 줄이기 위한 또 다른 기법으로 노벨상 수상자인 데니얼 카너먼(Daniel Kahneman)이 주장한 외부시각이 있다. 외부시각(outside view)은 의사결정자가 과거 유사한 전략적 시도 사례를 모아 참조사례군(reference class)을 만들고, 이러한 시도들이 성공했는지 실패했는지를 결정한다. 그리고 현재의 전략 대안을 과거의 유사한 전략적 시도들과 비교하고 평가한다. 카너먼에 따르면 이 기법은 특히 통제의 환상, 성급한 유추, 대표성의 문제를 줄이는 데 도움이 된다. 예를 들어 다른 기업 인수를 고려하는 경영자는 먼저 다른 기업에 의해 실행된 인수 사례들을 수집한다. 이들이 성공했는지 실패했는지를 결정한 후, 현재의 인수안과 과거의 사례들을 객관적으로 비교하여 평가한다. 경영자들은 규모가 큰 표본을 바탕으로 현실성 검토(reality check)를 거침으로써 지나친 낙관론에서 벗어날 수 있고, 보다 현실적인 평가와 계획을 도출해낼 수 있다.

전략적 리더십

일반경영자와 기능별 경영자 모두에게 요구되는 중요한 전략적 역할은 부하에게 전략적 리더십을 발휘하여 조직의 성과를 높이기 위해 자신이 가진 모든 지식, 열정과 몰입을 집중하는 것이다. 그동안의 연구에 의하면 조직의 우월한 성과에 기여하는 성공적인 전략적 리더는 다음의 몇 가지 공통적인 특성을 가지고 있다.

비전, 호소력, 일관성

리더가 해야 할 가장 중요한 일 중 하나는 조직에 방향을 제시하는 것이다. 강력한 리더들은 조직의 방향에 대한 명확하고 강렬한 비전을 가지고, 이러한 비전을 구성원들에게 호소력 있게 전달함으로써 조직에 활력이 넘치도록 한다. 또한 조직 문화의 일부분으로 정착될 때까지 끈질기고 일관성 있게 구성원들과 비전에 대해 소통한다.

이와 같은 강력한 리더의 예로는 마이크로소프트의 빌 게이츠(Bill Gates), GE의 전임 최고경영자인 잭 웰치(Jack Welch), 월마트의 창업자인 샘 월튼(Sam Welton)을 들 수 있다. 오랜 기간 동안 빌 게이츠는 윈도우즈 기반 PC를 전 세계 모든 책상에 놓는다는 야심찬 비전을 일관성 있게 제시했고, 이는 마이크로소프트의 성장에 큰 기여를 하였다. 최근 마이크로소프트의 비전은 게임기(X-박스), 스마트폰을 포함한 전 세계 모든 컴퓨팅 기기에 윈도우즈 기반 소프트웨어를 설치하는 것으로 진화하였다. 잭 웰치는 GE가 경쟁하는 모든 사업에서 1등 또는 2등이 아니면 퇴출한다는 매우 간단하고 강렬한 비전을 일관성 있게 오랫동안 강조하였다. 샘 월튼은 구매와 운영의 효율성으로 인한 원가 절감을 고객에게 '상시 최저가(everyday low price)'의 형태로 돌려준다는 비전을 제시하였고, 이는 월마트를 눈부신 성공으로 이끌었다.

몰입

성공적인 리더들은 비전과 비즈니스 모델에 대한 강력한 몰입을 말뿐만이 아니라 행동으로 구성원들에게 보여준다. 예를 들어 뉴코의 전 최고경영자인 켄 아이버슨(Ken Iverson)의 사례를 살펴보자. 뉴코는 전 세계에서 가장 효율적이고 낮은 원가구조를 가진 철강업체이다. 이 기업은 어려움을 겪는 다른 철강업체들과 달리 끊임없는 원가절감을 통해 30여 년 간 지속적으로 수익을 창출해 왔다. 최고경영자였던 아이버슨은 재임기간 중 기업의 비전과 비즈니스 모델에 대한 몰입을 몸소 보여주었다. 전화는 직접 받았고, 비서는 한 명만 채용했으며, 낡은 차를 직접 운전했고, 비행기는 일반석을 이용했으며, 포춘 500대 기업의 최고경영자 중 가장 적은 월급을 자랑스럽게 여겼다. 이러한 몰입을 본 구성원들은 원가를 절감하기 위해 어떤 일도 해야 한다는 강력한 메시지를 받게 되었고, 아이버슨을 존경하게 되었으며, 그 결과 더욱더 열심히 일하게 되었다. 아이버슨은 은퇴했지만 그의 유산은 원가 절감을 최우선으로 하는 기업 문화로 발전되어 현재까지 이어지고 있다. 다른 성공적인 리더들과 마찬가지로 리더로서의 재임 기간을 뛰어넘어 지금까지도 뉴코에 영향을 미치고 있는 것이다.

정보수집능력

효과적인 리더는 기업 내에서 어떤 일이 일어나고 있는지에 대해 수시로 파악할 수 있는 공식적·비공식적 네트워크를 구축하고 유지한다. 사우스웨스트항공의 허브 켈러허(Herb Kelleher)는 예고 없이 수시로 항공기 정비 시설에 방문하여 일하고 있는 종업원들을 직접 거들었는데, 이를 통해 기업 상황에 대한 많은 정보를 얻을 수 있었다. 맥도날드의 레이 크록(Ray Kroc)이나 월마트의 샘 월튼 또한 예고 없이 수시로 매장들을 방문하기로 유명했다. 이와 같은 비공식적이고 형식에 얽매이지 않는 정보 수집 방법은 매우 효과적일 수 있는데, 왜냐하면 공식적 채널은 조직의 특정 이해관계로부터 자유로울 수 없고 문지기 역할을 하는 경영자에 의해 최고경영자가 얻는 정보가 왜곡될 수 있기 때문이다. 켈러허처럼 조직 내 다양한 계층의 종업원을 수시로 접하는 경영자는 그렇지 않은 경영자에 비해 양질의 비공식적 정보 네트워크를 가질 수 있다.

권한이양 의지

고성과 리더들은 일반적으로 위임을 잘할 줄 아는 사람들이다. 그들은 위임을 효과적으로 하지 못하면 지나치게 많은 책임이 순식간에 자신에게 몰리게 되는 것을 잘 안다. 또한 하급자에게 의사결정의 권한을 이양하는 것은 훌륭한 모티베이션 수단이기도 하다. 특히 실제로 실행을 담당하는 사람에게 의사결정을 맡김으로써 성공적인 실행을 기대할 수 있다는 측면에서도 권한이양은 바람직하다. 그러나 동시에 현명한 리더는 특정 핵심적인 의사결정에 대해서는 자신의 통제를 계속 유지한다. 결국 이들은 중요한 의사결정에 대한 권한은 기꺼이 하급자에게 이양하지만, 비전이나 비즈니스 모델과 같이 조직의 성공에 핵심적이라고 판단되는 의사결정에 대해서는 권한을 이양하지 않는다.

권력의 현명한 활용

에드워드 랩(Edward Wrap)의 유명한 연구에 따르면 효과적인 리더는 자신이 가지고 있는 권력을 매우 현명하게 활용한다. 전략적 리더들은 때로는 권력 싸움에 능수능란해야 하고, 권한을 활용하여 자신의 아이디어를 일방적으로 밀어붙이지 않고 공감대를 형성하여 받아들여지도록 해야 한다. 즉 효과적인 리더는 독재자가 아닌 민주적 리더로서 행동한다. 제프리 페퍼(Jeffery Pfeffer) 교수 또한 비슷한 견해를 제시했다. 그는 정치적으로 현명한 리더는 권력을 매우 지능적으로 활용하여 일을 해나간다고 주장했다. 페퍼에 따르면 권력은 예산, 자금, 지위, 정보, 지식 등 조직에게 중요한 자원을 통제함으로써 생긴다. 정치적으로 현명한 리더는 이러한 자원을 또 다른 핵심적인 자원을 획득하기 위해 사용한다. 바로 조직 내에 핵심적인 지위에 있으며 리더가 추구하는 전략적 목표를 달성하는데 반드시 필요한 지지자들이다. 한편 페퍼에 따르면 최고경영자만이 조직에서 권력을 가지는 것은 아니다. 때로는 낮은 지위의 기능별 경영자가 효과적인 권력 기반을 구축하고 활용하여 조직의 성과에 영향을 미치기도 한다.

감성 지능

감성지능(emotional intelligence)은 데니얼 골먼(Daniel Goleman)이 많은 효과적인 리더들에게서 공통적으로 나타나는 심리적 특성들의 집합을 설명하기 위해 만들어낸 개념이다. 감성지능은 다음의 다섯 가지 차원으로 구성된다.

- **자기인식** : 자신의 기분과 감정, 감정이 발생한 이유와 다른 이에게 미치는 영향을 이해하는 능력
- **자기조절** : 자신의 파괴적인 기분이나 충동을 통제하고 제어하는 능력으로 행동하기 전에 사고하는 능력
- **동기부여** : 돈과 명예를 초월한 일에 대한 열정과 정열적이고 지속적으로 목표를 추구하는 성향
- **공감** : 하급자의 기분과 관점을 이해하고 이를 의사결정에 반영
- **사회성** : 타인과 친밀한 관계를 형성하고 유지하는 능력

골먼은 이러한 특성을 많이 가진 감성지능이 높은 경영자가 그렇지 못한 경영자에 비해 효과적인 리더가 될 가능성이 높다고 주장했다. 리더의 심리적 특성이 리더십에서 매우 중요하다는 것이다. 자기인식(self-awareness)과 자기조절(self-regulation)은 하급자들로부터 신뢰와 믿음을 이끌어낸다. 즉 사람들은 자신의 한계를 인식하고(자기인식), 결정을 신중하게 내리는(자기조절) 리더를 존경한다. 또한 자기인식과 자기조절을 잘하는 사람은 자신감을 가지고 있어서 모호함에 잘 대처하고 변화에 개방적인 모습을 보인다. 강력한 동기부여(motivation)를 통한 일에 대한 열정은 다른 구성원들에게도 전염되어 공동의 목표와 미션 달성을 위한 노력에 동참하게 한다. 마지막으로 공감(empathy)과 사회성(social skills)은 하급자가 리더에게 충성하도록 한다. 보통 이러한 경영자들은 다른 이들에 비해 분쟁을 잘 해결하고, 다양한 구성원들 사이에서 공감대와 공동 목표를 찾아내며, 사람들을 바람직한 방향으로 이끄는 능력이 뛰어나다.

요약

1 전략은 기업이 목표를 달성하기 위해 수행하는 행동이다.

2 기업이 산업 내 기업들의 평균을 상회하는 수익을 창출할 때 경쟁우위를 가지고 있다고 말한다. 또한 이러한 수익이 장기간 지속될 때 지속가능 경쟁우위를 가지고 있다고 표현한다. 일반적으로 경쟁우위를 가진 기업은 경쟁자보다 수익이 빠르게 성장한다.

3 일반경영자는 조직 전체 또는 독립적으로 운영되는 사업부나 부문의 성과를 책임진다. 이들의 전략적인 관심은 자신이 맡은 조직 전체의 건전성을 높이는 것에 있다.

4 기능별 경영자는 기업 내 특정 기능의 운영을 책임진다. 일반경영자가 가지는 책임은 없지만, 매우 중요한 전략적 역할을 수행한다.

5 정규 전략계획과정의 모델에 따르면 조직의 전략은 논리적인 계획과정의 산물이다. 전략경영 프로세스는 미션·비전·주요목표의 정의, 조직의 외부환경과 내부여건 분석, 외부의 기회와 위협과 내부의 강점과 약점에 부합하는 전략 선택, 선택된 전략의 실행을 위한 조직구조와 통제 시스템 채택을 구성요소로 한다.

6 전략은 정규 계획 없이도 하위 경영자들이 예상치 못한 상황에 대처하는 과정에서 조직의 깊은 곳으로부터 우발적으로 발생할 수 있다.

7 전략계획은 주로 고위 경영자가 불확실성에 대응을 잘못하거나, 상아탑에 갇혀 현실과 멀어짐에 따라 실패하게 된다.

8 체계적인 계획과정에도 불구하고 경영자들의 인지적 오류로 인해 바람직하지 않는 전략이 수립될 수도 있다.

9 악마의 변호, 변증법적 토의, 외부시각은 전략적 의사결정의 효과성을 높일 수 있는 기법들이다.

10 좋은 전략적 리더는 여러 공통적인 특성을 가진다. 주요한 특성으로 비전·

호소력·일관성, 몰입, 정보수집능력, 권한이양 의지, 권력의 현명한 활용, 감성 지능을 들 수 있다.

토의 주제

1 전략은 무엇이라고 생각하는가? 전략과 비즈니스 모델은 어떻게 다른가?

2 지속적으로 높은 수익성의 원천은 무엇이라고 생각하는가?

3 정규 전략계획의 강점은 무엇이고, 약점은 무엇인가?

4 다음의 서술이 맞는지에 대해 토론하시오: 정규 전략계획과정은 IT와 같은 하이테크 산업의 기업에게는 필요가 없다. 왜냐하면 이러한 산업은 변화의 속도가 너무 빨라서 예측치 않은 상황으로 인해 미리 수립한 전략이 쓸모없어지는 경우가 많기 때문이다.

5 이 장에서 배운 리더십 특성을 기준으로 전·현직 대통령을 비교하시오. 누가 가장 훌륭한 전략적 리더라고 생각하는가? 왜 그렇게 생각하는가?

전략경영 연습

소그룹 활동: 계획시스템 설계

3-5명의 그룹을 만들고, 한 사람을 그룹의 대변인으로 지정하시오. 대변인은 강사의 지시에 따라 그룹의 의견을 반 전체와 커뮤니케이션하는 역할을 한다.

당신의 그룹은 급성장하는 컴퓨터 소프트웨어 회사의 최고경영진이다. 회사의 제품은 사용자가 인터넷 기반으로 롤플레잉 게임을 편리하게 할 수 있도록 하는 소프트웨어이다. 과거 3년간 당신의 회사는 종업원 10명에 매출도 없는 스타트업에서 종업원 250명에 매출액 6천만 달러 규모의 회사로 급성장했다. 지금까지는 너무 급성장해서 전략 계획을 수립할 시간도 없었다. 그러나 지금은 이사회가 회사의 계획을 요구하고, 이러한 계획이 기업의 의사결정과 자원배분에 방향을 제시해야 한다고 강조한다. 이를 위해 이사회는 다음의 특성을 가진 계획 프로세스를 만들 것을 최고경영진에 요구한다.

1 계획 프로세스는 핵심적인 종업원을 최대한 많이 포함시키고 민주적이어야 한다.

2 계획 프로세스를 통해 어떻게 급격한 성장을 지속할지에 대한 공유된 비전을 구축할 수 있어야 한다.

3 계획 프로세스를 통해 기업에게 핵심적인 3-5개의 전략이 도출되어야 한다.

4 계획 프로세스를 통해 구체적인 액션 플랜이 도출되어야 하고, 이는 연간 예산 계획과 연계되어야 한다.

이사회에 제시할 계획 프로세스를 설계하시오. 특히 이 프로세스에 누가 포함되어야 하는지에 대해 신중하게 결정하시오. 자신이 선택한 프로세스의 강점과 약점을 생각하고, 왜 다른 대안에 비해 좋은지 설득할 준비를 하시오.

웹 탐색

3M 홈페이지

3M의 홈페이지(www.3m.com)에서 기업의 역사를 설명하는 곳을 방문하시오. 이곳의 정보를 바탕으로 설립부터 지금까지의 전략의 변화를 그려보시오. 이러한 변화 중 어느 만큼이 구체적인 장기 계획에 의한 것이라고 생각하는가? 또한 어느 만큼이 예측치 못한 상황에 대응하기 위한 계획되지 않은 행동의 결과라고 생각하는가?

일반 과제

장기간 전략의 변화를 그려볼 수 있을 만큼 충분한 정보를 제공하는 기업의 홈페이지를 방문하시오. 무엇이 이러한 변화를 일으켰을까? 이러한 변화 중 어느 만큼이 구체적인 장기계획에 의한 것이라고 생각하는가? 또한 어느 만큼이 예측치 못한 상황에 대응하기 위한 계획되지 않은 행동의 결과라고 생각하는가?

마무리 사례 GM의 쉐비 볼트

GM은 큰 어려움을 겪고 있다. 2008년 북미 자동차 시장이 얼어붙자 전년도에도 이미 적자를 기록한 GM은 더욱 큰 재무적 어려움에 직면했다. GM은 140억 달러의 적자가 예상되는 상황에서 부도를 모면하기 위해 정부에 공적자금 투입을 간청할 수밖에 없었다. 부도에 따른 경제적 파장을 우려한 정부는 GM의 부탁을 들어주는 대신 수익성을 회복하기 위한 명확한 자구 계획을 요구했다. 아이러니하게도 GM은 이러한 계획을 이미 가지고 있었다. 그 핵심에는 쉐비 볼트(Chevy Volt)라는 새로운 개념의 자동차가 있었다.

2010년 출시된 쉐비 볼트는 가솔린 엔진을 예비로 가진 4도어 소형 전기자동차이다. 이 차의 일차적 에너지원은 휴대전화, 노트북 컴퓨터와 같은 소형 전자제품에 많이 사용되는 리튬이온 배터리이다. 이 차에 장착된 배터리는 6시간에 걸쳐 완전히 충전되면 40마일을 갈 수 있는데, 이는 일반 사람들이 하루에 자동차로 이동하는 거리에 턱없이 못 미치는 것이다. 충전된 전기를 모두 소모한 후에는 가솔린 엔진이 역할을 이어받아서 자동차를 움직임과 동시에 배터리를 충전한다. GM은 이 차의 연비가 갤런당 100마일에 이르며, 휘발유 가격을 갤런당 3달러로 계산했을 때 전기 충전비용을 포함해도 일반 가솔린 자동차 대비 80%의 에너지 비용이 절감된다고 추산했다. 가격은 약 41,000달러 정도였는데, 이 차가 배터리를 사용하기 때문에 소비자는 정부로부터 7,500달러의 세금 감면 혜택을 받을 수 있다.

쉐비 볼트는 GM의 부회장인 밥 루츠(Bob Lutz)와 연구개발 및 전략기획 부문 책임자인 레리 번스(Larry Burns)의 합작품이다. 루츠는 항상 연료를 많이 소모하는 출력이 높고 남성적인 자동차를 선호했던 경영자였다. 그러나 기획 부문에서는 1990년대 내내 GM을 대표하는 차종이었던 SUV에 대한 시장의 선호가 크게 줄어들 것이라며 그를 설득했다. 몇몇 추세는 이러한 시나리오의 실현 가능성을 높이고 있었다.

첫째, 원유와 휘발유의 가격이 급격히 상승하였다. 갤런당 1달러일 때는 연비가 나빠도 SUV를 타려는 사람들이 많지만 4달러가 되면 상황이 달라진다. GM의 기획 부문은 중국, 인도 등에서 기름의 수요는 크게 증가하는 반면 공급은 제한적이기 때문에 저유가 시대는 이미 끝났다고 내다보았다. 둘째, 지구온난화에 대한 관심이 증대되면서 각 국가들은 탄소배출에 대한 규제를 점차 강화하는 추세였다. 기획 부문은 내연기관 자동차가 온실가스 배출의 주요 원천이기 때문에 이러한 규제를 피할 수 없다고 보았다. 셋째, 새로운 기술 개발로 리튬이온 배터리가 이전보다 훨씬 강력해지고 있지만 생산원가는 오히려 점차 낮아지고 있었다. 넷째, 1997년 처음 출시한 경쟁자인 도요타의 하이브리드 자동차 프리우스(Prius)의 성공은 배터리 자동차에 대한 시장 수요가 충분히 존재하는 것을 보여주었다. 한편 볼트와는 달리 프리우스는 리튬이온이 아닌 연료전지 배터리를 사용하였다.

이러한 분석에도 불구하고, 루츠와 번스가 2003년 볼트의 개발을 처음으로 제안했을 때 GM의 다른 경영자들은 이에 반대하였다. 이 제안이 거부된 이유는 첫째, GM이 이미 연료전지 기술에 막대한 투자를 진행한 상황에서 리튬이온 기술로의 갑작스러운 변경은 받아들여지기 어려웠다. 둘째, 경영자들은 리튬이온 배터리를 대형화하는 것이 기술적으로 어렵다고 판단하였다. 셋째, GM은 이미 전기자동차에 실패한 경험이 있었다. 1990년대 연료전지 기술을 바탕으로 한 EV1을 출시했지만 판매는 지지부진했다. 하지만 많은 사람들은 GM이 EV1에 적극적으로 힘을 실어주지 않았기 때문이라고 생각한다.

그러나 2006년이 되자 상황은 급격히 전개되었다. 전략기획 부문에서 예상한 대로 유가가 급등했을 뿐 아니라, 실리콘 밸리의 자그마한 스타트업인 테슬라모터스(Tesla Motors)가 리튬이온 스포츠카를 시장에 내놓겠다고 발표한 것이다. 이를 본 루츠의 반응은 "스타트업도 하는데 GM이 못할 리 없다"는 것이었다. 루츠와 번스는 GM 내에 개발팀을 꾸리고 빠르게 쉐비 볼트의 콘셉트 카를 만들어 2007년 디트로이트 모터쇼에서 선보였다. 이 콘셉트 카에 대한 반응은 긍정적이었는데, 루츠는 이를 바탕으로 개발 프로젝트를 본격적으로 개시해야 한다고 주장했다. 또한 경쟁자인 도요타는 프리우스로 인해 매출 향상뿐 아니라 그린 자동차의 이미지까지 얻고 있다고 주장했다. 결국 이번에는 루츠와 번스가 다른 고위 경영진 설득에 성공했고, 2010년 출시라는 야심찬 목표를 내세운 쉐비 볼트 프로젝트가 2007년 초반 공식적으로 개시되었다.

토의 주제

1 GM과 같은 대규모의 복잡한 조직에서 이루어지는 전략적 의사결정에 대해 쉐비 볼트의 사례에서 얻을 수 있는 시사점은 무엇인가?

2 외부 환경의 어떠한 추세가 쉐비 볼트 프로젝트를 뒷받침하였는가?

3 프로젝트 추진에 걸림돌이 된 GM의 내부 요인은 무엇이라고 생각하는가?

4 쉐비 볼트 프로젝트는 고유가가 지속될 것이라는 가정에 기반하고 있다. 그러나 2008년 말부터 글로벌 경제 침체로 인해 유가는 급락하였다.

a. 이는 전략 계획의 어떠한 특성을 보여주는가?

b. 쉐비 볼트의 성공가능성에 저유가가 미치는 영향은 무엇인가?

c. 저유가가 지속될 것으로 생각하는가?

5 쉐비 볼트가 성공하기 위해서 어떤 것들이 필요한가? GM에게 이 프로젝트의 위험은 얼마나 크다고 분석되는가? 프로젝트 실패에 따른 비용은 무엇인가? 프로젝트를 추진하지 않았을 때의 비용은 어떤 것인가?

Chapter

2

이해관계자, 미션, 기업지배구조, 기업윤리

학습목표

- 이해관계자를 고려해야 하는 이유를 설명
- 미션선언문의 구성요소를 이해
- 기업경영에서 기업지배구조의 역할을 설명
- 비윤리적 경영의 원인을 검토
- 의사결정이 윤리적 원칙에 부합하도록 하는 방법을 논의

개요

> **이해관계자**
> 기업의 행위와 성과에 이해와 요구 및 권리를 가지는 개인 또는 집단

> **기업지배구조**
> 경영자가 기업의 가장 중요한 이해관계자인 주주의 이해와 일치하는 전략을 추구하는 것을 보장하기 위한 메커니즘

기업은 전략수립과정에서 조직의 핵심적인 구성요소인 이해관계자로부터 지원을 이끌어내고 유지하는 것이 중요하다. 왜냐하면 조직이 제대로 기능하고 생존하기 위해서는 이해관계자로부터의 지원이 반드시 필요하기 때문이다. 기업의 **이해관계자**(stakeholder)는 기업의 행위와 성과에 이해(interest)와 요구 및 권리(claim)를 가지는 개인 또는 집단이다. 이 장에서 우리는 먼저 이해관계자와 기업의 관계를 살펴보고자 한다. 다음으로 조직이 이해관계자의 권리에 대해 어떤 시각을 가지는지에 대한 핵심적인 척도인 미션선언문에 대해 논의할 것이다. 미션선언문의 목적은 조직 내 여러 전략적 의사결정의 기본적인 원칙을 설정하는 것이다. 이러한 원칙에는 중요한 이해관계자 집단의 요구와 권리가 반영되어야 한다. 이후에는 기업지배구조에 대해서 다룬다. **기업지배구조**(corporate governance)는 경영자가 기업의 가장 중요한 이해관계자인 주주의 이해와 일치하는 전략을 추구하는 것을 보장하기위한 메커니즘이다. 마지막으로 전략적 의사결정의 윤리적 측면을 살펴본다. 경영자가 의사결정 시 모든 이해관계자를 고려해야 한다는 윤리적 원칙을 어떻게 준수할 수 있을지에 대해 알아본다.

이해관계자

> **내부 이해관계자**
> 주주와 임직원(최고경영자 및 경영자와 이사회를 포함)
>
> **외부 이해관계자**
> 기업에 요구와 권리를 가진 기업 외부의 개인이나 집단

기업의 이해관계자는 내부 이해관계자와 외부 이해관계자로 나뉜다. **내부 이해관계자**(internal stakeholder)는 주주와 임직원을 말하는데, 최고경영자를 포함한 경영자와 이사회도 이 범주 안에 들어간다. **외부 이해관계자**(external stakeholder)는 기업에 요구와 권리를 가진 기업 외부의 모든 개인이나 집단을 말한다. 외부 이해관계자에는 고객, 공급자, 채권자, 정부, 노조, 지역사회, 일반 대중이 포함된다.

[그림 2.1] 이해관계자와 기업

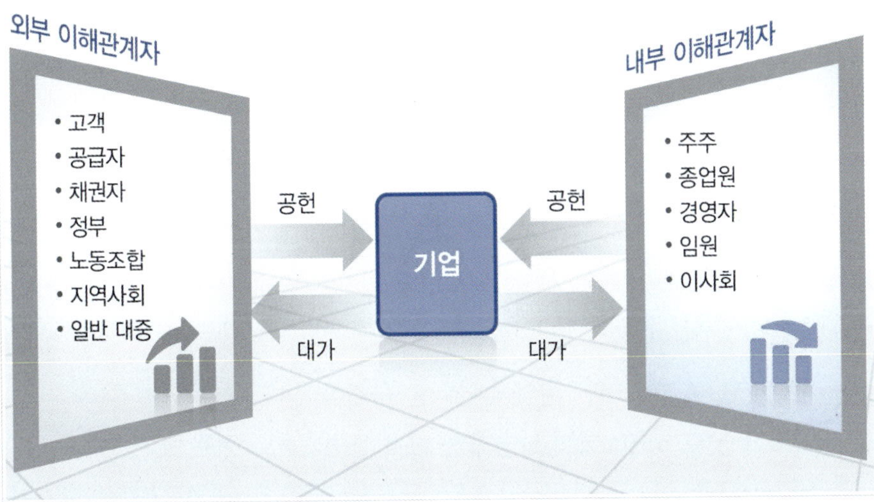

모든 이해관계자는 기업과 서로 교환 관계에 있다. 각각의 이해관계자는 조직에 중요한 자원을 제공하고, 이에 대한 대가로 조직이 자신의 이해를 충족시키고 요구를 수용해 주길 기대한다. 주주는 기업에 자본을 제공하고 그 대가로 경영자가 자신의 투자에 대한 수익을 극대화해 줄 것을 요구한다. 채권자는 기업에 부채의 형태로 자금을 제공하고 그 대가로 기업이 이자와 함께 자금을 제때 상환할 것을 요구한다. 종업원은 자신의 노동력과 기술을 제공하고, 임금, 직무만족, 고용안정, 양질의 작업환경을 기대한다. 고객은 기업에 가격(매출액)을 지불하는 대신 고품질의 신뢰할 수 있는 제품을 요구한다. 공급자는 부품이나 원료를 제공하는 대신 대금의 정확한 지급과 신뢰할 수 있는 관계 형성을 기대한다. 정부는 기업이 경제 활동을 수행할 수 있도록 법과 제도로 뒷받침해 주고 이에 대한 대가로 규정 준수와 세금 납부를 요구한다. 노조는 기업에 양질의 노동력을 제공하는 대신, 기업이 노조원들에게 공헌한 만큼의 대가를 지불하도록 요구한다. 지역사회는 현지 지역의 인프라를 사용할 수 있도록 하는 대신, 기업이 사회의 건전한 시민으로서 행동하기를 바란다. 일반 대중은 국가 차원의 인프라를 제공하는 대신, 기업의 존재로 인해 삶의 질이 개선되기를 바란다.

기업은 전략을 수립할 때 이와 같은 요구나 권리를 반드시 고려해야 한다. 만약 그렇지 않으면 이해관계자는 기업에 대한 지원을 거두게 된다. 즉 주주는 주식을 매각하고, 채권자는 자금을 제공하지 않거나 높은 이자를 요구하며, 종업원은 기업을 떠나고, 고객은 다른 기업의 제품을 구매하게 된다. 공급자는 더 이상 부품이나 원료를 공급하지 않고 믿을 만한 다른 기업을 찾게 될 것이다. 노조는 노동쟁의에 들어갈 수 있다. 정부는 기업과 경영자에게 민형사상 책임을 물어 사법처리하려 할 것이다. 지역사회는 사업장의 입지에 반대할 것이고, 일반 대중은 압력단체를 형성하여 삶의 질을 위협하는 기업의 행동을 제지할 것이다. 이 중 어느 하나라도 현실이 되면 기업에게는 큰 타격이 된다.

경영자가 모든 이해관계자의 요구를 항상 충족시키는 것은 사실상 불가능하다. 이해관계자들의 주장이 상충될 수도 있고, 기업이 사용할 수 있는 자원 또한 제한되어 있다. 예를 들어 노조는 높은 임금을 요구하는 반면, 고객은 낮은 가격을, 주주는 납득할 만한 수익을 요구한다. 어쩔 수 없이 기업은 선택을 해야 한다. 이를 위해 먼저 가장 중요한 이해관계자를 파악하고, 전략을 추구하는 데 있어 이들의 이해에 최우선 순위를 두어야 한다. 이해관계자의 영향에 대한 분석(stakeholder impact analysis)은 일반적으로 다음의 절차를 거친다.

1 이해관계자를 파악
2 이해관계자의 이해와 관심을 파악
3 그 결과, 조직에게 어떠한 요구를 할지에 대해 파악
4 조직의 관점에서 가장 중요한 이해관계자를 파악
5 이에 따른 전략적 도전을 파악

경영자는 이러한 분석을 통해 조직의 생존에 가장 핵심적인 이해관계자를 파악하고, 이들의 요구를 충족시키는 게 가장 중요하다는 것을 다시 한 번 인식하게 된다. 대부분의 기업에서는 분석 결과로부터 조직의 생존과 발전을 위해 가장 핵심적인 이해관계자 집단이 고객, 종업원, 주주임을 알게 된다.

미션선언문

미션선언문은 이해관계자의 요구에 대한 조직의 시각을 보여주는 핵심적인 척도이다. 또한 제1장에서 살펴본 바와 같이 미션선언문은 전략계획과정의 시작점이다. 기업마다 차이가 있지만, 가장 포괄적인 미션선언문은 미션, 비전, 가치, 목표의 네 가지 구성 요소를 가진다.

미션

미션(mission)은 조직이 하는 일이 무엇인지를 제시한다. 예를 들어 코닥의 미션은 "언제 어디서나 고객이 이미지를 획득, 저장, 처리, 출력, 전달하는데 필요한 솔루션을 제공"하는 것이다. 이 미션은 기업이 현재 생산하는 제품(필름이나 카메라)이 아니라, 기업이 충족시키고자 하는 고객의 니즈에 초점을 맞춘 것이다. 즉 코닥은 제품이 아니라 고객에 기반한 미션을 가지고 있다.

> **미션**
> 조직이 무엇을 하기 위해 존재하는가

미션을 수립하기 위한 첫 번째 단계는 기업의 사업을 정의하는 것이다. 이러한 정의는 "무엇이 우리의 사업인가? 미래에 우리의 사업은 무엇이 될까? 미래에 우리의 사업은 무엇이 되어야 하는가?"의 질문에 대한 답이어야 한다. "무엇이 우리의 사업인가?"에 대한 답을 위해 세 차원에서 사업을 정의해 보아야 한다. [그림 2.2]에서 볼 수 있는 것처럼 누구를 충족시켜야 하는가(고객 집단), 무엇을 충족시켜야 하는가(고객의 니즈), 어떻게 니즈를 충족시켜야 하는가(기술, 지식, 역량)의 차원이다.

이와 같은 사업의 정의는 제품 기반이 아닌 고객 기반의 접근법이다. 제품 기반의 사업 정의는 제품이 충족시키는 고객의 니즈보다는 제품과 시장의 특성에 초점을 둔다. 그러나 이러한 접근법은 기업의 진짜 미션을 모호하게 만든다. 왜냐하면 제품이라는 것은 특정 기술을 가지고 특정 고객집단의 특정 니즈를 충족시키는 하나의 물리적인 수단에 불과하기 때문이다. 현실에서 고객의 니즈는 다양한 방법으로 충족될 수 있다. 따라서 좀 더 범위가 넓은 고객기반의 정의는 기업이 중요한 수요의 변화를 인지하지 못한 채 지나치는 일을 방지해 줄 수 있다.

[그림 2.2] 사업의 정의

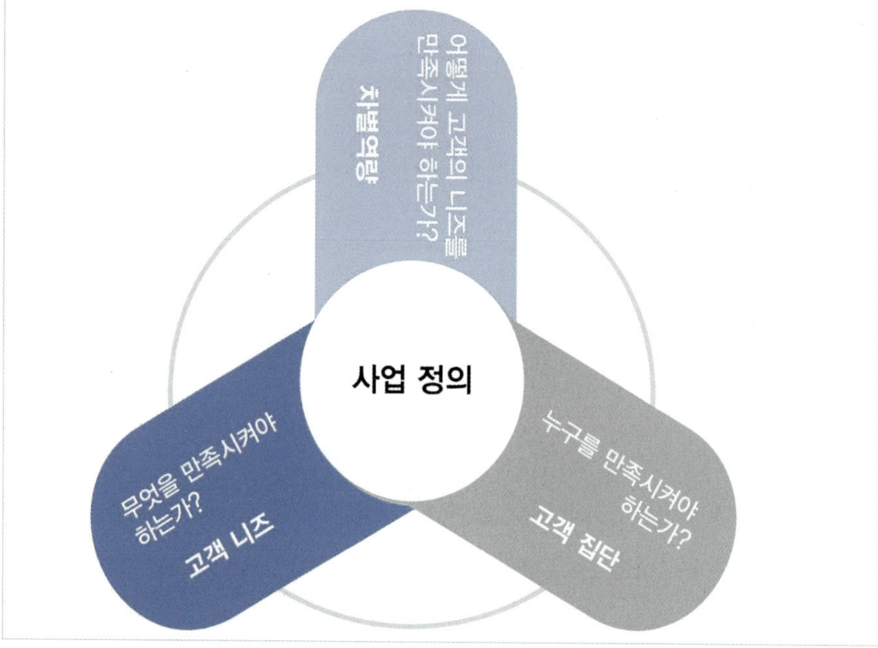

고객 기반의 미션은 기업이 수요의 변화를 인지함으로써 환경의 변화를 기회로 활용할 수 있도록 해준다. 즉 "미래에 우리의 사업은 무엇이 될까?"에 대한 답을 제공할 수 있는 것이다. 코닥의 사례를 다시 생각해 보자. 코닥의 미션은 니즈를 충족하기 위한 특정 제품(필름)이 아닌 이미지를 획득, 저장, 처리, 출력, 전달하고자 하는 고객의 니즈 자체를 강조하였다. 이러한 정의에 따라 코닥은 1990년대 초반부터 디지털 인화 기술에 적극적으로 투자했는데, 이 기술은 후에 화학적 인화 기술에 기초한 코닥의 전통적인 사업을 대체하게 되었다.

그러나 고객에 기반하여 비즈니스를 보는 관점의 필요성은 자주 무시되곤 한다. 경영의 역사에서 보면 한 때 성공적이었던 기업들이 사업에 대해 명확하게 정의하지 않거나 잘못 정의함으로써 몰락한 경우를 쉽게 찾아볼 수 있다. 1950년대와 60년대에는 스미스코로나(Smith Corona)나 언더우드(Underwood)와 같은 사무기기 회사들이 많이 있었는데, 이들은 모두 자신의 사업을 타자기 제조업으로 너무 좁게 정의하였다. 이러한 제품 기반의 정의는 이들 기업이 실제로는 고객의 정보처리 니즈를 충족시키고 있음을 잊게 하였다. 고객의 정보처리 니즈를 더욱 잘 충족시키는 컴퓨터라는 새로운 제품이 나오자 타자기의 수요는 급격히 사라져 갔다. 마지막까지 살아남은 최고의 타자기 업체 스미스코로나마저도 결국은 컴퓨터의 성공에 희생양이 되어 1996년에 문을 닫게 되었다.

이와는 대조적으로 IBM은 자신의 비즈니스가 어떻게 될 것인지와 어떻게 되어야 하는지에 대해 정확히 예측하고 행동하였다. 1950년대 IBM은 타자기와 천공카드 기술의 기계적 장치를 제조하고 있었다. 그러나 이 회사는 다른 경쟁자들과는 달리 타자기와 기계 장치가 아닌 '정보처리 및 저장수단 제공'으로 자신의 사업을 정의하였다. 이러한 정의에 따라 이후 IBM은 컴퓨터, 소프트웨어, 사무자동화 시스템, 프린터로 사업을 확장하여 전개해 나갔다.

비전

비전(vision)은 조직의 바람직한 미래 상황을 묘사해 놓은 것으로, 보통 조직이 달성하고자 하는 것을 대담하게 그린 것이다. 예를 들어 지금은 사라졌지만 2000년대까지 전 세계 최대의 휴대전화 제조업체였던 노키아는 "움직일 수 있는 모든 것을 움직이게 한다"를 비전으로 설정하였다. 이는 휴대전화를 통해 음성통화 서비스뿐 아니라, 데이터 전송을 기반으로 하여 사진 및 동영상, 인터넷 검색 등 다양한 서비스를 제공하는 것을 의미했다. 노키아가 휴대전화에 사진, 인터넷, 게임, 정보처리 등의 다양한 기능을 담은 '스마트폰' 시장에서 초반기 리더가 된 데에는 이러한 비전이 기반이 되었다. 좋은 비전은 야심차지만 달성 가능한 미래의 바람직한 상황을 잘 묘사함으로써, 모든 수준의 조직 구성원에게 동기를 부여하여 전략을 추진하는 원동력이 된다.

> 비전
> 조직의 바람직한 미래 상황

가치

조직의 가치(values)는 미션과 비전을 달성하기 위해 구성원들이 어떻게 행동하고, 어떻게 사업을 해나가며, 어떤 조직을 만들어야 하는가를 제시한

> 가치
> 미션과 비전을 달성하기 위해 구성원들이 어떻게 행동하고, 어떻게 사업을 해나가며, 어떤 조직을 만들어야 하는가에 대한 기술

조직 문화
미션과 목표를 달성하기 위해 구성원이 어떻게 일해야 하는지에 관한 가치, 규범, 기준의 집합

다. 가치는 조직 내에서 바람직한 행동을 제시함으로써 조직 문화의 기초가 되는데, 조직 문화(organizational culture)는 미션과 목표를 달성하기 위해 구성원이 어떻게 일해야 하는지에 관한 가치, 규범, 기준의 집합이다. 조직의 문화는 경쟁우위의 중요한 원천이고, 문화를 형성하는 것이 바로 가치이므로, 가치의 중요성은 매우 크다(조직 문화에 대해서는 제9장에서 좀 더 자세히 살펴본다). 예를 들어, 뉴코는 전 세계에서 가장 높은 생산성과 수익성을 자랑한다. 이 회사의 경쟁우위는 종업원들의 매우 높은 생산성을 원천으로 하는데, 기업이 계승하고 있는 문화적 가치가 이러한 생산성에 중요한 영향을 미치고 있다. 특히 이 회사의 문화적 가치는 다음과 같이 종업원을 대하는 방식에서도 잘 나타난다.

"경영진은 종업원들이 생산성에 따라 보수를 받을 수 있도록 해야 한다."

"종업원들은 자신이 맡은 일을 적절하게 수행하면 내일도 일할 수 있다는 확신을 가질 수 있어야 한다."

"종업원들은 공정하게 대우받을 권리가 있고 미래에도 그럴 것임에 대해 믿음을 가져야 한다."

"종업원들이 불공정하게 대우받는다고 생각할 때 이를 항의할 수 있는 방법이 반드시 있어야 한다."

생산성에 따른 보상, 고용보장, 공정한 대우를 강조하는 뉴코의 가치는 높은 생산성을 가능하게 하는 분위기를 창출했다. 그 결과 뉴코는 높은 생산성으로 인해 산업에서 가장 낮은 원가구조를 가지게 되어 가격경쟁이 치열한 철강 산업에서도 높은 수익을 창출할 수 있었다.

주요 목표

목표
조직이 실현하고자 하는 미래의 바람직한 상황에 대한 명확하고 측정 가능한 표현

미션선언문의 마지막 단계는 주요 목표를 설정하는 것이다. 목표(goals)는 조직이 실현하고자 하는 미래의 바람직한 상황에 대한 명확하고 측정 가능한 표현

이다. 이때 목표는 조직이 미션과 비전을 달성했을 때 정확히 어떤 상황이어야 하는지를 구체화시킨 것이다. 좋은 목표가 되기 위해서는 다음의 네 가지 요건을 만족시켜야 한다.

첫째, 목표는 명확하고 측정가능 해야 한다. 측정 가능한 목표는 경영자들이 성과를 평가할 수 있는 척도와 기준을 제공한다.

둘째, 목표는 핵심적인 이슈를 다루어야 한다. 경영자는 기업의 성과를 평가할 수 있는 소수의 목표만을 선택하여 집중해야 한다.

셋째, 목표는 도전적이면서 동시에 현실적이어야 한다. 목표는 종업원들이 운영의 개선을 모색하도록 동기부여 해야 한다. 종업원들은 목표가 너무 비현실적이면 포기해 버리고, 반대로 목표가 너무 달성하기 쉬우면 동기부여가 되지 않는다.

넷째, 목표가 달성되어야 할 기간이 명시되어야 한다. 종업원들이 주어진 시간 내에 목표를 달성해야 함을 알게 해야 한다. 기한 설정은 긴박함을 불러일으키고 동기부여에 도움이 된다. 그러나 모든 목표가 명확한 기한을 필요로 하는 것은 아니다.

적절하게 설정된 목표는 경영자들의 성과를 평가하는 수단이 되기도 한다. 대부분 기업들은 주주 가치의 극대화를 핵심적인 목표로 하고, 주주가치의 극대화는 수익성과 수익의 성장성을 극대화함으로써 달성된다. 따라서 대부분의 기업들은 수익과 수익의 성장을 목표로 운영된다. 그러나 경영자들이 지금 당장의 수익을 지나치게 강조함으로써 장기적인 수익과 수익의 성장을 잃어버리는 실수를 범해서는 안 된다. 지나치게 단기의 수익성을 추구하다 보면 단기적으로 불필요해 보이는 연구개발, 마케팅, 신규투자 등에 대한 지출을 줄이게 된다. 이를 통해 단기적인 수익성은 높아질 수 있지만, 혁신 결여, 마케팅 축소, 과소 투자는 장기적인 수익과 수익의 성장을 헤칠 수 있다. 기업이 장기적으로 미션을 달성하고 경쟁우위 및 수익성을 유지하기 위해서는 이러한 지출이 반드시 필요하기 때문이다. 그러나 경영자들은 단기적인 성과 창출 압박에 항상 시달리고, 단기적 성과 추구의 부정적인 영향이 가시적으로 주주에게 보이기까지는 몇 년의 시간이 걸리기 때문에 잘못된 선택을 하게 되는 경우가 많다.

단기적 성과에 대한 압박은 경영자들의 비윤리적 행동을 유발하기도 하는데, 1990년대 말 엔론(Enron)과 타이코(Tyco) 같은 회사에서는 이와 같은 일이 실제로 벌어졌다. 이 회사의 경영자들은 의도적이고 체계적인 회계조작을 통해 성과를 부풀렸고, 잘못된 정보를 주주에게 보고하였다.

경영자들이 단기적 성과에 매몰되지 않도록 하기 위해서는 장기적인 성과와 경쟁력 향상에 핵심이 되는 목표를 설정할 필요가 있다. 예를 들어 제품개발, 고객만족, 효율성과 같은 영역에서 혁신, 제품 품질, 노동 및 자본 생산성을 반영하는 구체적인 목표를 수립할 수 있다.

기업지배구조와 전략

> **위험자본**
> 원금회수와 투자수익에 대한 어떠한 보장도 없는 주주가 투자한 자본

앞서 살펴본 바와 같이 대부분 기업에서 핵심적인 목표는 주주에게 투자에 대한 적정한 수익을 돌려주는 것이다. 왜냐하면 주주들은 기업의 법적 소유주이고 위험자본을 제공하기 때문이다. 이들이 투자한 자본을 **위험자본**(risk capital)이라고 하는 이유는 원금회수와 투자수익에 대한 어떠한 보장도 없기 때문이다. 예를 들어 한 상장회사가 파산할 경우, 이 기업에 투자한 수많은 주주들은 큰 손실을 볼 수밖에 없다.

> **대리인 문제**
> 경영자들이 주주의 이익에 반하는 전략을 추진할 때 발생하는 문제

일반적으로 주식이 공개된 주식회사(상장회사)에서 주주들은 기업의 통제와 전략의 선택을 전문경영자에게 위탁하게 되는데 이들은 주주의 대리인(agent)이 된다. 경영자들은 주주의 대리인으로서 법과 윤리가 허락하는 한도 내에서 주주의 장기적인 수익을 극대화하는 전략을 추구해야 한다. 대부분의 경영자가 이와 같이 행동하지만, 전부는 아니다. 경영자들이 주주의 이익에 반하는 전략을 추진할 때 **대리인 문제**(agency problem)가 발생하는 것이다.

대리인 문제

> **대리인 이론**
> 기업에서 한 사람이 다른 사람에게 의사결정 권한을 위임할 때 발생하는 문제를 다루는 이론

경제학의 **대리인 이론**(agency theory)에 따르면 기업에서 한 사람이 다른 사

람에게 의사결정 권한을 위임할 때 대리인 문제가 발생할 수 있다. 대리인 이론은 왜 경영자들이 항상 주주의 이익을 위해 행동하지만은 않는지, 경우에 따라서는 비윤리적이고 불법적인 행동을 하게 되는지에 대해 설명해 준다. 원래 대리인 이론은 주주와 경영자와의 관계를 설명하기 위해 만들어졌다. 그러나 주요 원리는 주주뿐 아니라 종업원과 같은 핵심적인 이해관계자와 경영자와의 관계로 확장될 수 있고, 또한 조직 내 다양한 계층의 경영자간의 관계에도 적용될 수 있다. 따라서 이 장에서는 주로 주주와 최고경영진의 관계에 대해서 설명하지만, 이를 확장하여 이해관계자와 최고경영진, 최고경영진과 중간 및 하위 경영진간의 관계에 대해서도 생각해 볼 필요가 있다.

대리인 이론의 핵심적인 주장은 매우 명확하다. **대리인 관계**(agency relationship)는 일방이 다른 이에게 의사결정이나 자원통제의 권한을 위임할 때 형성된다. 이 때 **주인**(principal)은 권한을 위임한 사람이고 **대리인**(agent)은 위임 받은 사람이다. 주주와 경영자의 관계는 대표적인 대리인 관계이다. 주인인 주주는 기업에 위험자본을 제공하지만 그 자본에 대한 통제는 최고경영진(주로 최고경영자)에 위임한다. 대리인인 최고경영자는 이러한 자본을 주주의 이익과 부합되는 방식으로 활용해야 한다. 즉 최고경영자는 자본을 활용하여 수익과 수익의 성장을 극대화해야 한다.

> **대리인 관계**
> 일방이 다른 이에게 의사결정이나 자원통제의 권한을 위임할 때 형성되는 관계
>
> **주인**
> 권한을 대리인에게 위임한 사람
>
> **대리인**
> 권한을 주인으로부터 위임 받은 사람

대부분의 경우 이와 같은 대리인 관계는 잘 작동된다. 그러나 대리인과 주인의 목표가 다르고, 대리인이 자신의 목표를 위해 주주의 목표(이익)에 반하는 행동을 하면 문제가 발생한다. 대리인의 이와 같은 행동이 가능한 이유는 대리인과 주인 간에 **정보비대칭**(information asymmetry)이 존재하기 때문이다. 즉 대리인은 자신이 통제하는 자원에 대해 항상 주인보다 많은 정보를 가지고 있다. 따라서 기회주의적인 대리인은 정보비대칭을 악용하여 주인을 잘못된 방향으로 이끌고 주인의 비용으로 자신의 이익을 추구하게 된다.

> **정보비대칭**
> 일방이 상대방보다 많은 정보를 가진 상황

주주의 경우, 기업내부에 있어서 기업 경영에 대해 자신보다 훨씬 많은 정보를 가진 최고경영자에게 의사결정을 위임한다. 따라서 정보비대칭이 그 자체로 나쁜 것은 아니다. 그러나 문제는 정보비대칭으로 인해 주주는 경영자가 위탁한

자원을 얼마나 잘 활용하고 있는지 평가하고 책임을 묻기가 어려워진다는 것이다. 즉 주주와 경영자 간에 성과의 모호성이 생기는 것이다. 주주는 경영자가 주주의 이익을 위해 최선을 다하고 있는지, 위탁한 자원을 최대한 효과적이고 효율적으로 활용하고 있는지를 확신할 수 없다.

결국 주주는 경영자가 옳은 일을 하고 있다고 신뢰할 수밖에 없다. 그러나 신뢰가 맹목적일 수는 없고, 주주는 경영자를 감시하고, 이들의 성과를 평가하며, 필요한 경우 시정조치를 취하기 위해 지배구조 메커니즘(governance mechanism)을 만들게 된다. 이사회는 대표적인 지배구조 메커니즘인데 주주를 대신하여 경영자를 감시하고 성과를 평가하는 역할을 수행하게 된다. 또한 증권거래소에서는 상장 기업들이 회계기준에 따라 작성된 구체적인 재무 정보를 주기적으로 공시하도록 하는데, 이를 통해 주주들이 위탁한 자원을 경영자가 얼마나 잘 활용하고 있는지에 대해 일관성 있고 자세한 정보를 얻을 수 있도록 하고 있다.

현실에서 지배구조 메커니즘이 존재하고 폭넓은 성과 측정 및 통제 시스템이 작동하고 있지만 정보비대칭을 완전히 없앨 수는 없기 때문에, 대리인 관계에서 주주는 여전히 어느 정도는 대리인을 믿는 수밖에 없다. 그러나 불행하게도 모든 사람이 신뢰할 만한 것은 아니다. 소수이기는 하지만 자신의 이익을 위해 의도적으로 주주를 속이고, 극단적인 경우에는 비윤리적이고 불법적인 행동도 서슴지 않는 대리인도 있다. 주인과 대리인의 이해가 항상 같은 것은 아니기 때문에, 이해 상충의 상황에서 어떤 대리인은 정보비대칭을 악용하여 주인의 비용으로 자신의 이익을 극대화하기도 하고, 주인이 절대 용납할 수 없는 행동을 하기도 한다.

예를 들어 많은 연구에 따르면, 고위 경영자들은 보통 사람들과 마찬가지로 지위, 권력, 고용안정, 소득에 대한 욕구를 가진다. 최고경영자들은 자금에 대한 통제 권한을 활용하여 주주의 비용으로 이와 같은 자신의 욕구를 추구하기도 한다. 즉 이들은 전용기를 구매하고, 으리으리한 집무실을 꾸미며, 출장비로 멋진 휴양지에 여행가는 등 회사의 자금을 사용하여 자신의 지위를 높이려 하기도 한다. 경제학자들은 이러한 행동을 특권적 소비(perquisite consumption)라고 부르는

데, 데니스 코즐러스키(Dennis Kozlowski) 시절의 타이코는 이를 잘 보여준다.

최고경영자는 특권적 소비뿐 아니라 자신의 보수를 결정하는 이사회에 영향력을 행사하여 보수를 인상함으로써 부에 대한 자신의 욕구를 충족시킬 수 있다. 최근 미국에서 최고경영진의 천문학적인 보수 수준이 심각한 문제를 일으키고 있으며, 주주와 다른 종업원의 희생을 통해 최고경영자 자신들만의 욕심을 채우고 있다는 비판적인 시각이 점차 힘을 얻고 있다. 이들에 따르면 최고경영자들의 보수 수준은 일반 종업원에 비해 훨씬 가파르게 상승하고 있는데, 그 주요한 이유는 스톡옵션이 무분별하게 부여되고 있기 때문이다. 실제로는 기업이 산업 평균이나 경쟁자보다 낮은 성과를 달성했음에도 불구하고 증권시장 전체가 성장하여 주가가 오름에 따라 스톡옵션이 엄청난 부를 최고경영자들에게 가져다주었다는 것이다. 1950년 비즈니스위크의 조사에 따르면 당시 최고의 보수를 받던 GM 최고경영자의 보수는 약 65만 달러로 2005년 기준으로 환산했을 때 약 470만 달러 수준이었다. 반면 2009년 가장 높은 보수를 받은 옥시덴털 석유(Occidental Petroleum)의 최고경영자 보수는 3천1백만 달러에 달했다. 그러나 이때는 전 세계가 경제위기를 겪는 중이어서 몇 년 전에 비해 비교적 낮은 수준이라고 할 수 있는데, 경제위기 이전인 2005년 엑손(Exxon)의 최고경영자는 무려 4억 달러가 넘는 보수를 받았다. 비즈니스위크에 의하면 1980년 미국 500대 기업의 최고경영자 보수는 근로자 평균 보수의 42배로 조사되었는데, 1990년에는 85배로 높아졌고, 2005년에는 무려 350배에 달했다.

최고경영자가 받는 높은 보수가 기업의 성과와 큰 연관성이 없다는 것도 비판의 대상이다. 예를 들어 홈디포(Home Depot)의 주주들은 2006년 5월 주주총회에서 최고경영자의 보수가 지나치다는 주장을 강력히 제기하였다. 2000년 밥 나델리(Bob Nadelli)가 부임한 이후 회사의 재무적 성과는 지지부진하고 주가가 12%나 떨어졌음에도 불구하고 그 때까지 그의 보수를 합치면 1억2천만 달러에 달했다. 거기에 아직 행사되지 않은 스톡옵션까지 더하면 그의 보수는 2억5천만 달러를 넘는 수준이었다. 유사한 논란이 화이자(Pfizer)에서도 있었는데, 주주들은 재임기간 동안 주가가 40% 넘게 떨어졌는데도 불구하고 최고경영자가 2005년

1천6백만 달러의 연간 보수와 8천만 달러의 퇴직금을 일시불로 받아가는 것에 대해 강력히 항의했다. 주주들의 주장처럼 최고경영자들의 보수가 그들이 회사에 한 기여보다 훨씬 크다면, 이는 대리인 문제의 대표적인 예라고 할 수 있다. 그러나 다행히 이러한 추세는 2000년대 후반 글로벌 경제위기 이후 바뀌고 있다. 2009년 S&P 500 기업 최고경영자의 평균 보수는 약 9백만 달러로 2000년 대비 40%가 줄어든 것이다. 또한 같은 해 이들의 보수는 근로자 평균의 260배로 여전히 높지만 감소하기 시작했다.

자신의 욕구를 충족시키기 위한 최고경영자의 또 다른 행동으로 제국건설(empire building)을 들 수 있다. 이는 지나치게 많은 사업으로 다각화함으로써 기업의 규모를 키우는 것이다. 과도한 다각화는 기업의 장기적 수익성에 악영향을 미치고, 따라서 주주의 이익을 헤치는 행위이다. 그러나 최고경영자는 자신의 통제 하에 있는 제국의 크기를 확대함으로써 자신의 지위, 권력, 고용안정, 부를 더욱 키울 수 있다.

[그림 2.3] 장기적 수익성과 성장의 관계

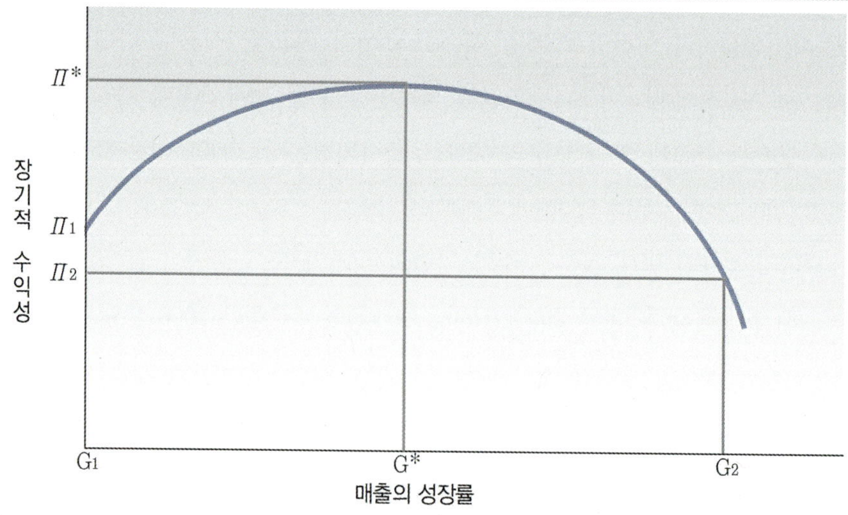

일부 경영자들은 기업의 수익성을 높여 주주의 이익을 극대화하기보다는, 기업의 장기적인 수익성을 희생하면서까지 신규 사업을 통한 성장에 몰두하기도 한다. [그림 2.3]은 기업의 매출 성장에 따른 장기적인 수익성의 변화를 보여준다. 기업이 성장을 멈추면 추가적인 수익을 창출할 수 있는 기회를 잃게 된다. 기업은 적절한 수준의 매출 성장을 통해 장기적인 수익성을 극대화할 수 있다. 따라서 그림에서 G_1(무성장)은 G*(적절한 성장)보다 장기적 수익성이 낮다($\Pi_1 < \Pi^*$). G*를 넘어선 성장에는 잘 모르는 사업 영역으로의 다각화가 필요하기 때문에 기업의 수익성이 낮아진다. 따라서 G_2(과도한 성장)는 G*(적절한 성장)에 비해 장기적 수익성이 낮다($\Pi_2 < \Pi^*$). 적절한 성장(G*)에 비해 장기적 수익성이 떨어지기 때문에 과도한 성장(G_2)은 주주의 이익을 극대화하지 못한다. 그럼에도 불구하고 자신의 제국건설을 추구하는 최고경영자는 지위, 권력, 부를 증가시키기 위해 과도한 성장을 추구하는데, 타이코의 사례는 이를 잘 보여준다.

대리인 문제의 심각성은 2000년대 초반에 크게 부각되었다. 경영자들의 자기이익추구 행동과 이러한 행동을 견제할 수 있는 지배구조 메커니즘의 실패로 인해 매우 충격적인 사건들이 발생한 것이다. 2001년부터 2004년까지 엔론(Enron), 월드컴(World Com), 타이코(Tyco), 쉘(Royal Dutch Shell) 등 미국의 대표적인 기업들에서 회계 부정이 연이어 발생하였다. 예를 들어 엔론은 주주, 종업원, 정부 등 이해관계자에게 무려 270억 달러 규모의 부채를 숨긴 것이 적발되었다. 이들 기업의 경영자들은 자신의 높은 보수를 유지하려는 의도로 이해관계자들에게 기업의 현실과 동떨어진 장밋빛 성과를 보여주려고 했던 것이다.

주인은 대리인 문제로 인해 (1) 주인이 설정한 목표에 부합하는 행동을 대리인이 하도록 하고, (2) 대리인과 주인 간의 정보비대칭을 감소시키며, (3) 주인의 이익에 반하는 행동을 하는 대리인을 제거하는 수단을 개발할 필요가 있다. 즉 지배구조 메커니즘이 주인에게 필요한 것이다.

2.1 전략의 실제 타이코의 대리인 문제

1990년에 최고경영자에 오른 데니스 코즐러스키(Dennis Kozlowski)의 재임기간 중 타이코(Tyco)의 매출액은 1992년 31억 달러에서 2001년 380억 달러로 급격히 증가하였다. 이러한 성장 중 대부분은 계속된 인수를 통해 달성되었고, 그 결과 타이코는 많은 비관련 사업을 거느린 다각화된 기업이 되었다. 인수를 위한 자금의 대부분은 부채를 통해 조달되어서 2002년이 되자 부채가 230억 달러를 넘어섰다. 타이코가 과도하게 확장함에 따라 사람들은 타이코의 부채 상환능력에 대해 의문을 가지고, 회계 조작을 통해 실제보다 수익성과 기업 가치를 부풀리고 있다고 의심하기 시작했다. 이러한 비판은 수년간 묻혀오다가 2002년 이사회가 코즐러스키를 해임한 직후 정부가 탈세 혐의로 조사를 시작하면서 힘을 얻게 되었다.

여러 혐의가 있지만 정부는 특히 코즐러스키가 회사의 재산을 자신의 것처럼 여긴 것으로 판단하였다. 코즐러스키는 회사의 자금으로 맨해튼의 초고가 아파트와 세계적 수준의 그림들을 구매하면서도 유명 기업의 최고경영자로서 당연한 혜택이라고 여겼다. 심지어 부인의 초호화 생일파티에도 회사 자금을 사용했다. 타이코의 최고경영자는 코즐러스키에서 외부로부터 영입된 에드워드 브린(Edward Breen)으로 교체되었다. 당국의 조사결과 타이코는 코즐러스키 재임기간 중 회계조작을 통해 15억 달러의 이익을 부풀린 것으로 나타났다. 또한 브린은 여러 사업을 매각함으로써 코즐러스키가 만들어놓은 제국을 해체하기 시작했다.

오랜 동안의 형사재판 결과, 코즐러스키와 재무책임자(CFO)는 중절도, 범죄 모의, 증권사기, 사업기록 위조 혐의의 23건에 대해 유죄가 선고되었다. 검사는 이들이 기업의 돈을 치밀한 방법으로 약탈했다고 묘사했고, 코즐러스키는 9천만 달러의 부정이득에 대해 유죄가 선고되었다. 두 사람은 긴 감옥살이를 할 수밖에 없었다. 2006년 최고경영자인 브린은 타이코를 세 부문으로 나누겠다고 발표했는데, 이는 코즐러스키가 구축한 기업군의 전략적 일관성이 없었다는 증거이다.

지배구조 메커니즘

지배구조 메커니즘(governance mechanism)은 주인이 주인과 대리인의 이해를 일치시키고, 대리인을 감시하고 통제하기 위해 사용하는 장치이다. 지배구조 메커니즘의 목적은 대리인이 주인의 이익을 위해 최선을 다하게 하고, 대리인 문제의 범위와 횟수를 줄이는 것이다. 대표적인 지배구조 메커니즘으로는 이사회, 주식기반 보상, 재무제표와 회계감사, 인수 위협의 네 가지를 들 수 있다.

지배구조 메커니즘
주인이 주인과 대리인의 이해를 일치시키고, 대리인을 감시하고 통제하기 위해 사용하는 장치

이사회

이사회(board of directors)는 영미식 기업지배구조 시스템에서 가장 핵심적인 장치이다. 이사회 구성원들은 주주에 의해 선출되며 법률에 따라 회사 내에서 주주의 이익을 대변하게 된다. 따라서 이사회는 기업의 행동에 대해 법적으로 책임을 지게 된다. 기업 의사결정의 정점에 위치하여, 기업의 전략적 의사결정을 감시하고 주주의 이익에 일치하는지를 확인한다. 기업의 전략이 주주의 이익과 일치하지 않는다고 판단하면, 경영진이 이사회 구성원으로 추천한 인사에 대해 거부하거나, 자체적으로 다른 인사를 추천하는 등의 제재를 가할 수 있다. 또한 이사회는 최고경영자를 포함한 기업의 임직원들을 임명 또는 해고하고 보수를 결정하는 법적 권한을 가지고 있다. 이사회는 기업의 재무제표에 대한 감사가 적절하게 이뤄졌는지를 파악할 의무도 가진다. 결국 이사회는 주주와 경영진 간 정보비대칭을 줄이고, 주주를 대신하여 경영자를 감시하고 통제함으로써, 경영자들이 주주의 이익을 극대화하는 전략을 추구하도록 하기 위해 존재한다.

이사회는 기업 내부의 임직원인 사내이사(insider director)와 기업 외부의 인사인 사외이사(outside director)로 구성된다. 사내이사는 사장, 부사장, 전무이사 등 기업 내부의 임직원들로 기업의 활동에 대한 중요한 정보를 가지고 있기 때문에 이사회에 참여하게 된다. 만약 이와 같은 정보가 없다면 이사회가 감시 기능을 제대로 수행하기 어려울 것이다. 그러나 사내이사는 기업에 상근 고용되어 있는 임직원이기 때문에 이들의 이해는 주주가 아닌 경영진의 이해와 일치할 가능

성이 높다. 따라서 감시와 평가 프로세스의 객관성을 확보하기 위해 사외이사가 필요하다. 사외이사는 해당 기업에 상근 고용된 사람들이 아니다. 이들은 주로 여러 기업의 이사회에 참여하는 전문가들로서, 경쟁력 있는 사외이사로서의 명성을 획득하고 유지하기 위해 자신의 업무를 객관적이고 효과적으로 수행하려 노력한다.

많은 기업에서 이사회는 맡은 역할을 훌륭히 수행해 나간다. 하지만 모든 기업에서 그러한 것은 아니다. 예를 들어 지금은 파산한 엔론의 이사진들은 재무제표가 제대로 작성되지 않아서 주주에게 잘못된 정보를 줄 수 있음에도 불구하고 이를 너무 쉽게 승인해 주었다.

이사회의 현실에 대해 비판적인 시각을 가진 사람들은 이사회가 사내이사들에 의해 휘둘리는 경우가 많다고 주장한다. 사내이사는 조직 위계상의 지위를 이용하여 이사회로 들어가는 회사의 정보를 통제할 수 있다. 자신들에게 호의적인 정보만을 이사회에 제공하는 것이다. 더욱이 사내이사는 기업 활동과 밀접한 지식을 사외이사보다 훨씬 많이 가지고 있다. 이와 같은 정보의 통제와 기업 운영에 대한 깊이 있는 지식으로 인해 이사회의 의사결정에 사내이사가 미치는 영향이 사외이사에 비해 훨씬 클 수 있다. 이사회가 사내이사들에게 장악되어 주주의 이해를 보호하지 못하고 경영진의 거수기 역할만을 할 수도 있는 것이다.

연구에 따르면 많은 기업에서 이사회가 최고경영자에 의해 장악되기도 하는데, 이는 특히 최고경영자가 이사회의 의장을 동시에 맡는 경우에 두드러진다. 사내이사와 사외이사가 모두 최고경영자가 추천한 인사로 채워지는 경우도 많다. 사내이사는 조직의 위계상 최고경영자의 부하이기 때문에 상사의 결정에 반기를 들기 어렵다. 사외이사 또한 최고경영자에 의해 추천된 인사들이기 때문에 최고경영자를 객관적으로 평가하기 어렵다. 따라서 이사회가 주주가 아닌 최고경영자에게 충성하는 현상이 발생할 수 있는 것이다. 더욱이 이사회 의장인 최고경영자는 자신에게 유리하도록 이사회에서 논의되는 사안을 편향되게 통제할 수 있다.

2000년대 초반 여러 불미스러운 사건 이후 최근에는 이사회가 경영진의 거수기 역할에서 벗어나 기업지배구조에서 훨씬 더 적극적인 역할을 수행하는 추세가 나타나고 있는데, 주요한 원인으로 세 가지를 들 수 있다. 첫째, 2002년 미국의 사베인스-옥슬리법(Sabanes-Oxley Act)처럼 회계의 투명성과 기업지배구조를 강화하기 위한 입법 활동이 활발해졌다. 둘째, 사법기관에서 허위정보 기재 등 기업의 잘못된 행동에 대한 이사진의 책임을 이전보다 엄중히 묻고 있다. 셋째, 연기금과 같은 기관투자자들이 그들이 가진 강력한 힘을 적극적으로 행사하는 추세이다. 기관투자자들은 이사회에서 사외이사의 비율을 높이고, 최고경영자가 이사회 의장직을 수행하지 못하도록 하며, 의장을 사외이사에게 맡기도록 영향력을 행사하고 있다. 그 결과 미국에서는 2000년대 중반 사외이사가 이사회 의장을 맡는 대기업의 비율이 50%를 넘어서서 1990년 대비 2배 이상 증가하였다.

주식기반 보상

대리인 이론에 따르면, 주인이 대리인 문제를 해결하는 가장 좋은 방법은 성과에 기반한 보상 시스템을 만들어서 주인과 대리인의 이해를 일치시킴으로써 대리인이 주인의 이익을 위해 최선을 다하도록 하는 것이다. 주주의 경우, 경영자의 보수를 주가와 연계함으로써 경영자가 장기적 수익과 수익의 성장을 극대화할 수 있는 전략을 추구하여 주가를 높이도록 유도할 수 있다.

가장 많이 사용되는 성과 기반 시스템이 바로 스톡옵션(stock option)이다. 스톡옵션은 경영자에게 미래의 특정시점(보통 10년 이내)에 미리 정해진 가격(행사가격)으로 주식을 살 수 있는 권리를 부여하는 것이다. 보통 스톡옵션이 부여된 시점에서의 주가가 옵션의 행사가격(strike price)이 된다. 이를 통해 경영자가 자신에게 부여된 스톡옵션의 가치를 높이기 위해 기업의 주가를 높이는 전략을 추구하도록 동기부여할 수 있다.

스톡옵션과 같은 주식기반 보상을 통해 주주와 경영자의 이해를 일치시킬 수 있다. 예를 들어 한 연구에 따르면, 기업 인수의 상황에서 경영자가 상당한 수준의 주식을 소유한 경우, 경영자는 의사결정이 주주 가치에 미치는 영향을 더욱 철저히 고려하였다. 또 다른 연구에 의하면 경영자가 상당 수준의 지분을 보유함에 따라 기업이 수익성보다 규모를 극대화하는 전략을 추구하는 경향도 유의하게 감소하였다.

그러나 스톡옵션에 대한 논란은 최근 점차 커지고 있다. 많은 최고경영자들이 몇 년 전 부여된 스톡옵션으로 인해 막대한 보너스를 챙기고 있는데, 물론 이러한 보상이 기업의 성과를 개선하기 위해 더욱 노력하도록 동기부여한다는 사실을 무시할 수는 없다. 그러나 스톡옵션이 너무 후하게 부여된다는 비판이 자주 제기되고 있다. 일반적으로 매우 낮은 행사가격으로 부여되기 때문에 주가 상승이 시장 평균에 크게 못 미치는 상황에서도 최고경영자가 상당한 부를 가져갈 수 있다는 것이다. 예를 들어 미국 증권거래위원회는 2005년과 2006년의 조사를 통해 스톡옵션에서 심각한 대리인 문제가 발생하고 있음을 발견하였다. 많은 기업에서 행사가격이 옵션 부여 시점 이전에 주가가 낮을 때를 기준으로 설정되어서, 스톡옵션이 부여되는 시점으로 기준을 변경하기만 해도 이미 경영진은 큰 이익을 얻을 수 있었다. 2007년까지 미국 증권거래위원회는 스톡옵션 기준 시점의 조작 혐의로 무려 130여 개 기업을 조사하였는데, 여기에는 애플컴퓨터와 홈디포 등 유명한 대기업들도 대거 포함되었다. 요약하면 이론적으로 스톡옵션을 포함한 주식기반 보상은 좋은 제도이지만, 현실에서는 악용될 소지가 있다는 것이다.

재무제표와 회계감사

많은 국가에서 상장 기업이 분기 및 반기와 연간 사업보고서를 회계기준에 따라 의무적으로 작성하여 제출하도록 하고 있다. 이는 주주의 대리인인 경영진이 기업을 얼마나 효율적이고 효과적으로 운영하였는지에 대한 일관성 있고 구체적이며 정확한 정보를 주주에게 제공하기 위한 것이다. 또한 경영자의 잘못된 재무 정보 제출을 방지하기 위해 독립적이고 공인된 회계 법인으로부터의 회계 감사도 의무화하고 있다. 이러한 시스템이 잘 작동하면 주주는 재무제표의 정보가 기업의 현실을 충실히 반영하는 것에 대해 신뢰할 수 있다. 주주는 공시된 재무정보를 바탕으로 자신이 투자한 기업의 수익성을 파악할 수 있고 경쟁자와 비교할 수도 있다.

그러나 이러한 시스템이 의도대로 작동하고 있는지에 대해 회의를 가지게 하는 사건들이 가끔씩 발생하고 있다. 대부분의 기업들이 정확한 정보를 재무제표에 기재하고 회계 법인은 이러한 정보를 철저히 검증하지만, 몇몇 기업들은 감사인의 도움 하에 이 시스템을 악용하고 있다. 예를 들어 엔론에서는 재무책임자와 경영자들이 부채를 숨기는 방식으로 조작된 재무 정보를 투자자들에게 공시했다. 엔론의 회계감사를 맡은 회계 법인인 아더 앤더슨(Arthur Anderson) 또한 이와 같은 조작을 묵인함으로써 주주로부터의 수탁의무를 명백히 위반하였다. 아더 앤더슨이 엔론의 회계 조작을 방관한 이유는 재무제표의 정확성을 꼼꼼히 따지게 되면 엔론과 맺은 또 다른 거액의 컨설팅 계약에 문제가 발생할 것을 우려했기 때문으로 밝혀졌다. 엔론과 아더 앤더슨의 암묵적 협력으로 인해 가장 큰 피해를 본 것은 조작된 회계 정보를 믿고 투자 의사결정을 내린 주주들이었다.

최근 들어 엔론에서와 같이 경영자들에 의한 회계 조작 사례들이 늘어나고 있다. 이러한 조작의 가장 큰 이유는 기업의 매출과 수익을 부풀려 보고함으로써 투자자들의 관심을 유도하고 기업의 주가를 높이는 것이다. 주가상승으로 인한 스톡옵션 가치의 상승으로 경영자들은 자신의 부를 증대시킬 수 있다. 하지만 명백한 사실은 이에 대한 대가는 잘못된 정보를 접하는 주주들이 치르게 된다는 것이다.

최근 기업의 회계 조작은 감사를 받음에도 불구하고 재무제표에 포함된 재무 정보의 정확성에 대해 심각한 의문을 갖게 하였다. 이에 대한 대응으로 미국에서는 2002년 사베인스-옥슬리법이 통과되었는데, 1930년대 이후 회계 규정과 지배구조 절차에 대해 가장 포괄적인 내용을 담고 있다. 대표적인 내용으로는 이 법에 따라 회계 법인을 감시하는 새로운 기구가 설립되었고, 최고경영자와 재무책임자가 재무제표를 보증하게 되었으며, 회계 감사와 컨설팅 계약을 동일한 회계 법인과 동시에 채결하지 못하게 되었다.

인수 위협

앞서 살펴본 바와 같이 지배구조 메커니즘이 완벽한 것은 아니기 때문에 기업에서 대리인 문제는 여전히 존재할 수 있다. 그러나 주주들은 아직도 매우 강력한 무기를 가지고 있다. 자신의 주식을 언제든지 팔 수 있는 것이다. 많은 주주가 주식을 팔기 시작하면, 기업의 주가는 떨어질 것이다. 주가가 계속 떨어지면 자산의 장부가액보다 주식시장에서의 가치가 낮아질 수 있다. 이렇게 되면 기업은 매력적인 인수 대상이 되고 대상기업 경영자들의 의지와는 상관없이 다른 기업에 인수될 수 있다.

경영자들은 인수에 대한 잠재적 위협이 상존하기 때문에 주주의 이익보다 자신의 이익을 추구하는 전략이나 행동을 하기 어려워진다. 만약 주주의 이익을 무시함으로써 기업이 다른 기업에 인수되면 고위 경영진들은 전략 및 행동의 독립성을 잃게 되고 심지어는 자신의 직업을 잃게 되기도 한다. 따라서 **인수 위협**은 경영자의 행동을 제약하고 도를 넘은 대리인 문제를 방지하는 역할을 한다.

> **인수 위협**
> 다른 기업에 인수될 수 있는 위험

윤리와 전략

> **윤리**
> 개인, 직업의 구성원, 조직이 하는 행위의 옳고 그름에 대한 일반적으로 인정된 원칙
>
> **기업 윤리**
> 기업과 관련된 사람들의 행위에 대한 일반적으로 인정된 원칙
>
> **윤리적 딜레마**
> 옳고 그름에 대한 일반적으로 합의된 명확한 원칙이 존재하지 않거나, 경영자가 가진 어떠한 대안도 윤리적으로 용납되지 않는 상황

윤리(ethics)란 개인, 직업의 구성원, 조직이 하는 행위의 옳고 그름에 대한 일반적으로 인정된 원칙이고, **기업 윤리**(business ethics)는 기업과 관련된 사람들의 행위에 대한 일반적으로 인정된 원칙이다. 윤리적 의사결정은 이러한 원칙에 준하는 것인 반면, 비윤리적 의사결정은 원칙을 위반하는 것이다. 하지만 현실에서는 말처럼 명확하지 않다. 많은 경영자들은 **윤리적 딜레마**(ethical dilemma)에 직면하게 되는데, 이는 옳고 그름에 대한 일반적으로 합의된 명확한 원칙이 존재하지 않거나, 경영자가 가진 어떠한 대안도 윤리적으로 용납되지 않는 상황을 말한다.

우리 사회에서 일반적으로 인정된 원칙 중 핵심적인 것들은 법률로 재정되어 있다. 기업경영과 관련해서는 기업이 생산하는 제품에 대한 제조물 책임법, 여러 계약과 관련된 원칙인 계약법, 지적재산에 대한 지적재산권법, 경쟁행위와 관련된 독과점금지법, 증권 거래에서의 원칙인 증권거래법 등이 대표적이다. 이와 같은 원칙에 반하는 행동은 비윤리적이기도 하지만 명백한 범법 행위이기도 하다.

그러나 법적인 요구사항을 준수한다고 해서 모두 윤리적으로 용납되는 것은 아니다. 기업의 전략이나 행동이 합법적이긴 하지만 비윤리적인 경우도 많다. 예를 들어 1990년대 나이키의 경영자들은 수익성을 향상시키기 위해 주로 개발도상국의 기업들과 계약을 통해 신발을 생산했다. 그러나 몇몇 계약생산자들의 근로여건은 매우 열악했고, 나이키는 노동착취로 거센 비판을 받았다. 언론의 인터뷰에 따르면 베트남의 한 공급업체에서 일하는 어린 여성은 일주일에 6일을 독성이 강한 물질에 둘러싸인 열악한 근무환경에서 일을 하면서도 겨우 20센트의 시급을 받고 있었다. 또한 베트남의 1일 최저 생계비가 3달러 정도이기 때문에 이를 벌기 위해서는 어쩔 수 없이 초과근무를 할 수밖에 없었다. 이와 관련하여 나이키는 어떠한 불법도 저지르지 않았고 현지의 협력업체 또한 마찬가지였지만 여론은 노동 착취적인 행동에 대해 윤리적인 문제를 제기하였다. 이러한 행동은 합법적일 수 있다. 또한 이러한 행동으로 인해 나이키의 수익성은 향상되었다. 그러나 본국의 기준으로 보았을 때 노동자를 착취하는 개발도상국의 업체와 생산계약을 맺는 것이 윤리적인 것일까? 많은 사람들이 이 질문에 '아니오'라고 대답했고 나이키는 거센 항의 시위와 불매 운동에 직면하게 되었다.

다음으로는 전략을 수립할 때 경영자들이 직면할 수 있는 윤리적 이슈에 대해 살펴보고, 합법적이면서 동시에 윤리적인 전략적 의사결정을 하기 위한 방안에 대해 생각해 보자.

윤리적 딜레마

당신은 미국의 섬유회사에 근무하는데, 낮은 인건비를 활용하는 해외 경쟁자 때문에 어려움을 겪고 있다. 당신의 회사는 근로자에게 시간당 14달러의 임금과 추가적인 혜택을 제공하지만, 비슷한 상황의 베트남 회사는 0.5달러만을 지급하고 미국에서와 같은 안전과 환경 규제도 적용받지 않는다. 당신 회사가 매우 낮은 마진만을 남김에도 불구하고 베트남 공장의 원가 우위는 도저히 당할 수가 없다. 이에 최고경영자는 인건비와 규제로 인한 비용이 훨씬 낮은 베트남으로 공장을 이전하고자 한다. 공장이 이전하면 미국 공장은 폐쇄되어야 하고 공장에서 일하고 있는 많은 종업원이 그만두어야 한다. 당신의 공장은 작은 마을에서 유일하게 대규모로 인력을 고용하고 있는 업체이다. 대부분의 종업원들은 평생을 당신의 회사에서 일했다. 이러한 상황에서 주주를 위해 올바른 행동은 무엇인가? 가장 윤리적인 행동은 무엇인가? 이러한 행동들이 서로 충돌하는가?

전략의 윤리적 이슈

경영자가 직면하는 윤리적 이슈는 다양하지만 많은 경우 기업 및 경영자의 목표와, 주주, 고객, 종업원, 공급자, 경쟁자, 지역사회, 일반대중 등 주요 이해관계자의 근본적인 권리 간에 충돌가능성이 존재할 때 발생한다. 이해관계자는 보호받아야 할 기본적인 권리가 있고 이를 침해하는 것은 비윤리적인 행위이다.

주주는 자신의 투자에 대한 정보를 적시에 정확하게 제공받을 권리가 있고, 이를 침해하면 비윤리적인 행위이다. 고객은 잠재적인 유해가능성을 포함하여 자신이 구매한 제품과 서비스에 대해 정확하고 충분한 정보를 제공받을 권리가 있고 이러한 정보를 제한하는 것은 비윤리적이다. 종업원은 안전한 근무환경에서 공헌한 바에 합당한 보수를 받으며 경영자로부터 공정한 대우를 받을 권리가 있다. 공급자는 계약 내용이 존중받고, 협상력의 불균형을 악용한 기회주의적인 재계약 요구 등의 행위로부터 보호받을 권리가 있다. 경쟁자는 경쟁의 룰에 반하고 원칙에 어긋나는 반경쟁적인 행위로부터 보호받을 권리가 있다. 지역사회, 일반대중, 정부는 환경오염 등 사회의 기대를 저버리는 기업의 행위로부터 보호받을 권리가 있다.

이해관계자의 권리를 존중하는 윤리적 행위를 함으로써 이해관계자로부터의 지원을 획득할 수 있고, 이러한 지원이 최종적으로 경영자와 기업의 이익으로 직결된다는 주장은 오랫동안 많은 지지를 받아왔다. 또한 이와 같은 도구적인 관점을 넘어서는 주장도 있다. 기업이 윤리적이어야 하는 이유는 단순히 그것이 옳기 때문이라는 것이다. 기업은 사회가 그들의 성공을 가능하게 해준 대가를 다시 사회에 되돌려 주어야 한다. 노블리스 오블리제(noblesse oblige)는 사회로부터 혜택을 많이 받은 높은 지위의 사람들은 그에 합당한 명예롭고 자애로운 행동을 해야 한다는 의미의 프랑스 말이다. 이러한 정신을 기업에 적용하면 성공한 기업일수록 사회에 대해 도덕적 책임을 다하고 자애롭게 행동해야 한다.

비윤리적 행위는 경영자가 이해관계자의 기본적인 권리보다 자신 또는 기업의 목표달성을 앞세울 때 주로 발생하고, 이는 기업 및 경영자와 이해관계자 간의 또 다른 대리인 문제라고 할 수 있다. 대표적인 비윤리적 행위로 회사자금 유용, 정보 왜곡, 반경쟁적 행위, 가치사슬 내 다른 기업에 대한 기회주의적 착취, 열악한 근로조건, 환경훼손, 부정부패를 들 수 있다.

> 자금 유용
> 회사의 자금을 경영자 자신을 위해 사용하는 것
>
> 정보 왜곡
> 경영자가 자신의 금전적 이익을 확보하거나 기업의 경쟁적 지위를 강화하려는 목적으로 기업 정보에 대한 통제권을 악용하여 정보를 왜곡하거나 숨기는 행위

자금 유용(self-dealing)은 회사의 자금을 경영자 자신을 위해 사용하는 것으로 타이코의 사례에서 이미 논의하였다. **정보 왜곡**(information manipulation)은 경영자가 자신의 금전적 이익을 확보하거나 기업의 경쟁적 지위를 강화하려는 목적으로 기업 정보에 대한 통제권을 악용하여 정보를 왜곡하거나 숨기는 행위이다. 이미 논의한 것처럼 최근의 회계 조작 사건들은 의도적이고 치밀한 재무

정보 왜곡의 사례들이다. 또한 정보 왜곡은 비재무적인 정보에 대해서도 일어나는데, 담배회사들의 사례가 대표적이다. 담배회사의 경영자들은 흡연과 건강에 대한 내부 연구 결과를 숨김으로써 흡연의 위험에 대한 소비자의 알 권리를 침해했다. 이러한 사실이 밝혀지자 고의적으로 소비자의 건강을 해쳤다는 집단소송이 담배회사들을 상대로 시작되었다. 담배회사들은 흡연이 소비자의 건강을 심각하게 해친다는 것을 알면서도 제품의 판매를 촉진함으로써 제조물 책임법을 위반했다는 것이다. 1999년 담배회사들은 흡연 관련 질병으로 인한 의료비용 보상을 요구하며 소송을 제기한 미국 주정부들과 합의를 했는데, 그 배상 금액이 무려 2,600억 달러에 달했다.

> **반경쟁 행위**
> 기업이 주로 독점적 지위를 이용하여 자신의 장기적 사업 전망을 유리하게 만들기 위해 현재 또는 잠재적 경쟁자에게 해를 끼치는 행동

반경쟁 행위(anticompetitive behavior)는 기업이 주로 독점적 지위를 이용하여 자신의 장기적 사업 전망을 유리하게 만들기 위해 현재 또는 잠재적 경쟁자에게 해를 끼치는 행동이다. 예를 들어 1990년대 미국 사법부는 PC 운영시스템에서 독점적인 지위를 가진 마이크로소프트가 PC 제조업자들에게 자신의 웹 브라우저인 인터넷 익스플로러를 강제로 끼워 파는 문제를 제기했다. 마이크로소프트는 PC 제조업자들에게 인터넷 익스플로러를 필수프로그램으로 하지 않으면 윈도우즈를 공급하지 않겠다고 압박하였고, 이는 윈도우즈를 설치할 수밖에 없는 PC 제조업자들에게는 심각한 위협이었다. 이와 같은 묶음 판매는 반독점법을 위반한 것인데, 마이크로소프트는 경쟁자인 넷스케이프를 시장에서 밀어내기 위해 이러한 행위를 한 것으로 알려졌다. 법정은 이 사건에서 마이크로소프트가 독점적 지위를 남용한 것으로 판단했고, 이러한 행위를 시정하도록 명령하였다.

만약 위법이 아니었다고 하더라도 마이크로소프트의 행위는 최소한 세 가지 이유에서 비윤리적인 것이다. 마이크로소프트는 첫째, 최종소비자들의 선택을 제한함으로써 권리를 침해하였고, 둘째, 특정 제품을 사용하도록 부당한 압력을 가함으로써 산업 가치사슬 내 PC 제조업자들의 권리를 침해하였으며, 셋째, 자유롭고 공정한 경쟁을 요구하는 경쟁자의 권리를 침해하였다.

가치사슬 내 다른 구성원에 대한 기회주의적 착취는 또 다른 유형의 비윤리

기회주의적 착취
경영자가 기업이 가지고 있는 힘을 이용해서 공급자, 구매자, 보완재 생산자 등과의 계약 내용을 자신의 기업에게 유리하도록 일방적으로 변경하는 것

적 행위이다. 가장 일반적인 **기회주의적 착취**(opportunistic exploitation)는 경영자가 기업이 가지고 있는 힘을 이용해서 공급자, 구매자, 보완재 생산자 등과의 계약 내용을 자신의 기업에게 유리하도록 일방적으로 변경하는 것이다. 예를 들어 1990년대 후반 보잉(Boeing)은 티타늄메탈(Titanium Metal Corp)과 10년간 매년 일정량의 티타늄을 구매하는 20억 달러 규모의 계약을 맺었다. 티타늄메탈은 이 계약을 이행하기 위해 이미 2000년에 약 1억 달러를 투자하여 생산설비를 증설하였다. 그러나 보잉은 이후에 공급 가격을 낮추고 연간 최소구매량을 없애도록 하는 내용의 계약 재협상을 요구했다. 보잉의 경영자들은 보잉이 티타늄의 주요 구매자이고 티타늄메탈이 이미 생산설비에 막대한 투자를 한 이후이기 때문에 계약 개정의 요구를 받아들일 수밖에 없을 것으로 생각했다. 그러나 의외로 티타늄메탈은 보잉이 계약을 위반했다며 소송을 제기했고, 이 소송은 보잉이 구매 계약의 내용을 변경하는 대신 티타늄메탈의 설비 투자 중 약 6천억 달러를 보전하기로 합의함으로써 종결되었다. 법적인 측면을 제외하고도 보잉의 행위는 공정하고 투명한 방식으로 구매자와 거래하고자 하는 공급자의 요구 및 권리를 침해했기 때문에 이미 비윤리적인 것이다.

열악한 근로조건
경영자가 원가절감을 이유로 근로환경에 대한 투자를 소홀히 하고 근로자에게 노동시장의 통상적인 임금보다 낮은 임금을 지급하는 것

열악한 근로조건(substandard working conditions)의 문제는 경영자가 원가절감을 이유로 근로환경에 대한 투자를 소홀히 하고 근로자에게 노동시장의 통상적인 임금보다 낮은 임금을 지급할 때 발생한다. 미국과 같은 선진국에서는 노동과 관련된 규정이 이미 잘 구비되어 있지만 많은 개발도상국에서는 그렇지 않다. 기업들이 이러한 국가에 진출할 때 문제가 두드러지는데 나이키의 사례는 이를 잘 보여준다. 그러나 열악한 근로조건의 문제는 선진국에서도 발생한다. 예를 들어 월마트의 미국 내 사업에 대해서도 열악한 근로조건으로 인해 소송이 제기된 적이 있다.

중간사례 월마트의 근로조건

월마트를 설립할 당시에 샘 월튼은 종업원들을 항상 존중하고, 종업원들에게 기업의 성과에 따라 보수를 지급하며, 중요한 정보와 의사결정을 맡기고, 충분한 승진기회를 제공하는 것을 핵심적인 가치로 삼았다. 이에 대한 보답으로 종업원들은 열심히 일하고 조직에 헌신하였다. 오랫동안 이러한 방식은 잘 유지되어 왔다. 조직에서 가장 중요한 존재이기 때문에 종업원들은 '동료'로 불리었다. 시간제 근로자들조차도 이익공유제에 참여할 수 있었고, 이익공유로 받은 보너스로 시가보다 낮은 가격에 월마트 주식을 구매할 수도 있었다. 관리자 중 2/3가 시간제 근로자 출신일 정도로 충분한 승진기회가 제공되었다. 이와 동시에 샘 월튼과 그 이후의 경영자들은 종업원들에게 충성과 헌신을 요구하였다. 예를 들어 다른 매장으로의 발령은 이동 직전이 되어서야 당사자에게 통보되었고, 종업원의 기본급 수준은 매우 낮았다. 이에 대해 불평하는 종업원은 소수에 불과했고 여전히 긍정적인 시각이 많았다.

그러나 최근에 회사와 종업원의 관계에 금이 가기 시작했다. 회사가 수당도 없이 시간제 근로자에게 초과근무를 강요하고, 시스템적으로 여성을 차별하며, 불법 이민자들을 고용하여 최저 임금에도 못 미치는 보수를 지급하는 협력업체에게 매장 청소를 맡기는 등에 대해 소송이 연이어 제기된 것이다. 예를 들어 워싱턴 주의 집단소송에서는 월마트가 일상적으로 (1) 시간제 근로자가 자신이 일한 시간 전부를 기록하지 못하게 압력을 행사하고, (2) 종업원의 실제 근로시간에 대한 기록을 없애거나 조작하며, (3) 종업원들에게 보장된 휴식이나 식사 시간을 제공하지 않고, (4) 초과근무를 거부하는 종업원을 해고나 강등하겠다고 위협하며, (5) 보수 없이 의무적으로 회의나 컴퓨터 교육에 참여시킨다는 의혹이 제기되었다. 더욱이 종업원들은 회사가 "초과근무 제로" 정책을 강력히 추진함에 따라 주당 40시간을 초과하여 근무하면 불이익을 주면서도, 실제로는 부과하는 일의 양이 많아 더 많은 시간을 일할 수밖에 없다고 주장하였다. 이와 같은 워싱턴 주에서의 소송은 최근 미국 전역에서 일어나고 있는 30여 건 중 하나에 불과하다.

여성에 대한 차별과 관련된 문제는 1996년으로 거슬러 올라간다. 캘리포니아의 한 매장에서 대리로 근무하던 한 여성이 우연히 같은 직급 남성의 급여명세를 보았는데, 그 남성이 자신보다 10,000달러를 더 받는 것을 발견했다. 이 여성은 지점장에게 항의했는데, 그의 답변은 "부양할 가족이 있기 때문"이라는 것이었다. 미혼모인 이 여성이 항의를 계속하자 회사는 가계 지출 내역을 제출하라고 했고, 지출을 반영해 연봉을 2,080달러 인상해 주었다. 그러나 이후에 이 여성은 해고되었는데, 자신이 회사에 항의했기 때문이라고 생각했고, 결국 1998년에 소송을 제기했다. 다른 많은 여성들도 비슷한 시기에 소송을 제기했고, 급기야 2004년에는 160만 명의 전·현직 여성 종업원을 포함하는 집단소송으로 발전하였다. 소송에서 월마트는 여성에게 남성보다 적은 임금을 지급하고 승진기회도 제한했다는 혐의를 받았다.

초과근무 시간 미기재와 여성차별 관련 소송 모두에서 월마트는 무죄를 주장했다. 200만 명 이상이 근무하는 회사에서 가끔 문제가 발생할 수는 있지만 회사차원의 조직적이고 체계적인 것은 아니라는 것이었다. 더욱이 채용과 승진은 매장 수준에서 의사결정이 이루어진다고 주장했다.

비판적인 시각을 가진 사람들은 월마트가 초과근무 시간 미기재와 여성 차별과 관련하여 명확한 정책을 가진 것은 아니지만, 지나치게 원가 절감을 강조하는 월마트의 문화가 문제 발생의 토양을 제공했다고 주장한다. 예들 들어 지점 관리자들은 성과 목표 달성에 대한 엄청난 압박에 시달리기 때문에 부하들을 임금 없이 초과 근무시키는 유혹을 뿌리치기 어렵다는 것이다. 또한 이들은 다른 점포로의 발령을 촉박하게 공지하는 것은 특히 여성에게 불이익을 주는 것이라고 주장했다. 왜냐하면 일반적으로 여성은 직장 때문에 가족과 떨어지거나 가족 모두가 다른 지역으로 이사하는 것이 남성에 비해 훨씬 어렵기 때문이다.

소송이 진행 중이고 결과가 나오기까지는 시간이 걸리겠지만, 결과와 상관없이 월마트는 종업원 관련 정책을 변화시키기 시작했다. 예를 들어 회사는 다양성 책임자와 다양성 감사팀을 만들었고 성 차별을 방지하기 위해 보수 규정도 개정했다. 또한 월마트는 종업원들이 보수 없이 초과 근무하는 것을 방지하기 위한 노력도 시작했다. 예를 들어 일정 시간 근무 이후에는 계산기가 잠겨 계산원이 추가적으로 일을 못하도록 하고, 관리자들이 종업원의 휴식과 식사 시간을 보장하도록 제도화하였다.

환경훼손
기업이 공해 유발 등 환경을 헤치는 행위를 직·간접적으로 할 때 발생

환경훼손(environmental degradation)의 문제는 기업이 공해 유발 등 환경을 헤치는 행위를 직간접적으로 할 때 발생한다. 환경훼손은 깨끗한 공기, 물, 토양에 대한 지역사회와 일반대중의 권리를 침해하는 비윤리적인 행위이다. 이들은 유해한 화학물질로 인한 공해와 토양유실과 홍수를 유발하는 지나친 삼림훼손 등으로 인해 피해를 받지 않을 권리를 가지고 있다.

부정부패
경영자가 중요한 사업의 계약 체결을 위해 뇌물을 제공하는 경우에 발생

마지막으로 **부정부패**(corruption)의 대표적인 상황은 경영자가 규모가 큰 사업의 계약 체결을 위해 뇌물을 제공하는 경우이다. 부정부패는 여러 이해관계자의 권리를 침해하기 때문에 비윤리적인데, 경쟁자의 공정한 입찰에 참여할 권리를 침해하고, 공무원이 관련되어 있다면 국가와 지역사회를 위해 최선을 다하는 공직자에 대한 지역사회나 일반대중의 기대를 저버리는 것이다.

비윤리적 행위의 원인

경영자들은 왜 비윤리적인 행위를 할까? 이 질문에 대해 간단히 답할 수는

없지만 몇몇 일반적인 원인은 찾아볼 수 있다. 첫째, 기업윤리는 개인윤리와 무관하지 않은데, 개인윤리(personal ethics)는 개인행동의 옳고 그름에 대한 일반적으로 인정된 원칙을 말한다. 개인으로서 우리는 거짓말을 하고 남을 속이는 것이 옳지 않은 반면, 진실하고 명예롭게 행동하고 자신이 옳다고 믿는 것을 끝까지 수호하는 것은 옳다고 배워왔다. 개인의 행동을 좌우하는 윤리적 원칙들은 부모, 학교, 종교, 미디어 등 다양한 원천으로부터 형성되었다. 이러한 개인의 원칙들은 경영자로서의 행동에도 깊은 영향을 미치게 된다. 개인윤리가 강한 사람들은 기업 경영의 상황에서도 비윤리적인 행동을 할 가능성이 낮다. 이들은 특히 자금 유용에 연관될 가능성이 낮으며 진실한 행동을 할 가능성이 높을 것이다.

둘째, 경영자들은 단지 '이 의사결정이 윤리적인가?'라는 질문을 던져보지 않기 때문에 자신의 행위가 비윤리적인 것도 깨닫지 못하는 경우가 많다. 의사결정 시 사업적 측면만을 고려함으로써 이 결정에 중요한 윤리적인 이슈가 있다는 것을 간과하게 된다. 이러한 문제는 사업과 관련된 의사결정과정에 윤리적 고려를 포함하지 않기 때문에 발생하고, 나이키의 사례를 들 수 있다. 나이키가 계약생산업체를 선정하는 의사결정과정에서 경제적인 논리는 충실히 반영되었을 것이다. 즉 선정된 업체들은 원가, 제품품질, 납기준수 등 사업적 변수들을 기반으로 한 평가에서 가장 우수한 기업들이었을 것이다. 그러나 만약 핵심적인 경영자가 '업체가 종업원들을 어떻게 대우하는가?'라는 질문을 던져보았다면 결과는 달라졌을 것이다. 아마도 나이키의 경영자들은 이 이슈가 자신이 아닌 계약생산업체의 것으로 판단한 것으로 보인다.

많은 기업에서는 의사결정의 윤리적 결과에 대해 구성원들이 충분히 고려하는 분위기가 만들어지지 못하고 있다. 경영자들이 비윤리적인 행위를 하는 세 번째 원인으로 의사결정에서 순수한 경제적 논리만을 강조하고 기업윤리는 간과하는 조직 문화를 들 수 있다. 네 번째 원인은 최고경영진이 절차를 생략하고 비윤리적인 방법을 동원하지 않는 한 달성이 불가능한 비현실적인 성과 목표를 달성하도록 구성원에게 압박을 가하는 것이다. 때로는 기업 문화가 사회에서는 비윤리적으로 판단하는 행동에 정당성을 부여하기도 하는데, 특히 비현실적인 성과 목표가 결부되면 더욱 그렇다. 이러한 분위기에서 경영자들은 자신의 개인윤리에 어긋나는 행동이나 비윤리적인 행위에 연관될 가능성이 높아진다. 반대로 조직문화는 윤리적 행위를 강화하는 역할을 하기도 한다. 예를 들어 HP는 창업자로부터 만들어진 'HP Way'라는 가치를 소중히 계승하고 있다. 이 가치는 기업 내부에서의 업무와 기업에 의한 행동의 방식에 대한 것인데, 핵심적인 윤리적 요소를 포함하고 있다. 특히 인간에 대한 신뢰와 존경, 열린 의사소통, 종업원 개인에 대한 관심이 강조되고 있다.

HP의 사례는 비윤리적 행위의 다섯 번째 원인인 리더십의 중요성을 보여준다. 리더들은 조직문화 형성에 기여하고, 그들의 행동은 구성원들에게 본보기가 된다. 조직의 구성원들은 리더의 행동을 참고하여 자신의 행동을 결정하는 경우가 많은데, 만약 리더가 비윤리적으로 행동하면 부하들도 그럴 가능성이 높아진다. 이때 중요한 것은 리더의 말이 아니라 행동이다.

윤리적 경영

경영자가 사업적 의사결정을 할 때 윤리적 고려가 포함되도록 하는 가장 좋은 방법은 무엇일까? 이 질문에 대한 간단한 답은 없다. 왜냐하면 현실적으로 윤리적 딜레마 상황이 많고, 명확히 정해진 행동 방식이 없는 경우도 너무 많기 때문이다. 또한 윤리적 원칙이 지켜지고 윤리적 이슈가 경영 의사결정에 일상적으로 반영되게 하기 위해 경영자가 해야 할 일이 너무 많기 때문이기도 하다. 아래에서는 이 많은 일 중 가장 기본적인 몇 가지를 살펴본다.

채용과 승진

기업은 개인윤리 측면에서 윤리의식이 강한 사람을 채용하는 것이 중요하다. 마찬가지로, 행위가 일반적으로 인정되는 윤리적 원칙에 부합하지 않는 사람을 승진에서 배재하고 더 나아가서는 해고할 수 있어야 한다. 특히 비윤리적인 사람에 대한 승진은 기업윤리를 강조하는 조직문화와 리더를 가진 조직에서는 일어나서는 안 되는 일이다. 그러나 현실에서는 이것이 말처럼 쉽지 않다. 무엇보다도 어떻게 하면 윤리의식이 약한 사람을 가려낼 수 있을까? 우리 사회에서 비윤리적인 사람들은 자신의 윤리의식이 약한 것을 다른 사람들에게 들키지 않으려 한다. 왜냐하면 다른 사람들이 알게 되면 비윤리적인 사람을 더 이상 신뢰하지 않을 것이기 때문이다.

다른 사람에게 자신을 숨기려 하는 비윤리적인 사람들을 채용과정에서 걸러낼 수 있을까? 심지어 이들은 보통 남을 속이는 데 능하기까지 하다. 이를 위해 기업은 지원자의 윤리적 성향을 파악하기 위한 심리검사를 활용할 수 있고, 과거의 동료들로부터 지원자의 평판을 확인할 수 있다. 추천서를 요구하거나 과거 동료와 이야기를 나눔으로써 지원자의 평판을 확인하는 것은 실제로도 많이 쓰이는 방식이고 채용결과에 큰 영향을 미치고 있다.

조직 문화와 리더십

기업은 윤리적 행동을 촉진하기 위해 윤리적 행동에 높은 가치를 두는 조직 문화를 만들 필요가 있다. 조직 문화의 구축을 위해서는 세 가지가 특히 중요하다. 첫째, 기업은 윤리적 행위를 강조하는 가치를 명문화해야 한다. 이를 위해 많은 기업에서는 기업이 추구하는 윤리적 우선순위를 공식적으로 서술한 별도의 **윤리강령**(code of ethics)을 만들기도 한다. 또한 어떤 기업에서는 미션선언문과 같이 가치나 미션을 기술한 공식적 문서에 그 내용을 포함하기도 한다. 예를 들어 유니레버의 윤리강령에는 "우리는 어떠한 형태의 강제노동과 아동노동도 사용하지 않는다", "우리의 종업원은 뇌물의 소지가 있는 선물이나 금전을 주지도 받지도 않는다. 뇌물의 제공이나 요구는 즉시 거부해야 하며 경영진에 보고해야 한다"와 같은 항목이 포함되어 있다. 유니레버의 원칙은 조직 구성원에게 바람직한 윤리에 대한 명확한 메시지를 주고 있다.

> **윤리강령**
> 기업이 추구하는 윤리적 원칙을 공식화 한 것

둘째, 윤리강령이나 문서에 가치를 명확히 기술한 후, 기업의 리더들은 말과 행동을 통해 그 중요성을 지속적으로 강조함으로써 가치에 의미를 부여하고 생기를 불어넣을 필요가 있다. 즉 리더는 기회가 있을 때마다 기업윤리의 중요성을 강조하고, 실제로 핵심적인 의사결정에 윤리적 고려를 포함해야 한다. 어떤 기업들은 여기에서 한걸음 더 나아가서, 자신이 윤리규정에 따라 적절하게 행동하고 있는지를 확인하기 위해 다른 독립적인 기관에 감사를 의뢰하기도 한다. 예를 들어 최근에 나이키는 독립적인 기관에 의뢰하여 계약생산업자들이 나이키의 윤리강령을 준수하고 있는지에 대하여 감사를 하고 있다.

셋째, 윤리적 행위를 촉진하는 조직 문화를 만들기 위해 윤리적 행동을 한 구성원에게 보상을 제공하고 그렇지 않은 구성원에게 제재를 가하는 인센티브와 승진 시스템을 구축할 필요가 있다.

의사결정과정

경영자는 의사결정의 윤리적 이슈에 대해 체계적으로 고려할 수 있어야 한다. 이를 위해서는 윤리적 잣대가 필요하다. 어떤 전문가들은 특정 의사결정이 윤리적인지 아닌지를 판단하는 명확한 실무적 기준을 제시하기도 한다. 예를 들어 의사결정이 윤리적으로 용납되기 위해서는 다음의 모든 질문에 '예'라는 답을 할 수 있어야 한다.

1 나의 의사결정이 조직 내 윤리강령 또는 다른 문서에 기재된 가치와 기준에 부합하는가?

2 나는 의사결정이 신문이나 TV를 통해 의사결정에 영향을 받는 모든 이해관계자에게 알려져도 괜찮은가?

3 가족, 친구, 다른 기업의 경영자 등 나와 가장 친한 사람들이 내가 내린 의사결정을 지지할 것인가?

윤리담당자

윤리적인 경영을 위해 최근 많은 기업들은 윤리담당자를 임명하고 있다. 윤리담당자(ethics officer)는 윤리의식을 가질 수 있도록 종업원들을 훈련시키고, 기업의 경영 의사결정과정에 윤리적인 고려가 포함되도록 하며, 기업의 윤리강령이 준수되도록 하는 역할을 책임지고 수행한다. 경우에 따라서는 의사결정이 윤리강령을 위배하지 않는지에 대해 감사를 수행하기도 한다. 또한 많은 기업에서 내부 옴부즈맨으로서의 역할도 수행하는데, 종업원으로부터의 제보를 비밀리에 처리하고, 종업원 등으로부터 제기된 불만사항을 조사하며, 경영진에게 조사 결과를 보고하고 개선방안을 제안한다.

전 세계에 걸쳐 280억 달러가 넘는 매출액을 올리고 있는 항공우주기업인 유나이티드테크놀로지(United Technology)는 1990년부터 공식적인 윤리강령을 운영하고 있다. 이 기업에는 윤리강령이 실제로 잘 준수되고 있는지 확인하는 역할을 수행하는 약 160명의 윤리담당자들이 있다. 또한 종업원들이 윤리 이슈에 대해 익명으로 윤리담당자들에게 직접 제보할 수 있는 옴부즈맨 제도를 1986년부터 운영하고 있는데, 지금까지 56,000건이 넘는 제보가 들어왔고 그 중 8,000여 건에 대해서 조사가 진행되었다.

기업지배구조

경영자들이 윤리 규범을 준수하도록 하고, 특히 고위 경영자들이 자금 유용과 정보 왜곡에 연루되지 않도록 하기 위해서는 강력한 지배구조 메커니즘이 필요하다. 앞서 살펴본 것처럼 지배구조 메커니즘에서 가장 핵심적인 기구는 자금 유용에 대해 명확히 책임을 묻고 경영자들이 제공한 정보를 검증할 수 있는 독립적인 이사회이다. 타이코, 월드컴, 엔론 같은 기업에 강력한 이사회가 존재했다면, 회계 조작이 발생하지 않았을 가능성이 높고, 최고경영진이 기업의 자금을 자기 개인 것처럼 생각할 수도 없었을 것이다.

도덕적 용기

경우에 따라서는 도덕적 용기가 경영자들에게 매우 중요하기도 하다. 도덕적 용기가 있어야 경제적으로는 이익이지만 윤리적이지 않은 의사결정을 거부할 수 있다. 도덕적 용기가 있어야 상사의 비윤리적인 지시를 거부할 수 있다. 도덕적 용기가 있어야 기업에서 지속적으로 자행되는 비윤리적 행위를 조직 내외부에 고발할 수 있다. 하지만 도덕적 용기를 갖기가 쉬운 것은 아니다. 우리는 조직의 비윤리적인 행위를 매스컴에 고발한 용기 있는 사람들이, 그 이유로 직장을 잃는 사례를 주변에서 흔히 볼 수 있다.

기업은 도덕적 용기를 실행에 옮겨 상사의 지시를 거부하거나 비윤리적인 행동을 고발한 직원이 절대 불이익을 받지 않음을 명확히 함으로써 구성원의 도덕적 용기를 북돋울 수 있다. 유니레버의 윤리강령에서 발췌한 다음의 내용은 참고할 만하다.

> 강령의 위반 행위는 어떠한 경우에도 정해진 절차에 따라 보고되어야 한다. 유니레버 이사회는 윤리강령의 원칙 및 의무 규정과 지침을 준수하다가 생긴 경제적 손실에 대해서는 경영진에 책임을 묻지 않을 것이다. 이사회는 종업원들이 원칙 위반과 위반이 의심되는 사안에 대해 관심을 가지고, 또한 최고경영진이 관심을 가지도록 해줄 것을 기대한다. 이 조항은 종업원들이 확신을 가지고 보고하고, 이러한 보고로 인해 그 누구도 불이익을 받지 않도록 하는 것을 목적으로 한다.

이러한 윤리강령의 내용은 종업원들이 도덕적 용기를 실행에 옮기는 것을 '허가'하는 역할을 한다. 기업들은 또한 종업원이 익명으로 불만사항을 접수할 수 있는 윤리담당자와의 핫라인을 개설할 수도 있다.

맺음말

이 장에서 논의된 방법들은 경영자가 의사결정시 윤리적 결과에 대해 명확히 인식하고, 기본적인 윤리 원칙을 위반하지 않도록 도울 수 있다. 그러나 모든 윤리적 딜레마가 명백한 답을 가지고 있는 것은 아니고, 그렇다면 딜레마라고 하지도 않을 것이다. 기업은 명확하게 하지 말아야 할 것들이 있고, 명확하게 해야 할 것들이 있다. 그러나 확실하게 경영자를 딜레마 상황에 놓이게 하는 일도 있다. 이러한 어려운 경우에도 복잡하고 어지러운 상황을 해결하며 최대한 공정하고 균형 잡힌 의사결정을 할 수 있는 능력이 경영자들에게는 필요하다.

요약

1 이해관계자는 기업의 행동과 성과에 대해 이해와 요구 및 권리를 가진 개인 또는 집단이다.

2 기업이 모든 이해관계자의 요구를 항상 충족시킬 수는 없다. 각기 다른 집단 간에 목표가 충돌할 수 있다. 기업은 가장 중요한 이해관계자를 파악하고, 그들의 니즈를 충족시키는 전략에 최우선 순위를 두어야 한다.

3 미션선언문은 애해관계자의 요구를 기업의 전략수립과정에 반영하는 역할을 할 수 있다. 미션선언문은 미션, 비전, 가치, 주요 목표에 대한 기술을 포함한다.

4 주주는 기업의 법적인 소유주로 위험자본을 제공한다. 주주가 제공하는 자금은 기업 운영에 필요한 재무 자원의 핵심적인 원천이다. 기업은 장기적 수익성을 극대화함으로써 주주의 이익을 극대화 할 수 있다.

5 대리인 관계는 일방이 의사결정과 자원 통제의 권한을 다른 일방에게 위임할 때 형성된다.

6 대리인 문제의 핵심은 주인과 대리인의 이해가 항상 일치하지는 않으며, 어떤 대리인은 정보비대칭을 활용하여 주인의 비용으로 자신의 이익을 극대화하기도 한다는 것이다.

7 다양한 지배구조 메커니즘이 대리인 문제를 억제한다. 여기에는 이사회, 주식기반 보상, 재무제표와 회계감사, 인수 위협이 포함된다.

8 윤리는 개인, 직업의 구성원, 조직이 하는 행위의 옳고 그름에 대한 일반적으로 인정된 원칙이고, 기업 윤리는 기업과 관련된 사람들의 행위에 대한 일반적으로 인정된 원칙이다. 윤리적 행위는 원칙에 부합하는 것이고, 비윤리적 행위는 그렇지 않은 것이다.

9 기업의 비윤리적 행위는 구성원들의 개인적 윤리 수준이 낮고, 윤리적 측면이 의사결정과정에 반영되지 않으며, 기업문화가 비윤리적인 행위를 조장하고, 비현실적인 목표의 달성을 지나치게 강조하며, 구성원들에게 리더가 비

윤리적으로 보일 때 늘어난다.

10 경영 의사결정에 윤리적 이슈가 반영되도록 하려면 경영자는, (a) 개인적 윤리 수준이 높은 사람을 채용하고 승진시키며, (b) 윤리적 행위에 높은 가치를 두는 조직 문화를 구축하고, (c) 윤리적 행위를 명문화하는데 그치지 않고 스스로 일관성 있는 행동을 보여주며, (d) 의사결정시 윤리적 측면에 대한 고려를 체계화하여 공식화하고, (e) 스스로 도덕적 용기를 가지고, 자신뿐 아니라 다른 구성원들도 가질 수 있도록 도와야 한다.

토의 주제

1 기업에서 대리인 문제는 얼마나 심각하다고 생각하는가?

2 경영자가 주주의 비용으로 자신의 이익을 추구하지 못하도록 하려면 전략수립과정을 어떻게 만들어야 하는가?

3 인건비가 싼 저개발 국가로 생산을 아웃소싱하고, 장기간 근무한 본국의 근로자들을 해고하는 의사결정은 어떠한 경우에 윤리적으로 용납될 수 있을까?

전략경영 연습

소그룹 활동: 이해관계자의 요구 평가

3-5명의 그룹을 만들고, 한 사람을 그룹의 대변인으로 지정하시오. 대변인은 강사의 지시에 따라 그룹의 의견을 반 전체와 커뮤니케이션하는 역할을 한다. 그리고 다음에 대해 토론하시오.

1 당신이 속한 교육기관의 핵심적인 이해관계자를 파악하시오. 각 이해관계자는 교육기관에 어떤 요구를 하고 있는가?

2 전략적으로, 교육기관은 이러한 요구에 어떻게 대응하고 있는가? 이해관계자의 요구 측면에서, 교육기관이 현재 추구하는 전략이 적절하다고 생각하는가? 만약 바꿀 것이 있다면 어떻게 수정해야 하는가?

3 교육기관의 생존과 건전성에 미치는 영향을 기준으로 이해관계자의 순위를 정해보시오. 각 이해관계자의 요구가 충돌하는가? 충돌한다면 어떤 요구에 우선순위를 두어야 할까?

웹 탐색

머크 홈페이지

전 세계 최대 제약회사인 머크(Merck)의 홈페이지(www.merck.com)를 방문하여 미션과 가치에 대한 게시된 자료를 살펴보시오. 그리고 다음의 질문에 답하시오.

1 본 장에서 학습한 내용을 바탕으로 미션선언문을 평가하시오. 미션이 기본적인 전략적 목표가 무엇인지를 명시하고 있는가? 제시된 가치가 경영자의 행동에 좋은 가이드라인이 되는가? 가치가 이해관계자의 요구를 반영하고 있는가?

2 사회적 책임과 윤리강령 부분을 찾아서 읽어보시오. 머크는 어떻게 (1) 주주의 투자에 대한 적절한 수익과 (2) 인류에 공헌하고 경제사정이 어려운 환자도 구할 수 있는 의약품 개발 사이에서 균형을 맞추고 있는가?

3 2004년 9월, 머크는 심장마비 위험을 높인다는 연구 결과에 따라 대표 약품 중 하나인 셀레브렉스(Celebrex)를 리콜하였다. 가치와 윤리강령은 이 의사결정에 어느 정도의 영향을 미쳤다고 생각하는가? 이 약을 시장에서 철수하는 행동이 충분히 신속했다고 생각하는가? (이 이슈에 대한 언론 보도를 참고할 수 있다)

일반 과제

조직의 전략적 방향에 대해 주주와 경영자 간에 심각한 갈등이 발생한 사례를 인터넷에서 찾아보시오.

마무리 사례 구글의 미션 및 윤리원칙과 중국 사업

구글은 "전 세계의 정보를 조직화하여 모든 사람이 접근하고 활용하게 한다"는 뚜렷한 미션을 가지고 설립되어 성장을 지속하고 있다. 구글은 미션에 따라 사용자가 검색어를 입력하면 문서, 이미지, 멀티미디어, 뉴스 기사, 도서, 학술 논문 등 광범위한 웹 정보를 빠르게 검색할 수 있는 강력한 인터넷 검색 엔진을 개발하였다. 또한 현재 전 세계적으로 가장 많이 사용되는 검색 엔진을 기반으로 수익성이 매우 높은 광고 사업을 구축하고 있다. 광고비를 클릭당 받는 비즈니스 모델에 따라 광고주들은 구글 검색 결과 페이지에서 광고로 표시된 자신의 사이트를 소비자가 클릭할 때마다 구글에 광고비를 지불한다.

구글은 오랫동안 "사악하지 말자!(don't be evil!)"는 슬로건 하에 운영되었다. 이 슬로건이 처음 만들어졌을 때는 어떤 경우에도 검색 결과의 진실성을 훼손하지 않는다는 뜻을 담고 있었다. 예를 들어 구글은 검색 랭킹 집계에 어떠한 사업적 고려도 하지 않는다. 광고 링크가 검색 결과와 함께 보이지 않고 오른쪽에 별도로 보이도록 했던 것도 같은 이유에서였다. 그러나 구글에서 이 슬로건의 의미는 이제 검색 엔진에 국한되지 않는다. 조직의 핵심 원칙이 되고 있고, 모든 전략적 의사결정의 잣대가 되고 있다.

미션과 슬로건에 따라 구글의 검색 엔진은 정부의 검열을 우회하고 정보의 민주화를 달성하는 수단이 되어 전 세계 인권운동의 희망이 되고 있다. 특히 중국처럼 정보 검열이 심한 사회에서는 국민들이 정부가 은폐하는 정보에 접근할 수 있는 거의 유일한 도구가 되고 있다.

구글은 2000년부터 중국어 서비스를 시작했는데 처음에는 미국에서 서비스를 운영하였다. 그런데 2002년 이 사이트가 중국 정부에 의해 차단되었고, 사용자는 자동으로 중국 경쟁자의 페이지로 이동하도록 조치되었다. 이러한 차단 조치는 구글 경영자들을 깜짝 놀라게 했다. 소문에 따르면 구글의 공동설립자 세르게이 브린(Sergey Brin)은 차단 직후에 중국을 이해하기 위해 관련 서적들을 주문하여 바로 읽었다고 한다. 그런데 그 이유는 명확하지 않지만 2주 후에 구글의 검색 사이트는 다시 열리게 되었다. 구글은 서비스에 어떠한 변화도 없다고 했지만, 검색 결과에서 정치적으로 민감한 사이트를 더 이상 볼 수 없게 되었는데, 이는 중국 정부가 검열을 더욱 강화했음을 의미한다. 중국 정부는 국내와 해외 인터넷 사이에 거대한 방화벽을 세우고 반정부적으로 판단되는 해외 사이트를 차단하고 있다. 2004년경이 되자 중국이 전략적으로 구글에게 매우 중요한 시장이라는 것이 명확해졌다. 그러나 구글이 중국 시장이 제공하는 기회를 활용하기 위해서는 컴퓨터 서버와 중국어 홈페이지를 포함한 운영 활동을 중국 내로 이전해야 함을 알게 되었다. 중국 사용자에 대한 서비스를 미국에서 제공하다 보니 속도도 느렸고, 정부의 검열 때문에 서비스의 질도 현저히 떨어졌다. "사악하지 말자!"를 슬로건으로 하는 구글은 이러한 상황으로 인해 딜레마에 놓이게 되었다. 중국 내에서 운영활동을 하게 되면 정보 제한을 포함한 정부의 규제를 벗어날 수 없기 때문이다. 1년 반 동안 고위 경영자들은 중국에 진출하는 것과 미국에서 서비스를 제공하는 것의 장·단점을 가지고 치열한 논쟁을 벌였고, 결국 중국 시장에서의 거대한 기회를 무시할 수 없다는 결론에 이르렀다. 1억 명을 넘어 폭발적으로 증가하는 사용자로 인해, 중국은 전 세계에서 가장 큰 인터넷 시장으로 성장할 것이고, 구글에게도 광고 수익의 주요 원천이 될 것이기 때문이다. 뿐만 아니라 구글은 이미 중국에 진출한 미국 경쟁자인 야후와 마이크로소프트의 MSN, 그리고 중국 인터넷 검색 시장의 리더인 중국 기업 바이두에 비해 경쟁열위에 놓여 있었다. 2006년 현재 중국에서 바이두와 구글의 시장점유율은 각각 40%와 30%였다.

2005년 중순 구글은 중국에 판매 법인을 설립했다. 이후 2006년 1월에는 중국 홈페이지 서비스를 시작했는데, 중국에 서버를 두고 베이징과 상하이의 중국인 직원들이 이 홈페이지를 관리하도록 하였다. 구글은 서비스를 개시하며 중국 사용자들에게 "최대한 많은 정보"를 제공하는 것이 목표라고 발표하였다. 그러나 이것이 "모든 정보"를 의미하지 않는 것은 분명해 보였다. 중국정부의 규제에 따라, 구글은 자체 검열을 실시하기로 결정했다. 이에 따라 민주화 운동, 대만의 독립, 파룬궁, 1989년 천안문 사태 등 정치적으로 민감한 사안은 검색 결과에서 제외되었다. 인권단체들은 구글이 이윤을 위해 스스로의 원칙을 위배했다며 즉각 반발하고 시위에 돌입했다. 이에 대해 구글의 경영진은 제한된 정보라도 제공하는 것이 아무것도 하지 않는 것보다는 나으며, 미국에서 서비스를 제공하면 중국 정부가 자의적으로 검열해서 서비스의 질이 형편없어지기 때문에 어쩔 수 없다고 항변했다. 브린은 또한 "중국 웹 사용자들에게도 좋은 일이다. 왜냐하면 모든 정보는 아니지만 결과적으로 더 많은 정보를 얻을 수 있기 때문이다"라며 정당성을 주장했다. 구글은 또한 중국에서 유일하게 검색 결과가 검열에 의해 삭제되었음을 사용자들에게 알려주는 검색 엔진이라고 주장했다.

토의 주제

1. 구글의 미션은 어떻게 전략에 영향을 미쳤는가?
2. 중국에서 인터넷 검색에 대한 구글의 입장은 미션에 부합하는가?
3. 오랫동안의 슬로건인 "사악하지 말자!"를 고려했을 때, 구글이 중국에 진출하여 자체 검열을 실행해야 한다고 생각하는가? 정보를 자체적으로 검열하는 것이 정부가 검열하게 하는 것보다 낫다가 생각하는가?
4. 만약 검열의 문제 때문에 모든 외국 기업이 중국에 직접투자를 거부하면 어떤 결과가 벌어질 것으로 생각하는가? 이럴 경우 누가 가장 큰 이익을 보게 될까? 그리고 가장 큰 손해를 보는 것은 누구일까?

PART 2
경쟁우위의 본질

Chapter

3

외부환경 분석

학습목표

- 산업 내 경쟁을 분석하는 기법을 이해
- 전략 집단의 개념을 이해하고 시사점을 논의
- 산업수명주기에 따른 산업의 변화를 논의
- 거시적 환경이 산업 내 경쟁에 미치는 영향을 이해

개요

기회
기업이 환경의 특정 상황을 활용하여 수익을 향상시키는 전략을 수립하여 실행할 수 있을 때 발생
위협
외부 환경의 특정 상황으로 인해 사업의 유지와 수익의 창출이 어려워질 때 발생

전략의 수립은 기업이 속한 산업의 경쟁에 영향을 미치는 요인들을 분석하면서 시작된다. 외부환경 분석의 목적은 기업이 직면한 기회와 위협을 찾아내고, 이를 바탕으로 경쟁자를 이길 수 있는 전략을 만드는 것이다. 기회(opportunity)는 기업이 환경의 특정 상황을 활용하여 수익을 향상시키는 전략을 수립하여 실행할 수 있을 때 생긴다. 위협(threat)은 외부 환경의 특정 상황으로 인해 사업의 유지와 수익의 창출이 어려워질 때 발생한다.

이 장에서는 기업을 둘러싼 외부환경의 분석에 대해 알아본다. 구체적으로 이 장에서는, 첫째, 산업의 경쟁구조를 분석하고 산업으로부터의 기회와 위협을 파악하기 위해 필요한 개념과 분석 기법에 대해 살펴본다. 둘째, 산업 내 기업의 집단들이 유사하거나 각기 다른 경쟁전략을 추구할 때 경쟁의 양상은 어떻게 되는지에 대해 분석한다. 셋째, 시간이 지남에 따라 산업이 진화하는 방식과 이러한 진화에 따라 경쟁 상황이 어떻게 변화하는지에 대해 알아본다. 넷째, 거시환경의 요인들이 어떻게 산업구조를 변화시키고 기회와 위협에 영향을 미치는지에 대해 살펴본다. 결국 기업이 성공하기 위해서는 외부환경에 적합한 전략을 추구하거나, 전략을 통해 환경을 유리하게 변화시킬 수 있어야 한다.

산업구조 분석

산업
기본적으로 동일한 소비자의 니즈를 충족시켜서 서로 밀접한 대체 관계에 있는 제품과 서비스를 제공하는 기업들의 집합
경쟁자
기본적으로 동일한 소비자의 니즈를 충족시키는 기업

산업(industry)이란 기본적으로 동일한 소비자의 니즈를 충족시켜서 서로 밀접한 대체 관계에 있는 제품과 서비스를 제공하는 기업들의 집합을 말한다. 한 기업의 가장 가까운 경쟁자(competitor)는 동일한 소비자의 니즈를 충족시키는 기업들이다. 예를 들어 탄산음료, 과일음료, 생수는 서로 밀접한 대체 관계에 있는데, 모두 청량감과 비알콜 음료에 대한 소비자들의 동일한 니즈를 충족시키기 때문이다. 따라서 코카콜라와 펩시를 주요 기업으로 하는 이들 기업을 소프트음료 산업으로 묶는다. 마찬가지로 데스크톱 컴퓨터와 노트북 컴퓨터는 소프트웨어

를 구동하고, 인터넷을 검색하며, 이메일을 주고받고, 게임을 즐기며, 디지털 이미지를 저장·출력·수정하는 데 필요한 하드웨어에 대한 기본적으로 동일한 소비자의 니즈를 충족시킨다. 따라서 우리는 델컴퓨터, HP, 레노버, 애플컴퓨터 등의 기업들을 함께 퍼스널 컴퓨터 산업으로 묶는다.

외부환경 분석의 첫 단계는 기업이 경쟁하고 있는 산업을 정의하는 것이다. 이를 위해 경영자는 기업이 충족시키고 있는 소비자의 기본적인 니즈가 무엇인지부터 먼저 파악해야 한다. 제2장에서처럼 제품 기반이 아닌 고객 기반으로 접근해야 하는 것이다. 시장이 충족시키는 기본적인 소비자의 니즈가 산업의 범위를 결정한다. 경영자들이 이를 명확히 인식하는 것이 중요한데, 산업의 범위를 잘못 정의하면 제품은 다르지만 동일한 소비자의 니즈를 충족시키는 새로운 경쟁자에게 속수무책으로 당할 수 있기 때문이다. 예를 들어 코카콜라는 오랫동안 자신의 산업을 탄산음료 산업으로 생각했지만, 사실은 비탄산 음료를 포함한 소프트음료 산업에 속해 있다고 보는 게 바람직했다. 1990년대 중반부터 생수와 과일음료에 대한 소비자들의 수요가 폭발적으로 증가하면서 탄산음료의 수요가 급격히 감소하자 코카콜라는 당황할 수밖에 없었다. 코카콜라는 부랴부랴 다사니(Dasani)라는 생수 브랜드를 만들고 미닛메이드라는 오렌지 주스 브랜드를 인수함으로써 위협에 대응했다. 코카콜라는 자신이 속한 산업의 범위를 너무 좁게 생각함으로써 소프트음료 산업 내 비탄산 음료 세분시장의 급격한 성장을 바라만 볼 뻔했다.

산업에 대한 정의가 끝난 후 경영자가 다음으로 해야 할 일은 기회와 위협을 찾아내기 위해 산업 환경의 경쟁 요인들을 분석하는 것이다. 이 때 마이클 포터(Michael Porter)의 5 포스 모델(5 forces model)은 가장 잘 알려지고 널리 쓰이는 분석 도구이다. [그림 3.1]에서 볼 수 있는 것처럼 포터는 산업 내 경쟁을 결정하는 다섯 가지 포스에 주목하였다. 첫째는 잠재적 경쟁자의 진입위험이고, 둘째는 기존 기업 간의 경쟁강도이며, 셋째와 넷째는 각각 구매자와 공급자의 협상력이고, 마지막으로 다섯째는 대체재의 위협이다.

[그림 3.1] 포터의 5 포스 모델

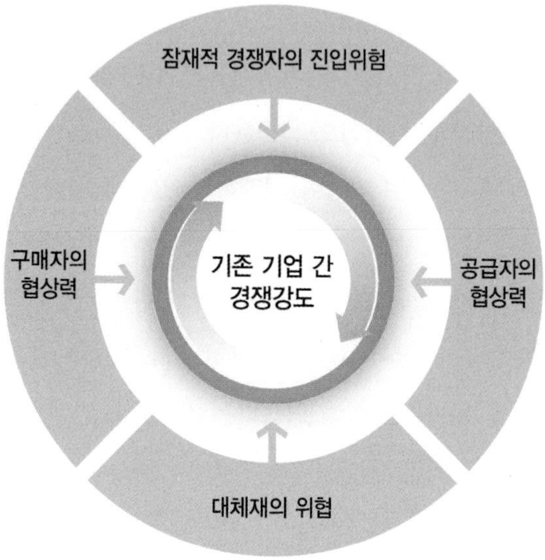

포터는 각 포스의 힘이 세질수록, 산업 내 기업은 가격이나 수익을 높이기 어려워진다고 주장한다. 이 모델에서 강도가 강한 경쟁 요인은 수익을 제한하므로 위협이 되고, 약한 경쟁 요인은 산업 내 기업에 높은 수익을 가져다주므로 기회가 된다. 다섯 포스의 강도는 시간에 따라 변화할 수 있으므로, 경영자는 다섯 포스의 변화를 파악하여 새로운 기회와 위협을 찾아내고 적절한 전략적 대응을 모색해야 한다. 한편 기업은 전략의 선택을 통해 다섯 요인 중 일부 또는 전부의 강도를 변화시킬 수도 있다.

잠재적 경쟁자의 진입위협

잠재적 경쟁자
현재는 산업 내에서 경쟁하고 있지 않지만 자신이 원하면 산업으로 진입할 수 있는 능력을 가진 기업

잠재적 경쟁자(potential competitor)는 현재는 산업 내에서 경쟁하고 있지 않지만 자신이 원하면 산업으로 진입할 수 있는 능력을 가진 기업이다. 예를 들어 전통적인 통신업체들에게 케이블 TV 기업들은 잠재적 경쟁자로 인식되고 있다. 왜냐하면 기술의 발달로 인해 케이블 TV 회사들이 방송을 전송하는 케이블로도 전화 서비스가 가능해졌기 때문이다.

산업 내 기존 기업들은 잠재적 경쟁자의 진입이 늘수록 시장점유율의 유지와 수익의 창출이 어려워지기 때문에 이들을 저지하기 위해 노력한다. 기존 기업들에게 잠재적 경쟁자로부터의 높은 진입위험은 수익에 대한 위협 요인으로 여겨진다. 반대로 진입위험이 낮으면 기존 기업들은 기회를 활용하여 가격을 높이고 수익을 향상시킬 수 있다.

진입위험의 크기는 진입장벽의 높이에 반비례한다. **진입장벽**(barriers to entry)은 한 산업에 진입하는 비용을 증가시키는 요인들이다. 진입장벽이 높을수록 잠재적 경쟁자가 산업으로 진입하는 데 필요한 비용은 증가하고, 진입위험의 강도는 약해진다. 진입장벽이 높은 경우에는, 산업 내 기존 기업들이 높은 수익을 올리고 있어도 잠재적 경쟁자들이 산업으로 쉽게 진입하지 못한다. 주요 진입장벽으로는 규모의 경제, 브랜드 로열티, 절대적 비용우위, 고객의 전환비용, 정부 규제가 있다. 기존 기업의 입장에서는 진입장벽을 높이고, 신규 진입자의 입장에서는 진입장벽을 우회하는 전략을 찾는 것이 기업들에게 중요하다. 지금부터 각 진입장벽에 대해 좀 더 자세히 살펴보자.

> **진입장벽**
> 한 산업에 진입하는 비용을 증가시키는 요인

규모의 경제

규모의 경제(economies of scale)는 생산량을 증가시킬수록 단위당 비용이 감소하는 현상이다. 규모의 경제가 발생하는 원천으로는 (1) 대량생산과 제품의 표준화로 인한 생산비용 절감, (2) 원재료의 대량구매에서 오는 구매비용 절감, (3) 생산관련 고정비용을 많은 수의 제품에 배부함으로써 오는 이점, (4) 마케팅과 광고비용을 많은 수의 제품에 배부함으로써 오는 이점을 들 수 있다. 많은 경우 신규 진입자들은 산업에 작은 규모로 진입할 수밖에 없기 때문에, 규모의 경제에서 오는 기존 기업의 비용상 우위가 클수록 심각한 비용상 열위에 놓이게 된다. 만약 신규 진입자가 규모의 경제 달성을 위해 큰 규모로 생산을 시작하려 한다면, 대규모 생산설비를 갖추는 데 많은 투자가 필요하고, 이에 따른 높은 위험에 직면하게 된다. 큰 규모로 진입하는 것의 또 다른 문제는 산업 내 공급량을 증가시켜 가격을 떨어트리게 되고, 이에 따라 기존 기업으로부터 강력한 보복을 당하게

> **규모의 경제**
> 생산량을 증가시킬수록 단위당 비용이 감소하는 현상

된다는 것이다. 이러한 이유로 기존 기업들이 규모의 경제를 달성하고 있다면 진입장벽은 높아지고 잠재적 경쟁자의 진입위험은 감소하게 된다.

브랜드 로열티

브랜드 로열티
소비자들이 가지고 있는 기존 기업의 제품에 대한 선호도

진입장벽으로서 **브랜드 로열티**(brand loyalty)는 소비자들이 가지고 있는 기존 기업의 제품에 대한 높은 선호도를 의미한다. 기업은 기업과 제품 브랜드에 대한 지속적인 광고, 특허를 통한 제품의 보호, 연구개발을 통한 제품혁신, 제품 품질의 향상, 사후 서비스의 강화 등을 통해 브랜드 로열티를 구축할 수 있다. 강력한 브랜드 로열티는 신규 진입자가 기존 기업으로부터 시장점유율을 빼앗기 어렵게 한다. 즉 기존 기업의 제품에 대한 고객의 선호를 무너트리기 위해서는 마케팅 등에 많은 비용을 투자해야 한다. 따라서 브랜드 로열티는 잠재적 경쟁자의 진입위험을 낮춘다. 예를 들어 콜라 시장에서는 고객들이 기존 기업인 코카콜라와 펩시에 매우 강력한 브랜드 로열티를 가지고 있어서 새로운 기업이 이 시장에 진입하는 것은 불가능에 가깝다. 따라서 '전략의 실제'에서 볼 수 있는 코트(Cott Corporation)의 성공적인 진입은 전 세계적으로 매우 이례적인 사례라고 할 수 있다.

절대적 비용우위

절대적 비용우위
신규 진입자는 확보가 어려운 기존 기업이 가진 비용에서의 우위

기존 기업은 신규 진입자에 대해 **절대적 비용우위**(absolute cost advantage)를 갖는데, 이는 신규 진입자가 가지기 힘든 기존 기업의 낮은 원가구조를 의미한다. 절대적 비용우위는 세 가지 주요 원천에서 발생하는데, 첫째, 축적된 경험, 특허, 외부에 알려지지 않은 공정에서 오는 우월한 생산 운영과 프로세스, 둘째, 기술, 노동력, 원재료, 설비, 경영 능력 등 생산에 필요하지만 공급이 제한되어 있는 특정 생산요소의 통제, 셋째, 신규 진입자에 비해 낮은 위험으로 인한 자금 조달 측면에서의 이점이다. 절대적 비용우위가 크면 클수록 진입장벽은 높아지고 잠재적 경쟁자의 진입위험은 낮아진다.

고객의 전환비용

전환비용
고객이 기존 기업의 제품에서 신규 진입자의 제품으로 전환하는데 드는 비용

전환비용(switching cost)은 기존 기업의 제품에서 신규 진입자의 제품으로 전환하는데 드는 고객의 시간, 에너지, 금전적 비용을 의미한다. 전환비용이 크면 신규 진입자가 더 나은 제품을 제공하더라도 고객은 기존 기업의 제품에서 빠져 나오기 어려워진다. 많이 알려진 사례로 컴퓨터의 운영체계를 전환할 때 발생하는 비용을 생각해 보자. 한 고객이 마이크로소프트의 윈도우즈를 사용하고 있어서, 윈도우즈 기반의 다양한 소프트웨어가 PC에 이미 설치되어 있고 이 소프트웨어들을 통해 작성된 수많은 문서가 저장되어 있는 상황에서 운영체계를 다른 것으로 바꾸려면 많은 비용을 감수해야 한다. 이 고객이 운영체계를 바꾸기 위해서는, 많은 소프트웨어를 새로 구매해야 하고 기존의 문서를 새로운 소프트웨어에 적합한 형식으로 모두 변환해야 한다. 이와 같은 시간과 경제적 손실 때문에 대부분의 소비자들은 새로운 운영체계가 획기적으로 개선된 성능을 가지고 있지 않는 한 기존의 것을 유지하려고 한다. 따라서 새로운 운영체계를 가지고 시장에 진입하려는 기업은 높은 전환비용으로 인한 높은 진입장벽에 부딪혀 큰 어려움을 겪게 될 것이다.

정부규제

역사적으로 많은 산업에서 정부의 규제는 중요한 진입장벽으로 작용해 왔다. 예를 들어 1990년대 중반까지 미국 정부는 시외전화와 시내전화 서비스 간의 경쟁을 제한했다. 또한 타임워너(Time Warner)나 컴캐스트(Comcast) 같은 케이블 TV 업자들도 기술적으로는 전화 서비스가 가능함에도 불구하고 시장에 진입할 수 없었다. 이러한 규제 장벽은 시내와 시외전화 서비스 시장 모두에서 경쟁 수준을 낮추었고 그 결과 통신 기업들은 막대한 수익을 올릴 수 있었다. 그러나 1996년 정부가 규제를 풀자 상황이 급격하게 바뀌게 된다. 정부의 발표 이후 시

3.1 전략의 실제 소프트음료 산업의 진입장벽 우회

코카콜라와 펩시는 오랫동안 소프트음료 산업을 지배해 왔다. 역사적으로 이 두 기업은 광고와 촉진에 대한 막대한 투자를 통해 소비자로부터 높은 브랜드 로열티를 확보해 왔다. 그 결과 잠재적 경쟁자가 이 산업에 진입해서 두 거인으로부터 시장을 빼앗는 것은 거의 불가능하게 되었다. 또한 만약 새로운 경쟁자가 진입하면 가격을 크게 낮춤으로써 시장에서 쫓아내거나 성장하지 못하도록 해왔다.

그럼에도 불구하고 1990년대 초반, 캐나다의 자그마한 보틀링 회사인 코트(Cott Corp.)가 이러한 소프트음료 시장에 진입을 시도하였다. 코트의 전략은 매우 간단했다. 이 회사는 소프트음료 시장 중 우선적으로 콜라 세그먼트에 집중했다. 먼저 글로벌 시장에서 콜라 원액을 독점적으로 사용하는 계약을 미국의 RC 콜라(Royal Crown Cola)와 채결했다. RC 콜라는 미국 시장에서 확고한 위치를 차지하지 못한 기업이었다. 콜라의 품질은 인정받았지만 한 번도 코카콜라나 펩시의 아성에 제대로 도전한 적이 없었다. 다음으로 코트는 캐나다의 식료품 체인인 로블러(Loblaw)와 자체 브랜드의 콜라를 공급하는 계약을 채결했다. 로블러의 자체 브랜드 콜라는 가격이 낮아서 큰 성공을 거두었고, 코카콜라와 펩시의 시장점유율을 상당 부분 빼앗을 수 있었다.

코트는 이러한 성공에 힘입어 다른 유통업체들에게도 자체 브랜드 콜라 출시를 적극적으로 설득해 나갔다. 유통업자들에게는 매우 매력적인 제안이었다. 콜라의 두 거인과는 달리 코트는 광고와 촉진활동을 거의 하지 않는다. 이로 인해 엄청나게 큰 비용이 절감되어서 유통업자들에게 매우 낮은 원가로 콜라를 공급할 수 있다. 따라서 유통업자들은 자체 브랜드 콜라에서 높은 수익을 얻으면서도 코카콜라와 펩시의 공급 가격 인하를 압박할 수 있게 된다.

코트의 성장에서 가장 획기적인 사건은 1992년 월마트와 샘스 초이스(Sam's Choice)라는 자체 브랜드 콜라의 공급 계약을 맺은 것이다. 월마트는 코트에게 완벽한 유통채널이 되어주었다. 그 당시 월마트는 식료품 사업을 막 시작했을 때였다.

월마트의 식료품 사업이 성장하면서, 코트의 매출도 함께 증가하였다. 코트는 콜라 이외에 새로운 제품들도 출시했다. 예를 들어 세븐업이나 스프라이트와 경쟁하기 위해 레몬 라임 탄산음료를 판매하기 시작했다. 더욱이 1990년대 후반부터는 미국의 다른 유통업체들도 월마트와 경쟁하기 위해 자체 브랜드 탄산음료를 출시했는데, 코트는 이 중 많은 업체들과 계약을 채결하는 데 성공했다. 2006년 코트는 매출액 18억 달러 규모의 회사로 성장했다. 탄산음료 시장의 수요가 이미 정체되었음에도 불구하고 코트의 판매량은 2001년부터 2006년까지 연평균 12.5%의 성장을 지속해 나갔다. 소프트음료 산업에 진입한 지 불과 10여 년만인 2005년에 미국 탄산음료 시장에서 5%가 넘는 점유율을 확보하였고, 특히 핵심적 유통채널인 식료품 체인에서는 16%에 달하는 시장 점유율을 달성했다. 이 과정에서 가장 큰 희생자는 코카콜라와 펩시일 것이다. 소비자들이 고품질 저가격의 자체 브랜드 탄산음료 구매를 점차 늘려감에 따라, 두 거인의 브랜드 로열티와 시장점유율은 지속적으로 감소하고 있다.

내전화, 시외전화, 케이블 TV 회사들은 모두 상대방의 시장에 들어가겠다는 의지를 밝혔고, 기존 기업 이외에도 새로운 경쟁자들이 시장에 진입하였다. 5 포스 모델에 따르면, 정부 규제로 인한 진입장벽이 낮아지면 신규 진입자들이 산업 내에 들어오게 되고, 산업의 경쟁 강도가 높아져서 결국 산업의 수익성이 낮아지게 된다. 이후 통신 산업에서는 이러한 일들이 그대로 벌어졌다.

요약하면, 기존 기업들이 강력한 브랜드 로열티를 구축하고, 잠재적 경쟁자에 비해 가지는 절대적 비용우위가 크며, 이미 규모의 경제를 달성하고, 소비자의 전환비용이 높으며, 정부의 규제로 인해 보호받고 있는 상황이라면 잠재적 경쟁자의 진입위험은 낮아진다. 그 결과 기존 기업들은 가격을 높게 책정할 수 있고 산업의 수익성은 높아진다. 많은 연구에 따르면 진입장벽은 산업의 수익성에 가장 큰 영향을 미치는 요소이다. 따라서 기존 기업들은 진입장벽을 높임으로써 수익을 지킬 수 있는 전략을 추구하는 것이 중요하다. 동시에 잠재적 진입자들은 진입장벽을 우회할 수 있는 전략을 찾아내야 한다. 연구에 의하면 신규 진입자가 기존 기업과 정면대결을 하는 것보다, 기존 기업이 소홀히 해온 소비자 집단을 찾아서 새로운 유통채널과 비즈니스 모델로 이들을 집중 공략하는 것이 가장 좋은 방법이다.

기존 기업 간 경쟁

포터의 5 포스 중 두 번째는 산업 내 기존 기업 간의 경쟁강도이다. 기존 기업 간 경쟁에는 가격, 제품 디자인, 광고 및 마케팅 비용, 직접 판매 노력, 사후 서비스 등이 수단이 된다. 이 때 경쟁이 치열하면 가격은 낮아지고 비가격 경쟁 요인에 대한 지출도 늘어난다. 치열한 경쟁이 가격은 낮추고 비용은 높이기 때문에 산업 내 수익성을 악화시키는 것이다. 따라서 기존 기업 간 치열한 경쟁은 수익성에 위협이 되는 요인이다. 반대로 경쟁이 치열하지 않으면 기업들은 가격을 높이고 비가격 경쟁요인에 대한 지출을 줄일 수 있는 기회를 갖게 되어 높은 수준의 수익성을 달성할 수 있다. 기존 기업 간 경쟁강도에 영향을 미치는 핵심적인 요인으로는 산업경쟁구조, 산업수요, 비용구조, 퇴출장벽의 높이를 들 수 있다.

산업경쟁구조

분산된 산업
많은 수의 중소기업으로 구성되고 어떤 기업도 산업의 가격을 결정할 수 있는 지위에 있지 않은 산업

집중화된 산업
산업의 가격을 결정할 수 있는 지배적인 소수의 기업(과점) 또는 극단적인 경우 한 개의 기업(독점)으로 구성된 산업

산업경쟁구조(industry competitive structure)는 산업 내 기업의 수와 분포를 말한다. 산업경쟁구조는 산업마다 다르며 기존 기업 간 경쟁에 각기 다른 영향을 미친다. 분산된 산업(fragmented industry)은 산업이 많은 수의 중소기업으로 구성되고 어떤 기업도 산업의 가격을 결정할 수 있는 지위에 있지 않은 산업이다. 이와 반대로 집중화된 산업(consolidated industry)는 산업이 지배적인 소수의 기업(과점) 또는 극단적인 경우 한 개의 기업(독점)으로 구성되고, 일반적으로 이들이 산업의 가격을 결정할 수 있는 지위에 있는 산업이다. 분산된 산업의 예로는 농수산, 세탁, 비디오 대여, 헬스클럽, 부동산 산업 등을 들 수 있고, 집중화된 산업은 항공우주, 소프트음료, 자동차, 제약 산업 등이 대표적이다.

분산된 산업의 특성은 진입장벽이 낮고 제품의 차별화가 어려운 것인데, 이로 인해 산업의 수익성이 출렁임에 따라 호황기와 불황기가 교차된다. 진입장벽이 낮기 때문에 수요가 크고 수익이 높은 호황기에는 기회를 쫓아 많은 기업들이 일시에 시장에 들어온다. 1980년대 헬스클럽과 비디오 대여점들이 폭발적으로 늘어난 것은 이러한 현상을 잘 설명해 준다.

호황기에 많은 기업들이 진입함에 따라 공급과잉이 발생하고, 기업들은 생산능력이 남기 때문에 공격적으로 가격 인하를 감행한다. 가격을 제외하고는 경쟁자의 제품과 차별화하기 어렵다는 특성은 이러한 추세를 더욱 악화시킨다. 그 결과 가격 전쟁이 발생하고 산업의 수익성이 낮아져서 많은 기업들이 파산함에 따라 잠재적 경쟁자들은 이 산업으로의 진입을 멈추게 된다. 예를 들어 10여 년간의 호황기를 거쳐 최근 헬스클럽들은 회원들을 유지하기 위해 큰 가격 할인을 앞다퉈 제시하고 있다. 일반적으로 제품의 차별화가 어려울수록 치열한 가격 전쟁이 일어날 가능성이 높다. 이러한 불황기는 퇴출(파산)로 인해 줄어드는 산업의 공급능력이 수요와 일치할 때까지 진행되고 그 이후에는 가격

이 다시 안정된다.

기업들에게 분산된 산업구조는 기회보다는 위협으로 작용한다. 진입이 쉽기 때문에 호황기는 상대적으로 짧고, 그 이후에는 가격 전쟁과 파산이 뒤따른다. 제품의 차별화가 어렵기 때문에 기업에게 가장 좋은 전략은 호황기에 최대한의 이윤을 창출하고 불황기에 살아남을 수 있도록 비용을 최소화하는 것이다. 다른 한편으로 기업들은 전략을 통해 산업경쟁구조를 수익성이 높은 집중화된 산업으로 변화시키는 것을 시도할 수 있다. 이를 위한 방법은 이후의 장들에서 논의된다.

집중화된 산업에서는 가격, 품질 등과 관련된 한 기업의 행동이 다른 경쟁 기업의 시장점유율과 수익성에 직접적인 영향을 미친다는 측면에서 산업 내 기업들이 서로 상호의존적이다. 따라서 한 기업의 공격적 행동은 다른 기업의 즉각적인 대응을 불러오고 이러한 경쟁적 상호의존성 때문에 자칫 위험한 경쟁의 소용돌이에 빠질 수 있다. 기업들이 경쟁자보다 좀 더 낮은 가격이나 높은 가치를 경쟁적으로 고객에게 제시하려 하는 경우 기존 기업 간 경쟁강도는 높아지고 산업의 수익성은 떨어진다. 항공사간에 주기적으로 발생하는 치열한 가격 경쟁이 대표적인 사례이다.

집중화된 산업의 기업들은 산업 내 지배적인 기업이 설정한 가격을 받아들임으로써, 즉 가격선도협정(price leadership agreement)을 맺음으로써 이러한 위협을 극복하려 하기도 한다. 직접적이고 의도적인 커뮤니케이션을 통해 공동으로 가격을 설정하는 명시적 담합 행위는 엄연한 불법이다. 그러나 이러한 과정 없이 이루어지는 암묵적 담합은 불법이 아니다. 따라서 기업들은 서로의 행동을 관찰하고 해석하며, 예측하고 대응하여 자신의 가격을 설정함으로써 과도한 경쟁을 피할 수 있다.

산업수요

기존 기업 간 경쟁강도를 결정하는 두 번째 요인은 산업의 수요이다. 새로운 소비자가 유입되거나 기존 소비자가 구매를 늘려서 산업의 수요가 성장하면 일반적으로 경쟁의 강도는 줄어든다. 경쟁자의 시장점유율을 빼앗지 않아도 기업들이 매출의 성장을 이룰 수 있기 때문이다. 그 결과 높은 산업의 수익성이 뒤따르게 된다. 반대로 수요가 감소하면 기업들이 자신의 시장점유율과 매출을 지키려 하기 때문에 경쟁의 강도가 높아진다. 산업수요의 감소는 소비자들이 시장을 떠나거나 구매량을 줄일 때 발생한다. 이 상황에서 기업은 경쟁자의 시장점유율을 빼앗아야만 성장을 이룰 수 있다. 따라서 수요의 감소는 기존 기업 간 경쟁강도를 높임으로써 기업들에게 위협으로 작용한다.

비용구조

경쟁강도를 좌우하는 세 번째 요인은 산업 내 기업들의 비용구조이다. 고정비용이 큰 산업에서는 판매량이 수익성에 큰 영향을 미치기 때문에 이를 높이려는 과정에서 경쟁이 치열해진다. **고정비용**(fixed costs)은 기업의 매출이 일어나기 전에 발생하는 비용이다. 예를 들어 케이블 TV 회사들은 서비스를 시작하기 전에 케이블을 지하에 매설해야 하는데 이에 드는 비용이 고정비용이다. 또한 페덱스와 같은 항공 택배 회사들은 서비스를 시작하기 전에 항공기, 분류시설, 배송차량 등을 구비해야 하는데 여기에 드는 비용은 모두 고정비용이다. 두 사례는 모두 고정비용에 막대한 투자가 필요한 경우이다. 고정비용이 큰 산업에서 판매량이 적으면 고정비용을 상쇄할 수 없기 때문에 수익성이 낮아진다. 따라서 기업들은 고정비용을 만회할 정도로 판매량을 증가시키기 위해 가격을 인하하고 촉진활동을 강화하려 한다. 수요가 충분히 증가하지 않는 상황에서 고정비용을 만회하기 위해 가격을 인하하고 촉진활동을 강화하는 행동을 많은 기업들이 동시에 하게 되면 산업의 경쟁 강도는 증가하고 수익성은 악화될 것이다. 연구에 따르면 산업 내에서 가장 약한 위치의 기업들이 고정비용을 만회하기 어렵기 때문에 이러한 행동을 주로 시작하게 된다.

고정비용
기업의 매출이 일어나기 전에 발생하는 비용

퇴출장벽

퇴출장벽(exit barriers)은 한 산업으로부터의 퇴출을 막는 경제적, 전략적, 감정적 요인들을 말한다. 퇴출장벽이 높으면 기업들은 산업의 수요가 정체되어 산업의 매력도가 떨어져도 쉽게 빠져나갈 수 없다. 그 결과 공급과잉이 발생하고, 기업들이 유휴설비를 가동하고 고정비용을 만회하려 가격을 인하해서라도 고객을 확보하려 하기 때문에 더욱 치열한 가격 전쟁이 일어난다. 대표적인 퇴출장벽은 다음과 같다.

> **퇴출장벽**
> 한 산업으로부터의 퇴출을 막는 경제적, 전략적, 감정적 요인

경제적 퇴출장벽

(a) 다른 용도로 다른 산업에서 사용하거나 처분하기 어려운 기계·장비·설비 등의 자산에 대한 투자. 기업이 퇴출하려면 이러한 자산의 장부상 가치를 대부분 포기해야 한다.

(b) 퇴사자들에게 지급해야 하는 퇴직금, 의료보험, 연금 등을 포함한 높은 퇴출 관련 고정비용

감정적 퇴출장벽

(c) 소유주나 종업원들이 감정적인 이유나 자부심 때문에 퇴출을 원치 않을 때 발생하는 감정적 애착

전략적 퇴출장벽

(d) 기업이 한 사업만을 영위하고 있을 때 발생하는 경제적 의존

(e) 산업 내에서 효과적으로 경쟁하는 데 필요한 최소 수준 이상의 자산을 유지해야 하는 필요성

파산 관련 규제 및 제도

(f) 파산관련 법에 따라 부도난 기업도 운영을 지속하며 구조조정을 할 수 있다. 이에 따라 성과가 낮은 기업의 생산설비가 산업 내에 오래 유지되고, 공급과잉이 지속되며, 산업의 수요 변화에 따른 공급의 조정이 느려진다.

퇴출장벽을 이해하기 위해 특송 택배 서비스 산업을 생각해 보자. 이 산업의 주요 기업인 페덱스와 UPS는 자신의 모든 매출과 수익을 이 산업에서 올리고 있다(d). 고객이 원하는 곳이면 미국 전역의 어디든지 배송을 해야 하기 때문에, 이러한 목적에 특화된 투자가 이미 대규모로 이루어졌다(a). 즉 이 산업에 참여하기 위한 전제 조건인 미국 전역에 대한 항공 및 육상 운송 네트워크를 막대한 투자를 통해 이미 구축하고 있다. 이 산업에서 공급과잉 현상이 일어난다고 해도, 기업들은 쉽게 자산의 일부를 처분하지 못한다. 예를 들어 이용자가 적다고 해도 특정 지역으로의 항공 네트워크를 없애지 못하는 것이다. 만약 이렇게 한다면 전국 어디든지 배송한다는 고객과의 약속을 지키지 못하고, 고객은 경쟁자의 서비스로 이탈할 것이다. 따라서 전국 네트워크를 유지해야 하는 필요성이 퇴출장벽으로 작용하는데, 이로 인해서 수요가 줄어드는 경우 심각한 공급과잉이 일어난다(e). 마지막으로 UPS와 페덱스의 임직원들은 감정적으로 이 산업에 강한 애착을 가지고 있는데, 특히 UPS는 육상 특송, 페덱스는 항공 특송의 선발 주자로서의 자부심이 있어서 더욱 그렇다. 또한 대부분의 임직원들은 이 기업의 주식을 소유하고 있고, 특송 산업에 전적으로 그들의 수입을 의존하고 있다(c).

구매자의 협상력

포터의 5 포스 중 세 번째는 구매자의 협상력이다. 산업의 구매자는 제품의 최종 소비자일 수도 있고, 이들에게 제품을 전달하는 유통업체일 수도 있다. 예를 들어 유니레버나 P&G의 세제는 최종 소비자들에 의해 소비되지만, 제품의 일차적 구매자는 이들에게 되팔기 위해 구매하는 슈퍼마켓이나 할인점들이다. **구매자의 협상력**(bargaining power of buyers)은 산업 내 기업들이 제시한 가격을 낮추거나, 더 나은 품질이나 서비스를 요구함으로써 기업들의 비용을 높일 수 있는 구매자가 가진 능력이다. 가격을 낮추거나 비용을 높임으로써 강력한 구매자는 한 산업의 수익을 사라지게 할 수 있다. 따라서 강력한 구매자는 기업들에게 위협으로 작용한다. 반대로 구매자의 협상력이 낮으면 기업들은 쉽게 가격을 인상

> **구매자의 협상력**
> 산업 내 기업들이 제시한 가격을 낮추거나, 더 나은 품질이나 서비스를 요구함으로써 기업들의 비용을 높일 수 있는 구매자가 가진 능력

할 수 있고, 때로는 품질과 서비스 수준을 낮춤으로써 비용을 절감할 수 있다. 따라서 산업의 수익성은 높아진다. 일반적으로 다음과 같은 경우에 구매자의 협상력은 높아진다.

- 해당 산업이 많은 소규모 기업으로 구성되어 있고 구매자들은 수가 적고 대규모일 때. 이 경우 구매자들이 공급 기업들을 장악할 수 있다.
- 구매자들이 많은 양을 구매할 때. 이 경우 구매자들은 구매력을 이용하여 가격 인하를 요구할 수 있다.
- 해당 산업이 전체 매출의 많은 부분을 특정 구매자들에게 의존할 때.
- 전환비용이 낮아서 구매자들이 공급 기업들을 경쟁시켜 가격 인하를 유도할 수 있을 때.
- 구매자가 동시에 복수의 공급자에게 구매하는 것이 경제적으로 가능할 때. 이 경우 구매자는 공급자들을 경쟁시켜 가격 인하를 유도할 수 있다.
- 구매자들이 공급 산업에 진입하여 직접 제품을 생산할 수 있다는 믿음직한 위협을 가할 수 있을 때. 이는 공급 산업 제품의 가격을 낮출 수 있는 전술이다.

GM, 포드, 크라이슬러와 같은 대형 자동차 업체를 고객으로 하는 자동차 부품산업은 구매자의 협상력이 높아서 강력한 위협으로 작용하는 전형적인 산업이다. 자동차 부품업체들은 수가 많고 규모가 작은 반면 그들의 고객은 수가 적고 규모가 매우 크다. GM이나 포드 같은 기업들은 부품 가격을 인하하기 위해 부품을 공급받지 않고 직접 제조하겠다는 위협을 해오고 있다. 자동차 업체들은 그들의 강력한 지위를 활용하여 여러 공급업체가 서로 경쟁하게 함으로써 부품의 가격 인하와 품질 향상을 유도하고 있다. 만약 부품업체가 제안을 거부하면 자동차 업체들은 다른 업체로의 전환을 협상 수단으로 활용한다.

구매자와 공급자의 상대적인 협상력은 산업의 여건이 바뀜에 따라 변화하기도 한다. 제약 산업과 의료서비스 산업 간의 관계를 예로 들면, 최근에는 병원과 같은 의료서비스 산업의 구매자들이 제약 산업의 공급자들에게 예전에 비해 훨씬 큰 협상력을 발휘하고 있다.

공급자의 협상력

공급자의 협상력
투입물의 가격을 인상하거나, 다른 방법으로 산업의 비용을 높일 수 있는 공급자의 능력

포터의 5 포스 모델의 다섯째 포스는 산업에 원재료, 서비스, 노동력 등의 투입물을 공급하는 공급자의 협상력이다. **공급자의 협상력**(bargaining power of suppliers)은 투입물의 가격을 인상하거나, 품질을 낮추는 등의 방법으로 구매 가격 이외의 비용을 높일 수 있는 공급자의 능력이다. 강력한 공급자들은 산업 내 기업들의 비용을 높임으로써 수익을 낮출 수 있기 때문에 위협 요인으로 작용한다. 반면 공급자의 힘이 약하면 산업 내 기업들이 투입물의 가격을 낮추거나 품질을 높이도록 요구할 수 있기 때문에 공급자의 낮은 협상력은 기회 요인으로 작용한다. 공급자의 협상력이 강력한 경우는 다음과 같다.

- 해당 산업이 많은 소규모 기업으로 구성되어 있고 공급자들은 수가 적고 대규모일 때.
- 공급자들이 공급하는 제품이 대체재가 드물고 해당 산업 내 기업들에게 핵심적일 경우.
- 공급자들의 수익성이 특정 산업의 구매자들에게 좌우되지 않을 때, 즉 해당 산업이 공급자들에게 중요한 고객이 아닐 경우.
- 특정 공급자의 제품이 독특하고 차별화되어 있어서 다른 공급자로 바꾸려면 큰 전환 비용을 감수해야 하는 경우. 해당 산업의 기업들은 특정 기업에 의존할 수밖에 없고 가격 인하를 위해 공급자들을 경쟁시킬 수가 없다.
- 공급자들이 해당 산업으로 진입하여 자신의 투입물로 제품을 만듦으로써 해당 산업의 기업들과 경쟁할 수 있다는 위협을 하는 경우.
- 해당 산업 내 기업들이 공급자의 산업으로 진입하여 투입물을 직접 만들겠다는

위협을 할 수 없을 경우.

PC 산업은 강력한 공급자에 의존할 수밖에 없는 대표적인 산업이다. 이 산업에서 PC 제조업자들은 세계 최대의 마이크로프로세서 공급업체인 인텔에 지나치게 의존하고 있다. PC의 산업 표준이 인텔의 마이크로프로세서를 기반으로 설정되고 있어서, 경쟁자인 AMD는 인텔과 호환이 가능한 프로세서를 개발하여 공급해야만 한다. AMD가 경쟁 제품을 만들고 있기는 하지만 아직도 인텔은 PC에 사용되는 약 85%의 칩을 공급하고 있는데, 인텔만이 이러한 많은 양을 공급할 수 있는 생산 능력을 가지고 있기 때문이다. AMD와 같은 경쟁자가 인텔이 운영하는 생산시스템의 규모와 효율성을 따라잡기 위해 필요한 막대한 투자를 감당하기는 불가능하다. 따라서 PC 제조업자들은 경쟁 제품을 어느 정도 구매할 수는 있지만 공급의 대부분을 어쩔 수 없이 인텔에 의존할 수밖에 없는 상황이다. 이와 같이 인텔은 공급 산업에서 강력한 지위를 가지고 있기 때문에, 마이크로프로세서에 대해 높은 가격을 요구하고 있다. 만약 마이크로프로세서를 생산하는 강력한 경쟁자의 수가 많았다면 인텔의 공급 가격은 지금보다 훨씬 낮았을 것이다.

윤리적 딜레마

당신은 호텔 사업을 하는 회사에서 전략 분석을 담당하고 있다. 호텔 사업은 매우 성공적이어서 많은 자금이 창출되고 있다. 최고경영자는 당신에게 인근 산업의 경쟁구조를 분석해서, 보유 자금을 활용하여 성공적으로 진입하고 경쟁할 수 있는 사업을 찾으라고 지시했다. 마이클 포터의 5 포스 모델을 통해 분석한 결과, 가장 큰 기회는 도박 산업에 있다는 것을 발견했다. 기존의 호텔에 카지노를 추가함으로써 진입비용도 낮출 수 있다. 그러나 당신은 개인적으로 도박에 대해 도덕적인 반감을 강하게 가지고 있다. 최고경영자에게 새로운 사업을 추천하는 데 있어서 당신의 개인적인 믿음이 영향을 미쳐야 할까?

대체재

포터의 5 포스 중 마지막인 대체재(substitute product)는 유사한 고객의 니즈를 충족시키는 다른 사업이나 산업의 제품을 의미한다. 예를 들어 커피 산업의 기업들은 차 산업과 소프트 음료 산업의 기업들과 간접적으로 경쟁하고 있다. 왜냐하면 세 산업은 모두 고객의 비알코올 음료에 대한 니즈를 충족시키고 있기 때문이다. 밀접한 대체재가 존재하는 것은 심각한 위협이 될 수 있는데, 해당 산업의 기업들이 고객들에게 제시할 수 있는 가격이 제약되어 수익성도 제한적일 수밖에 없기 때문이다. 만약 커피의 가격이 차나 소프트 음료에 비해 상대적으로 급격히 오르면, 많은 소비자들이 대체재로 이탈하게 될 것이다.

대체재
유사한 고객의 니즈를 충족시키는 다른 사업이나 산업의 제품

만약 제품의 대체재가 없으면 해당 산업의 기업들은 가격을 인상하여 추가적인 수익을 창출하는 기회를 얻을 수 있다. 예를 들어 마이크로프로세서의 밀접한

대체재가 존재하지 않기 때문에 인텔과 AMD 같은 기업들은 고객으로부터 더 높은 가격을 받을 수 있다.

요약

포터의 산업 환경 분석 모델은 경영자들이 전략적으로 생각하도록 도와주는 훌륭한 도구이다. 산업 환경을 분석할 때는 보통 한 경쟁 요인이 다른 요인에 영향을 미치는 경우가 많기 때문에 모든 요인을 빠짐없이 살펴보고 판단할 필요가 있다. 경영자들은 산업 환경 분석을 통해 산업의 경쟁 요인이 전략적 선택에 어떤 영향을 미치는지와 동시에 전략적 선택이 경쟁 요인에 어떠한 영향을 미쳐서 환경을 변화시킬지를 체계적으로 생각해 볼 수 있다.

전략 집단

같은 산업 내 기업들이어도 시장에서 제품의 전략적 포지셔닝 방식에 큰 차이가 나는 경우가 많다. 이러한 차이를 만드는 요인은 다양한데, 활용하는 유통 채널, 주로 공략하는 산업 내 세분시장, 제품의 품질, 기술적 리더십, 고객 서비스, 가격·광고·판촉 정책 등이 대표적이다. 이러한 차이에 따라 대부분의 산업에서는 추구하는 전략이 비슷한 기업들의 집단을 발견할 수 있는데, 한 집단의 기업들 간에는 추구하는 전략이 비슷하지만 다른 집단의 기업들과는 현저히 차이가 나게 된다. 이러한 각기 다른 기업의 집단을 **전략 집단**(strategic group)이라고 한다.

전략 집단
집단 내 기업 간에는 추구하는 전략이 비슷하고, 다른 집단의 기업들과는 전략이 현저히 차이나는 기업의 집단

중간사례 공급자에 대한 월마트의 협상력

월마트와 다른 할인 유통업체들이 사업을 시작한 1960년대만 하더라도 그들의 구매력은 크지 않았다. 이 업체들은 고객을 끌어들이기 위해 주로 P&G와 같은 전국적으로 잘 알려진 브랜드의 제품을 취급하였다. 당시에는 할인점들의 매출액이 그리 크지 않았기 때문에 주로 전국적인 브랜드의 제조업자들이 가격을 설정하였다. 따라서 할인점들은 다른 방법으로 비용을 절감할 수밖에 없었는데, 예를 들어 토지 가격이 싼 시외에 입지하고, 매장을 최소한으로 꾸미며, 셀프서비스를 강조하는 것이다. 1960년대 이들에게 최대 경쟁자는 주로 도심에 위치한 시어스 같은 백화점이었다.

K마트 같은 할인점은 도매업자로부터 제품을 공급받았다. 제조업자로부터 제품을 구매하여 할인점에 공급하는 도매업자들은 매장에 들려 주문을 받은 후, 매장에 제품을 가지고 와서 직접 진열해 줌으로써 할인점의 인건비를 절감해 주었다. 그러나 월마트는 미국 남부 아칸소 주에 본사가 있고 주로 시골의 작은 마을에 매장들이 위치하였다. 도매업자들에게 도시에서 멀리 떨어진 월마트 매장들은 별로 매력적이지 않았다. 따라서 월마트가 높은 가격을 지불하지 않는 한 거래하려 하지 않았다.

샘 월튼은 도매업자들에게 높은 가격을 지불하고 싶지 않았다. 대신 설립된 지 얼마 안 된 이 회사를 상장함으로써 자금을 조달하여 자체적인 물류센터를 구축해 나갔다. 하나의 물류센터는 반경 300마일 내의 매장을 담당했다. 물류센터로부터 매일 트럭으로 매장까지 제품이 운반되었다. 물류센터는 매장의 집합이어서 많은 양을 구매하기 때문에, 중간에 도매업자 없이 제조업자와 직접 거래할 수 있었다. 유통단계에서 도매업자를 제거함으로써 비용이 절감되어서 고객들에게 낮은 가격을 제시할 수 있었고, 그 결과 월마트는 성장을 지속할 수 있었다. 매출이 성장함에 따라 구매력은 높아졌고, 월마트는 제조업자들에게 더욱 큰 할인을 요구할 수 있게 되었다.

오늘날 미국 유통업 매출의 무려 8%를 월마트가 차지하기 때문에, 월마트의 공급자에 대한 협상력은 매우 막강하다. P&G와 같은 전국적 브랜드를 가진 기업들조차도 더 이상 월마트에 높은 가격을 요구할 수 있는 위치에 있지 못하다. 이들에게 월마트는 너무나 중요한 고객이기 때문에 오히려 월마트가 공급 가격의 대폭적인 할인을 요구할 수 있는 위치에 있다. 뿐만 아니라 월마트라는 브랜드는 이미 제조업자 브랜드보다 훨씬 강력해졌다. 사람들은 월마트에 브랜드 제품을 구매하기보다는 싼 제품을 사려고 간다. 이러한 간단한 사실로 인해 월마트는 제조업자들을 압박하여 공급 가격을 낮출 수 있고, 절감된 구매 원가는 언제나 낮은 가격을 통해 고객들에게 돌려주고 있다.

월마트는 1990년대 초반부터 자체적인 정보시스템을 통해 공급업체들과 매장의 실시간 판매 정보를 공유하고 있다. 이로 인해 공급자들은 월마트의 수요와 생산을 일치시킬 수 있어서 과잉생산이나 과소생산을 피할 수 있고, 과도한 재고를 비축할 필요도 없어지므로 생산 프로세스를 최적화할 수 있다. 정보 공유를 통한 제조업자의 효율성 향상은 공급단가 인하로 이어지고, 이는 다시 월마트의 고객들에게 가격 인하로 전달된다.

[그림 3.2] 제약 산업의 전략 집단

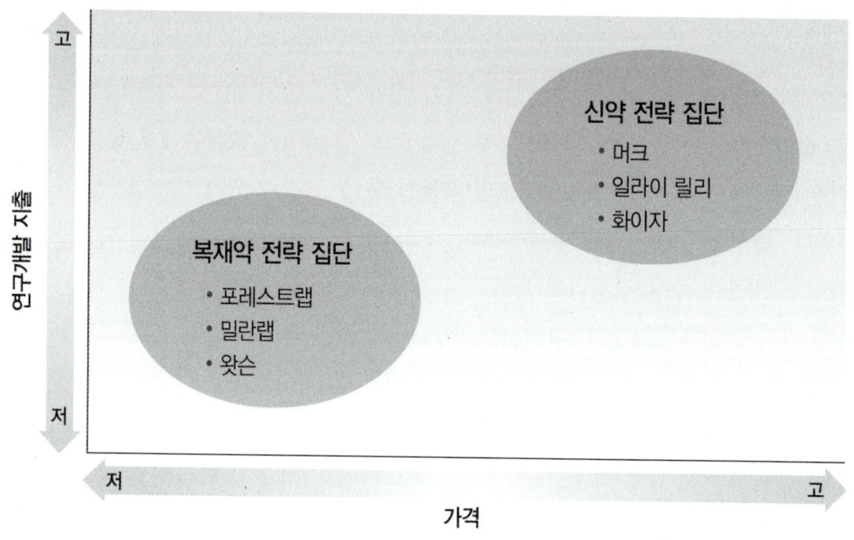

일반적으로 비교적 적은 수의 전략 변수로도 각기 다른 전략 집단을 구분해 볼 수 있다. 예를 들어 제약 산업은 [그림 3.2]와 같이 차이가 두드러진 두 전략 집단으로 나뉜다. 한 집단에는 머크(Merck), 일라이 릴리(Eli Lilly), 화이자(Pfizer) 등의 기업이 포함되는데, 이들은 공통적으로 막대한 연구개발비와 특허 신약의 개발에 집중하는 비즈니스 모델을 추구하고 있다. 이들 신약 전략 집단에 속한 기업들은 고위험 고수익 전략을 추구한다. 이 전략이 고위험인 이유는 연구개발 투자 규모가 매우 큰 반면 개발 성공률은 낮기 때문이다. 새로운 약품의 개발에는 최대 8억 달러에 이르는 연구개발 비용과 10여 년에 걸친 연구와 임상실험 기간이 필요하다. 그럼에도 불구하고 실패율도 매우 높아서 평균적으로 임상실험에 들어간 다섯 개의 약품 중 하나만이 미국 FDA의 최종 승인을 획득한다. 그러나 이 전략은 고위험과 동시에 고수익이기도 하다. 신약이 일단 특허를 획득하면 그 약품의 제조와 판매에 대한 독점권이 통상 20년간 부여되기 때문이다. 신약회사들은 이 기간 동안 약품에 높은 가격을 책정하여 수십억 달러를 벌어들일 수도 있다.

제약 산업에서 두 번째 집단은 복제약 전략 집단인데, 포레스트랩(Forest Labs), 밀란랩(Mylan Labs), 왓슨(Watson)이 대표적인 기업들이다. 이 집단의 기업들은 신약 전략 집단이 개발하여 판매하다가 특허가 만료된 약품을 낮은 원가에 제조하여 판매하는데, 낮은 연구개발비, 높은 생산 효율성, 낮은 가격을 특징으로 하는 비즈니스 모델을 추구한다. 이들은 상대적으로 저위험 저수익 전략을 추구한다. 연구개발에 막대한 투자를 하지 않기 때문에 위험이 낮고, 높은 가격을 책정할 수 없기 때문에 저수익일 수밖에 없다.

전략 집단의 시사점

전략 집단은 산업 내 기회와 위협을 파악하는 데 중요한 시사점을 제공한다. 첫째, 전략 집단 내의 기업들은 유사한 비즈니스 모델을 추구하기 때문에 고객들은 이들의 제품을 서로 밀접한 대체재로 인식하는 경향이 있다. 따라서 기업들에게 가장 밀접한 경쟁자는 다른 전략 집단이 아닌 동일한 전략 집단 내의 기업들이다. 유통업의 예를 들면, 흔히 할인점이라고 표현하는 전략 집단에는 월마트, K마트, 코스트코, 타깃(Target) 등이 포함된다. 이들은 다른 전략 집단인 백화점들과 경쟁하는 것이 아니고 서로가 서로에게 가장 밀접한 경쟁자가 된다. 이 중 K마트는 2000년대 초반 파산하게 되는데, 그 이유는 백화점 때문이 아니라 같은 전략 집단 내의 월마트와 타깃이 우월한 비즈니스 모델과 전략을 실행하여 K마트의 점유율을 빼앗았기 때문이다.

둘째, 각각의 전략 집단은 경쟁의 포스 측면에서 서로 다른 입장에 놓이게 된다. 따라서 각 전략 집단은 각기 다른 기회와 위협에 직면할 수 있다. 잠재적 경쟁자의 진입위험, 전략 집단 내 기존 기업 간 경쟁강도, 구매자의 협상력, 공급자의 협상력, 대체재의 위협은 각 전략 집단이 추구하는 전략적 포지셔닝에 따라 상대적으로 강하거나 약할 수 있다. 예를 들어 제약 산업에서 신약 전략 집단은 제품이 특허로 보호되고 있어 두드러진 대체재가 없기 때문에 구매자들의 협상력이 낮은 것이 보통이다. 또한 기존 기업 간 경쟁강도도 낮은데, 그 이유는 집단

내 기업들이 특허 획득을 위한 경쟁을 하는 반면 약품의 가격으로는 경쟁하지 않기 때문이다. 따라서 이 전략 집단의 기업들은 가격을 높이 책정하여 높은 수익을 올릴 수 있다. 반면 복제약 전략 집단의 기업들은 매우 다른 상황에 직면한다. 이 전략 집단에서는 특허가 만료된 동일한 약품을 여러 기업이 동시에 복제해서 시장에 내놓는 경우가 많다. 따라서 각 기업의 제품은 서로 밀접한 대체재가 되기 때문에 구매자의 협상력은 상대적으로 높다. 주로 가격에 의한 경쟁이 치열하여 경쟁강도가 높기 때문에 신약 집단에 비해 수익성이 낮을 수밖에 없다.

이동장벽

전략 집단의 시사점으로부터 우리는 경쟁 요인들이 더 많은 기회와 적은 위협을 제공하기 때문에 특정 전략 집단이 다른 전략 집단에 비해 매력적일 수 있음을 알 수 있다. 경영자들 또한 분석을 통해 경쟁의 포스들이 약해서 높은 수익이 가능한 집단을 포착하고, 이러한 기회를 활용하기 위해 비즈니스 모델을 바꿈으로써 그 전략 집단에 진입하고자 할 수 있다. 그러나 전략 집단 간에는 이동장벽이 존재하기 때문에 전략 집단을 옮기는 것은 생각처럼 쉬운 일이 아니다.

이동장벽
전략 집단 간 이동을 가로막는 산업 내 요인

이동장벽(mobility barriers)은 전략 집단 간 이동을 가로막는 산업 내 요인들로, 새로운 집단으로의 진입장벽과 기존 집단으로부터의 퇴출장벽으로 구성된다. 예를 들어 만약 포레스트랩이 신약 집단으로 진입하려 한다면 높은 이동장벽에 부딪히게 되는데, 포레스트랩의 연구개발 역량이 신약 집단 기업들에 비해 현저히 떨어지고, 이 역량을 갖추는 데는 많은 시간과 비용이 들기 때문이다. 시간이 지남에 따라 다른 전략 집단의 기업들은 각기 다른 비용 구조와 역량을 개발하고 발전시켜 나간다. 한 전략 집단에 진입하고자 하는 기업은 집단 내 기존 기업의 비용 구조와 역량을 모방할 수 있는 능력이 있는지, 더 나아가서는 이들과의 경쟁에서 이길 수 있는지를 철저하게 평가해 보아야 한다. 또한 이동장벽을 넘는 것이 비용 대비 효용을 따졌을 때 효과적인지를 판단하여 의사결정을 해야 한다.

산업수명주기 분석

산업 환경을 분석할 때 5 포스의 현재 상태도 중요하지만 시간에 따른 변화를 추적하는 것도 매우 중요하다. 각 경쟁 요인의 강도와 속성은 산업이 진화함에 따라 변화하는데, 특히 잠재적 경쟁자의 진입위험과 기존 기업 간 경쟁강도는 두드러지게 변화한다.

산업수명주기(industry life cycle) 모델은 산업의 진화가 경쟁 요인에 미치는 영향을 분석하는 유용한 도구이다. 이 모델에 따르면 산업은 태동기, 성장기, 조정기, 성숙기, 쇠퇴기의 단계를 거치며 진화하고, 각 단계는 독특한 산업 환경을 만들어낸다. 경영자들은 산업이 진화함에 따라 각 경쟁 요인의 강도가 어떻게 변화할지 예측하고, 새롭게 등장하는 기회를 활용하고 위협을 극복하기 위한 전략을 수립해야 한다.

[그림 3.3] ***산업수명주기의 단계***

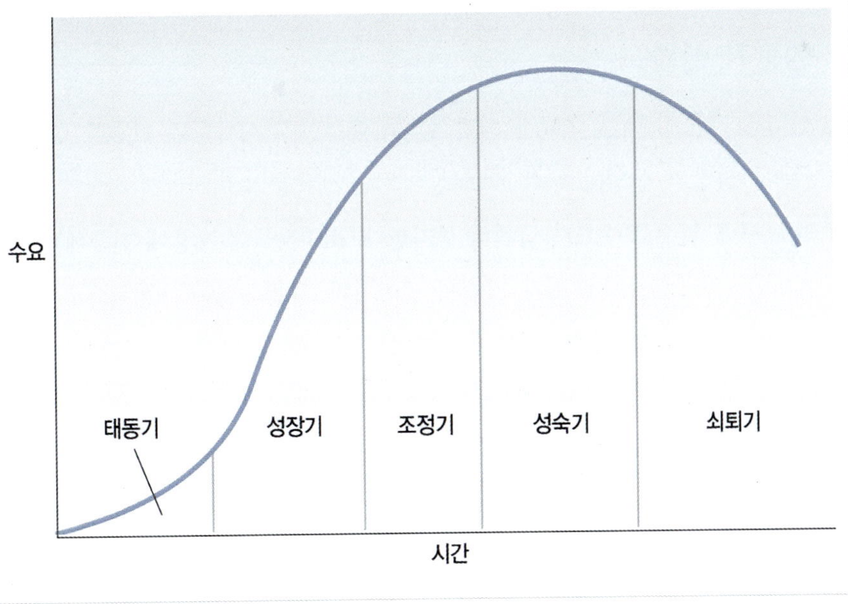

태동기 산업

태동기 산업
발전이 갓 시작된 산업

태동기 산업(embryonic industry)은 1970년대의 PC와 현재의 나노기술처럼 이제 막 시작된 산업이다. 이 단계에서 성장은 더딘데, 그 이유는 소비자들이 산업의 제품과 친숙하지 않고, 규모의 경제를 달성하지 못해서 가격이 높으며, 유통채널도 아직 열악하기 때문이다. 비용이나 브랜드 로열티보다 핵심적인 기술의 확보 가능성이 진입장벽으로 작용한다. 핵심적인 기술이 복잡하고 획득하기 어려우면 진입장벽은 높아지고 기존기업들은 잠재적 경쟁자로부터 보호받을 수 있다. 태동기 산업에서는 가격보다는 소비자를 교육하고 유통채널을 구축하며 제품 디자인의 완성도를 높이는 측면에서 경쟁이 벌어진다. 이러한 경쟁은 치열할 수 있고, 보통 제품 디자인의 문제를 가장 먼저 해결하는 기업이 시장의 큰 부분을 확보하게 된다. 마이크로프로세서의 인텔이나 복사기의 제록스처럼 한 기업의 혁신으로 산업이 만들어지고 태동기가 시작될 수도 있다. 이러한 경우 기업들은 경쟁자가 없는 상황에서 혼자 시장을 장악하는 기회를 얻을 수 있다.

성장기 산업

성장기 산업
최초 구매자들이 시장에 유입됨에 따라 수요가 급격히 증가하는 산업

산업의 제품에 대한 수요가 폭발적으로 증가하기 시작하면 산업은 성장기에 접어든다. 성장기 산업(growth industry)에서는 새로운 소비자들이 시장에 유입되어 최초 구매 위주로 수요가 급격히 증가한다. 소비자들이 제품에 친숙해지고, 경험 효과와 규모의 경제로 인해 가격이 낮아지며, 유통채널이 개발됨으로써 산업이 성장한다. 미국 휴대전화 산업의 성장기는 1990년대 내내 계속되었다. 1990년 휴대전화 가입자 수는 5백만 명에 불과했지만 2006년에는 1억 6천만 명으로 급증했고 그 수는 여전히 증가하고 있다.

일반적으로 진입장벽으로서 기술에 대한 통제의 중요성은 산업이 성장기에 접어들면서 감소한다. 더욱이 아직은 규모의 경제에 도달하거나 강력한 브랜드 로열티를 확보한 기업이 드물기 때문에 특히 성장기 초반에는 진입장벽이 상대적으로 낮다. 따라서 잠재적 경쟁자의 진입위험은 이 시기에 가장 높다. 그러나

신규 진입자의 증가가 기존 기업 간 경쟁강도를 심각하게 높이지는 않는데, 증가하는 수요가 이들을 흡수하기 때문이다. 급격히 증가하는 수요로 인해 기업들은 다른 경쟁자의 시장점유율을 빼앗지 않아도 매출과 수익의 성장을 달성할 수 있다. 따라서 성장기에 기존 기업 간 경쟁강도는 상대적으로 낮다. 기업들은 성장기의 호의적인 환경을 활용하여 미래에 다가오는 조정기의 치열한 경쟁에 대비하는 것이 현명하다.

조정기 산업

폭발적인 수요의 증가가 영원히 지속될 수는 없다. 산업은 언젠가는 성장의 속도가 줄어드는 **조정기**(shakeout stage)에 접어들게 된다. 조정기에는 수요가 포화상태에 근접하게 되는데, 최초 구매의 비중이 줄고 교체 수요가 대부분을 차지한다.

> **조정기**
> 수요는 계속 성장하지만, 성장률이 이전보다 낮아지는 단계

산업이 조정기에 접어들면서 기존 기업 간 경쟁은 치열해진다. 기업들은 급속한 성장에 익숙해져서 생산설비도 과거의 성장률에 맞추어 증가시켜 나간다. 그러나 수요는 과거처럼 더 이상 폭발적으로 성장하지 않기 때문에 [그림 3.4]와 같

[그림 3.4] 수요와 공급능력의 성장

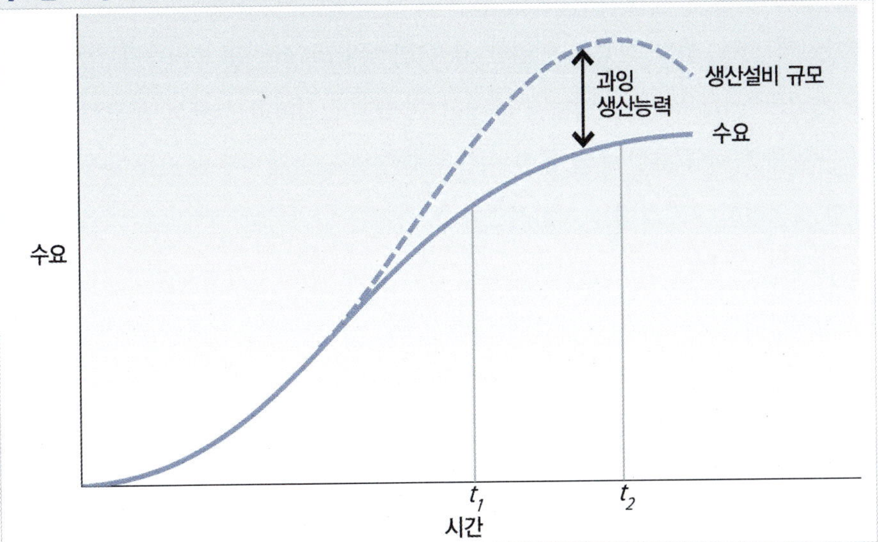

은 공급과잉현상이 발생한다. 그림에서 실선은 시간에 따른 실제 수요이고 점선은 산업 내 생산설비의 규모이다. t_1 시점이 되면 수요의 성장은 둔화되고 점차 정체되기 시작한다. 그러나 산업의 공급능력은 t_2 시점까지 과거와 같은 속도로 가파르게 증가한다. 따라서 점선과 실선의 차이만큼 과잉 생산능력이 발생한다. 기업들은 이러한 설비를 가동하기 위해서 흔히 가격을 인하하게 된다. 그 결과 가격 전쟁이 발생하여 많은 비효율적인 기업들이 도산하게 되고 잠재적 경쟁자들의 활발한 진입은 더 이상 발생하지 않게 된다.

성숙기 산업

> **성숙기**
> 시장이 포화되고, 수요가 교체수요로 제한되며, 성장이 둔화되는 단계

조정기는 산업이 성숙기에 접어들면서 막을 내리게 된다. 성숙기(mature stage)에는 시장이 포화되어 주로 교체 수요만이 존재하고 수요의 성장은 거의 또는 완전히 멈춘다. 이 시기에 수요의 성장은 인구의 증가로 인한 새로운 소비자의 등장이나 교체 수요의 증가가 원인이 된다.

산업이 성숙기에 접어들면서 진입장벽은 높아져서 잠재적 경쟁자의 진입위협은 감소하게 된다. 조정기에는 성장률이 둔화되기 때문에 기업들은 성장기처럼 단순히 증가하는 수요를 흡수하는 것만으로는 매출과 수익의 성장이 어려워진다. 이때에는 상대방의 시장점유율을 빼앗기 위한 경쟁이 시작되고 산업의 가격은 낮아지게 된다. 항공 산업은 이러한 가격 전쟁의 모습을 잘 보여준다. 항공 산업 내 기업들은 조정기에 살아남기 위해서 비용을 절감하고 브랜드 로열티를 구축하기 위해 노력했는데, 예를 들어 이들은 산업별 노조의 비노조원을 채용하고 고객의 마일리지 프로그램을 강화하였다. 성숙기가 되기까지 살아남은 기업들은 산업 내에서 운영활동의 효율성과 브랜드 로열티를 확보한 기업들이다. 이 두 요인이 진입장벽으로 작용하기 때문에 일반적으로 성숙기에는 잠재적 경쟁자의 진입위험이 낮아진다. 이 시기의 높은 진입장벽은 가격을 인상하고 높은 수익을 창출할 수 있는 기회를 기존 기업들에게 제공한다.

조정기의 결과로 성숙기에는 많은 경우 집중화된 또는 과점 상태의 산업이

된다. 집중화되었기 때문에 기업들은 상호의존성을 인식하고 서로 가격 전쟁을 피하려 한다. 안정적인 수요는 가격선도협정이 가능한 환경을 제공한다. 따라서 이 시기의 산업 내 기존 기업 간 경쟁강도는 낮아서 기업들은 높은 수익을 달성할 수 있다. 그러나 이러한 성숙기의 안정성이 치열한 가격 전쟁으로 인해 깨지기도 한다. 거시적으로 경기가 나빠지면 산업 내 수요는 감소하게 된다. 기업들은 수요가 감소하는 상황에서도 자신의 매출을 유지하기 위해서 싸움을 시작한다. 가격선도협정은 무너지고 경쟁강도는 증가하며 가격은 내려가고 수익도 감소한다. 항공 산업의 주기적인 가격 전쟁은 이러한 모습을 잘 보여준다.

쇠퇴기 산업

쇠퇴기
수요가 감소하는 단계

대부분의 산업은 결국 마지막에는 수요가 줄어드는 **쇠퇴기**(decline stage)에 접어들게 된다. 수요가 감소하는 원인은 다양한데, 대체기술의 등장(항공의 등장으로 인한 철도 수요 감소), 사회적 변화(건강에 대한 인식의 증가에 따른 담배 수요 감소), 인구통계적 변화(출산율의 감소로 인한 유아·아동용품 수요 감소), 글로벌 경쟁(해외 경쟁자로 인한 미국 철강 산업 쇠퇴)이 대표적이다. 일반적으로 쇠퇴기가 되면 기존 기업 간 경쟁강도는 증가한다. 쇠퇴의 속도와 퇴출장벽의 높이에 따라 경쟁 압력은 조정기에 버금갈 만큼 커질 수 있다. 쇠퇴기의 가장 큰 문제는 줄어드는 수요로 인해 과잉 생산능력이 발생하는 것이다. 미국의 철강 산업에서는 수요가 감소함에도 불구하고 기업들이 자신의 설비를 유지하려 했기 때문에 이러한 문제가 심각해졌다. 1990-1992년과 2001-2002년 항공 산업에서도 비슷한 일이 벌어졌는데, 기업들은 산업 전체의 초과공급에도 불구하고 자신의 비행기 좌석만은 채우려 노력했고 이를 위해 경쟁적으로 운임을 인하하였다. 퇴출장벽의 높이는 산업 내 생산능력의 조정에 영향을 미친다. 퇴출장벽이 높을수록 기업들이 생산능력을 축소하기 힘들고 따라서 심각한 가격 경쟁의 위협이 커진다.

요약

요약하면, 산업 환경 분석에서 경영자가 세 번째로 수행해야 하는 과제는 산업수명주기에 따라 각기 다른 산업 환경의 속성에서 기회와 위협을 파악하는 것이다. 경영자들은 변화하는 산업 여건에 적합한 전략을 추진해야 한다. 이를 위해 언제 조정기가 시작될 것인지, 언제 쇠퇴기에 접어들지 등을 예측하기 위해 산업의 진화에서 결정적인 순간을 포착할 수 있어야 한다. 산업 수준뿐 아니라 전략 집단의 수준에서도 마찬가지인데, 예를 들어 한 산업 내에서도 고객의 니즈와 취향의 변화로 새로운 전략 집단이 등장해 태동기를 맞이하고, 다른 집단은 기술의 변화로 인해 급속한 성장을 시작하며, 이들 집단에 고객을 빼앗겨 또 다른 전략 집단은 쇠퇴기에 접어들 수도 있다. 유통업에서 메이시스(Macy's), 노드스트롬(Nordstrom) 등의 백화점들은 월마트, 타깃 등의 할인점과 아마존 등의 온라인 업체에 고객을 빼앗겨 매출이 쇠퇴하고 있다.

거시환경

거시환경
기업과 산업이 속한 광범위한 경제적, 국제적, 기술적, 인구통계적, 사회적, 정치적 여건

경영자의 의사결정과 행동이 산업의 경쟁구조를 변화시킬 수 있는 것처럼 좀 더 광범위한 환경 요인들도 변화시킬 수 있다. 거시환경(macroenvironment)은 기업과 산업이 속한 광범위한 경제적, 국제적, 기술적, 인구통계적, 사회적, 정치적 여건이다. 거시환경의 요인들은 포터의 경쟁 요인들에 직접적인 영향을 미쳐서 강도를 변화시키고, 그 결과 산업의 매력도에 영향을 미친다.

거시 경제적 환경

거시 경제적 환경은 국가나 지역 경제의 건전성에 영향을 미치고, 건전성은 다시 기업이나 산업의 수익률에 영향을 미치는데, 가장 중요한 환경 요인으로 경제성장률, 이자율, 환율, 인플레이션율의 네 가지를 들 수 있다. 경제성장은 소비자의 지출 증가로 이어져서 산업의 경쟁 압력을 감소시킨다. 기업들은 경제가 성장하는 상황에서는 규모를 확대하고 높은 수익을 달성할 수 있는 기회를 얻을

[그림 3.5] 거시환경의 역할

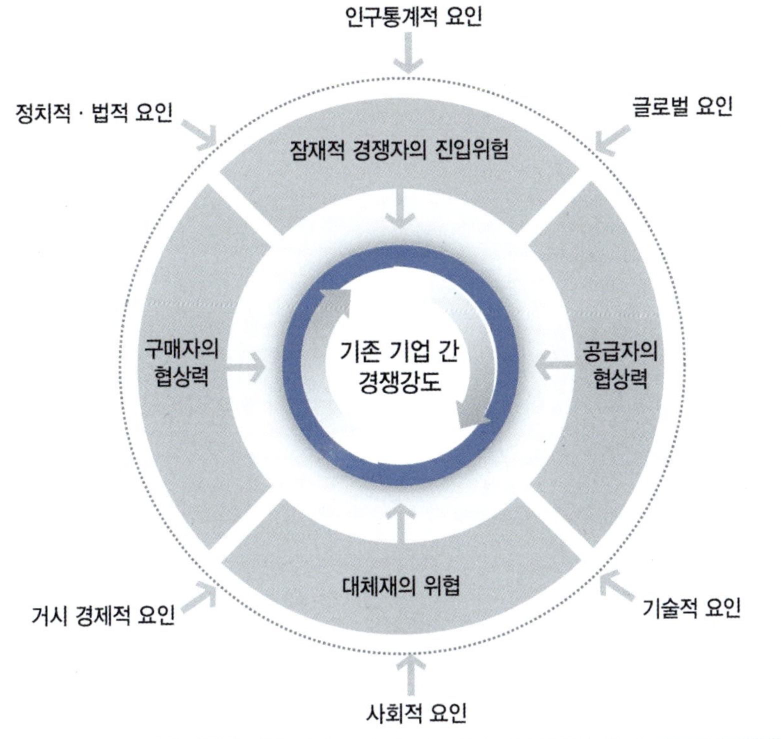

수 있다. 반대로 마이너스 성장은 소비자의 지출을 감소시켜 산업의 경쟁 압력을 증가시킨다. 마이너스 성장은 특히 성숙기 산업에서 가격 경쟁을 촉발한다.

이자율은 기업의 제품에 대한 수요를 결정할 수 있다. 이자율은 고객이 제품을 구매하기 위해 돈을 빌려야 하는 경우에 매우 중요하다. 가장 대표적인 예로 부동산업에서는 이자율이 수요에 직접적인 영향을 미친다. 이자율은 자동차, 가전, 생산설비 등에도 큰 영향을 미친다. 이러한 산업에서 이자율의 상승은 위협요인이고 반대로 하락은 기회요인이 된다.

환율은 각기 다른 통화 간의 상대적 가치를 결정한다. 환율의 변화는 글로벌 시장에서 기업이 판매하는 제품의 경쟁력에 직접적인 영향을 미친다. 예를 들어 미국 달러의 가치가 다른 통화에 비해 절하되면, 미국에서 생산된 제품은 해외시장에서 상대적으로 저렴해진다. 이는 미국 기업들에게 해외 경쟁자로부터의 위협을 감소시키고 해외 판매 증대의 기회를 제공한다. 2006년과 2007년 유로 대비 달러의 가치가 하락하자 유럽에 대한 미국의 수출은 크게 증가하였다. 또한 1985년 240엔 수준이었던 엔/달러 환율은 1995년 85엔까지 떨어졌다. 그 결과 미국 시장에서 일본 자동차들의 가격은 급격히 높아졌고, 미국 자동차 업체들에게 일본차의 위협은 감소하였다.

인플레이션은 경제의 안정성을 헤치고 경제성장을 둔화시키며 이자율을 높이고 환율을 요동치게 한다. 인플레이션은 미래 예측을 어렵게 하여 기업의 투자계획 수립에도 지장을 준다. 인플레이션이 큰 상황에서는 투자에 따른 미래 수익의 현재가치를 정확히 파악하기 어렵다. 이러한 불확실성으로 인해 기업들이 투자를 꺼리게 되는데, 그 결과 경제활동이 위축되고 경제가 침체에 빠지게 된다.

글로벌 환경

과거 반세기 동안 세계 경제시스템에는 큰 변화가 있었다. 이러한 변화에 대해서는 이 책의 제6장에서 좀 더 자세히 다루고, 여기에서는 국제 무역과 투자의 장벽이 낮아지고, 점차 많은 국가들이 지속적인 경제성장을 이루고 있는 것에 대해서만 짚고 넘어가려고 한다. 브라질, 중국, 인도 등의 경제성장은 기업들에게 거대한 시장을 열어주었고, 이들 시장에 진출함으로써 수익을 빠르게 증가시킬 수 있는 기회를 제공하였다. 국제 무역과 투자의 장벽이 허물어지면서 해외 시장으로의 진출이 용이해졌다. 20년 전만 해도 서구의 기업이 중국에서 활동하는 것은 불가능에 가까웠다. 하지만 오늘날에는 서구와 일본 기업들이 매년 중국에 500억 달러 이상을 투자하고 있다. 그러나 이와 동시에, 진입장벽이 무너지면서 많은 외국 기업들이 내수시장에 진입함에 따라 자국 산업의 경쟁강도가 증가하고 기업들의 수익성이 감소하기도 했다. 이와 같은 변화로 인해 과거에는 고립되었던 내수시장들도 훨씬 크고 경쟁이 치열한 글로벌 시장에 편입되었고, 기업들은 거대한 기회와 동시에 위협에 직면하게 되었다.

기술적 환경

기술의 변화는 2차 세계 대전 이후부터 가속화되었다. 창조적 파괴가 상시적으로 일어나고 있는 것이다. 기술 변화는 기존 제품을 하루아침에 구식으로 만듦과 동시에 다양한 신제품의 창출 기회를 제공하기도 한다. 따라서 기술 변화는 창조적임과 동시에 파괴적이어서 기회가 될 수도 있고 위협이 될 수도 있다.

기술 변화의 가장 중요한 측면은 기술 변화가 진입장벽의 높이에 영향을 줌으로써 산업 구조를 재편할 수 있다는 것이다. 예를 들어 인터넷은 광범위한 산업에서 경쟁 구조에 큰 변화를 주고 있다. 인터넷은 주로 진입장벽과 고객의 전환비용을 낮추는 역할을 해서 산업의 경쟁강도를 증가시키고 가격과 수익을 감소시킨다. 인터넷이 산업의 진입장벽을 무너트린 예로 뉴스 산업을 들 수 있다. 월스트리트저널과 같은 전통적인 경제신문사들은 주로 1990년대에 생긴 TheStreet.com, 야후의 금융 섹션 등 인터넷 기반 미디어들로부터 광고와 고객을 지키기 위해 경쟁할 수밖에 없는 상황에 놓였다. 광고주의 입장에서는 선택의 폭이 넓어짐에 따라 미디어들을 서로 경쟁시킴으로써 광고비를 낮출 수 있게 되었다.

인구통계적 환경

인구통계적 환경은 연령, 성별, 인종, 사회계층과 같은 인구의 특성을 말한다. 거시 환경의 다른 요인들처럼 인구통계적 환경도 경영자에게 기회와 위협을 제공하고 조직에게 큰 영향을 미치는데, 최근 인구의 연령 분포 변화가 대표적인 예이다. 최근 대부분의 산업화된 국가들에서는 베이비부머 세대의 고령화와 저출산 현상으로 인해 인구고령화가 큰 이슈가 되고 있다. 예를 들어 독일에서는 65세 이상 인구의 비율이 1990년 15.4%에서 2010년 20.7%로 늘어났고, 캐나다에서는 11.4%에서 14.4%로, 일본에서는 11.7%에서 19.5%로, 미국에서는 12.6%에서 13.5%로 각각 증가하였다. 인구고령화는 노인들에게 초점을 맞추고 있는 기업들에게는 큰 기회요인이 되는데, 예를 들어 최근에 재택 의료서비스나 여가산업의 수요는 크게 늘고 있다.

베이비부머 세대는 그동안 기업들에게 많은 기회와 위협을 제공해 왔다. 1980년대 이들이 결혼하면서 신혼부부들을 대상으로 한 가전제품의 수요가 크게 증가하였다. 세탁기, 식기세척기, 빨래건조기 등의 제품 판매가 성장하면서 월풀(Whirlpool)이나 GE 같은 기업들이 큰 혜택을 입었다. 1990년대에는 이들이 은퇴 설계를 시작함에 따라 많은 자금이 금융 상품으로 몰리면서 뮤추얼 펀드 산업이 급성장할 수 있었다. 향후 20년간 이들이 고령화되어 은퇴하면서 많은 새로운 산업들이 거대한 기회를 얻게 될 것이다.

사회적 환경

사회적 환경은 산업에 영향을 미치는 사회적 관습과 가치관을 말한다. 사회적 변화는 다른 거시 환경 요인들처럼 기업에게 기회와 위협을 제공한다. 지난 10여 년간의 주요 사회적 환경의 변화로 건강에 대한 관심의 증대를 들 수 있다. 이러한 변화의 여파는 매우 컸고 트렌드를 빠르게 인지한 기업들은 기회를 활용하여 성공할 수 있었다. 예를 들어 담배 회사인 필립모리스(Philip Morris)는 웰빙 트렌드를 포착해 밀러(Miller Brewing Company)를 인수한 후 저칼로리 맥주(Miller Lite)를 출시함으로써 맥주산업에서 경쟁양상을 재편했다. 또한 펩시는 다이어트 콜라와 과일기반 소프트음료를 빠르게 출시함으로써 경쟁자인 코카콜라로부터 많은 고객을 빼앗을 수 있었다. 반대로 웰빙 트렌드는 많은 산업에 위협이 되기도 하는데, 예를 들어 많은 국가에서 담배 산업의 수요는 급격히 감소하고 있다.

정치적·법적 환경

사회의 법규를 만드는 정치적 프로세스는 조직과 경영자들의 행동을 제약하고 기회와 위협을 제공한다. 예를 들어 많은 산업화된 국가에서 과거 국가의 통제가 심했던 산업에 대한 규제 완화 및 철폐와 정부가 소유했던 조직에 대한 민영화가 두드러진 트렌드로 자리 잡고 있다. 1979년 미국에서 항공 산업이 자유화됨에 따라 이후부터 1993년까지 29개의 새로운 항공사들이 시장에 진입하였다.

자유화에 따른 운송 능력의 증가는 많은 노선에서 공급과잉을 낳았고, 치열한 경쟁과 운임 전쟁이 시작되었다. 이러한 경쟁 환경의 변화에 대응하기 위해 항공회사들은 운영비용을 절감할 수 있는 방법을 찾아야 했다. 무노조 항공사, 서비스를 줄인 할인 운임, 거점 도시를 중심으로 한 노선운영 시스템(hub-and-spoke system) 등은 그 대응으로 나타난 것들이다. 이러한 혁신적 방법에도 불구하고 항공 산업에서는 아직도 운임 경쟁이 치열해서, 항공사들의 수익이 감소하고 결국 파산에 이르는 기업도 많아지고 있다. 국제전화서비스 산업 또한 미국과 다른 국가들의 자유화로 인해 항공 산업과 비슷한 어려움을 겪고 있다.

대부분의 국가에서 정치적·법적 환경과 산업은 서로가 서로에게 영향을 미치는 관계이다. 즉 정부는 규정을 제정함으로써 산업의 경쟁구조에 영향을 미치고, 산업 내 기업들은 다양한 방법으로 정부의 규정에 영향을 미치기 위해 노력한다. 기업들은 허용되는 범위 안에서 산업에 호의적인 시각을 가진 정당과 정당인을 재무적으로 후원하고, 국회의원들에 직접적으로 로비를 함으로써 입법 과정에 영향을 미치려 한다. 2002년 미국 철강 산업 협회는 부시 대통령을 설득하여 수입 철강제품에 대해 30%의 관세를 부과하도록 하였다. 관세부과는 미국 철강 기업들을 해외 경쟁자로부터 보호하였고, 미국 시장에서 산업 내 경쟁강도를 낮추는 역할을 하였다.

요약

1 포터의 5 포스 모델은 산업 환경에서 경쟁을 분석하는 대표적인 기법이다. 다섯 개의 포스는 (1) 잠재적 경쟁자의 진입위험, (2) 기존 기업 간의 경쟁강도, (3) 구매자의 협상력, (4) 공급자의 협상력, (5) 대체재의 위협이다. 각각의 포스가 강력할수록 산업의 경쟁은 치열해지고 수익성은 낮아진다.

2 잠재적 경쟁자의 진입위험은 진입장벽의 높이가 좌우한다. 진입장벽이 높을수록 진입위험은 낮고 산업의 수익성은 높아진다.

3 기존 기업 간의 경쟁강도는 산업경쟁구조, 수요조건, 퇴출장벽이 결정한다.

강력한 수요는 기존 기업 간 경쟁을 약화시키고 성장의 기회를 제공한다. 반대로 수요가 줄면, 경쟁이 심해지는데, 특히 퇴출장벽이 높은 집중화된 산업에서 더욱 치열해진다.

4 해당 산업은 구매자에게 크게 의존하지만 구매자는 그렇지 않을 때 구매자의 협상력이 강해진다. 이러한 경우 구매자는 위협 요인으로 작용한다.

5 해당 산업은 공급자에게 크게 의존하지만 공급자는 그렇지 않을 때 공급자의 협상력이 강해진다. 이러한 경우 공급자는 위협 요인이 된다.

6 대체재는 해당 산업과 유사한 고객의 니즈를 충족시키는 다른 사업이나 산업의 제품을 의미한다. 대체재 관계에 있는 제품들이 서로 유사할수록, 고객 이탈로 인해 기업이 책정할 수 있는 가격은 제한된다.

7 대부분의 산업은 복수의 전략 집단으로 구성되어 있다. 전략 집단은 동일하거나 유사한 전략을 추구하는 기업의 집단을 말한다. 따라서 다른 전략 집단에 속한 기업들은 추구하는 전략이 다르다.

8 산업은 수명주기를 가진다. 즉 산업은 태동기에서 시작하여 성장기와 조정기를 거쳐 성숙기를 맞이한 후, 마지막에는 쇠퇴기를 겪게 된다. 각 단계에 따라 산업의 경쟁 구조가 다른 양상을 보이고, 기회와 위협 요인이 각기 다르다.

9 거시환경은 산업의 경쟁 강도에 영향을 미친다. 거시환경은 기업과 산업이 속한 광범위한 경제적, 국제적, 기술적, 인구통계적, 사회적, 정치적 여건이다.

토의 주제

1 환경이 어떠한 경우에 산업 내에서 가격 전쟁이 일어날 가능성이 높은가? 가격 전쟁이 기업에게 미치는 영향은 무엇인가? 기업은 어떻게 가격 전쟁의 위협에 대처해야 하는가?

2 한 산업을 선택하여 포터의 5 포스에 대해 논의하시오. 분석의 결과와 현실을 비교해 보시오.

3 성장기, 성숙기, 쇠퇴기의 산업을 각각 하나씩 찾아보시오. 각 산업에서 (a) 기업의 수와 규모, (b) 진입장벽의 원천, (c) 진입장벽의 높이, (d) 제품차별화 정도를 파악하시오. 이러한 요인들이 각 산업에서 경쟁의 속성에 미치는 영향은 무엇인가? 각 산업에 속한 기업들이 직면하는 기회와 위협에 미치는 영향은 무엇인가?

4 앞으로 10년간 자신의 교육기관의 등록률에 거시환경의 요인들이 미치는 영향에 대해 평가하시오. 이러한 요인들이 담당 교수의 직업 안정성과 소득수준에 미치는 영향은 어떠할까?

전략경영 연습

소그룹 활동: 마이크로소프트와의 경쟁

3-5명의 그룹을 만들고, 한 사람을 그룹의 대변인으로 지정하시오. 대변인은 강사의 지시에 따라 그룹의 의견을 반 전체와 커뮤니케이션하는 역할을 한다.

당신은 자그마한 스타트업의 경영자와 소프트웨어 엔지니어이다. 회사는 마이크로소프트의 윈도우즈 대비 명확한 차별적 역량을 가진 혁신적인 PC용 운영체계를 새롭게 개발했다. 이 운영체계는 윈도우즈에 비해 하드 드라이브 사용량은 적고, 마이크로프로세서의 성능을 최대한 활용하여 응용프로그램을 더욱 빠르게 구동시키며, 설치와 사용이 쉽고, 키보드와 마우스뿐 아니라 음성 명령도 99.9%의 정확도로 인식할 수 있다. 이 소프트웨어가 회사의 유일한 제품이다. 이 상황에서 다음의 과제를 수행하시오.

1 PC 운영체계 시장의 경쟁구조를 분석하시오. 분석을 바탕으로 고객이 당신의 운영체계를 채택하기 어렵게 만드는 요인을 파악하시오.

2 마이크로소프트를 이기기 위해 회사 단독으로 또는 다른 기업과 협력하여 추진할 수 있는 전략을 생각해 보시오. 선택한 전략을 성공적으로 추진하기 위해 필요한 것은 무엇인가?

웹 탐색

보잉과 에어버스 홈페이지

보잉(www.boeing.com)과 에어버스(www.airbus.com)의 홈페이지를 방문하시오. 뉴스 페이지에서 두 회사의 보도 자료들을 읽어보시오. 기업정보 페이지에서 두 기업의 연차보고서와 역사를 포함한 기업 소개 자료를 살펴보시오. 이러한 정보를 바탕으로 다음의 과제를 수행하시오.

1 포터의 5 포스 모델을 이용하여 상용 제트기 시장에서의 경쟁 양상에 대해 분석하시오.

2 이 시장에서 향후 10년간 경쟁이 어떻게 될 가능성이 높은지를 예측하시오. 새로운 경쟁자가 이 산업에 진입할 것인가, 지금보다 수요가 증가할 것인가 아니면 감소할 것인가, 구매자의 힘은 지금과 비교하여 어떻게 될 것인가에 대해 분석하고, 이러한 요인이 향후 10년간 경쟁에 미치는 영향에 대해 논의하시오.

일반 과제

PC 시장의 현재 경쟁 상황을 파악할 수 있는 정보를 인터넷에서 검색하시오. 획득한 정보를 바탕으로 시장 구조를 분석하시오. (힌트: PC 회사들의 홈페이지를 방문하시오)

마무리 사례 제약산업

제약업은 전통적으로 매우 수익성이 높은 산업이다. 2002년에서 2006년 사이 제약 회사들의 투하자본수익률(ROIC)은 연평균 16.45%였다. 즉 1달러를 투자했을 때 평균적인 제약회사는 연간 16.45센트의 이윤을 만들어냈다. 이는 컴퓨터 하드웨어 산업이 12.76%, 식료품 유통업이 8.45%, 전자 산업이 3.88%에 불과한 것을 감안하면 매우 높은 것이다. 그러나 최근 제약 산업의 수익성은 점차 떨어지고 있는데, 2002년 21.6%였던 수익률이 2006년에는 14.5%로 낮아졌다.

제약 산업의 높은 수익성은 몇몇 구조적인 특성으로 설명할 수 있다. 첫째, 제약 산업의 수요는 클 뿐 아니라 최근 꾸준히 증가하는 추세이다. 1990년부터 2003년까지 미국에서 처방 의약품에 대한 지출은 연평균 12.5%씩 증가하였다. 산업에 호의적인 인구통계적 환경은 이러한 성장을 가능하게 했다. 사람들은 나이가 많아질수록 처방 의약품을 많이 소비하게 되는데, 2차 세계대전 이후 태어난 베이비부머들의 나이가 많아짐에 따라 대부분의 선진국에서 인구 고령화가 진행되고 있다. 업계의 분석에 따르면 2013년까지 처방 의약품에 대한 지출은 매년 10-11%씩 늘어날 것으로 전망되었다.

둘째, 성공적인 신제품의 수익성은 더욱 높다. 1997년에 출시된 콜레스테롤 저하 약품인 리피토(Lipitor)는 2006년 한 해에만 125억 달러의 경이적인 매출을 화이자에 안겨주었다. 이 약을 제조, 포장, 유통하는 데 드는 비용은 매출의 10%에 불과하다. 화이자는 2006년 5억 달러 정도를 이 제품의 마케팅에 사용했고, 제품 판매를 위한 영업망에 비슷한 수준의 비용을 지출했다. 이러한 비용들을 모두 제하더라도 100억 달러가 넘는 수익이 발생한다. 특허가 20년간 경쟁에서 보호하여 현재 화이자는 독점 상태이므로 약품에 높은 가격을 책정할 수 있다. 2010년에 특허가 만료되어 다른 제약업체들이 리피토의 복제약을 제조하기 시작하면 가격은 급격히 떨어질 것이다. 복제약이 나오면 일반적으로 가격은 1년 사이에 무려 80%가 떨어지게 된다.

경쟁자는 특허로 보호받고 있는 것과 유사한 약품을 생산할 수 있다. 제약회사들은 보통 특정 분자에 대해 특허를 출원하는데, 경쟁자는 해당 특허와는 다르지만 유사한 분자에 대해 특허를 출원할 수 있다. 따라서 리피토는 콜레스테롤 저하제 시장에서 머크(Merck)의 조코(Zocor)나 아스트라제네카(Astra Zeneca)의 크레스토(Crestor) 같은 제품들과 경쟁하고 있다. 그러나 이러한 경쟁 제품들도 역시 특허를 가지고 있다. 더욱이 신약을 개발하고 출시하기 위한 높은 비용과 위험은 새로운 경쟁자의 진입을 제한한다. 산업 분석에 따르면 평균적으로 제약회사의 연구소에서 실험하는 5,000개의 물질 중 5개만이 임상실험 단계로 넘어가고 그 중 하나만이 결국 시장에 출시된다. 하나의 신약이 시장에 나올 때까지 연구비용은 8억 달러가 들고 기간은 10-15년이 소요된다. 또한 시장에 출시되더라도 연구개발과 마케팅 비용을 상쇄하고 수익을 창출하는 신약은 10개 중 3개에 불과하다. 따라서 제약회사들의 높은 수익성은 몇몇 블록버스터 신약들에 의존하게 된다. 전 세계 최대 제약회사인 화이자의 경우에도 불과 8개의 약품이 55%의 매출을 만들어내고 있다.

제약회사들은 막대한 연구개발 비용을 쏟아부어서 블록버스터 신약을 개발하려 하지만 대부분은 실패로 돌아간다. 거대한 기업만이 이러한 비용과 위험을 감당할 수 있기 때문에 제약 산업에 새로운 기업이 진입하기는 어렵다. 예를 들어 화이자는 총매출의 14.5%에 해당하는 74억 달러의 연구비용을 2005년 한 해에 지출했다. 지난 이십 년간 신약을 개발하겠다는 희망을 가지고 많은 기업들이 뛰어들었지만, 암젠(Amgen)과 제넨테크(Genentech) 겨우 두 기업만이 2005년 매출액 기준 20대 제약회사에 이름을 올렸다. 대부분은 시장에 신약을 출시하지도 못하고 사라져갔다.

제약 산업의 기존 기업들은 연구개발뿐 아니라 마케팅 활동에도 막대한 비용을 지출하고 있다. 예를 들어 화이자가 리피토의 마케팅 활동에 사용하는 연간 5억 달러는 이 약의 매출에 비해서는 적지만 신규 진입자에게는 감당하기 어려운 비용일 수 있다. 따라서 신규 진입자가 기존 제품보다 월등히 뛰어난 신약을 개발하기 전에는 이 산업에 진입하기 어렵다. 또한 기존의 제약회사들에게는 엄청난 기회가 다가오고 있다. 최근 유전체학(genomics)의 눈부신 발전으로 인해 알츠하이머병, 파킨슨병, 암, 심장질환, 뇌졸중, AIDS 등의 난치병을 치료할 수 있는 신약을 제약회사들이 향후 10년 내에 시장에 내놓을 것이라는 기대가 커지고 있다.

그러나 동시에 화이자와 같은 거대 기업들이 오랜 기간 누리던 시장 지배력과 수익성을 위협하는 요인들도 최근 등장하고 있다. 첫째, 건강보험 지출이 늘어남에 따라 정치인들은 의료비용을 제한할 방법을 모색하게 되었고, 그 중 하나로 처방 의약품의 가격을 통제하려는 움직임이 나타나고 있다. 이미 많은 선진국에서는 가격 통제가 실제로 이루어지고 있다. 따라서 비록 미국에서는 아직 시작되지 않았지만 안심할 수 없는 상황이다.

둘째, 2006년에서부터 2009년 사이에 산업 내에서 가장 많이 팔리는 35개의 약품 중 12개가 특허의 보호로부터 풀리게 된다. 또한 한 예측에 따르면 미국 제약 산업의 글로벌 매출액인 3천억 달러의 약 28%에 해당하는 약품들이 2006년부터 2012년 사이에 특허가 만료되어 복제약의 위협에 놓이게 될 것이다. 업계 전문가들에 따르면 특허가 만료되는 약품의 매출을 대체할 만큼의 새로운 약품이 개발되어 시장에 나오게 될지는 미지수이다. 뿐만 아니라 복제약 기업들은 특허에 도전하고 가격을 인하함으로써 신약 기업들에 대한 공세를 강화하고 있다. 그 결과 산업 전체의 매출에서 복제약 기업들이 차지하는 비중은 증가하고 있다. 2005년 미국에서 복제약 기업들은 전체 처방 의약품 판매량의 절반을 차지했는데, 이는 1990년 1/3에서 크게 증가한 것이다.

셋째, COX-2 억제제가 심장마비의 위험을 높인다는 연구 결과가 발표된 이후에 이미 FDA가 승인한 의약품에 대해서도 철저한 재검사가 이루어지고 있다. 이에 따라 2004년 머크의 바이옥스(Vioxx)와 화이자의 벡스트라(Bextra) 두 개의 약품이 시장에서 수거되었다.

토의 주제

1. 역사적으로 제약 산업의 수익성이 매우 높은 이유를 5 포스 모델로 설명하시오.
2. 2002년 이후 ROIC로 측정한 제약 산업의 수익성은 감소하기 시작했다. 이유가 무엇이라고 생각하는가?
3. 산업의 미래 전망은 어떠한가? 기회와 위협은 무엇인가? 기회를 활용하고 위협을 극복하기 위해 제약 기업들은 무엇을 해야 하는가?

Chapter

4

경쟁우위 구축

경쟁우위: 가치창출, 저원가, 차별화

경쟁우위의 원천

효율성

품질

혁신

고객 대응능력

가치사슬

기본 활동

지원 활동

기능별 전략과 경쟁우위의 원천

효율성 향상

인적자원전략과 효율성

품질 향상

혁신 창출

고객 대응능력 향상

차별적 역량과 경쟁우위

자원과 역량

경쟁우위의 지속성

학습목표

- 경쟁우위의 원천에 대해 논의
- 경쟁우위의 구축과 유지에서 효율성, 품질, 혁신, 고객 대응능력의 역할을 파악
- 가치사슬의 개념을 설명
- 기능 수준의 전략이 효율성 향상, 품질 개선, 혁신 창출, 고객 대응능력 향상에 어떻게 활용되는지를 설명
- 차별적 역량의 속성을 설명

개요

우리는 제3장에서 산업의 매력도를 결정하는 외부 환경요인들에 대해 살펴보았다. 그러나 산업 구조가 기업의 성과에 영향을 미치는 유일한 요인은 아니다. 한 산업 내에서도 어떤 기업은 다른 기업들에 비해 높은 수익성을 달성한다. 예를 들어 글로벌 자동차 산업에서 도요타는 경쟁자인 GM을 지난 20여 년간 지속적으로 앞서왔다. 미국의 철강 산업에서 뉴코는 경쟁자인 US 스틸에 비해 지속적으로 수익이 높고, 유통업에서 월마트의 성과는 K마트를 지속적으로 압도하였다. 따라서 우리는 "왜 같은 산업에서도 어떤 기업은 다른 기업들보다 성과가 좋을까?", 그리고 "그들이 가진 경쟁우위의 원천은 무엇인가?"에 대해 생각해 볼 필요가 있다.

이 장에서 살펴볼 것은 특정 기업이 경쟁자보다 성과가 높은 이유는 경쟁자보다 효율적이고, 제품의 품질이 높으며, 더욱 혁신적이고, 고객에 대한 대응능력이 뛰어나기 때문이라는 것이다. 따라서 효율성, 품질, 혁신, 고객 대응능력은 경쟁우위의 네 가지 원천이 된다. 기업이 경쟁자를 앞서기 위해서는 최소한 한 가지의 원천에서 경쟁자 대비 독특한 강점, 즉 차별적 역량을 가져야 한다. 예를 들어 월마트는 할인유통 산업에서 경쟁자보다 효율성이 높고 고객 대응능력이 뛰어나기 때문에 높은 수익을 달성하고 있다.

경쟁우위: 가치창출, 저원가, 차별화

제1장에서 살펴본 것처럼 기업이 산업 평균보다 높은 수익을 달성할 때 경쟁우위(competitive advantage)를 가지고 있다고 하고, 우월한 성과가 장기간 지속될 때 지속가능한 경쟁우위(sustainable competitive advantage)를 확보하고 있다고 말한다. 예를 들어 월마트는 미국의 유통 산업에서 수십 년간 지속적인 경쟁우위를 확보하고 있는데, 이는 오랫동안 높은 수익을 달성하고 있다는 뜻이다.

기업의 수익성은 두 가지 요소가 결정한다. 첫째는 소비자들이 기업의 제품과 서비스에 부여하는 가치의 크기이고, 둘째는 기업의 생산 비용이다. 일반적으로 소비자들이 기업의 제품에 높은 가치를 부여하면 기업은 그 제품에 대해 높은 가격을 받을 수 있다. 그러나 기업이 받는 가격은 평균적인 소비자가 제품에 부여하는 가치보다 낮아야 한다. 왜냐하면 소비자들은 경제학자들이 말하는 소비자잉여(consumer surplus)로 가치의 일부를 가져가기 때문이다. 소비자들이 소비자잉여를 가질 수 있는 이유는 여러 기업이 경쟁하고 있어서 독점공급자에 비해 낮은 가격을 제시하기 때문이다. 또한 각 소비자가 제품에 부여하는 가치, 즉 경제학자들이 말하는 유보가격(reservation price)에 따라 기업이 각 소비자에게 각기 다른 가격을 제시하는 것은 불가능하기 때문이다. 이와 같은 이유로 제품의 가격은 대부분의 고객들이 인지하는 가치보다 낮게 책정된다.

[그림 4.1]은 이러한 개념을 보여주고 있다. 그림에서 고객이 부여하는 가치는 V이고, 기업이 주어진 경쟁 압력 하에서 책정할 수 있는 가격은 P이며, 생산 비용은 C이다. 이 때 기업의 이윤은 P-C이고, 소비자잉여는 V-P가 된다. 기업은 P>C인 경우에 수익을 창출할 수 있고, 수익은 P에 대비하여 C가 낮을수록 커진다. V와 P의 차이는 시장에서 경쟁 압력의 강도에 따라 결정되는 것에 유의할 필요가 있다. 즉 경쟁 압력의 강도가 낮을수록 V에 대비하여 P가 높아져서 소비자잉여가 줄어든다.

기업이 창출하는 가치는 V와 C의 차이, 즉 V-C가 된다. 기업은 비용 C의 투입물을 고객이 V의 가치를 부여하는 제품으로 변환함으로써 가치를 창출한다. 이 때 기업은 C를 낮추거나, 우월한 디자인, 품질, 기능 등을 통해 소비자들이 인지하는 가치인 V를 높임으로써 더 많은 가치를 창출할 수 있다. V가 높아지면 소비자들은 기꺼이 더 높은 가격(P)을 지불하려 할 것이다. 결국 기업이 경쟁자보다 높은 가치(V-C)를 창출하면 기업의 수익성(P-C)도 증가하여 경쟁우위를 가지게 되는 것이다. 따라서 가치창출은 경쟁우위의 핵심이 된다.

[그림 4.1] 가치 창출

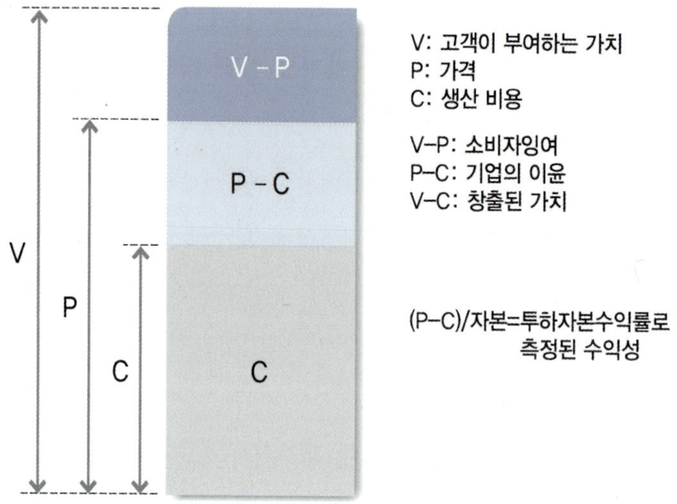

자동차 산업에서 도요타와 GM을 비교하면 이러한 개념을 잘 이해할 수 있다. 2005년 도요타는 북미에서 생산된 제품에 대해 대당 평균 1,200달러의 수익을 올렸다. 그러나 GM은 반대로 대당 평균 2,496달러의 손실을 기록했다. 이러한 차이는 어디에서 오는 것일까? 첫째, 도요타는 소비자들 사이에서 품질에 대한 명성이 가장 높다. 자동차 평가기관인 J.D. 파워에 의하면, 도요타의 제품들은 지속적으로 품질 측면에서 최고의 자리를 차지하고 있다. 반면에 GM의 제품들은 겨우 평균 정도에 머물고 있다. 높은 품질은 소비자들이 인지하는 효용(가치)을 높이고, 그 결과 도요타는 GM의 동종 차량 대비 5-10% 높은 가격을 책정하고 있다. 둘째, 도요타는 GM보다 대당 평균 비용이 낮은데, 주요한 이유로 높은 노동생산성을 들 수 있다. 예를 들어 도요타의 북미공장에서 차량 한 대를 생산하기 위해서는 평균 29.4시간의 노동시간이 필요하지만, GM에서는 이보다 많은 33.19시간이 필요하다. 3.79시간의 노동생산성 차이는 낮은 노동비용으로 나타나고, 그 결과 도요타는 GM보다 낮은 비용구조를 가지게 되었다. [그림 4.2]는 지금까지의 논의를 요약하여 보여주고 있는데, 도요타는 GM과 비교하여 소비자가 제품에 부여하는 가치(V)가 높아서 가격(P)도 높은 반면, 높은 효율성으로 인

[그림 4.2] 도요타와 GM의 비교

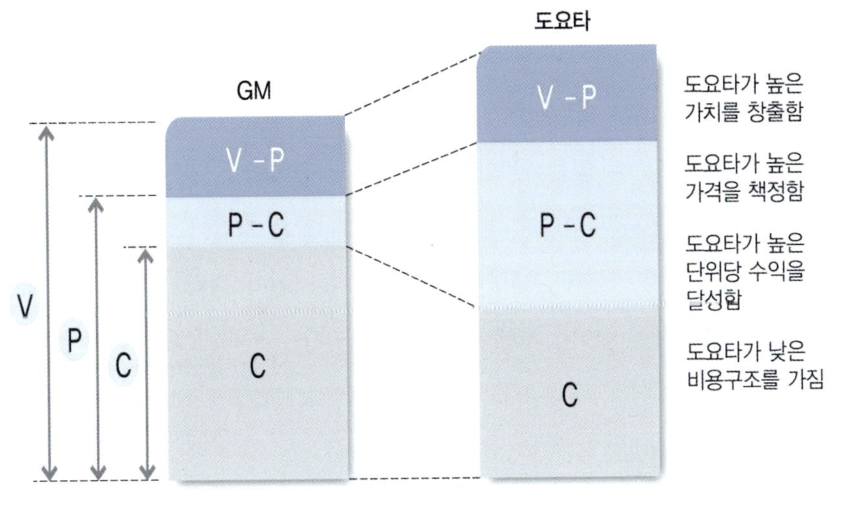

해 비용(C)은 더 낮다. 따라서 도요타의 대당 수익(P-C)은 GM에 비해서 높아지게 되었다.

우월한 가치를 창출하기 위해서 기업이 반드시 산업에서 가장 낮은 원가구조를 갖거나, 반드시 소비자가 가장 높은 가치를 인지해야 하는 것은 아니다. 그러나 우월한 가치 창출은 고객이 인지하는 가치(V)와 생산 비용(C)의 차이가 반드시 다른 경쟁자보다 커야만 가능하다. 예를 들어 노드스트롬은 의류 유통시장에서 강력한 위치를 차지하고 있다. 이 백화점은 원가구조가 경쟁자들에 비해 높지만, 취급품목을 고급제품으로 차별화하고 고객에 대한 서비스를 획기적으로 강화함으로써 산업 내 다른 경쟁자들보다 높은 가치를 창출하고 있다. 특히 노드스트롬은 판매원들이 개별적인 관심을 가지고 고객을 응대하는 것으로 유명하다. 따라서 고객은 노드스트롬에서 구매하는 제품에 대해 높은 가치(V)를 부여하고, 이에 따라 노드스트롬은 다른 경쟁 백화점보다 높은 가격(P)에 제품을 판매할 수 있다. 높은 가격으로 인해 경쟁자보다 높은 수익(P-C)을 올릴 수 있는 것이다.

마이클 포터는 저원가(low cost)와 차별화(differentiation)가 기업이 가치를 창출하고 경쟁우위를 획득하는데 가장 기본이 되는 전략이라고 주장했다. 포터에 따르면 경쟁우위(우월한 수익성)는 우월한 가치를 창출하는 기업이 가질 수 있는데, 높은 가치를 창출할 수 있는 방법은 두 가지로, 경쟁자보다 원가구조를 낮추거나, 고객이 높은 가치를 부여하도록 제품을 차별화하여 가격을 높게 받는 것이다. 포터의 주장은 매우 타당성이 있으나 여전히 "어떻게 하면 원가구조를 낮추고, 제품을 차별화할 수 있을까?"의 질문에 대한 구체적인 답을 주지는 못한다. 이번 장과 다음 장에서는 어떻게 하면 이 두 가지 일을 기업이 해낼 수 있을까에 대해서 살펴볼 것이다. 특히 제5장에서는 포터의 저원가 전략과 차별화 전략을 다루어서 그의 주장을 좀 더 자세히 알아볼 것이다.

경쟁우위의 원천

기업의 경쟁우위는 효율성, 품질, 혁신, 고객 대응능력을 원천으로 한다. 이는 기업이 속한 산업이나 생산하는 제품 및 서비스와 상관없이 적용된다. 지금부터 각각에 대해서 따로 논의하지만, 이들은 서로 서로 관련되어 있다. 예를 들어 우월한 품질은 우월한 효율성으로 이어지기도 하고, 혁신을 통해 효율성, 품질, 고객 대응능력 모두를 향상시킬 수도 있다.

효율성

효율성
일정한 투입물로 생산되는 산출물의 양(효율성=산출물/투입물)

단순하게 정의하면 기업은 투입물을 산출물로 변환시키는 도구이다. 투입물(input)은 노동, 토지, 경영, 기술적 노하우 등 기본적인 생산 요소를 말한다. 산출물(output)은 기업이 생산하는 제품과 서비스를 의미한다. **효율성**(efficiency)은 간단히 일정한 투입물로 생산되는 산출물의 양으로 측정할 수 있다. 즉 '효율성=산출물/투입물'인 것이다. 기업이 효율적일수록 일정량의 제품을 생산하는데 투입물이 적게 들어가는데, 다시 말해 일정량의 투입물로 더 많은 산출물을 만들어낸다. 예를 들어 자동차 한 대를 조립하는데 GM은 30시간의 노동이 필요하고 포드는 25시간이 필요하다면, 포드가 GM보다 효율적인 것이다. 그리고 만약 임금 등 다른 조건이 동일하다면 포드는 GM보다 낮은 원가구조를 가지게 된다.

[그림 4.3] 경쟁우위의 원천

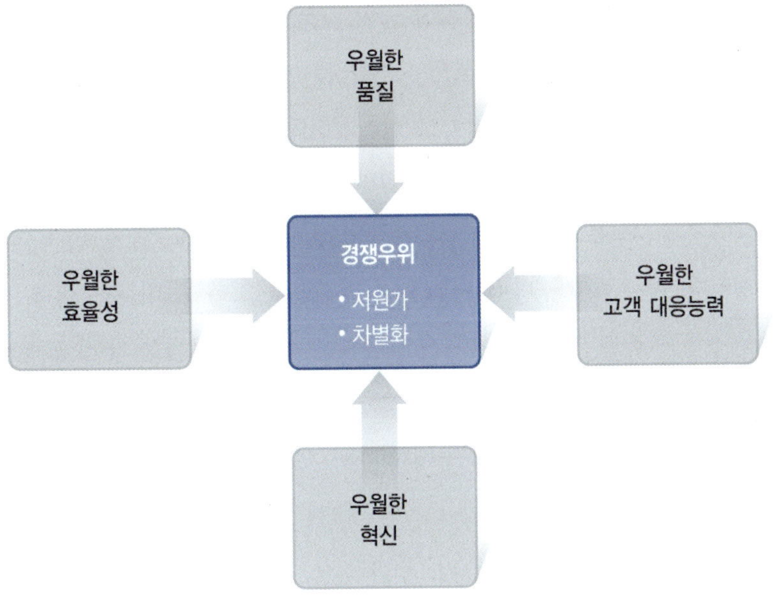

따라서 효율성은 낮은 비용구조를 통해 기업에게 경쟁우위를 가져다준다.

기업에게 가장 중요한 효율성의 요소로 노동생산성과 자본생산성의 두 가지를 들 수 있다. **노동생산성**(labor productivity)은 종업원 1인당 산출물로, **자본생산성**(capital productivity)은 투자된 자본 1단위당 산출물로 각각 측정된다. 다른 것이 동일하다면, 산업에서 가장 높은 노동생산성과 자본생산성을 가진 기업은 가장 낮은 원가구조를 갖고, 그 결과 비용기반 경쟁우위를 창출할 것이다. 생산성의 개념은 노동과 자본에만 국한되지 않는다. 예를 들어 제약 기업에서는 연구개발 투자대비 개발 중인 신약의 수인 '연구개발 지출의 생산성'이 많이 거론된다. 생산성이 높으면 기업이 높은 효율성과 낮은 비용을 달성할 수 있다.

노동생산성
종업원 1인당 산출물

자본생산성
투자된 자본 1단위당 산출물

품질

한 제품은 속성의 집합이라고 생각할 수 있다. 제품의 속성에는 일반적으로 형태, 특징, 성능, 내구성, 신뢰성, 스타일, 디자인 등이 포함된다. 한 제품의 속성들에 대해 소비자들이 인지하는 가치가 경쟁 제품보다 높으면, 이 제품이 고품질

(superior quality)을 가지고 있다고 말한다. 예를 들어 소비자들은 롤렉스(Rolex) 시계를 디자인, 스타일, 성능, 신뢰성 등의 속성에서 다른 시계보다 우수한 것으로 인식한다. 따라서 우리는 롤렉스 시계를 고품질 제품이라고 하는데, 롤렉스는 이러한 제품의 속성을 통해 다른 시계와 차별화하고 있다.

고객이 제품의 품질을 평가할 때 일반적으로 두 유형의 속성들을 측정한다. 첫째는 우수성(excellence)과 관련된 속성이고, 둘째는 신뢰성(reliability)과 관련된 속성이다. 우수성 관점에서는 제품의 디자인과 스타일, 미적인 매력, 특성과 기능, 제품과 관련된 서비스 등이 가장 중요한 속성이다. 예를 들어 고객은 인조 가죽의 이미테이션 부츠를 월마트에서 20달러에 살 수 있고, 천연가죽의 수제 부츠를 노드스트롬에서 500달러에 구매할 수도 있다. 노드스트롬의 부츠는 월마트 제품에 비해 훨씬 스타일이 뛰어나고 편안하며 멋져 보일 것이다. 노드스트롬의 부츠로부터 소비자들이 얻는 가치는 월마트 부츠로부터의 가치보다 당연히 훨씬 높을 것이다. 그러나 그 대가로 소비자는 훨씬 높은 가격을 지불해야 한다. 만약 제품의 속성에서 우수성을 가진다면 당연히 소비자들은 이 제품을 소유하거나 소비하는 데 더 많은 가격을 지불해야 하는 것이다.

한 제품이 신뢰성이 높다는 것은 일관성 있게 의도된 대로 기능을 잘 수행하고 고장이 잘 나지 않음을 의미한다. 우수성과 마찬가지로 신뢰성이 높으면 고객들은 제품으로부터 높은 가치를 인식하고, 따라서 기업은 높은 가격을 받을 수 있다. 예를 들어 도요타의 자동차는 산업 내에서 신뢰성이 가장 높은 것으로 평가받는다. 따라서 소비자들은 다른 많은 속성에서 유사함에도 불구하고 다른 회사의 자동차보다 도요타의 제품에 높은 가격을 지불해야 한다.

[그림 4.4]는 우수성과 신뢰성의 두 차원에 따른 각 자동차의 위치를 나타낸 것이다. 렉서스는 디자인, 스타일, 성능, 안전성의 속성 측면에서 고객들이 다른 대부분의 차에 비해 높은 우수성을 인식한다. 또한 신뢰성 측면에서도 높은 평가를 받는다. 따라서 렉서스의 전반적인 품질은 매우 높고, 이는 렉서스가 소비자에게 훨씬 높은 가치를 제공한다는 것을 의미한다. 이로 인해 도요타는 렉서스에

[그림 4.4] 자동차의 품질에 따른 위치

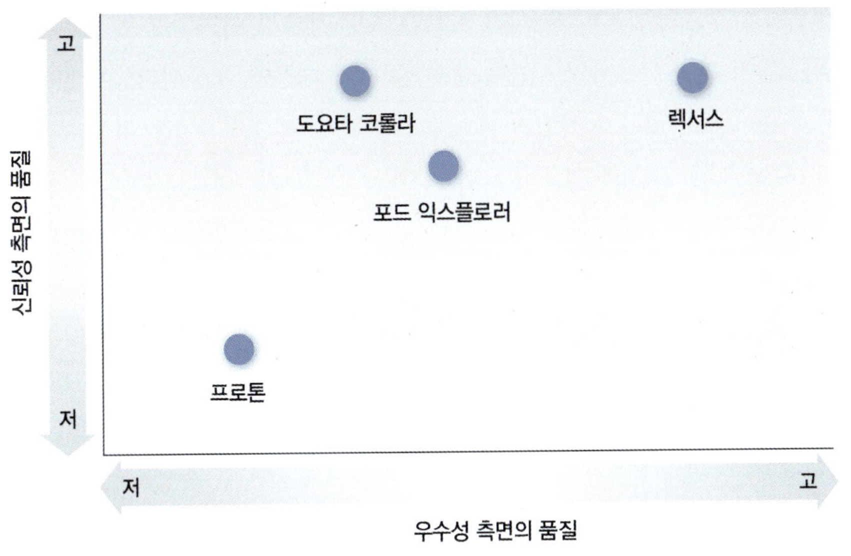

대해 프리미엄 가격을 책정할 수 있다. 도요타는 또 다른 매우 신뢰성 높은 자동차인 코롤라(Corolla)도 생산한다. 이 자동차는 덜 부유한 소비자들을 타깃으로 하고 있어서 렉서스처럼 우수한 속성을 가지고 있지 않다. 따라서 이 차는 신뢰성 측면에서 품질이 높은 제품이긴 하지만 우수성 측면에서는 렉서스만큼 품질이 높지 않다. 이들의 반대편에는 신뢰성과 디자인, 성능, 스타일 등 다른 속성에서 모두 열등해서 품질이 낮은 제품을 찾을 수 있다. 프로톤(Proton)이라는 자동차는 같은 이름의 말레이시아 회사가 만든다. 이 차는 스타일과 안전성 측면에서 악명이 높고 디자인은 10년 이상 구식이어서 J.D. 파워도 품질이 가장 낮은 자동차로 평가하였다.

품질의 개념은 도요타 자동차뿐 아니라 시티은행의 고객 서비스 부문, 항공사의 정시 운항률 등에도 적용이 가능하다. 즉 품질은 제품뿐 아니라 서비스에도 사용할 수 있는 개념인 것이다.

높은 품질이 경쟁우위에 주는 영향은 두 가지로 나누어 볼 수 있다. 첫째, 고품질의 제품은 고객이 인지하는 가치를 높여서 기업이 높은 가격을 받을 수 있도록 한다. 둘째, 제품의 신뢰성이 높으면 효율성이 향상되고 비용 또한 절감되어 경쟁우위가 창출된다. 즉 신뢰성이 높으면 불량 제품과 서비스를 생산하고 실수를 바로잡기 위한 근로자의 시간을 줄일 수 있기 때문에, 노동생산성이 높아지고 비용은 낮아진다. 따라서 기업은 높은 품질을 통해 자신의 제품을 경쟁자와 차별화할 수 있을 뿐 아니라, 제품의 신뢰성이 높은 경우에는 비용도 절감할 수 있다.

혁신

혁신
새로운 제품이나 프로세스의 창출

제품 혁신
세계 최초의 제품이나 기존 제품보다 우월한 속성을 가진 제품의 개발

프로세스 혁신
제품을 생산하거나 고객에게 전달하는 새로운 프로세스의 개발

혁신(innovation)은 새로운 제품이나 프로세스를 창출하는 활동을 말하고, 주요 유형에는 제품 혁신과 프로세스 혁신의 두 가지가 있다. **제품 혁신**(product innovation)은 세계 최초의 제품이나 기존 제품보다 우월한 속성을 가진 제품을 개발하는 것이다. 1970년대 초반 인텔의 마이크로프로세서 발명, 1980년대 중반 시스코의 인터넷 라우터 개발, 1990년대 중반 팜(Palm)의 손 안의 컴퓨터인 팜파일럿(PalmPilot) 개발 등은 제품 혁신의 사례들이다. **프로세스 혁신**(process innovation)은 제품을 생산하거나 고객에게 전달하는 새로운 프로세스를 개발하는 것이다. 예를 들어 도요타는 자동차 생산에서 린 생산방식(lean production system)이라는 이름하에 다양한 기법을 개발했는데, 적시재고시스템, 자율관리팀, 기계의 재배치 시간 단축 등을 포함한다.

제품 혁신은 신제품을 개발하거나 기존 제품을 개선함으로써 고객이 제품에 높은 가치를 부여하게 하여, 기업이 가격을 높일 수 있도록 함으로써 가치를 창출한다. 프로세스 혁신은 주로 생산 비용을 낮춤으로써 기업이 더욱 큰 가치를 창출하도록 한다. 예를 들어 린 생산방식은 노동생산성을 획기적으로 높여서 도요타가 비용기반 경쟁우위를 획득할 수 있도록 하였다.

장기적으로 제품과 프로세스의 혁신은 가장 중요한 경쟁우위의 원천이 된다. 왜냐하면 혁신은 말 그대로 경쟁자는 가지고 있지 않은 독특한 것을 기업이 가질 수 있도록 하기 때문이다. 독특함(uniqueness)은 기업이 경쟁자와 차별화하고 제품에 대해 높은 가격을 책정할 수 있도록 한다. 또한 프로세스 혁신은 많은 경우

경쟁자보다 비용구조를 낮춤으로써 기업이 경쟁우위를 창출하도록 한다.

고객 대응능력

기업이 우월한 고객 대응능력을 갖기 위해서는 경쟁자보다 고객의 니즈를 파악하고 충족시키는 데 뛰어나야 한다. 그러면 고객이 제품에 높은 가치를 부여함에 따라 차별화 기반의 경쟁우위 창출이 가능해진다. 기업은 품질을 높이고 기존 제품에는 없는 속성을 가진 신제품을 개발함으로써 고객 대응능력을 향상시킬 수 있다. 즉 우월한 품질의 달성과 혁신은 기업이 우월한 고객 대응능력을 확보하도록 해주는 것이다.

고객 대응능력을 향상시키는 또 다른 요인으로 개별 소비자나 소비자 집단의 독특한 요구를 충족시킬 수 있는 맞춤형 제품과 서비스의 제공능력을 들 수 있다. 최근 다양한 종류의 소프트음료와 맥주가 시장에 나오는 이유가 바로 이것이다. 또한 자동차 회사들은 개별 소비자의 취향에 따른 맞춤형 자동차 생산에 노력을 기울여서 고객이 다양한 색상과 옵션을 선택할 수 있도록 하고 있다.

고객 대응능력 중 최근 관심이 증가하고 있는 것이 고객 대응 시간(customer response time)인데, 이는 제품이 전달되고 서비스가 수행될 때까지 걸리는 시간을 의미한다. 은행에서는 대출 절차에 걸리는 시간이나, 지점에서 고객이 창구 직원을 만나기 위해 차례를 기다려야 하는 시간이 되고, 슈퍼마켓에서는 계산을 위해 기다려야 하는 시간이다. 많은 설문조사에서 대응 시간은 고객들이 불만을 가지는 주요 이유로 밝혀지고 있다.

> **고객 대응 시간**
> 제품이 전달되고 서비스가 수행될 때까지 걸리는 시간

이외에도 고객 대응능력을 향상시키는 다른 원천으로 뛰어난 서비스나 사후 서비스 등을 들 수 있다. 이 모든 요인들이 고객 대응능력에 영향을 미치고 기업이 경쟁자와 차별화할 수 있도록 해준다. 차별화는 다시 기업이 브랜드 로열티를 구축하고 제품에 대해 프리미엄 가격을 책정할 수 있도록 해준다. 통상 3-4일 걸리는 우편을 익일 배송으로 단축했을 때 소비자들은 얼마나 더 지불할 용의가 있었을까? 2009년 간단한 편지를 미국 내에 익일 특급 우편으로 발송하면 요금이

13달러인데, 일반 우편은 44센트에 불과하다. 대응 시간을 줄임으로써 무려 12.56달러의 프리미엄을 받는 것이고, 이는 일반 요금의 2,855%에 달한다.

가치사슬

지금부터는 생산, 마케팅, 연구개발, 서비스 등 각 기능이 기업의 가치창출 과정에 어떤 영향을 미치는지에 대해 살펴보자. 특히 각 기능이 어떻게 비용을 낮추고, 차별화를 통해 고객이 인지하는 가치를 높이는지에 대해 생각해 볼 것이다. 이를 위해 먼저 가치사슬의 개념에 대해 알아보자. **가치사슬**(value chain)에 따르면 기업은 투입물을 고객이 가치를 부여하는 산출물로 변환하기 위한 일련의 활동들의 집합으로 볼 수 있다. 이 때 기업의 변환 활동은 기본 활동과 지원 활동으로 나눌 수 있고, 각각의 활동은 제품에 가치를 추가한다.

> **가치사슬**
> 투입물을 고객이 가치를 부여하는 산출물로 변환하기 위한 일련의 활동들의 집합이 기업이라는 사고

기본 활동

기본 활동(primary activities)은 제품을 설계하여 생산하고 고객에 전달하며 마케팅을 실행하고 사후 서비스를 제공하는 활동을 말한다. [그림 4.5]에서와 같이 가치사슬에서 기본 활동은 연구개발, 생산, 마케팅과 영업, 고객 서비스의 네 가지 기업의 기능으로 나뉜다.

> **기본 활동**
> 제품의 설계, 생산, 전달, 마케팅, 사후 서비스와 관련된 활동

연구개발

연구개발은 제품과 생산프로세스의 설계와 관련이 있다. 흔히 사람들은 연구개발을 제조 기업에서 유형의 제품과 제조프로세스에 대한 것으로만 생각하지만, 사실은 서비스 기업에서도 중요한 기능으로서의 역할을 하고 있다. 예를 들어 은행들은 최근 온라인 뱅킹을 넘어 모바일 뱅킹이라는 새로운 서비스를 개발하기 위해 많은 연구개발 활동을 수행하였다. 과거에는 연구개발을 통해 ATM, 신용카드, 직불카드 등의 혁신을 창출하기도 하였다.

[그림 4.5] 가치사슬

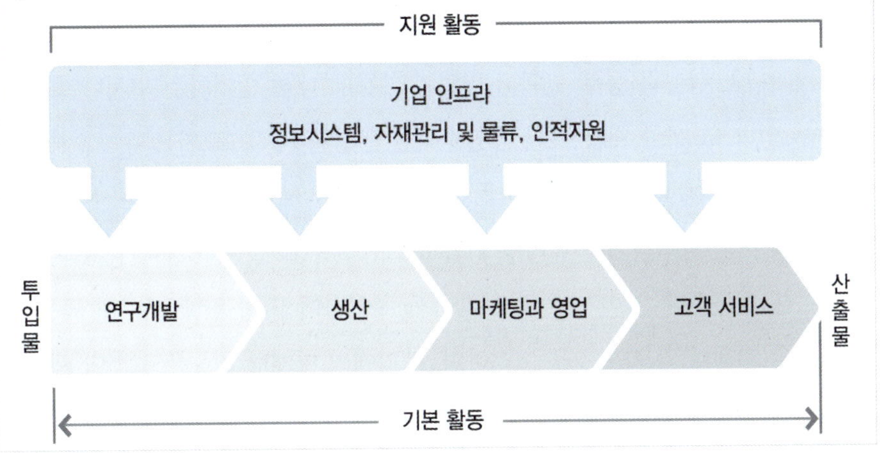

연구개발은 우월한 제품 설계를 통해 제품의 기능을 향상시켜서 고객들이 좀 더 큰 매력을 느끼게 함으로써 가치를 창출한다. 또한 연구개발은 효율적인 생산 프로세스의 설계를 통해 생산 비용을 낮추는 데 기여하기도 한다. 결국 연구개발 활동은 비용을 낮추거나, 제품의 가치를 높여서 기업이 높은 가격을 책정하는 데 도움을 주는 것이다. 예를 들어 인텔에서 연구개발 기능은 역사상 가장 강력한 마이크로프로세서를 개발하고 가장 효율적인 제조프로세스를 창출함으로써 가치를 창출하였다.

생산

생산은 제품이나 서비스를 창출하는 활동이다. 생산은 형태를 가진 제품인 경우에 제품의 제조(manufacturing)를 의미하고, 금융이나 유통에서처럼 서비스인 경우에는 고객에게 서비스를 제공하는 것을 의미한다. 기업은 생산 활동을 효율적으로 함으로써 비용 구조를 낮출 수 있다. 예를 들어 도요타나 혼다는 효율적인 생산 활동을 통해 GM과 같은 경쟁자에 비해 높은 수익을 달성하고 있다. 또한 생산 기능은 제품의 품질에도 중요한 영향을 미치는데, 높은 품질을 통한 차별화와 비용 절감에도 기여한다.

마케팅과 영업

마케팅과 영업은 기업의 가치창출에 다양한 방식으로 기여한다. 첫째, 브랜드의 포지셔닝과 광고를 통해 고객이 기업의 제품에 대해 인지하는 가치나 효용을 높일 수 있다. 고객이 제품에 대한 긍정적인 인상을 가짐으로써 높은 가치를 인식하는 것이다. 예를 들어 1980년대 프랑스 기업인 페리에(Perrier)는 마케팅 활동을 통해 미국 고객들에게 유리병에 담긴 탄산수가 1.5달러의 가치가 있음을 설득하는 데 성공했다. 병을 수거하고 제품을 주입하여 다시 판매하는 데 드는 비용이 겨우 50센트 정도인 것을 고려하면, 페리에의 마케팅 기능은 고객이 제품으로부터 인식하는 가치를 크게 높였다고 할 수 있다. 둘째, 마케팅과 영업 활동은 고객의 니즈를 찾아내고 이를 연구개발 기능에게 전달하여, 니즈를 더욱 잘 충족시키는 제품을 개발하게 함으로써 가치를 창출하기도 한다.

고객 서비스

기업에서 서비스 기능의 역할은 고객들에게 판매 후 서비스와 지원을 제공하는 것이다. 이 활동은 제품 구매 후 발생할 수 있는 고객의 문제를 해결하고 지원을 제공함으로써 고객이 인지하는 가치나 효용을 높일 수 있다. 예를 들어 미국 중장비 회사인 캐터필러(Caterpillar)는 전 세계 어디든지 24시간 내에 부품을 공급함으로써, 캐터필러의 중장비가 고장 나서 발생하는 고객의 시간낭비를 최소화하고 있다. 건설 산업에서 고장으로 인해 중장비가 작동하지 않는 시간은 큰 비용을 초래하기 때문에 캐터필러의 이러한 지원 능력은 고객들에게 매우 가치가 높다. 결국 캐터필러는 이를 통해 고객이 인지하는 가치를 높임으로써 높은 가격을 받을 수 있게 되었다.

지원 활동

> 지원 활동
> 기본 활동이 원활하게 수행되도록 투입물을 제공하는 활동

가치사슬에서 **지원 활동**(support activities)은 기본 활동이 원활하게 수행되도록 투입물을 제공하는 활동이다. [그림 4.5]와 같이 지원 활동은 자재관리 및 물

류, 인적자원, 정보시스템, 기업 인프라스트럭처의 네 가지 기업의 기능으로 나눌 수 있다.

자재관리 및 물류

자재관리 및 물류는 구매에서 생산을 거쳐 유통 및 배송까지 가치사슬 전반에서, 유형의 자재 및 제품의 이전을 통제하는 기능이다. 이 활동에서의 효율성은 비용을 낮춤으로써 더 많은 가치를 창출할 수 있다. 예를 들어 월마트는 매우 효율적인 자재관리 및 물류 시스템을 갖추고 있다. 월마트는 공급자로부터 매장을 거쳐 최종소비자에 이르는 제품의 흐름을 철저히 통제함으로써, 전체적인 재고수준을 현저히 낮출 수 있었다. 그 결과 비용은 낮아졌고 더 큰 가치가 창출되었다.

인적자원

기업의 가치창출에서 인적자원과 관련된 기능의 역할은 매우 크다. 이 기능은 효과적인 가치창출 활동에 가장 적합한 숙련 인력의 조합을 기업이 보유할 수 있도록 한다. 기업의 인력이 가치 창출을 위해 자신에게 주어진 과업을 성공적으로 수행하도록 훈련하고 동기부여하며 보상하는 것도 이 기능의 역할이다. 인적자원에 대한 관리기능이 잘 이루어지면 노동생산성이 높아져서 비용이 절감되고, 고객 서비스가 향상되어 고객이 인지하는 효용이 높아지게 되어, 결국 기업은 더 많은 가치를 창출할 수 있다.

정보시스템

정보시스템은 자재와 재고를 관리하고, 제품의 가격을 책정하며, 제품을 판매하고, 매출을 추적하며, 고객의 서비스 요구에 대응하는 등의 활동과 관련된 전자시스템을 말한다. 정보시스템이 인터넷과 같은 적절한 기술의 뒷받침을 받으면, 기업은 다른 가치창출 활동에서 효과성과 효율성을 높일 수 있다. 예를 들어 월마트는 정보시스템을 통해 기업의 경영방식을 바꿔나갔다. 정보시스템이 각 품목의 매출을 정확히 추적하기 때문에 이 회사의 마케팅과 구매 기능은 제품 믹스와 가격을 최적화할 수 있었다. 월마트는 정보시스템으로 인해 잘 팔리지 않는 제품은 구매하지 않아서 비용을 절감하고, 고객에게 최적의 제품 믹스를 제공하여 고객이 인지하는 가치를 높일 수 있었다.

기업 인프라스트럭처

기업 인프라스트럭처
모든 가치창출 활동이 일어나는 조직전반의 여건: 조직구조, 통제 시스템, 기업문화

다른 모든 가치창출 활동은 기업 인프라스트럭처의 기반 위에서 일어나는데, 가장 핵심적인 인프라스트럭처로 조직구조, 통제 시스템, 기업 문화를 들 수 있다. 최고경영진은 이러한 것들에 큰 영향을 미칠 수 있기 때문에 **기업 인프라스트럭처**의 일부로 보아야 한다. 즉 최고경영진은 강력한 리더십을 통해 인프라스트럭처를 만들고 기업의 모든 가치창출 활동이 그 기반 위에서 일어나도록 할 수 있다.

기능별 전략과 경쟁우위의 원천

지금까지 우리는 경쟁우위의 원천과 기업의 각 기능들이 어떻게 가치사슬을 형성하는지에 대해 살펴보았다. 지금부터는 경쟁우위의 원천인 효율성, 품질, 혁신, 고객 대응능력을 향상시키기 위해 경영자가 어떠한 기능별 전략(기능수준 전략)을 추구할 수 있는지에 대해서 생각해 보자. 기능별 전략은 매우 광범위해서 이 책에서 모두를 상세히 다루기는 힘들다. 따라서 기능별 전략이 경쟁우위 구축에 미치는 영향을 위주로 가장 핵심적인 기능별 전략만을 살펴보고자 한다.

효율성 향상

기능별 경영자들은 가치사슬의 모든 활동에서 기업의 효율성을 향상시키기 위한 행동을 할 수 있다. 지금부터는 기업의 각 기능이 효율성 향상을 위해 할 수 있는 역할에 대해 살펴보자.

연구개발과 효율성

연구개발 기능의 경영자들은 효율성의 향상을 위해 제품의 디자인을 단순화하여 부품의 수를 줄이는 방법을 모색할 수 있다. 이를 통해 조립시간을 획기적으로 줄일 수 있어서, 노동생산성을 높이고 비용을 절감하며 수익성을 향상시킬 수 있다. 예를 들어 텍사스 인스트루먼트(Texas Instruments)는 미 국방부에 공급하는 적외선 감시 장비의 설계 변경을 통해 부품 수를 47개에서 12개로, 조립 단계를 56에서 13단계로, 금속 가공시간을 개당 757분에서 219분으로, 개당 조립시간을 129분에서 20분으로 줄이는 데 성공했다. 그 결과 생산 비용을 급격히 감소시킬 수 있었다. 제품 및 생산프로세스의 설계에는 연구개발 기능과 생산 기능 간의 밀접한 조율이 필수적이다. 연구개발과 생산 기능의 담당자들이 참여하는 다기능 팀(cross-functional team)을 구성하여 함께 문제를 해결하는 것이 효과적인 방법이다.

생산과 효율성

생산 기능의 경영자들은 효율성 향상을 위해 노동과 자본의 생산성을 높이는 방법을 모색할 수 있다. 가장 대표적인 전략이 규모의 경제를 추구하는 것으로, 대량생산을 통해 단위당 비용을 낮추는 것이다. 규모의 경제는 고정비용을 대량의 생산량에 배부함으로써 발생하는데, 이 때 고정비용(fixed cost)은 생산량과 상관없이 발생하는 제품 생산에 필요한 비용을 말한다. 예를 들어 마이크로소프트가 윈도우즈의 새로운 버전을 개발하는 데는 50억 달러 이상의 연구개발비가 필요하다고 한다. 마이크로소프트는 제품개발을 위한 고정비용을 엄청나게 큰 판매량에 배부함으로써 규모의 경제를 실현할 수 있다. 이 때 규모의 경제가 큰 이유는 추가적으로 윈도우즈 프로그램 CD를 생산하는 데 드는 한계 생산비용이 매우 적기 때문이다. 즉 마스터 프로그램이 일단 만들어지면 프로그램을 담고 있는 추가적인 CD를 만드는 비용은 몇 센트에 불과하다. 마이크로소프트처럼 높은 고정비용과 낮은 한계생산비용의 특성을 가진 기업에서는 판매량을 급격히 늘림으로써 규모의 경제를 실현시키는 것이 효율성과 수익성 향상의 핵심이 된다.

또한 규모의 경제는 생산량이 증가함에 따라 분업과 전문화의 수준이 높아짐으로써 발생한다. 분업과 전문화(specialization)는 생산성을 높이는데, 그 이유는 특정 과업을 수행하는 데 있어서 근로자의 숙련도가 높아지기 때문이다. 이에 대한 전통적인 사례로 포드자동차의 모델 T를 들 수 있다. 세계 최초의 대량생산 자동차인 모델 T는 1923년에 시판되었다. 포드는 이전의 수공예적 생산방식에서 탈피하여 대량생산기술을 개발함으로써 높은 수준의 분업과 전문화를 달성할 수 있었고 노동생산성을 급격히 향상시킬 수 있었다. 또한 포드는 고정비용인 자동차 개발비용과 기계 설치비용을 대량의 생산량에 배부할 수 있었다. 결국 포드는 규모의 경제를 달성함으로써 대당 제조비용을 3,000달러에서 900달러 미만으로 크게 낮출 수 있었다.

학습효과
경험을 통한 학습으로 인해 발생하는 비용의 절감

생산 기능의 경영자는 규모의 경제와 함께 학습효과를 극대화함으로써 효율성을 향상시킬 수 있다. **학습효과**(learning effect)는 경험을 통한 학습으로 인해 발생하는 비용의 절감을 말한다. 근로자는 같은 일을 반복함으로써 과제를 수행하는 최선의 방법을 배운다. 개인들이 특정 과업을 수행할 수 있는 가장 효율적인 방법을 학습함에 따라 시간이 갈수록 노동생산성은 높아지고 단위당 비용은 낮아진다. 근로자뿐 아니라 경영자들도 새로운 생산시설에 배치된 후 시간이 지나면 경험을 통해 최선의 운영 방식을 배우게 된다. 결국 노동생산성과 경영효율성의 향상을 통해 생산 비용이 감소하게 되는 것이다.

학습효과의 개념은 주로 제조업에서 많이 활용되지만 서비스업에도 얼마든지 적용될 수 있다. 예를 들어 한 연구에 따르면 의료진의 동일한 수술 경험이 많을수록 환자의 사망률은 현저히 낮아지는데, 이는 수술에도 학습효과가 발생하는 것을 의미한다. 이 연구자들은 연구 결과를 바탕으로 전문화된 의료서비스를 제공하는 권역별 상급의료기관이 필요하다고 주장하였다. 현재 지역의료기관에서 하고 있는 심장수술과 같은 특정 수술을 상급의료기관에서 반복적으로 다수 시행하게 함으로써 환자의 사망률을 낮출 수 있다는 것이다. 또 다른 최근 연구는 학습효과가 금융기관에서도 유효함을 보여준다. 이 연구는 100명의 스태프들로 구성된 문서처리 부서를 대상으로 했는데, 시간이 지나서 스태프들이 프로세스를 학습함에 따라 문서의 처리속도가 급격히 빨라지는 것을 발견했다. 또한 부서가 생긴 이후 처리한 누적 서류의 양이 두 배가 될 때마다 처리 비용은 항상 지속적으로 감소하였다.

생산 기능의 경영자는 또한 유연생산기술을 도입함으로써 효율성을 향상시킬 수 있다. **유연생산기술**(flexible manufacturing technology) 또는 **린 생산방식**(lean production)은 전 제조 프로세스에서 복잡한 기계설비의 설치시간을 줄이고, 일정관리를 개선해서 장비의 가동시간을 늘리며, 품질 관리를 개선하기 위해 개발되었다. 유연생산기술은 표준화된 제품의 대량생산으로 달성 가능한 원가로 다양한 최종 제품을 생산할 수 있도록 해준다. 연구에 따르면 기업은 유연생산기술을 도입함으로써 표준화된 제품의 대량생산시스템보다 효율성을 높여서 비용을 절감할 수 있다. 이와 동시에 기업은 과거에는 상상할 수 없던 높은 수준의 제품 맞춤화를 달성할 수 있게 된다. **대량 맞춤화**(mass customization)는 유연생산기술을 채택함으로써 비용의 절감과 제품 맞춤화를 통한 차별화의 두 가지 상충되는 목적을 동시에 달성하는 기업의 능력을 말한다.

유연생산기술(린 생산방식)
전 제조 프로세스에서 복잡한 기계설비의 설치시간을 줄이고, 일정관리를 개선해서 장비의 가동시간을 늘리며, 품질 관리를 개선하기 위해 개발된 다양한 생산 기술

대량 맞춤화
유연생산기술을 채택함으로써 대량생산에서 가능한 비용으로 제품 맞춤화를 달성하는 기업의 능력

마케팅과 효율성

기업이 채택한 마케팅 전략은 효율성과 비용 구조에 주요한 영향을 미친다. **마케팅 전략**(marketing strategy)은 제품 디자인, 가격, 촉진 및 광고, 유통에 대해 기업이 취하는 포지션을 말한다. 마케팅 기능이 효율성을 높이는 비교적 명확한 방법도 존재하는데, 예를 들어 공격적인 가격, 촉진 및 광고 활동을 통해 기업이 규모의 경제와 학습효과를 달성하는 데 기여하는 것이다. 이러한 활동으로 판매량을 급격히 늘릴 수 있고, 이에 따라 기업은 규모의 경제와 학습효과에서 오는 비용 절감을 누릴 수 있다. 그러나 어떤 마케팅 전략은 효율성에 미치는 영향이 비교적 덜 명확할 수도 있는데, 그렇다고 해서 중요하지 않은 것은 아니다. 최근 많은 기업에서는 고객 이탈의 억제를 중요한 마케팅 전략으로 채택하고 있다.

마케팅 전략
제품 디자인, 가격설정, 촉진 및 광고, 유통에 대해 기업이 취하는 포지션

4.1 전략의 실제 심장수술의 학습효과

하버드 경영대학원의 연구진은 심장수술에서 절제를 최소화하는 특정 신기술을 대상으로 학습효과를 측정하기 위한 연구를 진행하였다. 이 신기술은 미국 정부로부터 1996년에 승인되었다. 연구진은 16개 병원에서 660명의 환자에 대한 수술 자료를 수집하여, 누적 수술 경험이 수술 시간에 어떠한 영향을 미치는지 살펴보았다. 연구의 결과는 현저한 학습효과를 보여주었다. 평균적으로 신기술을 도입한 첫 번째 수술에 걸린 시간은 280분이었고, 50번째에 걸린 시간은 220분이었다.

그 다음으로 연구진은 병원 간 차이를 분석하였고, 병원마다 학습효과에 큰 차이가 있음을 발견하였다. 특히 한 병원이 두드러졌다. 병원M으로 불린 이 병원에서 첫 번째 수술 시간은 500분이었고 50번째는 132분이었다. 50번째 수술에서 병원M과 모든 병원 평균의 차이는 88분인데, 비용으로 환산하면 수술당 2,250달러에 달한다. 이를 통해 병원M은 다른 병원에 비해 높은 수술당 수익을 달성할 수 있을 것이다.

연구진은 왜 병원M이 다른 병원에 비해 우월한지를 파악하고자 하였다. 모든 병원들이 최신의 수술실과 FDA 인증의 수술 기구를 사용한다는 측면에서는 동일했다. 각 병원에서 신기술을 도입한 의사들은 모두 유명한 병원에서 임상 수련과정을 거쳤고, 이 기술을 개발한 회사의 동일한 훈련과정을 이수하였다. 그러나 추가적인 인터뷰 결과, 병원M은 새로운 수술의 실행 방식에서 다른 병원과 차이를 보였다. 병원M에서는 신기술을 도입한 의사가 수술 팀의 구성원 한 명 한 명을 직접 선정하였다. 이 팀은 이전에도 함께 일한 경험이 많았고, 이 경험이 팀원 선정에 가장 큰 영향을 미쳤다. 새로운 수술을 위한 훈련과정도 함께 이수하였다. 수술 전에는 항상 수술실 간호사와 마취 의사를 만나서 수술 절차에 대해 논의하는 시간을 가졌다. 더욱이 경험 축적 초반기에 팀원 구성과 수술 절차를 최대한 안정화시키기 위해 노력했다. 15회 수술까지 처음의 팀이 변경 없이 그대로 유지되었고, 새로운 팀원 또한 충분한 참관 이후에 비로소 수술에 참여할 수 있었다. 처음 20회까지의 수술은 신기술 개발 회사의 방식 그대로 수정 없이 진행되었다. 최초 10회까지는 수술 전 수술팀 미팅을 매번 가졌고, 20회 이후에는 그동안의 수술에 대한 보고회를 갖기도 했다.

다른 병원의 경우 팀원과 수술 절차의 안정성이 떨어지고, 사전 미팅, 보고회, 학습에 대한 관심이 상대적으로 적었다. 이들과는 달리 병원M은 훨씬 빠르게 학습하여 결국에는 높은 생산성을 달성하였다. 병원M은 새로운 수술의 실행 방식이 중요하다는 것을 명확히 보여주는 사례이다.

고객 이탈률(customer defection rate)이란 기업의 고객 중 매년 경쟁자로 이탈하는 고객의 비율이다. 고객의 이탈에는 기업이 고객의 니즈를 잘 충족시킬 때 얻을 수 있는 고객의 로열티(customer loyalty)가 가장 큰 영향을 미친다. 새로운 고객의 확보에는 촉진 활동 등에서 일회성 고정비용이 발생하기 때문에 이탈률은 기업의 비용과 직결된다. 고객을 오래 유지할수록, 고객 확보에 드는 비용 없이도 동일한 고객으로부터 많은 매출을 올릴 수 있다. 따라서 고객 이탈률을 낮춤으로써 기업은 고객 확보 비용을 상쇄하고 전반적인 비용구조를 낮출 수 있다.

고객 이탈률
기업의 고객 중 매년 경쟁자로 이탈하는 고객의 비율

예를 들어 이동통신 서비스산업에서는 새로운 고객을 확보하는데 드는 비용이 300-400달러에 이르는데, 이에는 촉진 및 광고, 단말기 보조금, 서비스 개통 비용이 포함된다. 미국 소비자의 월평균 서비스 요금은 50-100달러이므로, 신규 고객 확보를 위한 고정비용을 회수하는 데에만 6개월에서 1년이 걸린다. 고객 이탈률이 높으면 이탈한 고객을 대체할 새로운 고객을 확보해야 하므로 기업의 비용이 늘어날 수밖에 없다. 사실 많은 이동통신 서비스 업체들의 이탈률은 매년 최소 25%에 이르는데, 이로 인해 비용이 높아져서 수익성은 떨어지고 있다.

마케팅 기능의 경영자들은 고객 이탈률을 낮추기 위해 브랜드 로열티를 구축함과 동시에 고객의 이탈 비용을 높이기 위해 노력할 수 있다. 미국의 이동통신사인 버라이즌(Verizon Wireless)은 브랜드 로열티를 구축하기 위해 고객 서비스와 서비스 가능지역 확대에 매년 막대한 투자를 하고 있다. 동시에 이 회사는 2년 약정기간의 서비스 계약으로 고객을 유도하고 있는데, 계약 내용에 고객이 2년 이내에 다른 서비스로 이동하면 위약금을 지불하는 조항을 포함하고 있다. 이러한 전략은 성공적이어서 2010년 버라이즌의 고객 이탈률은 약 17%였는데 이는 이동통신 업계에서 가장 낮은 것이다.

자재관리 및 물류와 효율성

자재관리 및 물류 또한 생산과 마케팅처럼 기업의 효율성 향상에 중요한 기여를 한다. 일반적인 제조 기업에서는 자재와 물류비용이 매출의 약 50~70%에 달하기 때문에 이 비용에서 약간만 절감해도 수익성을 크게 향상시킬 수 있다.

한 추정자료에 의하면 100만 달러의 매출액과 5%의 투하자본 수익률(5만 달러의 수익), 그리고 구매비용을 포함한 자재비용이 매출의 50%인 기업을 가정했을 때, 이 기업이 수익을 지금보다 15,000달러 높이기 위해서는 매출액을 30% 높이거나 자재비용을 3% 낮추어야 한다. 대부분의 경우 경쟁이 치열한 시장에서 매출을 30% 높이는 것보다는 자재비용을 3% 낮추는 것이 훨씬 수월할 것이다.

기업은 자재관리와 물류에서 효율성을 향상시키기 위해 JIT 재고시스템(just-in-time inventory system)의 도입을 고려할 수 있다. 이 시스템은 제조기업의 경우 부품이 생산 공정에 투입되기 직전에, 유통기업의 경우 판매대에서 제품이 품절되기 직전에 도착하게 함으로써 재고유지비용을 절감하는 방법이다. 재고의 회전율을 높임으로써 창고 및 저장비용을 포함한 재고유지비용을 절감할 수 있고 필요한 운전자금의 규모를 낮출 수 있다.

예를 들어 월마트는 효율적인 물류를 통해 최소 일주일에 두 번씩 재고를 보충하고, 많은 매장에서는 필요한 제품을 거의 매일 배송 받는다. 그러나 경쟁 업체들은 보통 2주에 한 번씩 재고를 보충하기 때문에 월마트보다 매우 많은 양의 재고를 보유해야 하는데, 이에 따라 재고 관련 비용과 매출액 대비 운전자금의 규모도 매우 크다. 따라서 월마트는 높은 재고회전율로 인해 유통업에서 효율성에 기반한 경쟁우위를 달성하고 있다.

JIT 시스템의 가장 큰 문제점으로 거론되는 것은 이 시스템이 완충재고의 부족을 초래할 수 있다는 것이다. 완충재고는 유지하는데 비용이 발생하기는 하지만, 파업, 사고 등 공급자의 갑작스러운 문제로 인한 부품 부족이나 예측하지 못한 수요의 급격한 증가에 기업이 대처할 수 있도록 해준다. 그러나 이러한 한계를 극복할 수 있는 완충재고 이외의 다른 방법도 존재한다. 예를 들어 기업은 한 공급자에 지나치게 의존하는 문제를 해결하기 위해 중요한 부품은 복수의 공급자로부터 조달하는 의사결정을 할 수 있다.

인적자원전략과 효율성

앞서 살펴본 바와 같이 노동생산성은 기업의 효율성, 비용구조, 수익성을 결정하는 핵심적인 요소이다. 우리는 종업원의 높은 생산성으로 유명한 기업들에서 채용 전략에 각별한 관심을 기울이는 것을 많이 볼 수 있다. 사우스웨스트항공은 채용과정에서 지원자의 긍정적인 태도와 팀워크를 가장 중요하게 여기는데, 그 이유는 긍정적인 태도를 가진 종업원이 일을 열심히 하고 고객과의 의사소통을 잘하여 고객의 로열티 구축에 기여한다고 믿기 때문이다. 뉴코는 독립적이고 목표지향적인 인재를 선호하는데, 종업원들이 채용된 후에는 자율관리팀에 배치되어 근무하기 때문이다. 자율관리팀에서는 독립적이고 목표지향적인 구성원들의 성과가 높다. 이러한 사례에서 알 수 있는 것처럼, 채용 전략은 내부 조직, 문화, 전략적 우선순위와 일치해야 한다. 채용된 종업원은 기업의 전략적 목표 달성에 적합한 자질을 가지고 있어야 하는 것이다.

자율관리팀의 운영은 기업의 생산성을 높일 수 있는 인적자원 전략으로 널리 알려져 있다. **자율관리팀**(self-managing team)에서 팀원들은 채용, 교육훈련, 업무처리, 보상과 관련된 의사결정을 포함하여 팀의 대부분 활동을 스스로 조정한다. 일반적으로 5명에서 15명 사이의 종업원으로 구성되며, 특정 제품을 맡아서 책임지고 생산하거나 특정 과업 전체를 맡아서 수행한다. 구성원은 팀의 모든 과업을 학습하고 직무순환을 통해 경험한다. 그 결과 수행하는 업무의 유연성이 증가하는데, 모든 팀원들은 동료의 빈자리를 메울 수 있고, 업무 및 휴가 일정계획, 자재 주문, 신입사원 채용 등의 관리 업무를 수행할 수도 있다. 팀 구성원들에게 주어지는 책임감과 그로 인한 권한이양은 동기부여 요인으로 작용한다. 사람들은 높은 자율성과 책임감이 주어지는 상황을 좋아하는 경향이 있다. 팀의 생산과 품질 목표와 연계된 성과 보너스는 추가적인 동기부여 요인이 된다. 연구들에 따르면 자율관리팀의 도입으로 인한 생산성 향상 효과는 30%를 넘고 제품품질의 향상 또한 현저한 것으로 나타난다. 또한 감독자를 없애고 조직 계층의 수를 감소시킴으로써 추가적인 비용절감이 가능하여, 자율관리팀은 기업의 비용 구조를 더욱 낮추게 된다.

> **자율관리팀**
> 채용, 교육훈련, 업무처리, 보상과 관련된 의사결정을 포함하여 팀의 대부분 활동을 구성원 스스로 조정하는 팀

성과보상시스템은 효율성을 향상시키는 또 다른 인적자원전략으로서 널리 사용되고 있다. 성과와 보상을 연계함으로써 생산성이 향상된다는 것은 쉽게 이해할 수 있다. 그러나 어떤 일의 성과에 대해 보상하며 어떻게 할 것인가를 정하는 것은 매우 중요하지만 그리 쉬운 일은 아니다. 효율성 측면에서 세계적인 기업들은 생산성 향상을 위해 종업원의 협력이 중요하다는 것을 인식하여 보상을 개인이 아닌 그룹이나 팀의 성과에 연계하는 경우가 많다. 뉴코의 조직은 30여 개의 팀으로 구성되어 있는데, 팀의 생산과 품질 목표 달성 정도와 기본급의 30%에 이르는 보너스를 연계하고 있다. 이러한 연계는 개인들이 팀의 목표 달성을 위해 서로 협력하도록 하는 강력한 인센티브로서 작용하여 팀워크를 촉진한다.

정보시스템과 효율성

컴퓨터의 광범위한 확산, 인터넷과 기업 인트라넷의 폭발적 성장, 광대역 광통신망의 확대, 디지털 무선 통신 기술의 발전 등으로 인해, 기업의 정보시스템 기능은 운영의 효율성을 향상시키고 비용 구조를 낮추는 데 핵심적인 역할을 하게 되었다. 정보시스템이 생산성에 미치는 영향은 매우 광범위한데, 잠재적으로 기업의 다른 모든 활동의 생산성에 영향을 미칠 수 있다. 예를 들어 시스코(Cisco Systems)는 주문과 고객 서비스 기능을 온라인화 함으로써 막대한 비용절감 효과를 볼 수 있었다. 현재 이 회사에서 고객 계좌를 관리하는 인력이 300명인데, 만약 주문 시스템을 온라인화하지 않았다면 900명이 필요했을 것이다. 여기에서 오는 비용 절감만 연간 2천만 달러로 추산된다. 더욱이 고객 서비스를 온라인화하지 않았다면 최소한 1,000명의 서비스 엔지니어들이 추가적으로 필요하고 그 비용만 7천 5백만 달러가 될 것으로 시스코는 추산하였다.

중간사례 월마트의 인적자원전략과 생산성

월마트는 유통업체 중 노동생산성이 가장 높은 회사이다. 높은 생산성의 근원은 설립시기 창업자인 샘 월튼의 철학으로 거슬러 올라간다. 월튼은 대학 졸업 후 JC 페니(JC Penny)에서 잠깐 일했는데, 여기에서 회사가 모든 종업원을 동료로 부르며 존중하자 종업원들의 생산성이 높아지는 것을 목격하였다.

월마트를 창업할 때, 월튼 또한 종업원들을 '동료'로 부르기로 결정했고, "사람이 차이를 만든다"는 것을 항상 강조하였다. 많은 기업의 경영자들이 월튼처럼 이러한 슬로건을 내세운다. 하지만 월튼의 다른 점은 강력한 믿음을 가지고 실제 행동으로 옮긴 것이다. 그는 회사가 잘 대우하면 사람들은 열심히 일함으로써 보답하고, 권한을 부여하면 평범한 사람들도 서로 협력하여 비범한 성과를 만들어낸다고 믿었다. 이러한 믿음은 개방과 공개를 기반으로 한 분권화된 조직의 기틀이 되었다. 동료들은 자신이 근무하는 매장과 회사가 어떤 상황인지를 언제나 정확히 알 수 있었다.

월튼은 경영진이 항상 동료들과 그들의 아이디어에 귀를 기울여야 한다고 강조했는데, 이는 그가 추진한 개방 정책과도 일맥상통했다. 월튼은 다음과 같이 말했다.

"무슨 일이 벌어지고 있는지를 가장 정확히 아는 사람들은 실제로 고객과 항상 대화하는 현장의 동료들이다. 관리자는 그들이 아는 것을 알아내야 한다. 이것이 품질 관리의 전부이다. 책임을 아래로 위임하고 좋은 아이디어가 넘쳐나게 하려면 먼저 동료들이 하려는 말을 잘 들어야 한다."

그러나 월튼은 종업원의 중요성을 강조하면서도 임금에는 인색했다. 월튼은 임금이 인상되고 생산성을 저해하는 근무 규정이 생길 것을 우려해서 노조 결성에 반대했다. 월마트에는 열심히 일하는 것을 북돋는 문화가 있다. 월튼은 종업원들에게 "일몰 원칙(sundown rule)"을 자주 강조했는데, 이는 오늘 할 수 있는 일을 절대 내일로 미루지 않는다는 원칙이다. 월튼을 포함한 고위 경영진들은 일몰 원칙을 몸소 실천했다. 월튼은 사전 예고도 없이 매장을 방문하여 매장 관리자와 종업원들에게 질문을 퍼부어서 이들을 당황하게 하였다. 그러나 동시에 잘한 일에 대해서는 격려했고, 일몰 원칙을 마음에 세기고 실행에 옮겨서 '영웅(hero)'이 된 종업원을 축하해 주기도 했다.

낮은 임금에도 불구하고 종업원으로부터 최선의 노력을 이끌어내기 위한 방법이 이익공유제도와 종업원지주제도를 통한 보상이었다. 이러한 제도가 전 세계적으로 유행하기 훨씬 전부터 월튼은 수익의 상당 부분을 종업원을 위한 이익 공유 보너스와 주식 취득 비용으로 배정하였다. 월튼의 생각은 아주 간단했다. 회사의 수익이 커지면 이익 공유 보너스와 주식 취득 지원을 받을 수 있음을 알기 때문에 종업원들이 낮은 임금에도 불구하고 열심히 일한다는 것이다.

오랫동안 이러한 방식은 매우 효과적이었고 월마트를 성공으로 이끌었다. 그러나 최근 이 방식으로 인해 문제가 발생하기 시작했다. 월마트는 2008년 현재 210만 명의 '동료'를 고용했는데, 이는 전 세계 사기업 중 가장 많은 수이다. 회사는 전통적으로 승진과 다른 보상을 생각하여 낮은 임금에도 불구하고 장시간 열심히 일하는 사람들에게 의존해 왔다. 하지만 규모가 커지면서 이러한 사람들을 찾아서 고용하는 게 점차 어려워졌다. 이에 월마트는 저임금과 초과 근무 수당 없는 장시간 근무 때문에 공격받고 있다. 외부의 노동 단체들은 월마트의 사업장에 노조를 설립하기 위해 합심하여 노력하고 있다. 또한 종업원들은 월마트의 성차별에 대해 소송을 제기하기도 하였다. 월마트는 부정적인 보도들이 잘못된 자료에 근거했다고 반박해 왔다. 그러나 이 주장이 맞더라도 월마트가 그동안의 원칙을 고수하기에는 규모가 너무 커져버린 상황이다. 어쩌면 월마트에게 좋은 시절은 이미 지나 버렸을지도 모른다.

다른 많은 기업들도 시스코처럼 웹 기반 정보시스템을 활용하여 기업과 고객, 기업과 공급자 간의 조정에 드는 비용을 절감하고 있다. 웹 기반 프로그램으로 고객 또는 공급자와의 상호작용을 자동화함으로써 이에 필요한 많은 인력을 절감할 수 있고, 그 결과 비용도 절감할 수 있는 것이다. 이러한 추세는 하이테크 기업에만 해당되지 않는다. 많은 은행과 금융서비스 회사들 또한 고객 계좌와 지원 기능을 온라인화 함으로써 막대한 비용을 절감하고 있다. 이들은 온라인화를 통해 서비스 담당자, 은행 창구인력, 증권중개인, 보험설계사 등 많은 인력을 감축할 수 있었다. 예를 들어 은행에서 계좌이체와 같은 거래를 오프라인으로 처리할 때 드는 평균 비용은 1.07달러인 반면, 같은 거래를 온라인으로 하면 그 비용이 0.01달러에 불과하다.

인프라스트럭처와 효율성

조직의 문화, 전략적 리더십, 통제 시스템 등의 인프라스트럭처는 기업의 모든 가치창출 활동의 기반이 된다. 따라서 인프라스트럭처의 개선은 기업이 효율성을 높이고 비용 구조를 낮추는 데 크게 기여한다. 무엇보다도 적절한 인프라스트럭처는 효율성에 대한 기업 전체의 몰입과 효율성 목표 달성을 위한 조직 내 각기 다른 기능 간의 협력을 북돋는다. 이에 대해서는 이 책의 뒷부분에서 좀 더 자세히 다룬다.

여기에서는 전략적 리더십이 효율성에 대한 조직 전체의 몰입과 기능간의 협력에 어떠한 영향을 미치는지에 대해서만 간단히 짚고 넘어가려 한다. 효율성과 관련해서 리더는 비전을 통해 조직의 모든 기능들이 효율성 향상에 집중해야 하는 것을 명확히 강조할 필요가 있다. 생산, 연구개발, 마케팅 등 각각의 기능 수준에서 효율성을 향상시키는 것만으로는 부족하다. 우월한 효율성을 달성하기 위해서는 조직 전체의 몰입과 노력이 필요하고, 일반경영자와 기능별 경영자 모두는 이를 공식적으로 명문화하고 강조해야 한다. 높은 효율성 달성을 위해 리더가 해야 하는 또 다른 임무는 조직 내에서 기능을 초월한 협력을 유도하는 것이다. 예를 들어 제조가 용이하도록 제품을 디자인하기 위해서는 연구개발 기능과 생산 기능의 인력이 협력해야 한다. JIT 시스템과 생산 일정관리를 통합하기 위해서는 자재관리 기능과 생산 기능의 협력이 필요하다. 생산 활동에 자율관리팀을 도입하는 것은 인적자원 기능과 생산 기능이 협력해야만 가능하다.

요약: 효율성 향상

[표 4.1]은 효율성을 높이기 위해 각 기능이 해야 하는 역할을 요약하고 있다. 여기에서 기업이 우월한 효율성을 확보하기 위해서는 각 기능 수준의 노력만으로는 부족하다는 것을 우리는 명심해야 한다. 즉 조직 전체의 몰입과 기능 간 긴밀한 협력이 필수적인 것이다. 최고경영진은 리더십을 발휘하여 인프라스트럭처에 영향을 미침으로써 이 과정에서 중요한 역할을 수행해야 한다.

[표 4.1] 효율성 향상을 위한 기능의 주요 역할

가치창출 기능	주요 역할
인프라스트럭처(리더십)	1. 효율성에 대한 조직 전체의 몰입을 유도 2. 기능 간 협력을 촉진
생산	1. 가능한 영역에서 규모의 경제와 학습효과를 추구 2. 유연생산시스템을 도입하여 실행
마케팅	1. 규모의 경제와 학습효과를 달성하기 위해 가능한 영역에서 공격적인 마케팅 전략 실행 2. 브랜드 로열티를 구축하여 고객의 이탈을 억제
자재관리 및 물류	1. JIT 시스템을 도입하여 실행 2. 공급망에 대한 조정 활동
연구개발	1. 제조가 용이하도록 제품을 설계 2. 프로세스 혁신을 창출
정보시스템	1. 정보시스템을 활용하여 프로세스를 자동화 2. 정보시스템을 통해 조정비용을 절감
인적자원관리	1. 종업원의 스킬 향상을 위한 교육훈련 프로그램을 설계하여 운영 2. 자율관리팀을 구축하여 운영 3. 성과보상시스템을 구축하여 운영

품질 향상

앞서 살펴본 바와 같이 신뢰성과 우수성의 두 차원에서 품질을 정의할 수 있다. 즉 품질이 높은 제품은 신뢰성이 높고, 고객들에게 우수한 속성을 가진 것으로 인식된다. 이 때 신뢰성이 높다는 것은 제품이 의도된 기능을 잘 수행하는 것을 의미한다. 앞서 논의했듯이 높은 품질은 기업에게 두 가지의 기회를 제공한다. 첫째, 품질에 대한 강력한 명성은 자신의 제품을 경쟁자와 차별화할 수 있도록 한다. 둘째, 생산 프로세스에서 불량이나 오류를 줄임으로써 낭비를 줄이고 효율성을 높여서, 기업은 비용구조를 낮추고 수익성을 향상시킬 수 있다.

우월한 신뢰성의 확보

식스 시그마(Six Sigma) 품질 향상 프로그램은 근래에 많은 기업들이 제품의 신뢰성 개선을 위해 사용하는 기법이다. 이 프로그램은 1980년대와 1990년대 초반 일본 기업을 시작으로 이후 많은 미국 기업에서도 도입된 TQM(Total Quality Management) 철학에서 유래되었다. 품질 향상 프로그램의 기본 철학은 다음과 같다.

1 품질이 향상되면 재작업 감소, 오류 감소, 지연 감소, 시간과 자재 활용 개선으로 비용이 절감된다.

2 그 결과 생산성은 향상된다.

3 품질 향상은 시장점유율을 높이고 제품이 높은 가격을 받을 수 있도록 해준다.

4 결국 기업의 수익성과 생존가능성을 높인다.

식스 시그마에 성공하기 위해서는 특히 다음의 사항에 유의해야 한다. 첫째, 고위 경영자가 앞장서서 품질 향상의 중요성을 적극적으로 알린다. 둘째, 프로그램의 리더가 임명되어야 한다. 우수한 종업원을 선발하여 식스 시그마 '블랙 벨트' 훈련과정을 이수하도록 한다. 블랙 벨트(black belt)로 선발되면 기존의 일상적인 업무에서 벗어나 2년간 식스 시그마 프로젝트에 전념할 수 있도록 한다. 이들은 내부 컨설턴트와 프로젝트 리더로서의 역할을 한다. 종업원이 블랙 벨트가 되길 원하도록 하기 위해, 많은 기업들은 블랙 벨트의 경력을 중요하게 인정해준다. 즉 기업들은 종업원이 블랙 벨트의 역할을 마치고 현업으로 복귀하면, 승진과 함께 이전보다 큰 권한을 부여해 준다.

셋째, 품질 향상 프로그램에서는 운영 프로세스에서 발생하는 불량을 파악하고, 원천을 찾아내며, 원천으로부터 불량의 원인을 알아내고, 재발방지를 위한 조치를 취하는 절차가 중요하다. 생산과 자재관리 기능이 이 일에 가장 큰 책임을 진다. 불량을 파악하기 위해 제품과 서비스 품질의 오차를 정확히 찾아내기 위한 통계 기법이 사용된다. 오차가 발견되면 원인을 찾아 제거해야 한다.

로트 크기를 줄이는 것은 불량의 원천과 원인을 찾는데 큰 도움이 된다. 즉 생산 프로세스의 가동 시간을 짧게 하면 불량의 원천을 빠르게 찾아내고 문제를 신속하게 파악할 수 있는 것이다. 또한 로트 크기를 줄이면 불량이 발생하더라도 그 양을 줄일 수 있어서 낭비도 줄일 수 있다. 비용의 증가 없이 로트의 크기를 줄이기 위해 유연생산기술이 활용될 수 있다. 또한 JIT 시스템도 함께 활용될 수 있는데, 이 시스템을 이용하면 불량 부품이 부품 창고에서 수개월 동안 머물지 않고 즉시 생산과정에 투입된다. 따라서 불량 투입물을 즉시 파악하고 공급자에게 알려서 더 많은 불량 부품이 생산되기 전에 신속히 조치를 취하도록 할 수 있다. 기존의 시스템에서는 생산에 투입되기까지 수개월간 부품이 창고에 머물기 때문에, 이 기간 동안 공급자가 문제를 파악하지 못한 채 많은 불량 부품을 생산하여 이미 기업에 공급했을 수 있다.

넷째, 품질 수준을 측정하기 위한 기준이 만들어져야 한다. 일반적인 제조 기업에서는 제품 100만 개당 불량품의 수가 기준으로 많이 쓰인다. 서비스 기업의 경우는 기준을 만들기 위해 약간의 창의성을 발휘할 필요도 있다. 예를 들어 플로리다 지역의 한 전력회사(Florida Power & Light)는 '월간 계량기 검침오류 수'를 품질 수준의 기준으로 삼고 있다.

다섯째, 품질 수준을 측정하는 기준이 마련되면 다음 단계로 품질 수준에 대해 도전적인 목표를 수립하고 달성에 따른 인센티브를 설계해야 한다. 식스 시그마 프로그램에서는 제품 100만 개당 3.4개 이내의 불량품을 목표수준으로 설정한다. 이 목표를 달성하기 위해 보너스나 승진 등의 보상을 목표와 연계할 수 있다.

여섯째, 일반적으로 현장의 근로자들은 제품 품질 향상을 위한 아이디어를 조직에서 가장 많이 가지고 있다. 따라서 이들을 품질 향상 프로그램에 반드시 포함시켜야 한다.

일곱째, 최종제품의 불량은 많은 경우 부품의 불량 때문에 발생한다. 따라서 최종제품의 품질을 향상시키기 위해서는 공급자들과의 긴밀한 협력이 필요하다.

여덟째, 제품의 조립 단계가 많을수록 실수가 발생할 확률이 높다. 따라서 제품 디자인을 통해 부품 수를 줄이는 것도 품질 향상 프로그램의 주요한 구성요소이다.

마지막으로, 품질 향상 프로그램을 성공적으로 실행하기 위해서는 조직 전체의 몰입과 기능 간 협력이 반드시 필요하다. 제품을 제조하기 쉽도록 설계하기 위해서 연구개발과 생산 기능이 협력해야 하고, 마케팅 기능에서 파악한 고객의 문제에 적절히 대응하기 위해 마케팅, 생산, 연구개발 기능이 서로 협력해야 하며, 적절한 품질 교육과정을 설계하기 위해 인적자원 기능과 조직의 다른 기능들이 협력해야 한다.

우수성의 향상

앞서 살펴본 것처럼, 제품은 다양한 속성의 집합이다. 이러한 속성에는 신뢰성뿐 아니라 형태, 기능, 성능, 내구성, 스타일도 포함된다. 기업은 또한 용이한 주문, 신속한 배송, 손쉬운 설치, 교육과 컨설팅 기회 제공, 유지보수 서비스 등 제품과 관련된 서비스의 속성을 강조함으로써 우수성 측면에서의 품질을 향상시킬 수 있다. 예를 들어 싱가포르 항공(Singapore Airlines)은 승무원들이 능력 있고, 공손하며, 니즈에 적절히 대응하는 것으로 고객이 인식하게 함으로써 서비스에 대한 뛰어난 명성을 얻고 있다.

우수성 차원에서 높은 품질로 인정받기 위해서는 고객으로부터 제품의 속성이 경쟁자보다 뛰어난 것으로 인식되어야 한다. 핵심적인 속성에서 높은 품질로 인식되기 위해서는 경영자의 구체적인 노력이 필요하다. 첫째, 경영자는 시장조사를 통해 고객들이 어떤 속성을 가장 중요하게 인식하는지를 알아내야 한다. 둘째, 중요한 속성을 파악한 후 기업은 그러한 속성이 제품에 내재되도록 제품을 디자인하고 서비스를 구성해야 한다. 또한 정확한 속성들이 강조될 수 있도록 하기 위해 기업 인력들을 적절히 교육시켜야 한다. 이를 위해서는 마케팅과 제품개발 기능이 긴밀하게 협력해야 하고, 종업원의 선정과 교육훈련을 위해 인적자원관리 기능도 이 과정에 참여해야 한다.

셋째, 기업은 중요한 속성 중 어떤 것을 촉진할 것인지를 결정해야 한다. 또한 선택된 속성을 어떻게 고객의 인식 속에 각인시킬 것인지에 대해서도 결정해야 한다. 즉 고객의 인식 속에 일관성 있는 이미지를 창출하기 위해 마케팅 메시지를 어떻게 구성할지를 결정해야 하는 것이다. 이 단계에서 만약 기업의 제품이 경쟁자와 여섯 개의 속성에서 차별화되어 있다고 가정하자. 이 때 여섯 개 모두를 마케팅 메시지로 사용하는 것은 바람직하지 않은데, 왜냐하면 초점이 흐려질 수 있기 때문이다. 많은 마케팅 전문가들은 보통 하나나 둘의 핵심적인 속성만을 촉진해야 한다고 주장한다. 예를 들어 볼보(Volvo)는 모든 마케팅 메시지에 안전성과 내구성을 지속적으로 강조하고 있다. 이를 통해 고객들에게 볼보는 안전하고 튼튼하다는 인식을 심어주고 있다. 사실 볼보의 제품은 신뢰성과 성능 등 다른 속성 측면에서도 우수하다. 하지만 볼보는 이들 속성을 마케팅 메시지에는 사용하지 않고 있다.

마지막으로, 기업은 경쟁이 한 자리에 머물러 있지 않음을 인식하여 지속적으로 제품의 속성을 향상시키고, 경우에 따라서는 새로운 속성을 개발해야 한다. 이는 매우 빠르고 급격하게 변화하는 하이테크 산업에서 특히 중요하지만, 안정적인 산업이라고 해서 예외는 아니다. 예를 들어 1980년대 전자레인지의 급속한 보급에 따라 식품회사들은 냉동식품에 새로운 속성을 구축해야만 했다. 이제 전자레인지로 요리했을 때에도 질감과 밀도를 유지해야 하는 것이다. 그렇지 않은 제품은 더 이상 높은 품질이라고 할 수 없게 되었다. 따라서 속성을 지속적으로 강화하여 제품에 내재시키기 위한 강력한 연구개발 기능의 중요성이 커졌고, 연구개발, 마케팅, 생산 기능 간의 협력 또한 중요해졌다.

혁신 창출

여러 측면에서 혁신은 가장 중요한 경쟁우위의 원천이다. 왜냐하면 혁신의 결과가 고객의 니즈를 더욱 잘 충족시키는 신제품이 될 수 있고, 품질(속성)이 향상된 기존 제품이 될 수 있으며, 고객이 원하는 제품을 만드는 데 드는 비용의 절감이 될 수도 있기 때문이다. 혁신적인 신제품이나 프로세스를 개발하는 능력은 기업에게 주요한 경쟁우위를 가지게 하는데 (1) 제품을 차별화하여 높은 가격을 책정하고, (2) 경쟁자보다 낮은 비용구조를 가질 수 있게 하기 때문이다. 그러나 경쟁자도 가만히 있지는 않는다. 이들은 혁신은 모방하려고 노력하고 많은 경우 성공하기도 한다. 따라서 경쟁우위의 유지를 위해서는 혁신에 대한 끊임없는 몰입이 필요하다.

성공적인 신제품 도입은 우월한 성과를 가져오는 주요 요인이다. 로버트 쿠퍼(Robert Cooper)는 200여 개의 신제품 출시 사례를 분석하였다. 성공으로 분류된 신제품 출시 중 50% 이상은 투자수익률이 33%가 넘었고, 절반은 2년 이하에 투자가 회수되었으며, 또 다른 절반은 시장점유율이 35%를 넘었다. 또한 많은 기업들이 성공적인 혁신의 역사를 써내려가고 있다. 소니의 혁신은 워크맨, 콤팩트디스크, 플레이스테이션으로 이어졌고, 화이자는 1990년대에서 2000년대 초반까지 여덟 개의 초대형 히트 신약을 개발했으며, 3M은 테이프와 접착제에서의 핵심역량을 활용하여 다양한 신제품을 개발했고, 인텔은 PC를 구동할 수 있는 혁신적인 마이크로프로세서를 지속적으로 시장에 내놓음으로써 업계를 리드하고 있으며, 시스코는 다양한 신제품을 통해 인터넷의 급속한 성장에 기반을 마련해 왔다.

혁신의 실패가능성

혁신이 경쟁우위의 원천이긴 하지만, 혁신적인 신제품의 실패 비율은 의외로 높다. 한 연구에 따르면 주요 연구개발 프로젝트 중 10~20%만이 신제품의 상용화로 결실을 맺게 된다. 유명한 실패 사례로는 애플컴퓨터의 PDA인 뉴턴(Newton), 소니의 베타방식 비디오테이프와 플레이어, 세가(Sega)의 드림캐스트(Dreamcast) 비디오 게임기를 들 수 있다. 왜 혁신적인 신제품이 경제적 성과로 이어지지 않는지에 대해 많은 이유가 있을 수 있지만 그 중 대표적인 것으로는 다음의 다섯 가지를 들 수 있다.

첫째, 많은 경우 혁신에 대한 수요가 불확실할 수밖에 없기 때문이다. 시장에 실제로 내놓기 전까지는 제품이 충족되지 않은 소비자의 니즈를 적절히 공략하는지, 그리고 충분한 시장 수요가 있는지를 알 수 없다. 시장 조사를 통해 신기술의 미래 시장 수요에 대한 불확실성을 다소 줄일 수 있지만 전부를 없앨 수는 없기 때문에 어느 정도의 실패율은 감수할 수밖에 없다.

둘째, 기술이 상용화에 실패하는 경우가 많기 때문이다. 이는 확실한 수요가 있다고 하더라도, 디자인이나 품질 측면에서 제품의 수준이 낮아서 소비자의 니즈를 충분히 충족시키지 못할 때 발생한다. 예를 들어 1993년에 출시한 애플컴퓨터의 PDA인 뉴턴은 잠재적으로 매력적인 기술이었음에도 불구하고 상용화에 실패했다. 애플은 10억 달러의 시장이 있을 것으로 예상했으나 결국 실패하고 말았는데, 그 이유는 애플이 손글씨 인식의 유용성을 가장 강력하게 강조했지만 뉴턴의 메시지 패드는 인식오류가 너무 많았다.

포지셔닝 전략
특정 제품의 마케팅 믹스(제품, 가격, 촉진, 유통)에 대한 의사결정의 집합

셋째, 잘못된 포지셔닝 전략으로 인해 신제품이 실패할 수 있다. **포지셔닝 전략**(positioning strategy)은 기업이 추구하는 특정 제품의 마케팅 믹스(제품, 가격, 촉진, 유통)에 대한 의사결정의 집합이라고 할 수 있다. 뉴턴의 실패에는 제품의 품질뿐 아니라 잘못된 포지셔닝 전략도 영향을 미쳤다. 만약 기술이 성공적으로 상용화되었다고 하더라도 무려 1,000달러에 육박하는 출시 가격을 감당할 수 있는 소비자는 많지 않았을 것이다.

이외에도 신제품이 실패하는 네 번째 이유로 수요가 거의 없음에도 불구하고 기업이 새로운 기술을 마케팅하는 것을 들 수 있다. 기업은 신기술이 가지는 기술측면에서의 우월성에 너무 몰입하여 제품의 수요가 있는지를 파악하는 것에 소홀할 수 있다. 마지막으로 기업이 제품을 시장에 출시하기까지 너무 오래 걸려서 실패하기도 한다. 시작부터 마지막 마케팅까지의 제품개발 기간이 길수록 다른 기업에게 시장을 빼앗길 가능성은 높아진다. 자동차 산업에서 GM의 신제품 개발기간은 약 5년인데, 혼다, 도요타 등 일본 기업들은 불과 2~3년, 같은 미국 기업인 포드도 이보다 빠른 3~4년이다. 결국 GM의 신차는 판매를 시작하는 순간부터 경쟁자보다 1~3년 늦은 기술을 채택한 구식 모델이 되어버린다.

혁신 실패의 감소

혁신에 동반되는 실패를 줄이기 위해서 경영자가 해야 할 가장 중요한 일은 연구개발, 생산, 마케팅 간의 긴밀한 통합이 이루어지도록 하는 것이다. 긴밀한 기능 간 통합은 기업에게 다음의 이점을 가져다준다.

1 제품개발 프로젝트가 소비자의 니즈를 바탕으로 한다.

2 신제품이 생산에 용이하도록 설계된다.

3 개발 비용이 통제된다.

4 신제품의 시장 출시 시기가 짧아진다.

연구개발과 마케팅의 긴밀한 통합은 제품개발 프로젝트가 소비자의 니즈에 기반하도록 한다. 기업의 고객은 신제품 아이디어의 주된 원천이다. 고객의 니즈, 특히 충족되지 않은 고객의 니즈를 찾아내는 것은 성공적인 제품개발 프로젝트의 시작이 된다. 마케팅 기능은 고객과의 접점에 있기 때문에 가치 있는 정보를 제공할 수 있다. 더욱이 연구개발과 마케팅의 통합은 신제품의 성공적인 상용화에 핵심적이다. 또한 이러한 통합이 없으면 시장 수요가 없는 제품의 개발이 이루어질 위험이 크다.

연구개발과 생산의 긴밀한 통합은 제조 단계를 감안하여 제품 디자인이 이루어질 수 있도록 한다. 제품의 제조를 미리 감안한 디자인으로 인해 기업은 제조 비용을 절감할 수 있을 뿐 아니라, 불량을 줄임으로써 비용을 더욱 낮추고 품질을 높일 수 있다. 또한 연구개발과 생산의 통합은 개발 비용을 낮추고 기간을 단축시키는 데 기여한다. 제조 능력을 무시한 채 제품 디자인이 먼저 이루어지면, 제품 생산이 현재의 기술로는 어려운 것으로 나중에야 밝혀질 수 있다. 이 경우 제품의 디자인을 다시 변경해야 하는데, 이에 따라 개발 비용과 시장 출시까지의 기간은 현저히 늘어날 수밖에 없다. 한 연구 결과에 따르면 제품 기획단계에서 디자인을 변경하면 개발 비용은 50% 늘어나고 개발 기간은 25% 길어진다고 한다.

기능 간 통합을 달성하는 가장 좋은 방법은 연구개발, 마케팅, 생산 기능의 인력으로 다기능 제품개발팀(cross-functional product development team)을 구성하는 것이다. 이 팀의 목표는 제품 콘셉트 개발부터 시장 출시까지 제품개발 프로젝트 전 과정을 주도하는 것이다. 경영자는 다기능 제품개발팀이 효과적으로 역할을 수행하도록 하기 위해서 다음의 사항에 유의해야 한다.

거물급 프로젝트 책임자
조직 내의 높은 지위를 차지하고 있어서, 프로젝트에 필요한 재무자원과 인적자원을 확보할 수 있는 권력과 권한을 가진 책임자

첫째, 조직 내의 높은 지위를 차지하고 있어서, 팀에 필요한 재무와 인적자원을 확보할 수 있는 권력과 권한을 가진 **거물급 프로젝트 책임자**(heavyweight project manager)가 팀을 이끌어야 한다. 리더는 팀에 대한 몰입수준이 높아야 하고, 프로젝트의 성공에 대한 믿음을 가져야 한다. 또한 리더는 각기 다른 기능의 다양한 시각을 통합할 수 있는 능력이 있어야 하고, 공동의 목표를 위해 다양한 기능의 구성원들이 협력할 수 있도록 도와야 한다. 또한 리더는 기업의 고위 경영진에게 팀을 대변하는 역할도 수행한다.

둘째, 각 핵심 기능에서 최소한 한 명 이상이 참여하도록 팀을 구성해야 한다. 팀원으로서의 바람직한 특성으로는 자신의 기능에서의 전문성과 충분히 높은 지위, 팀의 성과를 위해 책임을 공유하려는 의지, 기능 중심적 사고를 탈피할 수 있는 능력을 들 수 있다. 핵심 팀원들은 프로젝트 기간 동안 100% 전념할 수 있도록 하는 것이 바람직하다. 즉 기능에서의 일상적인 업무를 벗어나 프로젝트에 집중하도록 해야 한다.

셋째, 팀원 간에 동료애를 창출하고 커뮤니케이션을 활성화하기 위해서, 이들을 물리적으로 같은 공간에 배치하는 것이 바람직하다. 넷째, 팀은 개발의 핵심적인 단계와 개발 예산에 대한 명확한 계획과 목표를 가지고 있어야 한다. 목표를 달성하면 인센티브를 부여하는 것이 바람직한데, 예를 들면 계획에 맞춰 핵심적인 개발 단계를 완수할 때마다 보너스를 지급하는 것이다. 다섯째, 팀은 커뮤니케이션과 갈등 해결을 위한 자체적인 프로세스를 개발해야 한다. 예를 들어 캘리포니아에서 PC 디스크 드라이버를 생산하는 퀀텀(Quantum Corp)의 제품 개발팀은 모든 의사결정과 갈등해결을 월요일 오후의 정례 회의에서 한다는 원칙을 세웠는데, 이와 같은 간단한 원칙도 팀의 목표 달성에 긍정적인 영향을 미치고 있다.

고객 대응능력 향상

고객 대응능력은 차별화를 통해 브랜드 로열티를 구축할 수 있는 중요한 속성이다. 고객에게 대응을 잘하면 고객들이 인지하는 가격대비 가치를 향상시킬 수 있다. 생산 프로세스에서 효율성을 높이고 제품의 품질을 향상시키는 것도 결국 이와 같은 목표를 위한 것이다. 새로운 기능을 가진 신제품의 개발 또한 고객의 니즈에 잘 대응하기 위한 것이다. 결국 효율성, 품질, 혁신 모두를 통해 고객 대응능력을 높일 수 있다. 추가적으로, 대응능력을 높이기 위해서는 고객 중심의 사고와 고객 니즈를 충족시키는 더 나은 방법을 찾기 위한 끊임없는 노력이 필요하다.

고객 중심의 사고

기업이 고객의 니즈에 잘 대응하기 위해서는 고객의 니즈가 무엇인지를 명확히 알아야 한다. 이를 위해 경영자가 가장 먼저 할 일은 기업 전체가 고객에게 초점을 맞추도록 하는 것이다. 고객 대응능력 향상에 대한 기업 전체의 몰입은 구성원들의 태도를 변화시키는데, 이는 강력한 리더십이 있어야만 가능하다. 미션 선언문에 고객이 최우선임을 명시하는 것도 한 방법이 된다. 또 다른 방법으로 최고경영자가 직접 행동으로 보여주는 방법도 있다. 예를 들어 도미노피자의 창업자는 매장들을 최대한 많이 직접 방문하려고 노력했고, 거기에서 배달도 직접하고 피자를 먹어보기도 했다. 또한 다른 최고 경영진에게도 이러한 일을 하도록 지시했다.

그러나 기업이 고객 중심의 사고를 하도록 하려면 리더십만으로는 부족하다. 마케팅, 연구개발, 회계 등 소속된 기능과 상관없이 고객을 항상 행동의 중심에 두도록 종업원들을 교육해야 한다. 교육의 목적은 종업원이 입장을 바꿔서 자신이 고객으로서 생각해 볼 수 있게 하는 것이다. 이를 통해 기업에 대한 고객의 경험을 개선할 방법을 찾아내도록 한다.

또한 기업의 인센티브 시스템을 통해 고객을 만족시킨 종업원에게 적절한 보상이 가도록 해야 한다. 예를 들어 포시즌(Four Seasons) 호텔 체인은 고객 중심 사고에 대해 자부심을 가지고 있다. 이 호텔의 경영진들은 캐나다 토론토 호텔의 한 도어맨의 사례를 자주 이야기한다. 이 도어맨은 떠나는 고객이 타는 택시에 가방을 싣는 것을 깜빡했다. 전화를 해보니 이 고객은 워싱턴 D.C.의 변호사였고 이미 토론토를 떠났다. 그런데 이 변호사는 다음날 아침 회의에 가방이 반드시 필요한 상황이었다. 도어맨은 상사에게 허락도 받지 않고 곧바로 워싱턴 D.C.로 날아갔고 가방을 고객에게 전달했다. 그러나 회사는 가방을 싣지 않은 실수와 상사의 허락 없이 워싱턴 D.C.로 간 것을 문책하지 않았고, 오히려 이 도어맨을 올해의 종업원으로 선정하여 시상했다. 이러한 경영진의 행동은 모든 종업원들에게 매우 강력한 메시지로 받아들여졌다.

고객 니즈의 충족

일단 고객의 니즈가 파악되면 이를 최대한 충족시킬 수 있는 방법을 찾아야 한다. 앞서 말한 것처럼 효율성, 품질, 혁신은 기업이 고객의 니즈를 충족시킬 수 있도록 하는 핵심적인 역량이다. 추가적으로 기업은 (1) 개별 고객들의 요구에 따라 최대한 제품을 맞춤화하고, (2) 니즈 충족에 필요한 시간을 줄임으로써, 자신의 제품을 차별화하여 높은 수준의 고객 만족을 달성할 수 있다.

> **맞춤화**
> 고객 집단 또는 극단적인 경우 개별적인 고객의 독특한 니즈나 취향에 부합하도록 제품이나 서비스의 특성을 다르게 하는 것

맞춤화(customization)는 고객 집단 또는 개별적인 고객의 독특한 니즈나 취향에 부합하도록 제품이나 서비스의 특성을 다르게 하는 것이다. 일반적으로 맞춤화 수준을 높이면 비용이 늘어나지만, 유연생산기술은 비용구조를 높이지 않으면서도 예전보다 훨씬 높은 수준의 맞춤화를 가능하게 하였다. 특히 최신의 웹기반 정보시스템과 유연생산기술이 접목되면 효과는 더욱 커진다. 아마존은 웹기반 정보시스템의 효용성을 잘 보여준다. 이 회사는 웹기반 기술을 활용하여 개별 사용자에 따라 웹페이지를 맞춤화하고 있다. 고객이 아마존닷컴에 들어가면 기존 구매이력 분석을 통한 도서나 음악의 추천 리스트를 볼 수 있다. 이는 아마존 경쟁우위의 원천이 되는 강력한 역량이 되고 있다.

기업은 경쟁우위를 확보하기 위해 고객의 수요에 빠르게 대응해야 한다. 가구업체의 경우 주문에서 배송까지의 시간을 줄이고, 은행은 대출 신청의 처리속도를 높이며, 자동차업체는 고장 수리를 위한 부품의 배송 시간을 단축하고, 슈퍼마켓은 계산대의 대기시간을 줄이는 것이다. 우리는 시간의 가치가 매우 높은 고속사회에 살고 있다. 신속한 대응에 대한 고객의 요구를 충족시킬 수 있는 기업은 브랜드 로열티를 구축할 수 있고, 제품을 차별화할 수 있으며, 제품에 높은 가격을 책정할 수 있다.

캐터필러는 대응 시간의 가치를 보여주는 좋은 사례이다. 중장비를 생산하는 이 기업은 전 세계 어떤 장소에도 24시간 이내에 부품을 보내준다. 건설현장에서는 중장비가 멈추면 큰 비용이 발생하기 때문에, 고장 상황에서의 대응 시간은 고객에게 절대적으로 중요하다. 따라서 경쟁자인 일본의 고마쓰(Komatsu)가 낮은 가격을 공격적으로 제시함에도 불구하고 고객들은 여전히 캐터필러에 높은 로열티를 가지고 있다.

일반적으로, 대응에 필요한 시간을 줄이는 데에는 (1) 고객의 요구 사항을 빠르고 정확하게 생산 기능에 전달할 수 있는 마케팅 기능, (2) 예측치 않은 수요 변화에 맞춰 빠르게 생산 일정을 조정할 수 있는 생산과 자재관리 기능, (3) 이 과정에서 마케팅, 생산, 자재관리 기능을 지원할 수 있는 정보시스템의 역할이 중요하다.

차별적 역량과 경쟁우위

경영자의 노력으로 인해 기업의 효율성, 품질, 혁신, 고객 대응능력이 향상되면, 기업은 비용구조가 낮아지거나 차별화 수준이 높아져서 경쟁우위를 확보할 수 있을 것이다. 한 기업이 경쟁자 대비 우월한 효율성, 품질, 혁신, 고객 대응능력의 기반이 되는 특정 가치사슬 활동을 독특하고 뛰어나게 수행할 때, 우리는 이 기업이 특정 활동에 차별적 역량을 가지고 있다고 말한다. **차별적 역량**(distinctive competency)은 기업 특유의 독특한 강점으로, 경쟁자보다 제품을 확

> **차별적 역량**
> 경쟁자보다 제품을 확실히 차별화하거나 비용을 현저히 낮추어서 경쟁우위 창출을 가능하게 하는 기업특유의 독특한 강점

실히 차별화하거나 비용을 현저히 낮춤으로써 기업의 경쟁우위 창출을 가능하게 한다. 예를 들어 3M은 연구개발 활동에 차별적 역량을 가지고 있어서 뛰어난 혁신을 창출하고 있는데, 그 결과 매출의 30% 이상을 출시된 지 5년 이내의 차별화된 제품으로 달성하고 있다. 차별적 역량은 경쟁우위의 기반이라고 할 수 있는데, 자원과 역량의 두 상호보완적인 원천으로부터 만들어진다.

자원과 역량

자원
기업이 고객에게 가치를 창출할 수 있도록 하는 재무적, 물적, 인적, 기술적, 조직적 요인들로 유형 자원과 무형 자원의 두 유형으로 나누어 짐

유형 자원
토지, 건물, 공장, 기계설비, 재고, 현금처럼 형태를 가진 자원

무형 자원
경영자와 종업원에 의해 창출된 형태가 없는 자원으로, 브랜드, 기업의 명성, 경험을 통해 얻어진 지식, 특허·저작권·상표권 등의 지적 재산을 포함

자원(resources)은 기업이 고객에게 가치를 창출할 수 있도록 하는 재무적, 물적, 인적, 기술적, 또는 조직적 요인들이다. 기업의 자원은 유형 자원과 무형 자원의 두 유형으로 나눌 수 있다. 유형 자원(tangible resources)은 토지, 건물, 공장, 기계설비, 재고, 현금처럼 형태를 가진 자원을 말한다. 무형 자원(intangible resources)은 임직원에 의해 창출된 형태가 없는 자원으로, 브랜드, 기업의 명성, 경험을 통해 얻어진 지식, 특허·저작권·상표권 등의 지적 재산을 포함한다.

자원이 (1) 기업특유의 것이고 (2) 모방이 어려우며, (3) 가치가 높을수록 차별적 역량의 원천이 될 가능성이 높다. 예를 들어 즉석 사진에서 폴라로이드(Polaroid's)의 차별적 역량은 기업특유의 무형 자원인 기술적 노하우를 원천으로 하였다. 즉석 필름 현상에서의 기술적 노하우는 두터운 특허의 보호를 받고 있어서 경쟁자가 쉽게 모방할 수 없었다. 그러나 특허가 만료되거나 디지털 촬영기술과 같은 우월한 기술이 출현하여 경쟁자가 자원을 모방하게 되면 차별적 역량이 사라지는데, 폴라로이드의 경우도 마찬가지였다. 또한 자원이 차별적 역량의 원천이 되기 위해서는 가치가 높아야 하는데, 이는 특정 자원이 기업의 제품에 대한 수요를 실제로 창출할 수 있어야 한다는 것이다. 과거에 폴라로이드의 기술적 노하우는 이 기업 제품에 대한 강력한 수요를 창출해 주었기 때문에 가치가 높은 자원이었다. 하지만 시간이 지나면서 디지털 촬영이라는 새로운 기술이 등장함에 따라 그 가치는 점차 감소하였다.

역량
자원을 조정하고 생산적으로 활용하는 기업의 능력

역량(capabilities)이란 자원을 조정하고 생산적으로 활용하는 기업의 능력을

의미한다. 이러한 능력은 목적달성을 위한 의사결정과 내부 프로세스 관리방식인 조직의 규정·루틴·절차에 내재되어 있다. 좀 더 넓게 보면, 기업의 역량은 조직구조, 통제 시스템, 조직 문화의 산물이라고 할 수 있다. 이들은 조직에서 누가 언제 의사결정을 하고(조직구조), 조직이 어떤 행동에 보상하며(통제 시스템), 조직의 문화적 규범과 가치가 무엇인지(조직 문화)를 구성원들에게 명확히 알려주는 역할을 한다. 조직구조와 통제 시스템이 어떻게 조직의 역량 구축에 기여하는지는 제9장에서 좀 더 자세히 살펴볼 것이다. 조직의 역량은 형태를 가지고 있지 않다. 또한 조직의 역량은 특정 개인에 의존하지 않는데, 조직의 독특한 상황 속에서 여러 개인들이 서로 상호작용하고, 협력하며, 의사 결정하는 방식에 내재되어 있기 때문이다.

차별적 역량이 어떻게 창출되는지를 이해하려면 자원과 역량을 명확히 구분할 수 있어야 한다. 한 기업이 아무리 기업특유의 가치 있는 자원을 보유하고 있어도, 이 자원을 효과적으로 활용하는 역량이 없으면 차별적 역량은 창출할 수 없다. 또한 한 기업이 기업특유의 가치 있는 자원을 보유하지 못해도, 경쟁자가 가지지 못한 역량을 가지면 차별적 역량이 창출될 수도 있다. 예를 들어 뉴코는 미국에서 가장 효율적인 철강기업으로 알려져 있다. 생산 활동에서의 차별적 역량은 이 기업특유의 가치 있는 자원으로부터 창출되지 않는다. 뉴코는 공장, 기계설비, 숙련노동력, 노하우 등 자원의 보유 수준에서는 경쟁 기업들과 큰 차이가 없다. 그럼에도 불구하고 뉴코가 차별적 역량을 가지는 이유는 자원을 생산성이 월등하게 높은 방식으로 관리하고 활용하는 독특한 역량이 있기 때문이다. 구체적으로 뉴코의 조직구조, 통제 시스템, 조직 문화는 회사의 모든 기능과 수준에서 효율성 향상을 고취하고 있다.

요약하면, 기업이 차별적 역량을 가지기 위해서는, 첫째, 폴라로이드처럼 기업특유의 가치 있는 자원과 이를 활용할 수 있는 역량을 동시에 가지거나, 둘째, 뉴코처럼 자원을 관리하고 활용하는 기업특유의 역량을 확보해야 한다. 기업의 차별적 역량은 폴라로이드처럼 기업특유의 가치 있는 자원과 이러한 자원을 관리하고 활용하는 기업특유의 역량 모두를 가지고 있을 때 가장 강력할 것이다.

[그림 4.6] 자원과 역량, 차별적 역량, 전략

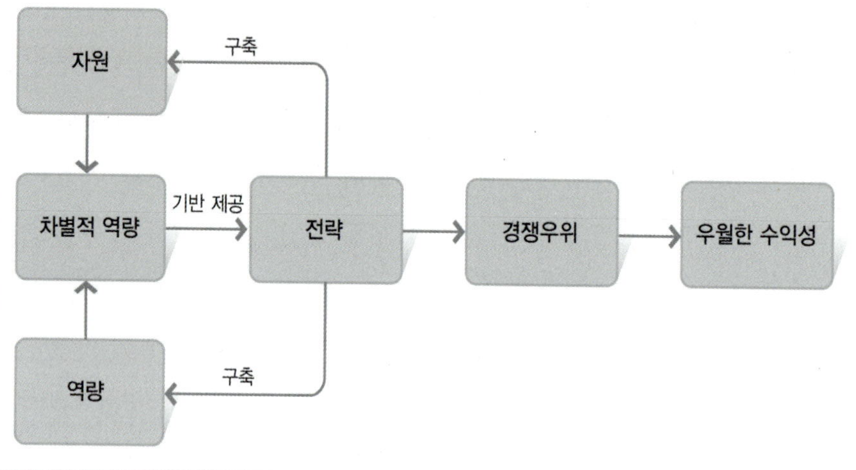

[그림 4.6]은 기업의 차별적 역량, 전략, 경쟁우위의 관계를 보여준다. 기업이 추구하는 전략은 차별적 역량에 기반하여 수립된다. 이러한 전략은 우월한 효율성, 품질, 혁신, 고객 대응능력을 향상시켜서 기업이 경쟁우위와 우월한 수익성을 확보할 수 있도록 해준다. 이와 동시에 전략은 새로운 자원과 역량을 구축하거나 기존의 것을 강화함으로써 기업의 차별적 역량을 강화할 수도 있다. 따라서 차별적 역량과 전략의 관계는 한 방향이 아닌 쌍방향의 관계인데, 차별적 역량은 전략을 결정하고 전략은 다시 차별적 역량을 구축하고 강화하는 데 도움을 준다.

경쟁우위의 지속성

만약 산업 내 한 기업이 경쟁우위를 확보하여 높은 수익을 달성하고 있다면, 경쟁자는 이 기업이 우월한 가치를 창출하는 차별적 역량을 가지고 있다는 것을 알 수 있다. 이어서 경쟁자는 이 기업의 차별적 역량을 찾아내어 모방하려 할 것이다. 경쟁자의 노력이 성공하면 경쟁자도 높은 수익을 얻을 수 있기 때문에 수익에 있어서 이 기업의 상대적인 우월성은 없어진다. 이러한 과정이 얼마나 빠르게 일어나는지는 모방장벽의 높이에 의해 결정된다.

모방장벽(barriers to imitation)은 경쟁자가 한 기업의 차별적 역량을 모방하기 어렵게 하는 요인들로, 모방장벽이 높을수록 기업의 차별적 역량과 경쟁우위는 오래 지속될 수 있다. 그리고 모방장벽의 높이는 경쟁자가 차별적 역량의 기반이 되는 자원과 역량을 얼마나 쉽게 모방할 수 있는지에 따라 결정된다.

모방장벽
경쟁자가 한 기업의 차별적 역량을 모방하기 어렵게 하는 요인

일반적으로, 건물, 공장, 기계설비 등 기업 특유의 가치 있는 유형 자원을 보유함으로써 생긴 차별적 역량은 경쟁자가 모방하기 가장 쉽다. 이러한 자원은 경쟁자의 눈에 보이고, 보통의 경우 시장에서 구매할 수 있다. 예를 들어 한 기업의 차별적 역량이 경제적 규모의 생산시설에 전적으로 의존한다면 경쟁자도 빠르게 이와 유사한 시설을 건설할 것이다. 포드는 1920년대 컨베이어 시스템에 기반한 조립라인을 구축함으로써 생산에서의 차별적 역량을 확보했다. 그러나 경쟁자인 GM은 이러한 혁신을 매우 빠르게 모방했고 포드의 차별적 역량은 얼마 지나지 않아 사라지게 되었다.

무형 자원은 유형 자원에 비해 모방이 어렵다. 특히 기업의 평판을 좌우하기 때문에 매우 중요한 자원인 브랜드의 경우는 더욱 그러하다. 예를 들어 중장비 산업에서 캐터필러 브랜드는 높은 품질과 뛰어난 사후 서비스의 상징으로 여겨진다. 고객들은 브랜드가 높은 품질을 보증하기 때문에 이 기업의 제품을 선호한다. 많은 경우에 경쟁자가 다른 기업의 브랜드를 모방하려 해도 법적인 문제 때문에 불가능하기도 하다.

반면 마케팅과 기술적 노하우는 또 다른 중요한 무형 자원이지만 경쟁자가 상대적으로 쉽게 모방할 수 있다. 성공적인 마케팅 전략은 쉽게 경쟁자의 눈에 띄기 때문에 모방이 비교적 용이하다. 예를 들어 펩시의 다이어트 펩시가 인기를 끌자 코카콜라는 다이어트 코크를 곧바로 출시함으로써 펩시의 마케팅 전략을 모방했다.

기술적 노하우의 경우, 이론적으로는 특허로 인해 모방이 쉽지 않아야 한다. 특허가 발명자에게 20년간의 독점적 사용권을 부여하기 때문이다. 그러나 특허 기술을 사용하지 않고도 유사한 기능의 제품을 만드는 등 경쟁자가 특허를 우회하는 경우가 많다. 한 연구에 의하면 4년 이내 성공적인 우회 기술이 등장하는

비율은 특허 기술의 무려 60%에 달한다고 한다. 이러한 사실은 기술적 노하우에 기반한 차별적 역량도 상대적으로 그리 오래 지속되지 못한다는 것을 의미한다.

유형과 무형 자원에 비해 조직의 역량을 모방하는 것은 상대적으로 더욱 어렵다. 왜냐하면 역량은 의사결정이 내려지는 방식과 관리 프로세스에 기반하여 조직 깊이 묻혀 있기 때문이다. 따라서 조직 외부의 사람이 이를 파악하기는 어렵다.

눈에 보이지 않는다는 이유만으로 조직의 역량이 모방으로부터 자유로운 것은 아니다. 경쟁자는 기업으로부터 인력을 빼옴으로써 운영방식을 알아내려 시도할 수 있다. 그러나 조직의 역량은 특정 개인이 가지고 있을 수 없다. 독특한 조직의 상황에서 여러 개인들이 상호작용하는 방식으로부터 나오기 때문이다. 또한 조직 내 누구도 기업의 모든 내부 운영 루틴과 절차를 명확히 알고 있지 못할 가능성이 매우 높다. 따라서 성공적인 기업으로부터 핵심이 되는 역량을 파악하고 모방하기 위해 인력을 빼오는 것은 별로 도움이 되지 못하는 경우가 많다.

요약하면, 기업의 경쟁우위와 차별적 역량은 유형 자원이 아닌 무형 자원과 조직 역량에 기반을 두었을 때 경쟁자의 모방으로부터 안전하다. 그 중에서도 특히 조직 역량은 모방이 가장 어려운데, 상대방의 역량을 파악했다고 해도 이를 따라하기는 매우 어렵다. 왜냐하면 내부 관리 프로세스를 바꿔야 하는데 이럴 경우 기존의 것을 유지하려는 조직 관성(organization inertia)을 극복해야 하는 쉽지 않은 도전에 직면하기 때문이다. 그러나 아무리 호의적인 상황이어도 기업의 경쟁우위가 경쟁자로부터 오랜 기간 완벽하게 안전할 수는 없다. 그 이유는 경쟁자가 경쟁우위의 원천을 모방하는 것보다는 이를 우회할 수 있는 새롭고 우월한 방법을 찾으려 할 수 있기 때문이다. 한 때 산업의 지배적인 기업이었던 IBM, GM, 시어스(Sears)가 어려움을 겪는 이유는 경쟁자들이 차별적 역량을 모방했기 때문이 아니라, 델컴퓨터, 도요타, 월마트 등이 새롭고 우월한 경쟁 방식을 창출함으로써 이들이 향유하던 경쟁우위를 무력화시켰기 때문이다. 인텔의 엔디 그로브가 했던 “피해망상증 환자만 살아남는다!”는 유명한 말은 기업이 주위에 도사리고 있는 위험에 항상 대비해야 함을 상기시킨다. 기업의 차별적 역량이 아무리 높은 모방장벽으로부터 보호받고 있다고 해도, 경영자들은 경쟁자가 모방이나 새로운 방법의 창출을 통해 경쟁우위를 무력화시키기 위해 끊임없이 노력하고 있음을 생각하며 이에 대비해야 한다. 실제로도 경쟁자들은 정확히 그렇게 하고 있다.

요약

1 우월한 수익성을 확보하기 위해서 기업은 원가를 낮추거나, 또는 고객에게 더 높은 가치를 창출하여 높은 가격을 받을 수 있도록 제품을 차별화해야 한다. 또는 둘 모두를 동시에 달성해야 한다.

2 경쟁우위의 네 가지 원천은 효율성, 품질, 혁신, 고객 대응능력이다. 우월한 효율성은 기업이 비용을 낮출 수 있게 한다. 우월한 품질은 기업이 높은 가격을 받고 비용을 낮출 수 있게 한다. 우월한 고객 서비스는 기업이 높은 가격을 받을 수 있게 한다. 뛰어난 혁신은, 제품 혁신의 경우 높은 가격을, 프로세스 혁신의 경우 낮은 비용을 가능하게 한다.

3 가치사슬은 투입물을 고객이 가치를 인식하는 산출물로 변환하는 여러 활동의 사슬로 기업을 파악한다. 변환과정은 여러 기본 활동과 지원 활동으로 구성된다. 각 활동은 제품의 가치를 높인다.

4 가치사슬 각 단계에서 기능별 경영자의 활동(기능별 전략 또는 기능수준 전략)은 효율성, 품질, 고객 대응능력을 향상시키고, 혁신을 창출할 수 있다.

5 차별적 역량은 기업 특유의 강점이다. 가치 있는 차별적 역량은 기업이 우월한 수익을 달성하도록 한다.

6 기업의 차별적 역량은 자원과 역량으로부터 나온다.

7 경쟁우위를 창출하고 유지하기 위해서, 기업은 현재의 자원과 역량을 활용하는 전략을 추구하면서, 동시에 추가적인 또는 새로운 자원과 역량을 획득(새로운 차별적 역량을 개발)하기 위한 전략을 수립해야 한다.

8 경쟁우위의 지속가능성은 모방장벽의 높이에 따라 좌우된다.

토의 주제

1 이 장에서 학습한 내용이 전략 수립에 주는 시사점은 무엇인가?

2 어떤 경우에 기업의 경쟁우위가 오래 지속될 가능성이 높을까?

3 다음의 기술에 대해 토의하시오: 한 기업이 산업에서 가장 낮은 원가와 고객이 가장 높은 가치를 부여하는 제품을 동시에 보유할 수 있다.

4 경쟁우위의 네 가지 원천이 어떻게 서로서로 관련되어 있는가?

5 기업이 우월한 효율성, 품질, 혁신, 고객 대응능력을 확보하는 데 최고경영자가 할 수 있는 역할은 무엇인가?

전략경영 연습

소그룹 활동: 경쟁우위의 분석

3~5명의 팀을 만드시오. 이 장에서 학습한 개념을 바탕으로 경영학 교육시장에서 당신의 경영대학(원)이 자리하는 경쟁적 위치를 파악하시오. 그리고 다음의 질문에 답하시오.

1 당신의 경영대학(원)은 경쟁우위를 가지고 있는가?

2 만약 그렇다면, 경쟁우위의 기반은 무엇인가? 경쟁우위는 지속가능한가?

3 경영학 교육시장에서 경쟁우위를 가지고 있지 않다면, 방해요소는 무엇인가?

4 경영학 교육이 제공되는 방식에 인터넷은 어떠한 변화를 가져올 수 있는가?

5 인터넷은 시장에서의 경쟁적 위치에 위협 요인으로 작용하는가? 아니면 당신의 경영대학(원)이 경쟁적 지위를 더욱 확고히 하는데 기회 요인으로 작용하는가? (두 가지 모두일 수도 있다)

웹 탐색

존슨앤드존슨 홈페이지

존슨앤드존슨의 홈페이지(www.jnj.com)를 방문하시오. 기업 역사, 이 회사의 신조(credo), 혁신, 뉴스에 특히 관심을 가지고 홈페이지가 제공하는 자료를 살펴보시오. 이러한 정보를 바탕으로 다음의 질문에 답하시오.

1 존슨앤드존슨이 차별적 역량을 가지고 있다고 생각하는가?

2 차별적 역량은 어떤 것인가? 이것이 어떻게 경쟁우위에 기여하는가?

3 차별적 역량의 기반이 되는 자원과 역량은 무엇인가? 이러한 자원과 역량은 어디에서 왔는가?

4 존슨앤드존슨이 가진 차별적 역량의 모방가능성은 어떠한가?

일반 과제

한 기업의 역사, 제품, 경쟁적 위치에 관한 자료를 웹에서 검색하시오. 수집한 자료에 근거하여 다음의 질문에 답하시오.

1 이 회사는 차별적 역량을 가지고 있는가?

2 차별적 역량은 어떤 것인가? 이것이 어떻게 경쟁우위에 기여하는가?

3 차별적 역량의 기반이 되는 자원과 역량은 무엇인가? 이러한 자원과 역량은 어디에서 왔는가?

4 이 회사가 가진 차별적 역량의 모방가능성은 어떠한가?

마무리 사례 스타벅스

1997년부터 2006년까지 십 년간 스타벅스는 환상적인 재무성과를 달성했다. 매출액은 6억 9천만 달러에서 78억 달러로, 순이익은 3천 6백만 달러에서 5억 4천만 달러로 각각 10배 넘게 성장했다. 2006년 스타벅스의 투하자본수익률은 무려 25.5%여서 어떤 지표로 보아도 믿기 힘든 성과를 나타내고 있다. 더욱이 2010년경까지 매출과 수익은 꾸준히 증가할 것으로 예상되었다. 어떻게 이런 일이 가능했을까?

스타벅스는 30년 전에 시애틀에서 프리미엄 커피를 로스팅하여 판매하는 한 개의 매장으로부터 시작되었다. 오늘날에 스타벅스는 미국 외 40개국 3,000여 개 매장을 포함하여 총 12,000개가 넘는 매장을 보유한 글로벌 커피 로스터이자 유통업체이다. 오늘날 스타벅스의 모습은 마케팅 담당자이던 하워드 슐츠(Howard Schultz)가 이탈리아의 커피하우스에서 황홀한 경험을 하고 돌아오면서부터 시작되었다. 나중에 CEO가 된 슐츠는 당시 스타벅스 소유주에게 유럽의 커피하우스 개념을 실험해 보자고 설득하였고, 여기에서 '스타벅스의 경험(Starbucks experience)'이 시작되었다.

슐츠는 개인적인 여유를 즐기고, 친구를 만나기도 하며, 편안하게 긴장을 풀고, 친목을 도모할 수 있는 집과 회사가 아닌 제3의 공간이 미국 사람들에게 부족하다고 생각했다. 이러한 개념을 바탕으로 한 비즈니스 모델은 신선한 프리미엄 커피와 함께 다양한 에스프레소 커피 기반 음료, 페이스트리, 차, 커피 관련 액세서리 등을 유럽의 커피하우스와 비슷한 분위기에서 판매하는 것이었다. 이 회사는 격식 차릴 필요 없는 편안하고 안락한 분위기를 연출하기 위해 매장 디자인에 꾸준히 공을 들여왔다. 이러한 접근방식은 스타벅스가 단순한 커피가 아니라 '경험'을 파는 곳이라는 믿음에서 비롯되었다. 소비자들은 이러한 사실 때문에 스타벅스에서 프리미엄 가격을 지불하게 된다.

슐츠는 처음부터 높은 수준의 고객 서비스를 매장에서 제공하는데 집중해 왔다. 종업원이 동기부여 되어야 고객들에게 최선의 서비스를 제공할 수 있다는 믿음으로 외식업 최고의 종업원 채용과 훈련 프로그램을 개발하였다. 오늘날 모든 스타벅스의 종업원은 커피 제조 방식뿐 아니라 서비스 중심의 기업 가치를 가르치는 훈련 과정을 이수해야만 한다. 뿐만 아니라 스타벅스는 파트타임 종업원들에게도 스톡옵션을 부여하고 건강보험 혜택을 주는 파격적인 보상 정책을 운영하고 있다. 이 산업에서는 종업원의 대부분이 시간제 근로자들이다. 최저임금 수준의 보수가 이들에게 지급되며 임금 이외에 다른 혜택은 제공되지 않는 것이 일반적이다. 이러한 현실을 고려했을 때 스타벅스의 정책은 매우 혁신적인 것이다.

많은 외식 체인들이 기반이 다져진 후에는 프랜차이징을 통해 급속한 성장을 추구하지만, 슐츠는 이들과 달리 직접 매장을 소유하고 운영하는 방식을 고수했다. 몇몇 진출 국가에서 프랜차이징 방식이 활용되고 미국 내에서도 공항 등 특수한 경우에 예외가 있기는 하지만, 스타벅스는 지금까지도 직영 매장 방식을 원칙으로 하고 있다.

스타벅스는 이러한 경영방식을 통해 크게 성공을 할 수 있었는데, 그 결과 불과 10여 년 전만해도 무명이었던 회사가 지금은 미국에서 가장 잘 알려진 브랜드로 성장하였다. 기업이 성장함에 따라 스타벅스는 수많은 반복 구매를 창출하고 있다. 오늘날 평균적인 고객은 한 달에 약 20번씩 스타벅스 매장에 온다. 이들은 평균 8만 달러 정도의 연소득을 가진 비교적 부유한 사람들이다.

기업이 성장하면서 매우 정교한 입지 전략을 개발하기 시작했다. 스타벅스는 상세한 인구통계 자료의 분석을 통해 최적의 매장 입지를 찾아내고 있다. 좋은 입지를 모방 기업들보다 먼저 선점하기 위해 최대한 빨리 매장을 늘려나갔다. 놀랍게도 스타벅스는 진행 방향이 다른 고객들을 동시에 공략하기 위해, 번화가의 찻길 하나를 사이에 두고 양쪽에 매장을 세우기도 한다.

1995년까지 미국에 거의 700개 매장을 세운 스타벅스는 해외에서의 기회를 모색하기 시작했다. 첫 번째 진출국은 일본이었는데, 스타벅스의 비즈니스 모델이 다른 문화에서도 통한다는 것이 이곳에서 입증되었다(현재 일본에는 600개 매장이 있다). 이후에는 아시아와 유럽 지역을 적극적으로 공략하였다. 2001년 브랜드채널(Brandchannel)이라는 잡지는 가장 극적인 글로벌 10대 브랜드 중 스타벅스를 1위로 선정했다. 그러나 이는 시작에 불과했는데, 2006년 말 이 회사는 전 세계 12,000개의 매장을 40,000개로 늘리는 장기 목표를 발표했다. 그리고 새로운 매장의 50%는 미국 이외의 국가에 개설하겠다고 밝혔다.

토의 주제

1. 스타벅스가 우월한 재무적 성과를 달성하는데 어떠한 기능별 전략이 기여하고 있는가?
2. 스타벅스의 자원과 역량, 차별적 역량은 무엇이라고 생각하는가?
3. 스타벅스의 자원과 역량 및 차별적 역량이 어떻게 우월한 성과로 나타나고 있는가?
4. 스타벅스가 프랜차이징이 아닌 직영 매장 원칙을 고수하는 이유는 무엇이라고 생각하는가?
5. 스타벅스의 경쟁우위는 얼마나 지속가능한가? 모방장벽은 무엇인가?

PART 3

장기적인 경쟁우위의 확보와 유지

Chapter

5

사업수준 전략과 경쟁적 포지셔닝

경쟁적 포지셔닝의 본질

고객 니즈와 제품 차별화

고객 집단과 시장 세분화

차별적 역량

사업수준 전략의 선택

원가 우위 전략

차별화 전략

원가 우위와 차별화

집중화 전략

어중간한 상태

다양한 산업 환경에서의 경쟁적 포지셔닝

분산된 성장기 산업에서의 전략

성숙기 산업에서의 전략

쇠퇴기 산업에서의 전략

학습목표

- 성공적인 사업수준 전략을 결정하는 세가지 주요 요인들을 활용하여 경쟁적 포지셔닝의 본질을 논의
- 주요 사업수준 전략을 이해하고, 각각의 장점과 단점을 평가
- 다양한 산업 환경에 따라 달라지는 경쟁적 포지셔닝의 주요 이슈들을 이해

개요

이 장에서는 수익성을 높이고 경쟁우위를 창출하기 위해 기업이 활용할 수 있는 다양한 전략에 대해서 살펴본다. 제3장에서 우리는 산업 환경으로부터 기회와 위협을 파악하기 위해 필요한 다양한 개념들을 알아보았다. 제4장에서는 기업이 경쟁우위 확보에 필요한 차별적 역량을 구축하기 위해 기능별 전략을 어떻게 수립해야 하는가를 생각해 보았다. 본 장에서는 첫째, 기업이 산업 내 다른 경쟁기업 대비 경쟁우위를 확보하기 위해 사용가능한 기본적인 사업수준의 전략들을 검토한다. 둘째, 성장기, 성숙기, 쇠퇴기 등 서로 다른 산업 환경에서 경쟁우위를 확보하기 위해 기업들이 사용할 수 있는 전략적 수단과 전술들에 대해 살펴본다. 이 장을 마치면 경영자들이 기업의 경쟁우위를 확보하기 위하여 사용할 수 있는 다양한 사업수준의 전략과 전술들을 구분하고 이해할 수 있을 것이다.

경쟁적 포지셔닝의 속성

사업수준 전략
경쟁우위를 달성하기 위해 전략적 경영자가 채택하는 기업자원과 차별적 역량의 활용을 위한 실행계획

기업이 경쟁우위를 극대화하기 위해서는 시장에서 최선의 포지셔닝 전략을 선택해야 한다. **사업수준 전략**(business-level strategy)은 기업에서 전략을 책임지는 경영자가 경쟁기업 대비하여 자사의 경쟁우위를 확보하기 위하여 기업의 자원과 차별적 역량을 어떻게 활용할 것인가와 관련된 실행계획이다. 제2장에서 우리는 기업이 자신의 사업을 정의하는 과정에서 (1) 고객 니즈, 즉 무엇을 충족시켜야 하는가, (2) 고객 집단, 즉 누구를 만족시켜야 하는가, (3) 차별적 역량, 즉 어떻게 고객 니즈를 충족시켜야 하는가에 대한 의사결정이 이루어진다고 논의하였다. 이 세 가지의 의사결정은 기업이 주어진 산업에서 어떻게 경쟁할 것인가를 결정하며, 사업수준 전략을 선택하는 기반이 된다. 따라서 우리는 기업이 경쟁우위를 획득하기 위하여 이 세 가지 의사결정을 내리는 방법을 살펴볼 필요가 있다.

고객 니즈와 제품 차별화

고객 니즈(customer needs)는 제품(재화와 서비스)이 가지는 다양한 속성에 의해서 충족되어지는 고객의 열망(갈망)이나 욕구를 의미한다. 예를 들어 개인이 가지고 있는 '달콤함'에 대한 갈망은 고디바(Godiva) 초콜릿 한 상자, 스니커즈(Snickers) 한 개, 또는 설탕 한 스푼으로 충족되어질 수 있다. 제품 차별화(product differentiation)는 고객 니즈를 충족시키기 위해 제품의 디자인을 통하여 경쟁우위를 창출하는 과정을 말한다. 고객을 끌어들이고 고객이 가진 기본적인 수준의 니즈를 충족시키기 위해서, 모든 기업들은 자신의 제품을 어느 정도까지는 차별화해야 한다. 하지만 어떤 기업은 다른 기업보다 높은 수준의 차별화를 추구하는데, 이러한 차이는 기업에게 경쟁우위를 제공할 수 있다.

고객 니즈
제품과 서비스가 가진 다양한 속성에 의해 충족되어지는 열망(갈망)이나 욕구

제품 차별화
고객 니즈를 충족시키기 위해 제품의 디자인을 통하여 경쟁우위를 창출하는 과정

어떤 기업들은 제품을 차별화하는 대신 저가의 제품을 고객에게 제공하는 반면, 다른 기업들은 자신들의 제품에 독특한 가치를 부여함으로써 경쟁 제품들이 할 수 없는 방식으로 고객의 니즈를 충족시킨다. 이러한 독특함(uniqueness)은 제품의 물리적 속성(예를 들어 제품의 품질이나 내구성)과 관련된 것일 수도 있고, 고객의 심리적 니즈(예를 들어 명예나 지위에 대한 갈망)를 충족시키는 제품의 속성에 기반한 것일 수 있다. 일본의 자동차 브랜드들은 제품의 내구성에 대한 명성으로 차별화되어 있으며, 콜벳(Corvette)이나 포르쉐(Porsche)는 고객의 지위에 대한 심리적 니즈를 충족시킬 수 있는 제품으로 차별화되어 있다.

고객 집단과 시장 세분화

시장 세분화(market segmentation)는 기업이 경쟁우위를 획득하기 위해 고객의 니즈나 선호에 기반하여 고객 집단을 정의하는 것을 말한다. 예를 들어 GM은 차량 구매를 위해 감당할 수 있거나 지출할 의향이 있는 금액의 수준에 따라서 고객을 분류하며, 각 고객 집단에 맞추어 저가의 쉐보레 아베오(Aveo)부터 고가의 캐딜락 DTS에 이르는 다양한 차종을 생산하여 제공한다.

시장 세분화
기업이 경쟁우위를 획득하기 위해 고객 니즈나 혹은 선호를 파악하고, 이로부터 고객 집단을 정의하는 방식

일반적으로 기업들은 시장 세분화와 관련하여 다음의 세 가지 전략적 대안을 가진다. 첫째는 상이한 집단에 속하는 고객들이 각기 다른 선호를 가지고 있다는 사실을 무시하고, 가장 평균적인 고객을 위한 제품을 생산하여 판매하는 것이다. 둘째는 고객들이 집단별로 다양한 선호를 가지고 있음을 인정하고, 대부분 또는 모든 세분시장을 목표로 하여 다양한 제품을 생산하여 판매하는 것이다. 예를 들어 도요타는 가족, 럭셔리, SUV, 트럭 등 20여 종류의 다양한 차량을 생산하며, 각 차량들은 서로 다른 세분시장을 목표로 한다. 세번째는 고객들이 집단별로 다양한 선호를 가지고 있음을 인정하고, 그 중에서 하나 또는 소수의 세분시장에만 집중하는 것이다. 예를 들어 벤츠는 다른 세분시장은 포기하고 고급차 시장에만 집중한다.

기업들이 전체 시장을 대상으로 단일 제품을 생산하지 않고, 제품과 시장을 복잡하게 분류하여 각 세분화된 시장을 목표로 다양한 제품을 제공하는 이유는 무엇인가? 그 이유는 시장을 세분화하고 세분화된 시장에 맞추어 다양한 제품을 제공하는 것이 고객의 니즈를 보다 잘 충족시킬 수 있는 방법이기 때문이다. 그 결과 기업은 전체시장을 대상으로 단일 제품을 공급하는 것에 비해 제품에 대한 수요가 증가하여 높은 수익을 창출할 수 있다. 하지만 때로는 화학제품이나 시멘트처럼 제품이나 산업의 특성 때문에 차별화가 어려운 경우도 있다. 이러한 산업에서는 다른 기업이 하고 있지 않은 방식으로 고객의 니즈를 충족시킬 수 있는 기회가 많지 않기 때문에, 제품 차별화나 시장 세분화를 통해 경쟁우위를 달성할 수 있는 기회가 거의 없다. 이 경우에는 제품의 가격이 고객이 제품을 평가하는 주된 기준이 되며, 높은 효율성을 확보하여 제품을 낮은 가격에 공급할 수 있는 기업이 경쟁우위를 가지게 된다.

중간사례 월마트의 비즈니스 모델과 경쟁적 포지셔닝

월마트의 비즈니스 모델은 공급자로부터 최대한 낮은 가격에 제품을 구매하여 이를 고객에게 최저 가격에 판매하는 것이다. 회사의 설립자인 샘 월튼은 고객에게 제품을 "상시 최저가(everyday low price)"에 판매할 뿐만 아니라 지속적으로 가격을 낮추기 위해, 운영비용을 최소화하기 위한 전략을 추진하였다. 샘 월튼은 제품 차별화 수준을 낮추고, 대중 시장(mass market)을 목표로 함으로써 효율성을 극대화할 수 있는 전략을 선택하였다. 또한 광고를 최소화하고 고객 대응능력을 낮은 수준으로 유지하였다. 샘 월튼의 할인 소매 비즈니스 모델은 낮은 원가가 낮은 가격으로 이어진다는 생각에 기반한다.

고객에 대한 접근 방식을 정한 후, 월튼은 저가격을 위한 저비용 구조를 만들 수 있는 비즈니스 모델을 실행하였다. 그가 실행했던 사업수준 전략은 첫째, 유사한 저가격 전략을 사용하는 경쟁자가 없는 작은 시골 마을에 월마트 매장을 여는 것이었다. 둘째는 제품을 생산자로부터 고객으로 이동시키는 비용을 줄이기 위해 가치사슬을 효율적으로 관리하는 방법을 찾는 것이었다. 셋째는 효율성을 높일 수 있는 방향으로 매장의 운영방식을 설계하고 인력을 배치하는 것이었다. 물류, 재고관리, 판매 및 고객서비스, 매장관리 등을 맡은 기능별 관리자들은 저원가·저가격 비즈니스 모델을 뒷받침하기 위해 구체적인 기능수준의 전략을 실행에 옮겼다. 월마트는 저가격 전략을 성공적으로 수행하기 위해 필요한 수천 가지의 구체적인 전략적 의사결정을 해나갔다.

차별적 역량

사업수준 전략에서 세 번째 이슈는 고객 니즈와 고객 집단을 만족시키기 위해 기업이 어떠한 차별적 역량을 구축할 것인가이다. 제4장에서 우리는 기업이 경쟁우위를 획득하는 네 가지 방법인 효율성, 품질, 혁신, 고객 대응능력에 대해 살펴보았다. 사업수준 전략을 수립하는 과정에서, 기업은 경쟁우위의 확보를 위하여 자신의 차별적 역량을 어떻게 구성하고 조합할 것인지 결정해야 한다.

사업수준 전략의 선택

기업은 경쟁에서 이기고 높은 수익성을 달성하기 위해, 경쟁우위 확보가 가능한 사업수준 전략을 추구한다. 사업수준 전략은 원가 우위, 차별화, 집중화의 세 가지 본원적 전략을 포함하며, 이들이 때로는 다양한 방식으로 결합되어 사용된다. 본원적 전략(generic strategies)이라고 하는 이유는 제조업과 서비스업, 영리 기업과 비영리 기업, 대기업과 중소기업에 상관없이 이 세 가지 전략을 활용할 수 있기 때문이다. 각 본원적 전략은 제품/시장/차별적 역량과 관련된 기업의 일관성 있는 의사결정의 결과물이다. [표 5.1]은 각 본원적 전략과 제품/시장/차별적 역량 간의 관계를 요약한 것이다.

[표 5.1] 제품/시장/차별적 역량의 선택과 본원적 경쟁전략

	원가 우위	차별화	집중화
제품 차별화	낮음 (주로 가격 위주)	높음 (주로 독특함 위주)	낮거나 높음 (가격 또는 독특함)
시장 세분화	낮음 (대중시장)	높음 (다수의 세분시장)	낮음 (단일 또는 소수의 세분시장)
차별적 역량	제조와 자재관리	연구개발과 영업 및 마케팅	다양한 차별적 역량

원가 우위 전략

> **원가 우위 전략**
> 경쟁자보다 낮은 비용으로 제품이나 서비스를 생산하기 위해 가능한 모든 수단을 활용하여 경쟁자를 앞서고자 하는 전략

원가 우위 전략(cost leadership strategy)을 추구하는 기업의 목표는 가능한 모든 방법을 동원하여 제품이나 서비스를 경쟁기업보다 낮은 원가로 생산함으로써 시장에서 경쟁기업보다 우월한 성과를 거두는 것이다. 원가 우위(저원가) 전략은 두 가지 장점을 가진다. 첫째, 기업이 경쟁기업보다 낮은 비용 구조를 가지므로, 동일한 고객을 대상으로 비슷한 가격으로 경쟁하는 가장 밀접한 경쟁기업보다 상대적으로 높은 수익성을 달성할 수 있다. 시장에서 경쟁하는 기업들이 비슷한 가격에 제품을 판매하는 경우, 원가 우위를 가진 기업이 낮은

비용 때문에 높은 수익을 얻을 수 있게 되는 것이다. 둘째, 산업 내 경쟁이 치열해지고 그로 인해 기업들이 가격 경쟁을 하게 되는 경우, 원가 우위를 가진 기업은 낮은 비용 구조 덕분에 다른 경쟁기업에 비해 경쟁상황에서 보다 오래 버틸 수 있다. 이러한 이유들로 인해 원가 우위를 가진 기업은 평균 이상의 수익을 달성할 수 있다. 그렇다면 기업은 어떻게 원가 우위를 확보할 수 있을까? 기업은 이를 위해 제품/시장/차별적 역량과 관련된 일관성 있는 의사결정을 내려야만 한다.

전략적 선택

제품 차별화

원가 우위 전략을 채택하는 기업은 일반적으로 낮거나 중간 정도 수준의 제품 차별화를 추구한다. 차별화를 위한 노력에는 비용이 들기 때문이다. 만약 기업이 제품 차별화를 위해 독특한 제품을 개발한다면 원가는 높아지게 된다. 원가 우위를 가진 기업은 차별화를 추구하는 기업(제품 개발에 자원을 투입함으로써 경쟁하는 기업)의 제품에 비해 너무 확연히 차이가 나지는 않지만, 낮은 원가로 달성할 수 있는 수준의 차별화를 추구한다. 저원가 기업은 차별화를 통해 시장을 선도하는 기업이 되려하기보다는 고객들이 원하는 제품과 서비스가 분명해질 때까지 기다리는 편을 선택한다. 예를 들어 저원가 기업은 스테레오 사운드가 포함된 TV를 경쟁기업보다 먼저 개발하여 시장에 출시하기보다는, 소비자들이 스테레오 사운드가 장착된 TV를 원한다는 것이 분명해지거나 경쟁기업들이 이러한 제품을 출시한 이후에야 비슷한 제품을 시장에 내놓는다.

시장 세분화

일반적으로 저원가 기업은 시장이 세분화되어 있다는 사실을 무시하고, 전체 시장의 가장 평균적인 고객들에게 맞추어 제품을 개발한다. 세분화된 시장의 고객들을 만족시키기 위해 다양한 제품을 개발하려고 하면 원가가 높아지기 때문이다. 저원가 기업은 일반적으로 몇몇 세분시장에 제한적으로 집중한다. 저원가 기업의 제품이 완벽하게 만족시킬 수 있는 고객이 없다고 할지라도, 경쟁기업들보다 가격이 낮기 때문에 여전히 많은 고객의 선택을 받을 수 있다.

차별적 역량

차별적 역량을 개발할 때에도 저원가 기업에게 최우선의 목표는 효율성을 제고하고 원가를 경쟁기업에 비해 낮은 수준으로 유지하는 것이다. 이러한 목표를 달성하기 위해서는 생산과 자재관리에서의 차별적 역량을 개발하는 것이 중요하다. 저원가 전략을 추구하는 기업들은 경험 곡선 효과를 통해 생산비용을 낮추고자 노력하기도 한다.

저원가 기업이 되기 위해서 기업은 특히 유연생산을 위한 역량을 개발하고 효율적인 자재관리 기술을 도입할 필요가 있다. 제4장의 [표 4.1]은 효율성을 증대하기 위해 기업이 각 기능을 어떻게 활용해야 하는지를 보여준다. 생산과 자재관리 기능에서의 비용 절감이 저원가 전략을 추구하는 기업들에게 가장 핵심적이지만, 이와 더불어 다른 기능별 활동을 수행함에 있어서도 원가 절감을 위한 차별적 역량을 개발해야 한다. 예를 들어 판매 기능은 대량의 안정적인 고객 주문을 수주할 수 있는 역량을 개발해야 한다. 그러면 생산 기능이 장기적인 생산계획을 수립할 수 있기 때문에 규모의 경제를 달성하여 생산원가를 낮출 수 있게 된다. 인적자원관리 기능은 직원들의 생산성을 향상시킴으로써 원가를 낮출 수 있는 교육훈련 프로그램과 보상 프로그램의 개발에 집중해야 하며, 연구개발 기능은 생산 원가를 낮추기 위한 공정개선 활동에 집중해야 한다.

많은 저원가 기업들은 경쟁우위를 유지하기 위해 모든 전략적 의사결정 과정에서 한 푼이라도 비용을 아끼려고 노력한다. 하인즈(Heinz)는 저원가 기업의 좋은 예라고 할 수 있는데, 콩이나 야채 통조림의 가격 인상이 쉽지 않기 때문에, 하인즈는 대신 대량 판매를 통해 수익을 창출한다. 하인즈는 원가 절감을 위해 가능한 모든 수단을 동원하는데, 각 캔당 0.05센트만 절감해도 이는 장기적으로 커다란 비용절감으로 이어져 수익을 높이는 데 크게 기여하기 때문이다.

장점과 단점

각 본원적 전략의 장점은 제3장에서 소개된 마이클 포터의 5 포스 모델을 통해서 살펴볼 수 있다. 이 모델에서 5개의 포스는 산업 내 기존 경쟁자, 강력한 공급자, 강력한 구매자, 대체재, 잠재적 진입자의 위협이다. 저원가 기업은 경쟁기업 대비 낮은 원가 구조를 가지기 때문에 산업 내 기존 경쟁자의 위협으로부터 상대적으로 안전하다. 강력한 공급자가 공급가를 높이는 경우에도 저원가 기업은 경쟁기업들에 비해 상대적으로 영향을 덜 받고, 또한 강력한 구매자가 존재하여 제품의 가격을 인하해야 하는 상황에서도 마찬가지이다. 뿐만 아니라 저원가 기업은 일반적으로 높은 수준의 시장점유율을 확보하고 있기 때문에 대량 구매를 통해 공급자에 대한 협상력을 높일 수도 있다. 대체제가 시장에 등장하더라도 저원가 기업은 제품의 가격을 더 낮출 수 있는 여력이 있으므로, 대체재와 보다 효과적으로 경쟁하여 시장점유율을 지킬 수 있다. 마지막으로 저원가 기업의 원가 우위는 잠재적 진입자에 대한 진입장벽을 형성한다. 잠재적 진입자가 해당 산업에 진입하여 저원가 기업의 낮은 원가 또는 가격과 경쟁하는 것이 쉽지 않기 때문이다. 따라서 저원가 기업이 원가 우위를 유지할 수 있고 제품의 가격이 다수의 구매자에게 중요한 의사결정 기준이 되는 한, 저원가 기업은 시장에서 상대적으로 안전한 지위를 차지할 수 있다.

저원가 기업에게 가장 위험한 상황은 경쟁기업이 원가 구조를 낮출 수 있는 새로운 전략을 개발하고 이를 통해 저원가 기업의 경쟁우위에 도전하는 경우이다. 예를 들어 새로운 기술이 등장하여 과거의 기술에 기반한 경험 곡선 효과가 사라지게 되는 경우, 이 기술을 도입한 경쟁기업들이 저원가 기업에 비해 원가 우위를 가지게 될 수 있다. 또한 경쟁기업들이 인건비 절감을 통해 원가 우위를 달성할 수도 있는데, 예를 들어 많은 아시아 기업들의 인건비 수준은 미국 기업에 비해 현저히 낮으며, 따라서 미국 기업들도 저원가 전략의 일환으로 아시아 국가에서 자신의 제품을 생산하기도 한다.

저원가 기업의 원가 절감방식을 경쟁기업이 모방하는 것 또한 저원가 기업에게 커다란 위협요인이 된다. 예를 들어 델컴퓨터의 주요 경쟁자인 HP, 에이서, 레노버가 델의 저원가 자재관리 방식을 성공적으로 모방함에 따라 델의 경쟁우위는 약화되었고, 이에 따라 델은 이들과 경쟁하기 위한 새로운 방법을 찾기 위해 노력하고 있다.

이외에도 저원가 기업은 비용 통제를 지나치게 강조하기 때문에 시장에서 고객의 선호가 변화하고 있음을 인지하지 못할 수 있다. 또한 기업이 원가를 낮추기 위하여 내린 의사결정들이 시장에서 자신의 제품에 대한 고객의 수요에 큰 영향을 줄 수도 있다. 예를 들어 죠셉 슐리츠 맥주(Joseph Schlitz Brewing)는 원가를 낮추기 위해 원재료인 곡물의 품질 수준을 낮추었는데, 이는 이 회사가 생산하는 맥주의 품질을 낮추는 결과를 가져왔다. 고객들은 즉각적으로 제품의 변화를 알아차렸고, 제품에 대한 수요는 급격히 감소하였다. 앞서 언급한 바와 같이, 저원가 기업들도 제품 차별화를 포기해서는 안 된다. 타이맥스(Timex) 같이 저가 제품을 생산하는 기업의 경우에도, 저원가·저가격 전략이 성공하기 위해서는, 더 비싼 제품을 생산하는 세이코(Seiko)의 제품에 비해 지나치게 낮은 품질로 제품을 만들어서는 안 된다.

차별화 전략

> **차별화 전략**
> 고객에게 독특하다고 인식되는 제품을 제공함으로써 경쟁우위를 달성하고자 하는 전략

차별화 전략(differentiation strategy)의 목표는 고객들이 중요하다고 생각하는 영역에서 독특(unique)하다고 인식할 수 있는 제품을 제공함으로써 경쟁우위를 달성하는 것이다. 차별화 전략을 성공적으로 수행하는 기업은 경쟁기업이 할 수 없는 방식으로 고객 니즈를 충족시킬 수 있는 차별화된 능력을 가지고 있기 때문에, 자신의 제품에 대해 시장의 평균보다 높은 수준의 프리미엄 가격을 책정할 수 있다.

차별화 기업들은 프리미엄 가격을 책정함으로써 경쟁기업들보다 높은 성과

를 거두고 평균 이상의 수익을 얻을 수 있는데, 이 때 프리미엄 가격이란 저원가 기업들의 가격보다 상당히 높은 수준의 가격을 의미한다. 그리고 고객들은 제품의 차별화된 품질이 그만큼 가치가 있다고 믿기 때문에 높은 가격을 기꺼이 지불한다. 결국 제품의 가격은 고객이 제품을 구매하기 위해 얼마나 지불할 용의가 있느냐에 기반하여 설정되는 것이다.

벤츠, BMW, 렉서스의 경우, 소비자들이 이들을 소유함으로써 얻을 수 있는 고급스러움이나 화려함이 높은 비용을 지불할 만한 충분한 가치가 있다고 인식하기 때문에 높은 가격을 책정할 수 있다. 시계 브랜드 중에서는 롤렉스, 보석 브랜드 중에서는 티파니(Tiffany), 항공 산업에서는 리어젯(Learjet) 등이 비슷한 예라고 할 수 있다. 이들 기업은 모두 제품의 차별화된 속성 덕분에 프리미엄 가격을 책정할 수 있다.

전략적 선택

제품 차별화

[표 5.1]에서처럼 차별화 기업들은 경쟁우위를 확보하기 위해 높은 수준의 제품 차별화를 선택한다. 제품 차별화는 기본적으로 제4장에서 논의한 세 가지 방식, 즉 제품의 품질, 혁신, 고객 대응능력을 통해 달성할 수 있다. 예를 들어 P&G는 자사 제품의 품질이 높으며 아이보리 비누가 99.44% 깨끗한 원료로 만들어졌다고 주장한다. IBM은 잘 훈련된 판매직원들이 제공하는 높은 수준의 서비스를 항상 강조한다.

혁신은 특히 새로운 기능의 개발이 차별화의 원천이 되는 하이테크 제품들에 있어서 매우 중요하다. 많은 고객들이 새롭고 혁신적인 제품에 대해 프리미엄 가격을 지불할 용의를 가지고 있다. 가장 최신 모델의 휴대폰, 컴퓨터, 비디오 게임기, 자동차 등이 그 예라고 할 수 있다.

차별화 우위가 고객 대응능력을 기반으로 하는 경우, 기업은 보통 폭넓은 사후 및 고장수리 서비스를 제공한다. 이러한 서비스는 주기적으로 고장이 날 수 있는 자동차나 가전기기처럼 복잡한 제품들을 구매하는데 있어서 매우 중요한 고려요인이 된다. 월풀, 델컴퓨터, BMW 등의 기업들은 고객 대응능력 측면에서 뛰어난 역량을 갖추고 있다. 특히 서비스 기업에서 서비스의 질은 매우 중요한다. 니만 마커스(Neiman Marcus), 노드스트롬(Nordstrom's) 백화점이나 페덱스 같은 기업들이 프리미엄 가격을 책정할 수 있는 이유는 이들 기업이 다른 기업들과 구분되는 높은 수준의 서비스를 제공하기 때문이다. 이와 유사하게 로펌이나 회계법인들도 지식, 전문성, 명성 등 자신의 서비스적 요소들을 고객에게 강조한다.

마지막으로 앞서 언급한 것처럼 고객의 특정한 심리적 욕구를 충족시키는 제품의 속성도 제품 차별화의 원천이 될 수 있다. 이러한 속성은 다양하게 나타날 수 있는데, 롤스로이스 자동차나 롤렉스 시계는 높은 지위나 고급스러움을, 쉐보레는 애국심을, 프루덴셜 보험은 집과 가족의 안전을 고객에게 강조한다. 또한 차별화는 특정 연령대 혹은 유사한 사회경제적 특성을 공유하는 집단에 대해서 이루어질 수도 있다. 이처럼 차별화의 기반이 될 수 있는 것은 무수히 많다.

차별화 전략을 추구하는 기업은 최대한 다양한 측면에서 자신을 차별화하기 위해 노력한다. 경쟁기업들과의 유사성이 줄어들수록, 스스로를 경쟁으로부터 더욱 효과적으로 보호할 수 있고, 시장에서 더욱 확실하게 자신을 어필할 수 있기 때문이다. 예를 들어 BMW는 고급스러움 뿐만 아니라 기술적인 정교함, 높은 내구성, 뛰어난 수리 및 정비 서비스 등도 함께 제공한다. 이러한 차별화 속성들이 모두 이 기업의 매출 증대에 기여하고 있다.

시장 세분화

일반적으로, 차별화 기업들은 시장을 다수의 니치시장(niche market)으로 세분화하여 구분한다. 어떤 기업은 각각의 니치시장에 맞는 제품을 모두 생산하여 제공하는 **광범위한 차별화 전략**(broad differentiation strategy)을 추구한다. 반면 다른 기업들은 자신이 특별한 차별화 우위를 가진 니치시장만을 선택하기도 한다. 예를 들어 소니는 20여 종류의 HD TV를 생산하여, 중가부터 고가

> **광범위한 차별화 전략**
> 각 니치시장에 적합한 다양한 제품을 제공하는 전략

에 이르는 모든 니치시장을 공략한다. 하지만 소니는 자신의 제품 중 가장 낮은 가격의 모델도 경쟁기업의 가장 낮은 가격의 모델보다는 수백 달러 정도 비싸도록 프리미엄 가격을 책정하고 있다. 반면 벤츠는 자신들의 고유한 고가 모델보다 조금 낮은 가격대의 니치시장을 S시리즈나 C시리즈로 채워왔지만, 모든 가격대의 세분화된 시장을 대상으로 제품을 생산하지는 않는다.

차별적 역량

마지막으로 차별적 역량을 개발함에 있어서, 차별화 기업들은 차별화 우위의 원천을 제공하는 특정 기능에 집중한다. 제4장에서 살펴보았듯이 혁신과 기술적 역량에 기반한 차별화를 위해서는 조직의 연구개발 기능이 가장 중요하고, 고객서비스를 강화하고자 하는 기업에서는 판매 및 마케팅 부서의 역할이 매우 중요하다. 하지만 이러한 특정 기능에 집중한다는 것이, 차별화 기업에서 비용 관리가 전혀 중요하지 않음을 의미하는 것은 아니다. 차별화 기업도 불필요하게 원가가 상승하는 것을 원치 않으며, 가능하면 자신들의 원가수준을 저원가 기업들의 수준과 비슷하게 유지하고자 노력한다. 하지만 차별화 우위를 제공하는 차별적 역량을 개발하기 위해서는 상당한 투자가 필요하므로, 차별화 기업은 일반적으로 저원가 기업보다 높은 비용 구조를 갖는다. 따라서 차별화 기업도 차별화 우위를 확보하고 유지하는데 크게 기여하지 않는 비용들을 모두 통제함으로써 제품의 가격이 고객이 지불하고자 하는 수준을 넘지 않도록 노력할 필요가 있다. 높은 수익은 원가의 절감과 매출의 극대화를 통해 달성될 수 있으므로, 차별화 기업도 차별화 우위의 원천을 해치지 않는 선에서 원가를 줄여나가야 한다.

장점과 단점

차별화를 통해 구축된 제품에 대한 고객의 브랜드 로열티가 강할수록, 기업은 산업내 경쟁자로부터 안전할 수 있다. 고객의 브랜드 로열티는 이외에도 5포스의 모든 측면에서 기업을 보호하는 매우 중요한 자산이다. 차별화 기업들은 제품 생산에 투입되는 원가에 비해 높은 수준의 프리미엄 가격을 책정하는 데 초점을 두고 있으므로 강력한 공급자는 크게 문제가 되지 않는다. 따라서 이들은 저원가 기업에 비해 공급자의 가격 인상 압력에 보다 잘 견딜 수 있다. 차별화 기업은 독특한 제품을 구매자에게 공급하기 때문에 강력한 구매자로 인한 문제를 겪을 가능성이 낮다. 제품이 독특할수록 시장에서 고객의 브랜드 로열티 확보가 용이하기 때문이다. 또한 차별화와 브랜드 로열티는 해당 시장에 진입하고자 하는 기업들에게는 진입장벽으로서 작용한다. 새로운 진입자들이 기존의 차별화 기업과 성공적으로 경쟁하기 위해서는 차별적 역량의 개발이 필요하지만 이는 결코 쉬운 일이 아니다. 마지막으로 대체재의 위협의 크기는 대체재가 얼마나 차별화 기업이 충족시키는 고객 니즈를 동일하게 충족시키고, 고객의 브랜드 로열티를 낮출 수 있는가에 달려 있다.

차별화 기업에게 가장 중요한 문제는 고객이 인식하는 제품의 독특함을 얼마나 오랜 기간 유지할 수 있는가 하는 것이다. 우리는 지난 10여년간 어떻게 경쟁기업들이 성공적인 차별화 기업을 모방해 왔는지를 직접 보아왔다. 이러한 현상은 휴대폰, 컴퓨터, 자동차, 전자기기 등 매우 다양한 산업에서 나타났다. 특허와 선발기업의 이점(제품이나 서비스를 처음 시장에 출시한 기업이 가지는 우위)은 영원히 지속될 수 없으며, 시장 내 기업들이 생산하는 제품의 질적 수준이 전반적으로 향상될수록 특정 제품에 대한 고객의 브랜드 로열티는 점차 약해진다.

원가 우위와 차별화

최근의 생산 기술의 변화, 특히 제4장에서 살펴본 유연생산기술의 발전은 원가 우위와 차별화 전략 간의 선택을 보다 모호하게 만들고 있다. 기술의 발달로 인해 두 가지 전략이 가지는 장점을 동시에 추구하는 것이 기업들에게 좀 더 용이해진 것이다. 기업들은 유연생산기술로 인해 차별화 전략을 낮은 원가로 추구할 수 있게 되었다. 이제는 기업들이 두 가지 전략을 결합할 수 있게 된 것이다.

전통적으로 차별화는 오직 높은 원가를 통해서만 실현할 수 있었다. 다양한 세분시장을 위해 다양한 제품을 생산한다는 것은, 기업이 다품종을 소량으로 생산해야 함을 의미하고, 이는 생산 원가의 상승을 가져오기 때문이다. 뿐만 아니라 차별화 기업들은 다수의 세분시장에 제품을 공급하기 때문에, 저원가 기업들에 비해 더 많은 마케팅 비용을 지출해야 한다. 결과적으로 차별화 기업들은 표준화된 소수의 제품을 대량생산하는 저원가 기업들에 비해 높은 원가 구조를 가지게 되었다. 그러나 유연생산 방식으로 인해 차별화를 시도하는 기업들이 저원가 기업들과 비슷한 수준의 원가로 다양한 제품을 생산하는 것이 가능해졌다. 유연생산기술은 생산라인을 재배치하는 비용과 소량생산에 따르는 추가적인 비용을 획기적으로 감소시켰다. 실제로 유연생산을 통한 차별화 비용의 획기적인 감소는 휴대폰, 컴퓨터, 가전기기와 같은 소비재 산업에서 시장 세분화와 니치 마케팅이 증가하는 추세를 가져왔다.

차별화 기업이 일정 수준의 규모의 경제를 달성하는 또 다른 방법은 최종 제품에 사용되는 다양한 부품들을 표준화하는 것이다. 예를 들어 2000년대 후반, 피아트-크라이슬러(Fiat-Chrysler)는 다양한 자동차 세분시장에 20여 종류의 자동차와 미니밴을 출시하였다. 그러나 차량들의 모든 모델이 외형은 모두 달랐지만, 단 3종류의 플랫폼에서 생산되었다. 또한 대부분의 차량들이 다수의 동일 부품을 사용하였다. 결과적으로 피아트-크라이슬러는 생산과정에서 상당한 수준의 규모의 경제를 실현할 수 있었고 표준화된 부품을 대량구매할 수 있었다.

기업들은 또한 고객이 다양한 옵션 중 자신이 원하는 것들을 직접 일일이 선택하도록 하는 대신, 몇 가지 옵션들을 한데 묶어서 제한된 패키지 형태로 고객에게 제공함으로써 생산라인에서 제조되는 모델의 수를 제한하여 생산 비용과 마케팅 비용을 절감할 수 있다. 이러한 방식은 자동차 산업에서 많이 활용되고 있는데, 예를 들어 자동차 기업들은 세분화된 시장에 맞추어, 경제적 옵션 패키지, 럭셔리 패키지, 스포츠 패키지와 같은 몇 가지 다른 옵션 패키지들을 고객에게 제시하고 있다. 옵션 패키지의 제공을 통해 다양한 패키지의 장기적인 생산이 가능해지므로 생산비용을 현저히 낮출 수 있다. 또한 기업들이 세분화된 각 시장에 맞게 광고 및 마케팅 활동을 집중할 수 있으므로 마케팅 비용 또한 낮아진다. 그 결과 기업은 차별화와 저원가를 동시에 달성함으로써 수익을 창출할 수 있게 된다.

일부 기업들은 유연생산기술뿐 아니라 생산과 마케팅에서의 다양한 신기술을 적극 활용하여 원가 우위와 차별화를 동시에 추구함으로써 높은 수익을 달성하고 있다. 이들은 원가 우위만을 가진 기업들보다 높은 수준의 프리미엄 가격을 자신의 차별화된 제품에 책정할 수 있고, 동시에 차별화 우위만을 가진 기업들에 비해 낮은 원가구조를 가지므로, 한 가지 본원적 전략만을 추구하는 기업에 비해 최소한 비슷한 수준, 일반적으로는 보다 높은 수준의 수익을 창출할 수 있다. 이처럼 두 가지 전략을 결합하는 것이 보다 높은 수익을 가져다줄 수 있으므로, 델컴퓨터와 같은 기업들은 새로운 생산과 마케팅 기술을 최대한 신속하게 도입하여 활용하려고 노력한다.

집중화 전략

> **집중화 전략**
> 하나 혹은 소수의 고객 집단이나 세분시장의 니즈를 충족시키는 전략

세 번째 본원적 전략은 **집중화 전략**(focus strategy)으로, 이 전략은 제한된 고객 집단이나 세분시장의 니즈를 충족시키는 것을 목표로 한다는 점에서 앞의 두 본원적 전략과는 다르다. 집중화 전략은 지리적으로 구분되거나, 고객 또

는 제품의 유형에 의해 구분된 특정 니치시장에 집중한다. 예를 들어 지리적으로 구분된 니치시장은 지역이나 거주지 등에 의해 정의될 수 있다. 고객의 유형에 따라 니치시장을 선택하는 것은 매우 부유한 고객만을 대상으로 하거나, 매우 젊은 고객만을, 또는 매우 모험심이 강한 고객만을 대상으로 하는 식의 선택을 말한다. 제품 유형에 따라 니치시장을 구분하고 특정 시장에 집중하는 예로는 채식주의자를 위한 음식만을 제공하거나, 매우 빠른 자동차만을 생산하거나, 디자이너 의류 및 선글라스에 집중하는 경우 등을 들 수 있다. 집중화 전략을 선택하는 기업은 어떤 방식으로든 전문화를 추구하게 된다.

기업은 일단 특정 세분시장을 선택한 후, 차별화 전략 혹은 원가 우위 전략을 실행함으로써 집중화 전략을 추구한다. [그림 5.1]은 두 유형의 집중화 전략을 시장 전반을 대상으로 하는 원가 우위나 차별화 전략과 비교한 것이다.

기본적으로 집중화 전략을 선택한 기업은 집중화된 원가 우위 전략(focused cost leadership strategy) 또는 집중화된 차별화 전략(focused differentiation strategy) 중 하나를 추구하게 된다. 만약 한 기업이 집중화된 원가 우위 전략을

[그림 5.1] 사업수준 전략의 유형

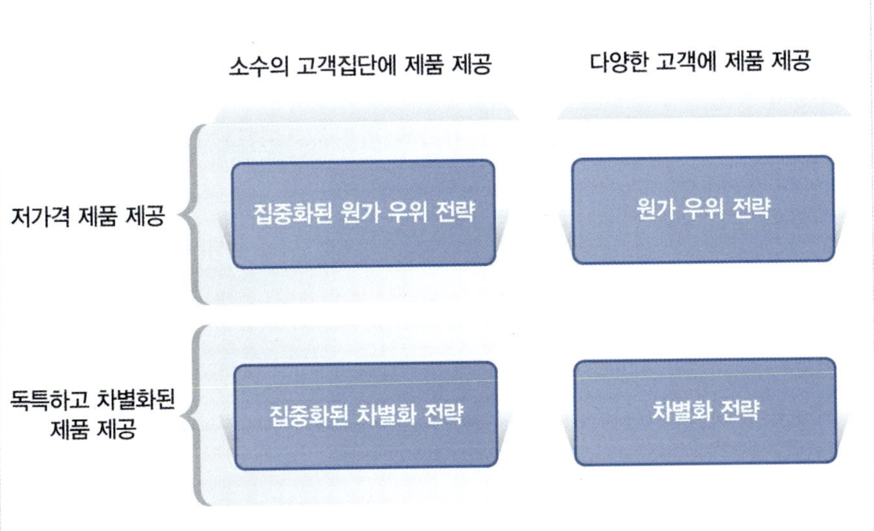

선택한다면 이 기업은 원가 측면에서 불리하지 않은 특정 니치시장에서 저원가 기업과 경쟁하게 될 것이다. 예를 들어 특정 지역의 목재 시장 혹은 시멘트 시장에 집중화된 저원가 기업은 전국을 대상으로 하는 저원가 기업들에 비해 운송 비용 측면에서 유리할 수 있다. 또한 집중화 기업들은 생산 과정에서 규모의 경제와 경험 곡선 효과가 작은 복잡한 제품이나 주문제작 제품에서 비용상 우위를 가질 수도 있다. 이들은 대량의 표준화된 제품 시장은 일반적인 저원가 기업들의 것으로 인식하고, 자신들이 비용상 우위를 가지고 있는 영역에서 소량의 맞춤화된 제품을 생산하는데 집중한다.

집중화된 차별화 전략을 선택하는 경우, 기업은 일반적인 차별화 기업들이 사용할 수 있는 모든 차별화 요소들을 활용할 수 있다. 이 때 중요한 것은 집중화된 차별화 기업이 일반적 차별화 기업과 달리 자신이 경쟁하는 세분시장의 영역을 한 개 또는 소수로 제한한다는 것이다. 예를 들어 포르쉐는 집중화 전략을 사용하는 기업인데, 자동차 시장의 모든 영역이 아니라 스포츠카, 럭셔리 SUV, 최근에는 럭셔리 세단 시장에서만 BMW, 렉서스 등과 경쟁한다. 집중화 기업들은 제한된 목표 고객 집단이나 지역 시장에 대해 상세하고 정확한 정보와 이해를 가지기 때문에, 자신들의 제품을 해당 시장에서 성공적으로 차별화할 수 있다.

집중화된 차별화 기업은 좁은 범위의 제품군에 집중하기 때문에 시장 전반을 대상으로 하는 차별화 기업보다 빠르게 혁신을 달성할 수 있다. 집중화 기업이 다수의 세분시장으로 진출하는 경우 차별화 기업과 직접적인 경쟁을 해야 하기 때문에, 하나 혹은 소수의 세분시장에서 자신의 시장점유율을 높이는 것을 우선적인 목표로 한다. 그러나 이러한 전략이 성공을 거두는 경우, 점차 더 많은 세분시장으로 진출하여 장기적으로는 차별화 기업의 경쟁우위를 잠식할 수도 있다.

전략적 선택

[표 5.1]은 집중화 기업이 내리게 되는 제품/시장/차별적 역량에 대한 의사결정을 보여준다. 집중화 기업은 저원가나 차별화 전략 중 하나를 선택할 수 있기 때문에, 제품 차별화 정도는 저원가를 선택하면 낮을 것이고 차별화를 선택하면 높을 것이다. 고객 집단 측면에서 집중화된 기업은 저원가 기업들처럼 전체시장을 목표로 하거나, 차별화 기업들처럼 다수의 니치시장을 목표로 하기보다는, 소수의 니치시장에 집중한다. 차별화 기업처럼 다수의 세분시장을 공략하지 않기 때문에 시장 세분화 수준은 낮다고 할 수 있다. 집중화 기업은 차별화나 저원가 중 어떤 것을 추구하는가에 따라 구축하는 차별적 역량도 달라진다. 이들은 특정 지역에서 낮은 비용과 뛰어난 효율성을 바탕으로 원가 우위를 달성할 수도 있고, 특정 지역 소비자의 니즈를 전국적인 차별화 기업보다 더욱 잘 충족시키는 능력을 구축함으로써 우월한 고객 대응능력을 보유할 수도 있다.

집중화 기업들이 경쟁우위를 구축하기 위해서 다양한 수단을 선택할 수 있다는 사실은 우리 주변에 왜 규모가 큰 기업보다 중소기업의 수가 많은지를 설명해 준다. 집중화 전략을 추구하는 기업들은 자신만의 니치시장을 개발하고, 그 안에서 규모가 큰 저원가 기업이나 차별화 기업과 효과적으로 경쟁할 수 있는 기회를 포착한다. 창업가는 집중화 전략을 통해 틈새시장을 발견하고 혁신적인 제품 개발로 이 틈새시장을 효과적으로 공략함으로써 사업에서 성공을 이룰 수 있다. 대부분의 대기업들도 창업 초기에는 집중화 전략으로 시작한다. 또한 대기업들은 다른 집중화 기업의 인수를 추가적인 사업확장의 수단으로 흔히 활용한다.

장점과 단점

집중화 기업의 경쟁우위는 차별적 역량(효율성, 품질, 혁신, 고객 대응능력)으로부터 나온다. 집중화 기업이 경쟁기업들이 제공할 수 없는 제품과 서비스를 제공할 수 있으면, 이 기업은 경쟁자들과의 경쟁으로부터 보호받을 수 있다.

또한 이러한 능력은 구매자가 동일한 제품을 다른 어디에서도 구매할 수 없도록 만들기 때문에 집중화 기업이 구매자에 대해 우월한 협상력을 가질 수 있도록 한다. 하지만 집중화 기업은 보통 대량 구매를 하지 않으므로 공급자와의 관계에서는 낮은 수준의 협상력을 가지게 된다. 그러나 집중화 기업이 가격인상을 통해 높아진 구매비용을 구매자에게 전가시킬 수 있다면 공급자에 대한 낮은 협상력은 큰 문제가 되지 않는다. 잠재적 진입자는 집중화 기업이 확보하고 있는 고객 로열티를 극복해야만 한다. 집중화 기업이 확보한 고객 로열티는 대체제로부터의 위협을 낮추는 역할도 한다. 이와 같이 집중화 기업은 산업 내 다섯 가지의 주요 위협요인으로부터 스스로를 보호할 수 있으므로, 평균을 상회하는 수익성을 획득할 수 있다. 집중화 전략의 또 다른 장점은 이 전략이 기업으로 하여금 고객들과의 긴밀한 관계를 유지함으로써 고객 니즈의 변화에 적절히 대응할 수 있도록 해준다는 것이다.

집중화 기업은 일반적으로 소량 생산을 하기 때문에 저원가 기업에 비해 생산 비용이 높은 편이다. 만약 집중화 기업들이 제품 혁신과 같은 차별적 역량을 개발하여 차별화 기업들과 경쟁하기 위해서 대규모의 투자를 해야 한다면, 높은 원가구조 때문에 수익성이 낮아질 수 있다. 하지만 낮은 비용에 소량 생산을 가능하게 하는 유연생산 시스템은 집중화 기업들에게도 새로운 기회를 제공한다. 전문화된 중소기업들이 원가에서의 열위가 크지 않은 특수한 세분시장에서 대기업들과 경쟁하는 일이 최근 점차 늘어나고 있다.

마지막으로 차별화 기업들이 집중화 기업의 니치시장에 진입하여 고객 니즈를 충족시키는 제품을 제공할 수 있다. 예를 들어 GM과 포드가 새로운 럭셔리 자동차를 출시하여 렉서스, BMW, 벤츠의 고객들을 공략할 수 있다. 집중화 기업들은 자칫 이러한 공격에 취약할 수 있으므로 지속적으로 자신들의 니치시장을 방어하기 위해 노력해야 한다.

어중간한 상태

기업들은 각 본원적 전략을 추구함으로써 경쟁우위를 확보하기 위해 제품/시장/차별적 역량과 관련된 일관성 있는 선택을 해야 한다. 예를 들어 저원가 기업이 차별화 기업이 하는 것처럼 높은 수준의 시장 세분화를 추구하거나 폭넓은 범위의 제품을 제공하려고 하는 경우, 이러한 행동은 생산비용을 지나치게 높여 원가 우위를 약화시킬 수 있다. 이와 유사하게 혁신 역량을 가진 차별화 기업이 연구개발 지출을 줄이거나, 사후 서비스에서 높은 고객 대응능력을 가진 차별화 기업이 비용을 낮추기 위해서 서비스 인력을 축소하는 경우, 이러한 행동은 기업의 차별적 역량을 약화시켜 경쟁우위를 상실하게 만들 수 있다.

사업수준 전략을 성공적으로 추구하기 위해서는 경쟁전략의 모든 구성 요소에 대해 세심한 주의를 기울여야 한다. 현실에서 많은 기업들이 실수로 혹은 무지로 인해 스스로 선택한 전략을 성공적으로 추구하기 위해 필요한 구체적인 계획 수립을 소홀히 한다. 이러한 기업들은 이도 저도 아닌 어중간한 상태(stuck in the middle)에 빠지게 되는데, 그 이유는 이들 기업이 내린 제품/시장/차별적 역량에 관한 의사결정으로는 경쟁우위의 획득이나 유지가 어려워지기 때문이다. 결과적으로 이 기업들은 일관성이 결여된 사업수준 전략을 가지게 되고, 경쟁기업보다 낮은 수준의 성과를 내며, 산업 내 경쟁이 치열해질수록 어려움을 겪게 된다.

> **어중간한 상태**
> 지속적인 경쟁우위를 유지할 수 있도록 해주는 제품·시장·차별적 역량에 대한 올바른 선택을 하지 못해서 전략이 실패한 기업들이 겪게 되는 상황

어중간한 상태에 빠진 기업들도 처음에는 세 가지 본원적 전략 중 한 가지를 선택하여 추구했으나, 그 후에 잘못된 자원배분 의사결정 또는 적대적인 환경 변화에 직면했을 수 있다. 전략적 경영자가 지속적으로 사업과 환경의 변화를 파악하고, 산업 내에서의 변화하는 환경에 맞추어 제품/시장과 관련된 의사결정을 끊임없이 조정하지 않는다면, 자신이 선택한 본원적 전략을 실행하는 과정에서 방향을 잃기 쉽다.

어중간한 상태에 빠지는 과정은 다양한데, 특히 집중화 기업들이 과도한 자신감을 가지고 차별화 기업처럼 행동하기 시작할 때 빈번하게 발생한다. 현재는 폐업한 피플 익스프레스 항공(People Express Airlines)이 이러한 상황의 전형적인 예이다. 이 기업은 미국 동부 해안지역으로의 저렴한 여행이라는 좁은 니치시장을 대상으로 특화된 서비스를 제공하면서 사업을 시작했다. 이 기업은 저원가 전략에 기반한 집중화 전략을 매우 성공적으로 실행하였다. 하지만 다른 지역으로 확장을 시도하고, 보다 많은 수의 비행기를 확보하기 위해 다른 항공사를 인수하면서 자신의 니치시장을 잃기 시작했다. 급기야 피플 익스프레스는 경쟁이 갈수록 치열해져가는 항공 산업에서 미국 전역을 대상으로 하는 다른 항공사에 비해 특별한 경쟁우위가 없는 기업이 되고 말았다. 그 결과 재무적 어려움을 겪어서 나중에는 컨티넨탈 항공(Continental Airlines)에 합병되었다. 반면 항공 산업에서 같은 집중화된 저원가 기업이었던 사우스웨스트 항공은 철저하게 자신의 전략에 집중하여 마침내 미국 전체 시장에서도 저원가의 선두기업으로 성장했다. 이 회사는 2010년 보스턴과 동부 해안의 수익성 높은 시장에 접근하기 위해 또 다른 저원가 기업인 에어트랜 항공(AirTran Airways)을 14억 달러에 인수하였다.

차별화 기업 또한 자사의 경쟁우위를 무력화시킬 수 있는 보다 특화되거나 원가가 낮은 제품으로 경쟁기업이 시장에 성공적으로 진입하면 시장에서 어중간한 상태에 빠질 수 있다. IBM의 메인프레임 컴퓨터 사업이 이와 같은 상황에 직면하였는데 PC의 성능이 강화되면서 예전에는 고가격의 메인프레임 컴퓨터로만 가능했던 작업들을 처리할 수 있게 되었기 때문이다. 또한 많은 기업들이 유연생산 시스템을 도입함에 따라 저원가 기업과 차별화 기업 모두 큰 도전에 직면하게 되었다. 이제는 아무리 성공적인 대기업이라도 저원가 전략과 차별화 전략을 동시에 추구하기 위한 투자를 게을리하는 순간 금새 어중간한 상태에 빠질 수 있게 된 것이다. 어떤 기업도 경쟁이 치열한 글로벌 환경에서 더 이상 안전할 수 없으며, 모든 기업들은 자신의 경쟁우위를 최대한 활용하고 자신이 가진 장점을 유지하기 위해 주의를 게을리해서는 안 된다.

요약하면, 본원적 전략을 성공적으로 추진하기 위해서 전략적 경영자는 두 가지 중요한 이슈에 관심을 가져야 한다. 첫째, 전략적 경영자들은 제품/시장/차별적 역량에 대한 의사결정들이 기업이 추구하는 경쟁전략과 철저하게 일관성을 유지해야 함을 명심해야 한다. 둘째, 변화하는 환경으로부터의 기회와 위협요인에 맞추어 기업이 가진 경쟁우위의 원천을 적절하게 유지하고 관리하기 위해서는 환경에 대한 모니터링을 게을리해서는 안 된다. 지금부터는 이 이슈에 대해 살펴보자.

다양한 산업 환경에서의 경쟁적 포지셔닝

전략적 경영자가 사업수준의 본원적 전략을 성공적으로 수립한 이후에도, 또 다른 핵심적인 이슈에 바로 직면하게 된다. 다양한 산업환경 하에서 성공적인 경쟁적 포지셔닝을 위해 어떻게 적절한 경쟁전술과 수단을 선택할 것인가의 문제이다. 지금부터는 먼저 기업들이 분산되고 성장하는 시장에서 자신들의 본원적 전략을 수행하기 위해 어떻게 경쟁전략을 개발하는지에 대해서 논의할 것이다. 다음으로 성숙기 산업에서 경쟁우위를 유지하기 위해 극복해야 할 사항들을 살펴볼 것이다. 마지막으로는 시장 수요의 축소로 인해 경쟁 강도가 높아지는 쇠퇴기 산업에서 기업들이 본원적 전략을 수행하는데 직면하는 문제점들을 논의할 것이다.

> **윤리적 딜레마**
>
> 당신은 인터넷 사용자가 온라인에서 실시간 상호작용할 수 있는 소프트웨어를 개발한 혁신적인 중소기업의 최고경영진 중 한 명이다. 주요 경쟁기업이 제품의 가치를 인식하고, 인수제의를 했지만, 당신은 제시된 가격이 충분하지 않다고 생각한다. 만약 당신이 제안을 거절한다면, 경쟁회사는 전문 지식을 얻기 위해 당신 회사의 소프트웨어 개발 책임자를 영입하려 할 것이다. 이미 한 명의 엔지니어가 떠났고, 다른 엔지니어들도 자신의 요구조건이 만족되지 않으면 회사를 떠날 것이라고 하고 있다. 결과적으로 회사의 경쟁우위를 잃어버릴 위기에 처했다. 당신이 생각하기에, 엔지니어들의 이직을 막기 위해 법원에 이직금지처분을 요청하는 것이 윤리적인가? 당신의 경쟁자가 기술획득을 위해 당신의 직원들을 영입하는 것은 윤리적인가? 당신의 대답을 토대로 볼 때, 당신은 경쟁자에게 당신의 회사를 매각해야 하는가?

분산된 성장기 산업에서의 전략

우리 주변에서는 분산된 산업(fragmented industry)을 쉽게 찾을 수 있다. 산업이 분산되어 있다는 것은 해당 산업이 다수의 중소 규모 기업들로 구성되어 있음을 의미한다. 예를 들어 레스토랑, 헬스클럽, 법률서비스 산업 등은 모두 분산된 산업이라고 할 수 있다. 소수의 대기업이 아닌 다수의 중소 기업들이 산업을 구성하는 데에는 다양한 이유가 있다. 어떤 산업들에서는 규모의 경제 효과가 거의 없어서, 대기업들이 중소 규모 기업에 대해 우위를 가지지 못한다.

어떤 산업에서는 작은 규모를 유지함으로써 고객과의 밀접한 관계를 유지할 수 있다는 장점이 있다. 예를 들어 주택 구매자들은 대규모의 전국적인 부동산 업체보다는, 특정 지역에 대해 보다 많은 지식을 가지고 있다고 여겨지는 지역 부동산 업자와의 거래를 선호한다. 이와 유사하게, 레스토랑 산업에서도 많은 고객들은 각자 독특한 스타일을 가진 지역 식당을 선호한다. 한 명의 사업자가 창업에 필요한 모든 비용을 감당할 수 있는 레스토랑 산업의 경우처럼, 진입장벽이 거의 없기 때문에 산업이 분산되기도 한다. 시멘트 사업과 같이 운송 비용이 높은 경우에도 해당 지역에서 생산하는 것이 고객 니즈를 충족시키기 위한 가장 효율적인 방식이 될 수 있으므로 시장이 분산된다. 마지막으로, 각 고객의 니즈가 매우 독특해서 오직 소규모의 생산만이 요구되어 전체 시장을 만족시킬 수 있는 대량 생산이 필요 없는 경우에도 산업은 분산된다.

분산된 산업에서 앞서 언급한 요인들이 기업들이 추구해야 할 경쟁전략을 결정하기도 하는데, 많은 경우 집중화 전략이 가장 중요한 전략적 선택이 된다. 기업들은 고객 집단, 고객 니즈, 지역 등에 맞추어 전문화를 추구하며, 따라서 많은 소규모의 전문화된 기업들이 지역 시장에서 사업을 영위하게 된다. 많은 종류의 주문제작 제품들(가구, 의류, 모자, 부츠 등)이 여기에 속하며, 고객의 특수한 니즈를 충족시키기 위한 다양한 소규모 서비스 사업들(세탁, 레스토랑, 헬스클럽, 가구 대여점 등)도 이에 포함된다.

하지만 전략적 경영자들은 분산된 산업이 가지는 문제점들을 극복함으로써 저원가 전략을 통해 원가 우위를 획득하거나 차별화 전략을 통해 매출과 수익을 높이기를 원하기도 한다. 분산된 산업을 집중화(consolidating)할 수 있을 때 얻을 수 있는 이익은 매우 크다. 특히 산업의 매출과 수익이 성장하는 경우에는 더욱 그러하다. 따라서 과거 수십년 간, 많은 기업들이 분산된 산업을 집중화하기 위한 전략을 꾸준히 개발해 왔다. 이들 기업에는 대규모 소매점인 월마트와 타깃(Target), 패스트푸드 체인점인 맥도날드와 서브웨이가 포함된다. 또한 자동차 정비, 헬스클럽, 심지어는 법률이나 경영자문 서비스 체인들도 많이 생겨났다. [그림 5.2]에서 볼 수 있는 것처럼 기업들은 산업을 성장시키고 집중

[그림 5.2] 분산된 산업을 집중화하기 위한 전략

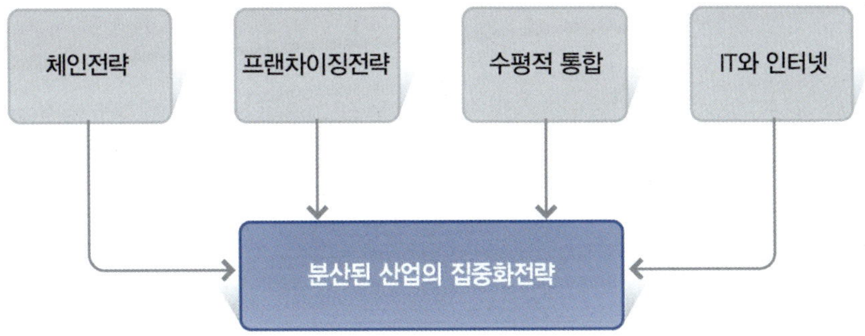

화한 후 산업의 지배적인 기업이 되기 위해서, 체인전략, 프랜차이징전략, 수평적 통합의 크게 세 가지 전략을 주로 사용한다.

체인전략

유통업의 월마트나 자동차 정비업의 마이다스(Midas)와 같은 기업들은 원가 우위를 확보하기 위해 체인전략(chaining strategy)을 사용한다. 이들은 각 체인점들을 연결하는 네트워크를 구축하는데, 각 체인점들은 서로 긴밀하게 연결되어 있어서 마치 하나의 단일 기업처럼 운영된다. 이들 기업은 전국 규모의 체인 네트워크를 가짐으로써 매우 높은 수준의 구매력을 확보할 수 있는데, 이를 통해 공급자에게 큰 규모의 가격할인을 요구함으로써 경쟁우위를 강화할 수 있다. 이들은 재고비용을 최소화하면서도 각 체인점과 고객의 니즈에 대한 대응능력은 극대화할 수 있도록 최첨단 지역 물류 센터를 설립함으로써, 산업을 집중화함에 따른 높은 물류비용의 문제를 해결한다. 지역 물류 센터는 월마트의 중요한 차별적 역량이기도 하다. 또한 이 기업들은 경영관리 기술을 체인점 간에 공유하고, 지역이 아닌 전국을 대상으로 한 광고활동을 통해 규모의 경제를 실현한다.

프랜차이징전략

패스트푸드의 맥도날드나 부동산의 센츄리 21(Centry 21)과 같이 분산된 산업에서 차별화되어 있는 기업들은 프랜차이징 계약을 활용하는 전략을 통해 경쟁우위를 확보한다. 프랜차이징 계약에서, 모기업인 프랜차이저(franchiser)는 프랜차이지(franchisee)에게 특정지역에서 모기업의 상호, 명성, 운영관리 기술을 사용할 수 있는 권한을 부여한다. 자신의 매장을 직접 경영하는 프랜차이지의 경우에는 사업을 철저히 관리하고, 고객의 니즈를 충족시키기 위해 제품의 품질을 높은 수준으로 유지하려는 동기를 가지게 될 것이다. 이러한 동기부여는 차별성을 유지해야 하는 차별화 전략에서 특히 중요하다. 산업이 분산되는 중요한 이유 중 하나는, 제품의 차별성을 유지하면서도 다수의 소규모 매장에 대한 통제를 유지하는 것이 쉽지 않기 때문이다. 기업은 프랜차이징을 통해 이러한 문제점을 해결할 수 있다. 또한 프랜차이징은 급속한 확장에 따른 기업의 재무적 부담을 줄여주므로 기업의 빠른 성장을 가능하게 해준다. 마지막으로, 규모가 큰 차별화 기업은 구매와 관리, 물류 활동 등에서의 규모의 경제뿐 아니라 대규모 광고를 통한 이점도 얻을 수 있는데, 맥도날드가 좋은 예이다. 맥도날드는 원가 우위 전략과 차별화 전략을 동시에 추구하는데, 프랜차이징 전략을 통해 각 매장 수준에서 점주에 의해 비용이 철저히 통제되기 때문에 원가 우위가 달성되고, 국가 수준에서 활발한 마케팅 활동을 수행함으로써 차별화가 달성된다.

수평적 통합

앤호이저부시(Anheuser-Bushe)나 메이시스(Macy's) 같은 기업들은 분산된 산업을 집중화하기 위하여 수평적 통합(horizontal integration) 전략을 선택했다. 예를 들어 메이시스는 전국적인 기업이 되기 위하여 다수의 지역 백화점 체인들의 매장을 인수하였다. 수평적 통합을 실행하면서, 기업들은 규모의 경제를 확보하고 자사의 제품에 대한 전국적 시장을 확보할 수 있다. 결국 이들은 수평적 통합을 통해 성공적으로 원가 우위나 차별화 전략, 또는 두 가지를 동시에 추구할 수 있게 된다. 수평적 통합의 이슈는 제7장에서 보다 자세히 다루어질 것이다.

인터넷의 활용

인터넷의 활용은 기업들이 분산된 산업을 집중화하는 가장 최신 수단인데, 이베이(eBay)가 그 좋은 예이다. 이베이가 등장하기 전에 경매 사업은 고도로 분산된 시장이어서, 사람들은 각 도시 내에서 이루어지는 지역경매, 벼룩시장, 거라지 세일(garage sale) 등 몇 안 되는 방법을 통해 자신의 물건을 처분할 수 밖에 없었다. 지금은 판매자가 이베이를 통해 자신의 물건을 전 세계에 노출시킬 수 있고, 이를 통해 보다 높은 가격에 판매할 수 있다. 이와 유사하게, 온라인으로 도서를 판매하는 아마존의 성공으로 인해 가격이나 책 구성에서 아마존과 경쟁할 수 없는 수천 개의 작은 서점들이 폐업하게 되었다. 인터넷 활용이라는 트렌드 때문에 상대적으로 과점화된 산업에서조차도 집중화가 더욱 가속화될 전망이다.

분산되고 성장하는 산업에서 전략적 경영자가 해결해야 할 핵심적인 문제는 본원적 전략을 추구하여 확보한 경쟁우위로부터 수익을 최대한 실현하기 위해 시장을 집중화하고 매출을 성장시키는데 가장 적절한 수단(체인전략, 프랜차이징전략, 수평적 합병, 인터넷)을 선택하는 것이다. 이제는 컨설팅이나 회계서비스부터 미용실과 카센터에 이르기까지, 체인전략, 프랜차이징전략, 수평적 통합을 통해 집중화되지 않은 서비스 산업을 찾아보기 어려운 것이 사실이다. 또한 인터넷의 발달은 컴퓨터나 디지털 관련 제품 등 많은 신산업을 만들어냈고, 이러한 산업들은 인터넷 서비스가 확대됨에 따라 급속도로 성장하고 있다.

성숙기 산업에서의 전략

일반적으로 산업은 성장기와 조정기의 치열한 경쟁을 거치며 집중화되는 경향을 보이며, 따라서 성숙기에는 소수의 대규모 기업들에 의해서 지배되는 집중화된 산업(consolidated industry)의 모습을 띠게 된다. 성숙기 산업에 다수의 중간 또는 소규모의 전문화된 기업들이 포함되어 있어도, 대기업들은 산업의 다섯 가지 경쟁적 요소에 중요한 영향을 미칠 수 있기 때문에, 이들이 산업 내 경쟁의 양상을 결정한다. 실제로 이들은 산업 내에서 가장 성공적인 본원적 사업수준 전략을 개발해 낸 기업들이다.

조정기에서 성숙기로 넘어오면서 기업들은 다른 기업의 사업수준 전략을 지속적으로 분석하는 것이 얼마나 중요한지를 알게 된다. 이러한 경쟁 분석을 통해 기업들은 경쟁우위를 구축하고 유지하기 위하여 자신의 경쟁적 포지셔닝을 어떻게 변화시킬지를 결정할 수 있다. 하지만 동시에 기업들은 자신의 전략을 공격적으로 수정하면, 이러한 전략의 변화가 경쟁기업들을 위협하고 자극하는 결과를 초래할 것이라는 것도 잘 알고 있다.

예를 들어 새로운 비용절감 기술을 도입한 차별화 기업이 제품 가격을 인하하면, 이러한 행동은 다른 차별화 기업들을 위협하게 될 것이며, 동시에 저원가 기업들도 자신의 경쟁우위가 약화될 수 있다는 위협을 인지하게 될 것이다. 따라서 모든 기업들이 이에 대응하여 전략을 수정할 것이며, 많은 경우 자사의 제품 가격을 낮추는 방식으로 대응할 것이다. 이는 PC와 자동차 시장에서 빈번하게 발생하는 일이다. 한 기업이 어떻게 자신의 사업수준 전략을 수정하거나 개선하느냐에 따라, 동일 산업 내의 다른 기업들에서도 각자의 전략을 수행하는 방식이 달라지게 되는 것이다. 그러므로 산업 수명 주기 중 성숙기 정도에 이르게 되면, 기업들은 자신들의 전략이 서로 상호 의존적임을 잘 알게 된다.

실제로 성숙기 산업에서 기업들이 직면하는 중요한 문제는 자신의 경쟁우위를 보호하면서 동시에 산업의 수익성도 보호할 수 있는 경쟁전략을 선택하는 것이다. 만약 산업 내 주요 경쟁 요인들의 영향력이 너무나 강해서 기업들이 경쟁자, 잠재적 진입자, 강력한 구매자와 공급자 등에 의해 크게 영향을 받는다면 어떠한 본원적 전략도 평균 이상의 수익을 창출해 낼 수 없다. 결국 성숙기 산업에서는 대기업들이 자사와 산업의 수익성을 동시에 보호하기 위하여,

산업 내 다섯 가지 경쟁 요인들의 강도를 낮추기 위한 어떠한 집단적 행동을 하는지를 이해하는 것이 중요하다.

상호 의존적인 기업들은 산업의 경쟁 요인들로부터의 위협을 낮추기 위해 경쟁전술을 도입함으로써 자신의 경쟁우위와 수익성을 보호하려 한다. 지금부터 우리는 기업들이 다른 기업의 진입을 막고 산업내 경쟁 강도를 낮추기 위해 사용하는 다양한 가격 및 비가격 전략에 대해 논의할 것이다.

성숙기 산업으로의 진입을 어렵게 하는 전략

일반적으로 기업들은 세 가지 방법을 주로 사용하여 잠재적 경쟁자의 진입을 차단하고 산업의 수익성을 유지하거나 높이려 노력한다. [그림 5.3]에서처럼 이러한 방법에는 제품 확대, 가격 인하, 초과 생산능력의 유지가 있다.

[그림 5.3] 경쟁기업의 진입을 저지하는 전략

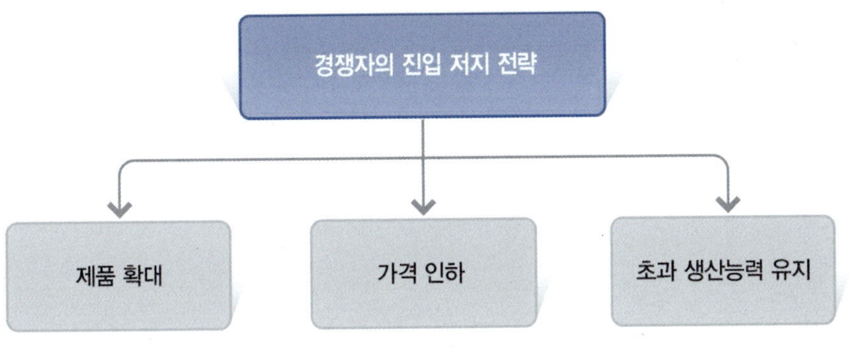

제품 확대

우리 주변에서 단일 제품만을 생산하는 기업은 찾아보기 힘들다. 대부분의 경우 기업들은 다양한 세분시장을 목표로 다양한 제품을 생산하기 때문에 폭넓은 제품라인을 가진다. 기업들은 때로는 잠재적 진입자의 위협을 낮추고자 자사의 제품라인을 확대하여 보다 많은 니치시장을 만족시키려 노력한다. 이러한 경우, 거의 모든 니치시장이 기존 기업들에 의해서 채워지기 때문에, 잠재적 진입자는 해당 산업에 진입하는 것이 매우 어렵다는 것을 알게 된다. 제품라인을 확장함으로써 잠재적 진입자의 시장 진입을 억제하는 것을 제품 확대(product proliferation) 전략이라고 한다.

1980년대 미국의 3대 자동차 제조사들은 소형차 시장에 적극적이지 않았는데, 이는 다시 말해 제품 확대 전략을 취하지 않았다고 할 수 있다. 따라서 일본 기업들이 미국 소형차 시장에 진출할 수 있었고 시간이 흐르자 일본이 소형차 시장을 지배하게 되었다. 미국의 3대 기업들이 유럽에서 매우 오랜기간 동안 소형차를 성공적으로 생산하여 판매해 왔음을 고려할 때, 이는 변명의 여지가 없는 전략적 예측의 실수라고 할 수 있다. 미국의 3대 자동차 제조사들은 본국의 소형차 시장을 일본 기업들에게 열어두는 것이 위험하다는 것을 인식해야 했으며, 이미 10여년 전에 이 시장을 목표로 하는 제품을 출시해야 했다. 하지만 이들 빅 3에게 소형차는 단지 '낮은 수익'을 의미했다. 이와는 반대로 시리얼 산업에서 기업 간 경쟁은 새로운 종류의 시리얼을 출시하거나 기존 제품을 개선하여 고객의 니즈를 보다 잘 충족시키고 새로운 니즈를 창출하는 방향으로 진행되었다. 그 결과, 시리얼과 스낵의 숫자와 종류는 계속해서 확대되었고, 잠재적 진입자가 기존 시장에서 비어 있는 니치시장을 찾는 것이 매우 어려워졌다. 기존 기업들이 특정 시장에 존재하는 모든 니치시장을 위해 다양한 제품을 생산하게 되면 진입장벽이 형성되어서, 새로운 기업이 진입의 발판을 마련하고 스스로를 차별화하기가 매우 어려워진다.

가격 인하

경우에 따라서는 가격 인하(price cutting) 전략이 다른 기업의 시장진입을 막음으로써 산업 내 기존 기업들의 수익을 보호하는 수단이 되기도 한다. 예를 들어 제품 출시 초기에 높은 가격을 책정하여 단기적으로 높은 수익을 확보하고, 그 이후 공격적으로 가격을 낮추어 시장점유율을 확보함과 동시에 잠재적 진입자에 대한 진입장벽을 형성하는 것이 하나의 가격 전략이 될 수 있다. 이 방법으로 기존 기업들은 만약에 잠재적 진입자가 시장에 진입하면 자신들의 경쟁우위를 활용하여 신규진입자가 원가를 충당할 수 없는 수준까지 가격을 낮출 것이라는 신호를 보낼 수 있다. 이러한 가격 전략은 기업이 보다 빠르게 경험 곡선 효과를 누리고 상당한 수준의 규모의 경제를 확보할 수 있도록 해준다. 매출량이 증가함에 따라 단위당 원가가 감소하기 때문에, 가격을 낮춰도 수익성은 그대로 유지될 수 있다.

하지만 이러한 가격 전략으로도 새로운 산업에서 수익 창출의 기회를 탐색하고자 하는 다른 산업의 선도 기업들 같은 강력한 잠재적 경쟁자의 진입을 막기는 어렵다. 예를 들어 IBM이나 3M과 같은 기업이 새로운 산업에 진출할 때, 그 산업의 기존 기업들이 가격 인하 전략을 쓸 것이 두려워서 시장진입을 포기할 것이라고 기대하기는 어렵다. 이런 기업들은 어느 정도의 단기 손실을 버틸 수 있는 충분한 자원을 가지고 있기 때문이다. 이러한 경우, 기존 기업들은 어느 정도의 시장점유율을 신규 진입자에게 양보하더라도 가급적이면 가격 전쟁을 회피하여 자신의 수익성을 유지하려 할 가능성이 높다.

일반적으로 시장의 성장단계에서는 기업들이 제품에 높은 가격을 책정하여 단기 수익을 극대화하려는 행동을 한다. 이후 이들 기업은 가격을 인하하여 시장을 급속하게 성장시키고, 자신의 시장점유율을 확대하며, 명성을 구축하고, 규모의 경제 달성을 통해 비용을 낮추면서 동시에 진입장벽을 쌓으려 노력한다. 기존 기업들은 경쟁자의 진입을 저지하기 위해 가격을 낮추기도 하지만, 실제로 진입이 일어난 후에는 보다 안정적인 산업 환경을 만들기 위해 일정 부분의 시장점유율을 포기하기도 한다. 이러한 환경에서 기업들은 장기적인 수익성의 극대화를 위해 제품 차별화 같은 비가격 전략을 사용할 수 있다. 이 시점이 되면, 비가격 경쟁은 산업 내 경쟁의 주요한 추세가 되며, 경쟁이 안정화되면서 가격은 다시 오르게 된다. 따라서 성숙기 산업에서 가격과 제품 차별화 등의 경쟁전술은 서로 밀접한 관련이 있으며, 본원적 전략으로부터의 수익을 극대화하기 위한 경쟁적 의사결정들이 기업들에 의해 이루어진다.

초과 생산능력의 유지

기존 기업들이 잠재적 진입자의 신규 진입을 저지하기 위해 사용할 수 있는 세 번째 전략은 초과 생산능력의 유지(maintaining excess capacity)이다. 이는 현재 고객의 수요보다 많은 제품을 생산하는 것이다. 산업 내 기존 기업들은 의도적으로 어느 정도의 초과 생산능력을 유지하는 경향을 보이는데, 이러한 행동을 통해 잠재적 진입자가 만약 시장에 진입하면, 기존 기업들이 생산량을 늘려서 가격을 낮추는 보복 전략을 채택하게 될 것이고, 결과적으로 시장진입이 좋은 의사결정이 아닐 수 있다는 경고를 잠재적 진입자에게 줄 수 있기 때문이다. 하지만 생산량을 증가시킬 것이라는 위협에는 충분한 신뢰성이 있어야 한다. 이는 만약 신규 진입이 예상되면, 산업 내 기업들이 서로 협력하여 집단적으로 생산량을 빠르게 증가시킬 수 있어야 함을 의미한다.

성숙기 산업에서 경쟁을 관리하기 위한 전략

성숙기 산업의 기존 기업들은 신규 진입의 저지뿐 아니라, 기존 기업 간의 경쟁적 상호의존성을 관리하고 경쟁 강도를 낮추기 위한 전략을 모색해야 한다. 앞서 언급한 대로, 무제한적인 가격 경쟁은 기업과 산업의 수익성을 모두 떨어뜨리는 결과를 가져온다. 기업들이 가격 전쟁을 막고 다른 기업과의 관계를 관리하기 위해 사용하는 경쟁전술 중에서 가장 중요한 것으로 가격 신호, 가격 선도, 비가격 경쟁을 들 수 있다.

가격 신호

> **가격 신호**
> 자사가 가진 경쟁 의도를 경쟁자에게 전달하기 위해 제품 가격을 올리거나 내리는 과정

대부분의 산업은 다수의 작은 기업들이 시장점유율 확보를 위해 경쟁하는 분산된 구조에서 시작한다. 그리고 시간이 지남에 따라, 선도 기업들이 나타나고, 기업들은 서로의 경쟁적 행동들을 해석하기 시작한다. 가격 신호 전략은 기업들이 경쟁 강도를 조절하기 위해 사용하는 첫 번째 수단이다. **가격 신호**(price signaling)는 기업이 경쟁과 관련된 자신의 의도를 경쟁기업들에게 전달함으로써 그들의 가격 책정에 영향을 미치기 위해, 자사의 제품 가격을 높이거

나 낮추는 과정을 말한다. 기업들은 자신의 본원적 경쟁전략을 방어하기 위해 주로 두 가지 방식으로 가격 신호를 사용한다.

첫째, 기업들은 자신을 위협하는 다른 기업의 적대적인 경쟁 행위에 대해 적극적으로 대응할 것이라는 의지를 명확히 전달하기 위해 가격 신호를 사용한다. 예를 들어 기업들은 만약 다른 기업이 공격적으로 가격을 낮추기 시작한다면, 자신들 역시 동일한 방식으로 대응할 것이라는 신호를 보낼 수 있다. **팃포탯 전략**(tit-for-tat strategy)이라는 용어가 이러한 형태의 시장 신호를 설명하기 위해 사용된다. 팃포탯 전략(동등보복전략)은 '누구도 수익을 얻을 수 없고, 모두가 손실을 입는 상황'을 만들어낸다. 이와 유사하게, 앞서 살펴본 것처럼 기업들은 잠재적 진입자가 만약 시장에 진입하면, 가격 인하를 통해서 대응할 것이며, 그 결과 신규 진입자가 상당한 손실을 입게 될 것이라는 신호를 보내기도 한다.

팃포탯 전략
한 기업이 공격적으로 가격을 인하한다면, 경쟁자들이 비슷한 방식으로 대응할 것이라는 시장 신호 형태. 이러한 현상이 발생할 때, 어느 기업도 수익을 얻지 못하며, 모든 기업이 손실을 경험하게 된다.

둘째, 기업들은 간접적으로 서로의 행동을 조정하고, 산업 내 가격의 붕괴를 가져올 수 있는 경쟁 행위를 서로 회피하도록 하기 위해 가격 신호를 사용한다. 예를 들어 어떤 기업이 가격을 인하하면서, 가격 전쟁을 시작하기 위해서가 아니라 다른 산업의 제품으로 전환하려는 고객을 유지하기 위해 부득이한 것이라는 신호를 보낼 수 있다. 다른 한편으로는 산업 내 수익성을 개선하기 위해서 가격 신호를 사용할 수도 있다. PC 산업은 가격 신호가 가진 힘을 보여주는 좋은 예이다. 1990년대에 가격 인하의 신호는 가격 전쟁을 유발하였다. 하지만 2000년대 들어와 PC 제조사들은 가격 전쟁을 막고 제품 가격을 안정적으로 유지하기 위해 가격 신호를 사용하였다. 요약하면, 가격 신호는 기업들이 다른 기업들에게 자신들의 제품/시장 전략을 이해할 수 있게 해주는 정보를 전달하며, 상호 간의 경쟁 행위를 조율하도록 해 산업의 수익성을 보호하는 역할을 한다.

가격 선도

가격 선도
산업 내에서 한 기업이 비공식적으로 제품의 가격을 설정하는 책임을 지는 과정

가격 선도(price leadership)는 성숙기 산업에서 기업들이 수익성을 향상시키기 위해 사용하는 또 하나의 전략으로, 한 기업이 비공식적으로 산업 내에서 제품 가격 설정의 책임을 지는 것을 말한다. 명시적인 가격 선도 전략이나 기업들이 공동으로 가격을 설정하는 것은 독과점 규제에 따라 불법행위에 해당되므로, 가격 선도가 나타나는 과정은 때로 매우 모호할 수 있다. 예를 들어 자동차 산업에서 가격의 설정은 서로 간의 모방을 통해서 이루어진다. 가장 높은 비용구조를 가지고 있어서 경쟁력이 가장 약한 기업에 의해 설정된 가격은 종종 경쟁기업들이 가격을 책정하는 기준이 된다. 따라서 미국 자동차 회사들이 가격을 설정하면, 일본 기업들이 미국 회사들의 가격을 참고하여 자사의 제품 가격을 책정했다. 일본 자동차 회사들은 미국 경쟁기업에 비해 낮은 비용구조를 가지고 있어서, 가격 경쟁을 회피하면서도 미국 기업들보다 높은 수익을 창출할 수 있기 때문에 이 방식을 선호했다. 가격 책정은 세분시장을 기준으로 이루어진다. 한 기업에서 만드는 다양한 모델에 책정된 상이한 가격은 이 기업이 목표로 하는 고객 집단과 각 고객 집단이 수용가능한 가격 범위에 대한 이 기업의 판단을 보여준다. 제조사들은 생산 원가가 아니라, 경쟁사의 제품 가격을 참고하여, 각 세분시장에서의 제품 가격을 책정한다. 가격 선도는 차별화 기업에게 프리미엄 가격을 부과할 수 있도록 해주고, 저원가 기업에게는 수익성을 높일 수 있도록 해준다.

비록 가격 선도가 기업 간 직접적인 경쟁 강도를 낮추어 산업 내 경쟁 관계를 안정화시키고, 그 결과 기업들의 수익성을 높이는 데 기여하지만, 그 뒤에는 위험이 도사리고 있다. 가격 선도는 높은 원가를 가지고 있는 기업들이 효율성이나 생산성을 높이지 않아도 생존할 수 있도록 도와준다. 장기적으로 이런 기업들은 지속적으로 새로운 생산 기술을 개발하여 원가를 낮춰가는 경쟁 기업들의 공격에 취약해질 수 있다. 이러한 현상은 일본의 자동차 기업들이 미국 시장에 진출한 이후 미국 자동차 산업에서 실제로 발생하였다. 미국에서는 수년간 가격 선도 기업인 GM에 의해서 암묵적으로 가격이 결정되었으나, 시간이

흐르자 미국 자동차 회사들은 일본 기업들과의 저원가 경쟁에 빠져들기 시작했다. 2000년대에 들어서자 도요타나 혼다 등의 일본 기업들은 자신의 제품 가격을 스스로 책정할 수 있을만큼 미국 시장에서 큰 인기를 끌게 되었고, 이들이 자사 자동차 가격을 유지하는 동안 미국 자동차 회사들은 재고를 처분하기 위해 3,000~4,000달러에 이르는 가격 할인을 실시해야만 했다. 그럼에도 불구하고 일본 기업들의 시장점유율은 계속해서 증가하였고, 2006년에 들어서 도요타는 포드보다도 많은 차량을 미국 시장에서 판매하게 되었으며, 2008년에는 전 세계에서 가장 큰 자동차 제조사가 되었다.

비가격 경쟁

성숙기 산업에서 매우 중요한 세 번째 제품/시장 전략은 산업 내 경쟁을 관리하기 위해 비가격 경쟁을 활용하는 것이다. 제품 차별화에 기반한 경쟁은 큰 비용을 초래하는 가격 인하와 가격 전쟁을 방지하기 위해 사용되는 다양한 전술과 수단 중 하나이다. 또한 많은 산업에서, 기업들이 경쟁자에게 고객과 시장점유율을 빼앗기지 않기 위해 사용하는 가장 기본적인 경쟁전술이 제품 차별화이다. 다시 말해, 기업들은 잠재적 진입자를 제한하고 산업 내 경쟁을 관리하기 위해 제품 차별화를 사용한다.

제품 차별화는 산업 내 기업들이 시장점유율 확대를 위해, 다르거나 우월한 속성의 제품을 제공하거나 다른 마케팅 기법을 사용하도록 경쟁을 유도한다. [그림 5.4]와 같이 제품 차별화에 기반한 비가격 경쟁전략은 제품과 세분시장의 두 차원을 이용하여 네 가지로 구분할 수 있다. 단, 이 모델이 새로운 시장이 아니라 새로운 세분시장에 적용된 것에 유의해야 한다.

[그림 5.4] 비가격 경쟁전략의 유형

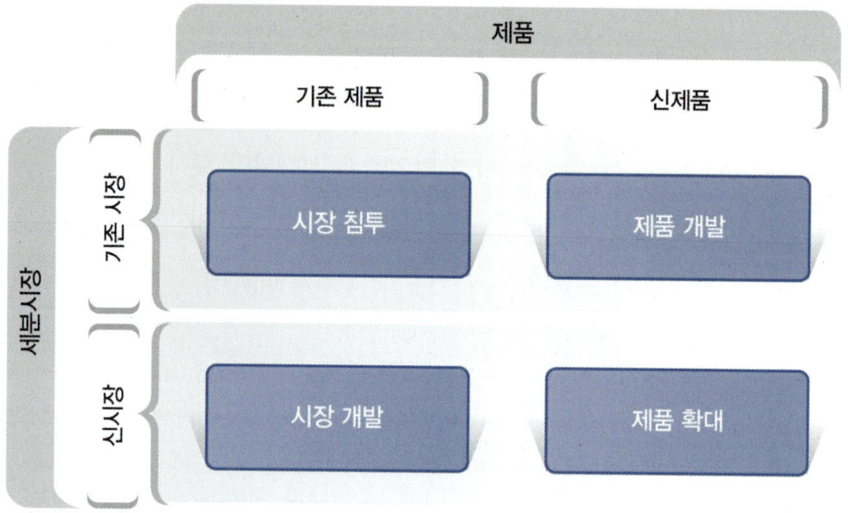

시장 침투
현재의 제품시장에서 시장점유율을 높이는 것에 집중하는 전략

한 기업이 기존 제품 시장에서의 시장점유율 확대에 집중하면, 이 기업은 **시장 침투**(market penetration) 전략을 추구하는 것이다. 시장 침투 전략을 실행하는 기업은 제품 차별화를 촉진하여 이를 달성하기 위해 대대적인 광고활동을 전개한다. 성숙기 산업에서 광고활동의 주된 목표는 고객의 브랜드 선택에 영향을 미치고, 기업과 제품의 브랜드 명성을 창출하는 것이다. 기업은 이러한 방식으로 경쟁사의 고객을 유인함으로써, 자사의 시장점유율을 높을 수 있다. 또한 유명 브랜드 제품에는 대개 프리미엄 가격이 책정되므로, 시장점유율이 증가하면서 수익성도 함께 높아지게 된다.

비누, 세제, 일회용 기저귀, 양조 산업 등의 성숙기 산업에서는 시장 침투 전략이 보편화되어 있다. 이러한 산업에 속한 기업들에게 집중적인 광고와 시장점유율을 위한 경쟁은 일상화되어 있다. 이들은 광고를 하지 않아 시장점유율을 경쟁기업에게 빼앗기는 것을 두려워한다. 예를 들어 비누와 세제 산업에서, P&G는 시장점유율을 유지하고 확대하기 위해 전체 매출액의 무려 20% 이상을 광고활동에 지출한다. 이처럼 막대한 광고비 지출은 잠재적 진입자에게 진입장벽을 형성하기도 한다.

제품 개발(product development) 전략은 기존 제품을 대체하기 위해서 새롭거나 개선된 제품을 지속적으로 개발하는 것이다. 면도기 산업은 기업들이 새로운 수익원을 창출하기 위해 대체 제품을 개발하여 지속적으로 고객 수요에 대응하는 대표적인 산업이다. 예를 들어 질레트는 시장점유율과 수익성을 높이기 위해 주기적으로 센서, 마하3, 퓨전 등의 새롭고 보다 개선된 면도기를 출시한다. 자동차 회사들이 모델을 3~5년 주기로 교체하여, 고객들이 기존의 차를 처분하고 최신 스타일과 기술의 신차를 구매하도록 유도하는 것도 이와 비슷하다.

> **제품 개발**
> 기존 제품을 대체하기 위하여 새롭고 개선된 제품을 지속적으로 개발하는 전략

제품 개발은 제품 차별화를 유지하고 시장점유율을 확보하는데 매우 중요하다. 예를 들어 세탁 세제인 타이드(Tide)는 지난 40여년 간 제품 성능을 개선하기 위해 제품의 제조법을 50회 이상 바꾸어왔다. 이 제품은 항상 타이드라는 이름으로 광고되었지만, 제품 자체는 매년 달라졌다. 다이어트 콜라 시장에서의 경쟁은 제품 개발을 통한 경쟁적 제품 차별화의 또 다른 흥미로운 사례이다. 다이어트 라이트(Diet Rite)라는 최초의 다이어트 콜라를 개발한 회사는 로열 크라운 콜라(Royal Crown Cola)였다. 하지만 코카콜라와 펩시는 자신들의 다이어트 콜라를 시장에 내놓으며 재빠르게 대응했고, 막대한 광고를 통해 시장을 지배하게 되었다. 오늘날 시장에서는 매우 다양한 종류의 다이어트 콜라가 판매되고 있다. 제품을 수정하고 개선하는 것은 성숙기 산업에서 기업의 본원적 경쟁전략을 방어하는 중요한 경쟁전술이다. 하지만 이러한 경쟁은 막대한 투자를 필요로 하여 원가를 급격하게 상승시키기 때문에 가격 경쟁만큼이나 위험할 수 있다.

시장 개발(market development) 전략은 자사의 제품에 대해 새로운 세분시장과 용도를 찾는 것을 말한다. 이 전략을 추구하는 기업은 기존의 세분시장에서 형성한 자사의 브랜드를 새로운 세분시장에서 활용하고자 한다. 기업은 이러한 방식으로 브랜드에 의한 제품 차별화 우위를 활용할 수 있다. 일본 자

> **시장 개발**
> 자사의 제품을 판매할 수 있는 새로운 세분시장과 새로운 사용용도를 개발하는 전략

동차 제조사들은 시장 개발 전략의 매우 흥미로운 사례라고 할 수 있는데, 이들이 처음 시장에 진입하였을 때는 경제성이 높은 차량을 원하는 세분시장을 목표로 도요타의 코롤라와 혼다의 어코드 등의 제품을 판매하였다. 하지만 일본 기업들은 자신들의 제품을 지속적으로 개선하였고, 현재는 보다 가격대가 높은 세분시장을 목표로 하고 있다. 혼다의 어코드나 도요타의 캠리는 중형차 세분시장에서 중요한 경쟁자들이며, 혼다의 시빅이나 도요타의 코롤라와 프리우스는 소형차 시장을 선도하고 있다. 자신들의 제품을 재정의함으로써, 일본의 자동차 회사들은 자신들의 세분시장을 개발하였고, 성공적으로 미국의 경쟁기업들을 공격하여 이들로부터 지속적으로 시장점유율을 빼앗아오고 있다. 비록 일본 자동차 기업들이 과거에는 주로 저원가 생산자로서 경쟁했지만, 시장 개발 전략을 통해 이제는 선도적인 차별화 기업이 되었다. 도요타는 저원가 전략과 차별화 전략을 동시에 추구하기 위해서 시장 개발을 사용한 예이며, 렉서스 브랜드는 전 세계 고급 자동차 시장에서 경쟁하고 있다.

제품 확대
산업의 선도기업들이 산업 내 모든 세분시장과 니치시장을 목표로 제품을 생산하는 전략

제품 확대(product proliferation) 전략은 산업 내 경쟁 강도를 관리하고 신규 진입을 막기 위해 사용된다. 제품 확대 전략은 산업 내 선도기업들이 모든 세분시장이나 니치시장에 제품을 출시하고, 고객 확보를 위해 모든 세분시장에서 직접적으로 경쟁하는 것을 의미한다. 만약 새로운 니치시장이 개발된다면(예를 들어 SUV, 디자이너 선글라스, 인터넷 웹사이트), 선도기업은 선발기업의 이점을 확보할 수 있지만, 곧 다른 모든 기업들이 선도기업을 따라잡게 되고, 그 결과 산업 내 경쟁이 안정화되어 경쟁 강도가 약해질 것이다. 따라서 제품 확대 전략은 가격이 아닌 제품 차별화에 기반한 안정적인 산업 경쟁 상황을 가져온다. 이는 신제품 개발에 의한 비가격 경쟁에 해당한다. 기업들은 제품의 가격이 아니라 제품의 인지된 품질이나 독특함에 기반하여 경쟁한다.

쇠퇴기 산업에서의 전략

많은 산업들이 언젠가는 쇠퇴기 단계에 접어들게 되고 시장의 크기가 감소하기 시작한다. 이러한 산업의 예로는 철도 산업, 담배 산업, 그리고 철강 산업을 들 수 있다. 산업은 기술변화, 사회적 트렌드, 인구통계학적 변화와 같은 다양한 이유로 쇠퇴하기 시작한다. 철도와 철강 산업은 기술 발전에 따라 등장한 새로운 제품들이 이들 산업이 제공하던 제품을 대체하면서 쇠퇴하기 시작하였다. 즉 내연 기관의 등장이 철도 산업을 쇠퇴로 이끌었으며, 플라스틱과 합성소재의 등장이 철강 산업을 쇠퇴하게 만들었다. 담배 산업의 쇠퇴는 건강에 대한 우려가 흡연에 대한 사람들의 사회적 인식과 태도를 변화시킴으로써 발생했다.

전체 시장의 크기가 줄어들기 시작하는 쇠퇴기 산업에서 경쟁은 치열해지고 수익성은 감소한다. 쇠퇴기 산업에서 경쟁 강도를 결정하는 중요한 네 가지 요인이 [그림 5.5]에 설명되어 있다.

첫째, 담배 산업처럼, 쇠퇴 속도가 점진적인 산업보다 급격한 산업에서 경쟁의 강도가 더욱 높다.

[그림 5.5] 쇠퇴기 산업에서 경쟁 강도를 결정하는 요인

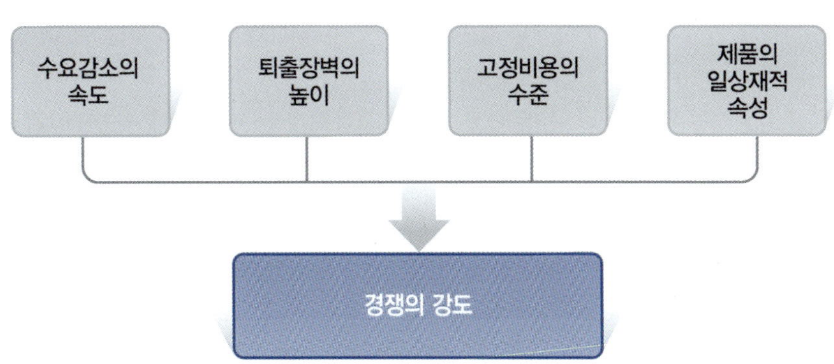

둘째, 퇴출장벽이 높은 쇠퇴기 산업에서 경쟁의 강도가 더 높다. 제3장의 내용을 상기해 볼 때, 퇴출장벽이 높은 경우 수요가 감소하더라도 기업들이 산업에서 빠져나가기 어려우며, 결과적으로 수요를 초과한 산업 내 과도한 생산능력은 극심한 가격 경쟁을 불러일으킬 가능성이 높다.

셋째, 두 번째 이유와 관련된 것으로, 철강 산업처럼 고정비가 높은 쇠퇴기 산업에서 경쟁 강도가 높다. 생산설비를 유지하는 비용 등의 고정비용을 회수해야 하는 필요성으로 인해, 기업들은 가격을 낮추더라도 자신이 보유한 과잉 생산설비를 모두 활용하려 하기 때문이다. 이러한 행동은 가격 경쟁을 야기한다.

마지막으로, 쇠퇴기 산업이라 할지라도, 담배 산업의 경우처럼 차별화로 인해 상당한 수준의 브랜드 로열티가 형성된 산업보다 철강 산업처럼 소비자에게 제품이 일상재(commodity)로 인식되는 산업에서 경쟁의 강도가 높다.

동일 산업 내의 모든 세분시장들이 같은 속도로 쇠퇴하는 것은 아니다. 다른 세분시장이 쇠퇴하더라도, 어떤 세분시장은 상당히 높은 수준의 수요가 유지되기도 한다. 철강 산업이 좋은 예가 될 수 있다. 비록 일반 강판과 같은 범용 제품들의 경우 시장이 쇠퇴하여 왔지만, 자동차에 쓰이는 고장력 강판과 같은 특수 제품에 대한 수요는 오히려 꾸준히 증가하고 있다. 진공관은 또 다른 예이다. 많은 전자제품에서 트렌지스터가 진공관을 대체하였을 때, 진공관에 대한 수요는 사실상 사라지기 시작했지만, 오랜 시간이 지난 후에도 진공관은 레이더 장비 등에 여전히 사용되고 있다. 결과적으로 진공관에 대한 일반적인 수요 쇠퇴에도 불구하고, 레이더 장비 시장에서 진공관의 수요는 여전히 강하다고 할 수 있다. 여기서 중요한 것은, 산업 전체적으로 수요가 감소하더라도, 상대적으로 수요 감소의 속도가 낮거나 전혀 수요가 감소하지 않는 세분시장이 있을 수 있다는 것이다. 이러한 세분시장에서의 가격 경쟁은 훨씬 약하게 나타난다.

전략의 선택

쇠퇴기에 대응하기 위해서 기업이 선택할 수 있는 주요 전략에는 (1) 기업이 쇠퇴하는 산업에서 지배적인 사업자가 되고자 하는 리더십 전략, (2) 산업 전체보다 낮은 속도로 쇠퇴하는 세분시장에 집중하는 니치 전략, (3) 현금흐름을 최대화하는 수확 전략, (4) 기업이 자사의 사업을 다른 기업에 매각하는 매각 전략의 네 가지가 있다. 산업 내에서의 경쟁 강도는 전략적 경영자에 의한 전략의 선택에 중요한 영향을 미치게 된다. [그림 5.6]은 (1) 쇠퇴하는 산업에서의 경쟁 강도와 (2) 수요 감소 속도가 낮은 세분시장에서의 기업의 강점을 두 축으로 하는 전략적 선택의 프레임워크를 보여준다.

[그림 5.6] 쇠퇴기 산업에서 전략의 선택

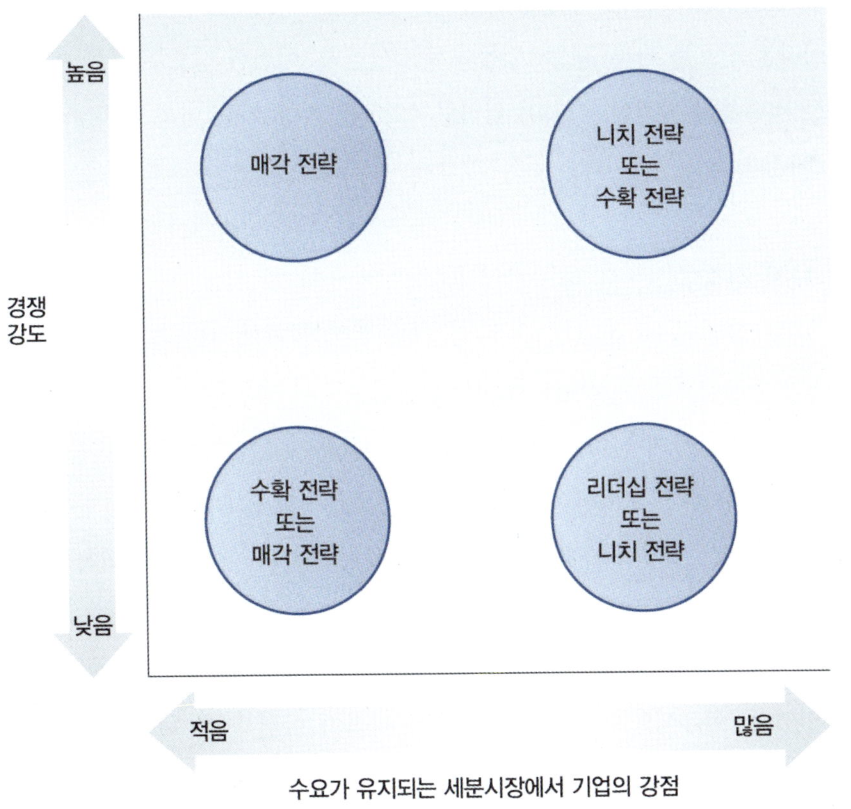

리더십 전략

리더십 전략
쇠퇴기 산업에서 지배적인 사업자가 되는 것을 추구하는 전략

리더십 전략(leadership strategy)은 산업을 빠져나가는 기업들의 시장점유율을 확보함으로써, 쇠퇴하는 산업에서의 성장을 목표로 하는 전략이다. 리더십 전략은 (1) 기업이 차별적 강점을 가지고 있어 쇠퇴하는 산업에서 시장점유율을 확보할 수 있으며, (2) 산업의 쇠퇴 속도와 경쟁 강도가 중간 정도 수준일 때 가장 적절한 선택이 될 수 있다. 필립 모리스는 담배 산업에서 리더십 전략을 추구하였는데, 공격적인 마케팅 활동을 통해 쇠퇴하는 산업에서 자사의 시장점유율을 증가시켰고, 그 과정에서 막대한 수익을 창출했다.

기업들이 리더십 포지션을 달성하기 위해 사용할 수 있는 전술적 방법으로는 시장점유율 확보를 위한 공격적인 가격 설정과 마케팅 활동, 산업의 집중화를 위한 기존 기업의 인수, 새로운 시설에 대한 투자 등을 고려할 수 있다. 이러한 전술적 방법들은 기업이 쇠퇴하는 산업에서 떠나기보다는 남아서 경쟁할 것이라는 신호를 다른 경쟁기업들에게 전달한다. 이러한 신호는 다른 기업들의 시장 철수를 촉진하여, 기업이 리더로서의 경쟁적 지위를 더욱 강화할 수 있도록 해준다.

니치 전략

니치 전략
산업 전체에 비해 쇠퇴 속도가 느린 세분시장에 집중하는 전략

니치 전략(niche strategy)은 수요 감소 속도가 전체 시장에 비해 느리거나 수요가 안정적으로 유지되는 세분시장에 집중하는 전략이다. 이 전략은 수요가 상대적으로 강하게 남아 있는 세분시장에 대해 기업이 차별적 강점을 가지고 있을 때 유용하다. 포경용 작살과 총을 생산하는 네이블(Naval)이 좋은 예이다. 전 세계적으로 포경이 금지되고 있는 추세에서 이 사례는 약간 예외적일 수 있지만, 네이블은 제한된 수량의 포경이 허락된 포경업자들, 즉 북아메리카의 이누이트(에스키모) 부족에 집중함으로써 쇠퇴하는 작살 산업에서 계속 생존할 수 있었다. 이누이트 부족에게는 상업적 목적이 아닌 식용 목적의 북극 고래 포경이 허용된다. 네이블은 에스키모에게 포경 도구를 공급하는 유일한 공급자이며, 이 작은 규모의 시장에서 독점적 지위를 유지함으로써 상당한 수익을 창

출하고 있다.

수확 전략

수확 전략(harvest strategy)은 기업이 쇠퇴하는 산업에서 철수를 원하며, 이 과정에서 현금흐름을 최적화하고자 할 때 최선의 선택이 될 수 있다. 이 전략은 기업이 급격한 시장의 쇠퇴와 강한 경쟁을 예상할 수 있거나 또는 상대적으로 쇠퇴 속도가 낮은 세분시장에서 강점을 가지고 있지 않을 때 가장 적절하다. 수확 전략을 사용하는 기업은 장비, 광고, 연구개발 등의 모든 투자를 중지해야 하며, 그 결과 시장점유율이 감소하는 것을 피할 수 없다. 하지만 사업에 대한 추가적인 투자를 더 이상 하지 않으므로, 전략을 실행하는 초기에는 현금흐름이 증가하게 된다. 하지만 결국 시간이 흐르면서 현금흐름은 감소하기 시작하며, 이 시점에서 기업은 사업의 청산을 고려해야 한다.

수확 전략
현금흐름을 최적화하기 위한 전략

매각 전략

매각 전략(divestment strategy)은 산업이 급격한 하락 단계에 들어서기 전에 일찍 사업을 정리하면 투자자금에 대한 회수를 최대화할 수 있다는 사실에 기반한다. 이 전략은 쇠퇴하는 전체 산업에 비해 상대적으로 쇠퇴 속도가 느린 어떠한 세분시장에서도 차별적 강점을 가지고 있지 않으며, 산업 내 경쟁 강도가 높아질 것으로 예상될 때 적절한 선택이 된다. 가장 최선의 상황은 산업 내에서 리더십 전략을 추구하는 기업에 사업을 매각하는 것이다. 매각 전략의 성공 여부는 너무 심각해지기 이전에 산업의 쇠퇴를 인지하여, 자산의 가치가 여전히 높게 평가될 때 매각하는 기업의 능력에 좌우된다.

매각 전략
기업이 자사의 자산과 자원을 다른 기업에게 매각하는 전략

요약

1 기업은 경쟁우위를 보호하고 강화하기 위해 다양한 산업 환경에서 다양한 본원적 경쟁전략을 사용할 수 있다. 기업은 산업 내에서 안정적인 포지션을 획득하기 위해 먼저 성공적인 본원적 경쟁전략을 개발해야 한다. 그 다음에는 성공적이고 지속적인 포지셔닝을 위해, 산업에 적합한 경쟁적 전술과 수단들을 선택해야 한다. 기업이 변화에 시의적절하게 대응하기 위해서는, 자신이 속한 산업 여건과 경쟁자들의 경쟁 행위의 변화에 항상 주의를 기울여야 한다.

2 사업수준 전략은 전략적 경영자가 주어진 시장이나 산업에서 경쟁기업 대비 경쟁우위를 획득하기 위해 기업의 자원이나 차별적 역량을 활용하는 실행계획을 수립하는 것을 의미한다.

3 본원적 사업수준 전략을 수립하는데 핵심은 제품 차별화, 시장 세분화, 차별적 역량과 관련된 선택들이다. 이 세 가지 선택의 조합이 기업이 사용하는 특정한 형태의 본원적 사업수준 전략을 결정한다.

4 세 가지 형태의 순수한 본원적 전략은 원가 우위, 차별화, 집중화 전략이다. 각 전략은 각기 다른 장점과 단점을 가지고 있다. 기업은 반드시 자사의 전략을 지속적으로 관리해야 한다. 그렇지 못하면, 어중간한 상태에 빠지는 위험에 처할 수 있다.

5 최근 생산기술의 발달로 인해 기업들이 원가 우위와 차별화 전략을 동시에 추구하여 두 전략의 경제적 이점을 모두 누리는 것이 가능해졌다. 또한 기술의 발달은 특정 세분시장에서 규모가 작은 기업들이 큰 기업들과 동등한 위치에서 경쟁할 수 있게 해주었으며, 그 결과 집중화 전략을 추구하는 기업의 수를 증가시켰다.

6 기업은 집중화된 저원가 전략 혹은 집중화된 차별화 전략의 두 유형의 집

중화 전략 중 하나를 선택할 수 있다.

7 다수의 중소 규모 기업들로 구성된 분산되고 성장하는 산업에서, 집중화를 위해 선택 가능한 주요 경쟁전략에는 체인 전략, 프랜차이징 전략, 수평적 통합 전략이 있다.

8 성숙기 산업의 시장은 소수의 대규모 기업들로 구성되며, 이들의 전략적 행동은 매우 상호 의존적이어서, 다른 기업들이 어떻게 대응하느냐에 따라 한 기업의 전략적 성공이 좌우된다.

9 성숙기 산업에서 신규 진입을 막기 위해 기업들이 사용하는 주요 경쟁전술로는 제품 확대 전략, 가격 인하 전략, 초과 생산능력의 유지를 들 수 있다.

10 성숙기 산업에서 경쟁 강도를 관리하기 위해 기업들이 사용하는 주요 경쟁전술은 가격 신호 전략, 가격 선도 전략, 비가격 경쟁의 활용이다.

11 수요가 감소할 때, 기업이 선택할 수 있는 네 가지 주요 전략은 리더십 전략, 니치 전략, 수확 전략, 매각 전략이다. 전략의 선택은 산업의 쇠퇴 정도와 상대적으로 수요 쇠퇴가 약하거나 수요가 유지되는 세분시장에서의 기업의 강점에 의해서 결정된다.

토의 주제

1 왜 각각의 본원적 전략은 각기 다른 제품/시장/차별적 역량의 선택을 필요로 하는가? 컴퓨터 산업과 자동차 산업에서 서로 다른 본원적 전략을 추구하는 기업들의 예를 제시하시오.

2 원가 우위 전략, 차별화 전략, 집중화 전략을 추구하는 기업이 '어중간한 상태'에 빠지게 되는 이유는 무엇인가? 어중간한 상태에 처한 기업들은 어떻게 경쟁 우위를 다시 획득할 수 있는가?

3 왜 산업이 분산되어 있는가? 기업들은 어떤 방법들을 사용하여 자신들이 속한 분산된 산업을 집중화된 산업으로 바꾸는가?

4 성장하는 산업 환경 하에서 경쟁우위를 유지하기 위해 극복해야 하는 주요한 문제점들은 무엇인가?

5 어떻게 기업들은 제품 차별화를 통해 산업의 경쟁 강도를 관리하고 수익성을 높이는가?

전략경영 연습

소그룹 활동: 어떻게 살사를 뜨겁게 유지할까?

3~5명의 팀을 만들고 다음의 시나리오를 논의해 보시오. 각 그룹에서 한 명을 대변인으로 지정하고, 강사의 요청에 따라 대변인이 그룹이 찾아낸 사실을 전체 학생들과 공유하도록 하시오.

당신은 새로운 치킨용 살사 소스를 개발한 회사의 경영자이며, 회사가 개발한 살사 소스는 시장에서 큰 성공을 거두었다. 살사 소스의 독특한 맛과 포장은 차별화된 매력을 제공하였고, 이로 인해 프리미엄 가격을 책정할 수 있게 되었다. 지난 3년간, 당신 회사의 살사 소스는 전국적인 명성을 얻었고, 이에 주요 식품회사인 크래프트(Kraft)와 나비스코(Nabisco) 등이 이 세분시장의 잠재성을 확인하고 당신의 제품을 흉내낸 자사 브랜드의 살사 소스를 출시하기 시작했다.

1 당신의 회사가 추구하고 있는 본원적 사업수준 전략을 기술하라.

2 당신의 회사가 경쟁하고 있는 산업 환경을 기술하라.

3 당신의 회사가 처한 산업 환경 하에서, 당신의 본원적 전략을 보호하기 위해 어떠한 종류의 경쟁적 전술과 수단들을 선택할 수 있는가?

4 현재의 상황에서 당신이 추구해야 하는 최선의 전략은 무엇인가?

웹 탐색

럭셔리 자동차 시장

다음의 고급 자동차 회사 웹사이트를 방문해 보시오: 렉서스(Lexus, www.lexususa.com), BMW(www.bmwusa.com), 캐딜락(Cadillac, www.cadillac. com). 이 회사들은 같은 전략집단 내에서 경쟁하고 있다. 웹사이트를 탐색하면서, 각 회사들의 사업수준 전략의 주요 특징들을 찾아보시오. 어떤 측면에서 이들의 전략이 유사하고, 어떻게 다른가? 이 회사들 중 어떤 회사가 다른 회사들에 비해 경쟁우위를 가지고 있다고 생각하는가? 그 이유는?

일반 과제

저원가 전략, 차별화 전략, 혹은 두 가지 모두를 추구하는 기업의 웹사이트를 탐색해 보라. 어떠한 제품/시장/차별적 역량의 선택을 하고 있는가? 이 전략을 사용해서 해당 기업은 자신의 산업에서 얼마나 성공적이었는가?

마무리 사례 나이키의 사업수준 전략

오리건 주에 본사를 둔 나이키는 오리건 대학의 육상 코치였던 빌 바우어만(Bill Bowerman)과 수익성 높은 사업 기회를 모색하던 필 나이트(Phil Knight)에 의해 30여 년 전에 설립되었다. 바우어만은 선수의 접지력과 속도를 높일 수 있는 새로운 형태의 운동화 밑창을 만들고자 했고, 집에서 와플 굽는 틀을 보고 나이키의 '와플 트래드(waffle tread)'를 생각해냈다. 바우어만과 나이트는 육상대회를 찾아다니며 차 트렁크에 실린 신발을 팔기 시작했다. 이와 같은 초라한 시작에도 불구하고 나이키는 2004년 현재 350억 달러 규모의 운동용 신발과 의류시장에서 120억 달러가 넘는 매출을 올리는 회사로 급성장하였다.

나이키의 놀라운 성장은 두 기능별 전략을 기반으로 한 비즈니스 모델 때문에 가능했다. 첫째는 최첨단의 혁신적인 운동용 신발을 디자인하는 것이고, 둘째는 극적인 게릴라 마케팅을 통해 제품의 품질을 널리 알리는 것이다. 나이키는 마케팅 활동을 통해 나이키의 운동화가 기능적으로 우수할 뿐 아니라, 패션 스타일의 표현이기도 하며, 스포츠나 운동을 좋아하는 라이프스타일에 꼭 필요한 아이템이라고 고객들을 설득했다. 1987년 나이키는 전환기를 맞이하였다. 최고의 신발임을 각인시키기 위해 마케팅 예산을 800만 달러에서 4,800만 달러로 급격히 늘린 것이다. 이 예산 중 많은 부분은 농구선수 마이클 조던(Michael Jordan)과 같은 유명 스포츠스타에게 흘러들어갔다. 나이키는 지속적으로 이러한 전략을 추구하였고, 골프의 타이거 우즈(Tiger Woods), 테니스의 세레나 윌리엄스(Serena Williams) 같은 스타들이 그 혜택을 받게 되었다.

제품의 독특함을 내세우는 나이키의 전략은 큰 수익을 만들어냈다. 시장점유율이 급격히 높아졌고 1998년 매출액은 96억 달러에 이르렀다. 그러나 1998년은 나이키에게 또 다른 전환기였다. 연간 매출이 처음으로 감소했기 때문이다. 200달러짜리 '에어 조던'은 더 이상 예전처럼 많이 팔리지 않았고, 매장과 창고에 재고가 쌓여갔다. 이제는 고객들이 기존의 것보다 훨씬 낫다고 인식할 수 있는 신제품을 디자인하기가 어려워졌고, 그동안 매출은 눈부시게 성장했지만 수익성은 오히려 낮아지고 있었다. 사업수준의 전략이 난관에 부딪힌 것이다. 경영에서 물러났던 나이트가 이 어려움을 극복하기 위해 다시 돌아올 수밖에 없었다. 나이트는 자신을 도와 나이키의 비즈니스 모델을 개선할 고위 경영자들을 여러 소비재 선도기업들로부터 영입했다. 그 결과 나이키는 사업수준 전략을 근본적으로 변화시키게 되었다.

과거에 나이키는 골프, 축구, 인라인스케이팅 같은 스포츠에는 관심을 기울이지 않고, 육상과 농구 시장을 지배하기 위해 노력을 집중했다. 그러나 매출이 줄기 시작하면서, 마케팅 활동을 통해 특정 세분시장에서 매출을 향상시키는 것은 한계가 있음을 깨달았다. 운동용 신발 시장에서 더 다양한 신발을 생산하여 더 많은 세분시장을 공략할 필요가 생긴 것이다. 따라서 나이키는 디자인과 마케팅에서의 역량을 활용하여 새로운 제품라인을 선보이며 새로운 세분시장에 진출하기 시작했다. 예를 들어 축구화 제품라인을 출시하고, 시간이 지남에 따라 디자인의 완성도를 높여나가서, 2004년이 되자 최대의 라이벌인 아디다스를 제치고 축구화 시장에서 최고의 자리를 차지하였다. 더욱이 2004년에는 '토탈 90 III' 모델을 출시하며 그저 놀이로서 축구를 즐기는 전 세계 수많은 축구 동호인들을 겨냥했다. 또다시 나이키의 마케팅 캠페인은 나이키의 축구화가 '축구 라이프스타일'의 일부분임을 강조했고, 맵시있고 윤이 나며 발에 딱 맞기 때문에 축구할 때는 일반 운동화가 아닌 축구화를 신어야 한다고 설득하였다.

나이키는 디자인과 마케팅에서의 역량을 활용하기 위해, 자신의 제품라인을 확장하거나 보완할 수 있는 제품을 가진 다른 회사들을 인수함으로써 새로운 세분시장에 진출하기로 결정했다. 이러한 결정에 따라, 나이키는 복고풍의 운동화를 만드는 컨버스(Converse), 스케이트보드를 만드는 헐리(Hurley)와 인라인과 아이스하키용 스케이트를 만드는 바우어(Bauer), 저가 브랜드인 샤크(Shaq)를 포함하여 운동용 신발과 의류에서 다양한 브랜드를 가진 오피셜 스타터(Official Starter) 등을 잇따라 인수했다. 특히 컨버스는 나이키가 보유한 내부 역량의 활용을 통해 운동화 매출을 급격히 증가시킴으로써 나이키의 수익성에 큰 기여를 하고 있다.

나이키는 1980년대 콜 한(Cole Haan)을 인수함으로써 드레스 슈즈라는 전혀 새로운 세분시장으로 뛰어들기도 했고, 지금도 새로운 인수 기회를 꾸준히 찾고 있다. 나이키는 운동용 의류시장에도 뛰어들어서 2004년 현재 10억 달러가 넘는 매출을 올리고 있다. 나이키에서 이 모든 제품라인의 변화는 시장 점유율을 높이고 수익성을 향상시키기 위한 것이었다. 나이키는 2000년 즈음부터 새롭거나 개선된 제품을 개발하여 새로운 세분시장을 공략하는데 집중함으로써 높은 성과를 창출할 수 있었다. 나이키의 수익률은 2000년 14%에서 2007년 25%로 급격히 향상되었고, 한 해에 10억 달러가 넘는 이윤을 창출하게 되었다.

토의 주제

1. 나이키가 추구하는 사업수준 전략은 무엇인가?
2. 나이키의 사업수준 전략이 산업의 경쟁 양상을 어떻게 변화시켰는가?

Chapter

6

글로벌 환경에서의 전략

글로벌 환경

글로벌 확장을 통한 수익성 향상

- 시장확대: 제품과 역량의 활용
- 규모의 경제 실현
- 입지의 경제 실현
- 글로벌 지사의 스킬 활용

원가절감 및 현지시장 대응의 필요성

- 원가절감
- 현지시장 대응의 필요성

글로벌 전략의 선택

- 글로벌 표준화 전략
- 현지화 전략
- 초국적 전략
- 국제적 전략
- 시간에 따른 전략의 변화

진입 방식의 선택

- 수출
- 라이선싱
- 프랜차이징
- 합작회사
- 완전 소유 자회사
- 진입전략의 선택

학습목표

- 글로벌화의 과정과 글로벌화가 기업의 전략에 미치는 영향을 이해
- 글로벌 확장에 대한 동기를 논의
- 글로벌 시장 환경에서 기업들이 사용하는 다양한 전략들을 논의
- 다른 국가에 진입하는 다양한 진입 방식의 장점과 단점에 대해서 설명

개요

본 장에서는 세계 경제의 글로벌화 과정과 글로벌 환경에서 경쟁하는 기업들에게 요구되는 전략적 대응들을 살펴본다. 이 장은 글로벌 경쟁환경에서 발생하는 지속적인 변화에 대한 논의로 시작하며, 다양한 국가의 시장에서 진행되는 경쟁을 분석하기 위해 경영자들이 사용할 수 있는 모델들을 논의한다. 다음으로, 기업이 글로벌 확장을 통해 수익성과 수익을 높일 수 있는 다양한 방법들을 살펴본다. 다음으로, 글로벌 시장에서 경쟁우위를 확보하기 위해 기업들이 추구하는 다양한 전략들을 살펴보고, 각 전략들의 장점과 단점을 논의한다. 이러한 논의는 서로 밀접하게 연결된 다음의 두 가지의 전략적 이슈들에 대한 논의로 이어진다. (1) 경영자가 어느 해외 시장으로 진입할 것인지, 언제 진입할 것인지, 어느 정도 규모로 진입할 것인지를 어떻게 결정해야 하는가? (2) 기업이 어떤 종류의 수단과 방법을 활용해 글로벌 확장을 달성하고 해외 시장으로 진입해야 하는가? 이 장을 학습한 후에, 학생들은 경쟁우위를 확보하고 높은 수익성을 달성하기 위해 글로벌 확장을 선택하는 기업들이 직면하는 다양한 전략적 이슈들을 이해하게 된다.

글로벌 환경

50년 전만 하더라도 국제무역이나 국제투자에 대한 높은 장벽들로 인해 대부분의 국가 시장들이 서로 분리되어 있었다. 그 당시에 기업의 경영자들은 자사가 경쟁하고 있는 국가 시장들에 대한 분석에만 집중하였다. 경영자들은 글로벌 경쟁자들의 시장 진입에 대해 크게 신경을 쓸 필요가 없었는데, 이는 글로벌 경쟁자의 수가 적었을 뿐 아니라, 다른 국가 시장으로의 진입이 어려웠기 때문이다. 하지만 이러한 상황들은 모두 변화했다. 국제무역과 국제투자를 가로막던 장벽들은 무너졌고, 다양한 제품과 서비스에 대한 글로벌 시장들이 형성되었다. 서로 다른 국가에 속했던 기업들이 이전에 없던 규모로 서로의 국가 시장에 진입하고 있으며, 이로 인해 경쟁의 정도도 강화되고 있다. 이제 단지 단일국가 내에서 어떠한 일들이 벌어지고 있는가를 이해하는 것만으로는 기업 간 경쟁상황을 제대로 이해할 수 없다. 경영자들은 이제 글로벌화가 자신들의 기업이 경쟁하고 있는 환경에 어떠한 영향을 미치고 있으며, 시장에서의 기회를 활용하고 경쟁적 위협에 대응하기 위해 자사가 어떠한 전략을 사용해야 하는지에 대해 고민해야 한다.

국제무역과 국제투자에 대한 장벽을 생각해 보자. 선진국들 간에 거래되는 제품에 대해 부과되던 평균 관세율은 40% 수준에서 4% 수준으로 떨어졌다. 또한, 많은 국가들에서 외국기업들의 자국시장 진입과 생산설비의 확보를 제한하는 규제들 혹은 자국 기업의 인수를 제한하는 규제들이 점차적으로 사라졌다. 이러한 두 가지의 변화로 인해서, 국제무역과 외국인 직접투자의 규모는 크게 증가해 왔다. 1950년 이후, 국제무역의 규모는 세계 경제 규모의 성장보다 더 빠른 속도로 성장해 왔다. 1970년부터 2007년 사이에, 국제무역의 규모는 28배 증가하여, 8배 정도 증가한 세계 생산의 증가를 앞질렀다. 게다가, 1992년부터 2007년 사이에, 국제무역의 금액은 대략 145% 그리고 세계 생산은 대략 40% 증가한 반면, 모든 국가에서 이루어진 해외직접투자는 500% 이상 증가하였다. 이 두 가지 트렌드는 생산활동의 글로벌화와 시장의 글로벌화로 이어졌다.

기업들이 국제무역과 국제투자의 낮은 장벽을 활용하며 자신들의 생산과정의 중요한 부분들을 국제적으로 분산하기 시작하면서 생산의 글로벌화는 계속해서 증가해 왔다. 이러한 과정을 통해 기업들은 생산요소(예를 들어, 노동력, 에너지, 토지, 그리고 자본)의 품질과 비용의 수준이 국가마다 다르게 나타나는 것을 활용하여 비용구조를 낮추고 수익을 향상시킬 수 있었다. 예를 들어, 보잉사의 보잉 777은 전 세계에 걸쳐 있는 545개의 공급자들이 생산하는 132,500개의 부품을 사용한다. 일본에 있는 8개의 공급업체들은 항공기의 동체, 문, 그리고 날개의 부분품들을 생산한다. 싱가포르에 있는 한 공급업체는 항공기의 앞부분 랜딩 기어에 사용되는 문을 만든다. 이탈리아의 3개의 공급업체들은 항공기의 날개를 생산한다. 종합해 볼 때, 보잉 777의 생산비용 기준으로 약 30% 정도가 해외기업들에 의해 생산되어진다. 보잉의 최신 상업 항공기인 보잉 787을 볼 때, 보잉사는 해외 기업의 활용비중을 더욱 높였다. 생산비용을 기준으로 약 65% 정도가 해외 기업을 통해 아웃소싱되며, 이 중 35% 정도는 3개의 일본 기업들에 의해 생산된다. 보잉이 해외기업들에게 높은 수준의 아웃소싱을 하는 이유는 이들 기업들이 각각의 활동분야에서 세계 최고수준의 기업들이기 때문이다. 따라서, 특정한 부품을 해외 공급자들이 생산하게 함으로써, 보잉은 보다 높은 품질의 항공기를 제작할 수 있게 될 뿐 아니라, 동시에 높은 수익성을 달성할 수 있게 된다.

시장의 글로벌화의 경우, 세계 경제 시스템은 무역장벽 그리고 지정학적 거리, 시간, 문화 등의 장벽으로 인해 각 국가 시장이 독특한 특성을 유지하며 서로 분리되어 있던 상황에서 하나의 시장으로 통합되는 상황으로 변화하고 있다. 각 국가의 소비자들은 점점 더 기본적으로 동일한 제품들을 요구하고 있으며 실제로 사용하고 있다. 결과적으로, 많은 산업에서 독일 시장, 미국 시장, 혹은 일본 시장 등의 개별적 시장을 이야기하는 것은 더 이상 의미가 없으며, 단지 하나의 글로벌 시장만이 존재한다고 볼 수 있다. 글로벌 시장에서 보편적으로 받아들여지고 있는 코카콜라, 시티 그룹의 신용카드, 청바지, 소니의 플레이스테이션, 닌텐도의 위(Wii), 맥도날드의 햄버거, 삼성의 무선전화기, 마이크로소프트의 윈도우즈 운영시스템이 좋은 예이다.

생산과 시장의 글로벌화라는 변화는 산업 내 경쟁과 관련하여서도 중요한 시사점을 제공한다. 첫째, 산업의 경계가 더 이상 국경에 의해 제한을 받지 않는다. 많은 산업들이 범위에 있어서 글로벌화되었기 때문에, 실질적 그리고 잠재적인 경쟁자들이 자국 시장뿐만 아니라 다른 국가의 시장에도 존재한다. 자국 시장만을 분석하는 경영자는 보다 효율적인 외국의 경쟁기업이 자국 시장에 진입하게 되면 무방비 상태에 놓이게 된다. 시장과 생산의 글로벌화는 전 세계 기업들의 자국 시장이 잠재적인 해외 경쟁자들의 공격에 노출되어 있음을 의미한다. 예를 들어, 일본에서는 JP 모건 등의 미국계 금융회사들이 일본계 금융 서비스 회사들을 공격해 오고 있다.

둘째, 국가 시장에서 글로벌 시장으로의 전환은 모든 산업에서 산업 내 경쟁 강도를 심화시키고 있다. 과거에 서너 개의 과점기업들로 인해 글로벌 경쟁의 강도가 상대적으로 낮았던 국가 시장들이, 많은 수의 기업들이 거의 모든 국가 시장들에서 시장점유율 확보를 위해서 서로 경쟁하는 글로벌 산업 내의 하나의 세분시장으로 변화하였다. 이러한 경쟁은 기업의 수익성을 저하시켜 왔으며, 기업들로 하여금 효율성, 제품과 서비스의 품질, 고객 대응능력, 혁신을 극대화해야 하는 필요성을 증가시켰다. 그러나 모든 글로벌 산업들이 분산된 것은 아니다. 많은 산업들이 여전이 집중화된 과점상테에 놓여 있으며, 이런 산업들은 국가적인 과점이 아니라, 국제적인 과점 상태를 유지하고 있다. 예를 들어, 비디오 게임 산업에서는 세 개의 기업들이 글로벌 시장을 장악하기 위해 서로 경쟁하고 있다. 미국의 마이크로소프트, 일본의 닌텐도와 소니가 바로 이들이다.

마지막으로, 비록 글로벌화가 이전까지 보호되어져 왔던 국가 시장들에 대한 잠재적인 진입자의 위협과 경쟁의 위협을 증가시키고는 있지만, 글로벌화는 동시에 기업들에게 커다란 기회를 제공해 왔다. 국가 간 무역과 투자에 대한 장벽이 점차 낮아짐에 따라, 한때 잘 보호되어졌던 시장들에 대한 외국기업들의 접근이 용이해지고 있다. 따라서, 최근 서유럽, 일본, 그리고 미국 기업들이 동유럽, 라틴 아메리카, 동남아시아 시장에 대한 투자를 강화하며, 이들 시장의 성장기회를 활용하기 위해 노력하고 있다.

글로벌 확장을 통한 수익성 향상

기업들이 글로벌 확장을 통해 수익성과 수익을 보다 빠르게 증가시키는 데는 여러 가지 방법이 있다. 가장 기본적인 수준에서 글로벌 확장은 기업이 대상으로 하는 시장의 크기를 확대시켜 기업이 보다 큰 수익을 창출할 수 있도록 한다. 또한 글로벌 확장은 기업이 비용구조를 효율화할 수 있는 기회를 제공하거나 차별화를 통해서 가치를 증대하여 잠재적으로 수익성을 높일 수 있는 기회를 제공한다.

시장 확대: 제품과 역량의 활용

기업은 자국 시장에서 생산된 제품과 서비스를 글로벌 시장에서 판매함으로써 자사의 성장률을 높일 수 있다. 실제로, 거의 모든 다국적 기업들이 이러한 방식으로 성장해 왔다. 예를 들어, P&G는 대부분의 베스트셀링 제품을 자국시장에서 개발하고, 이를 세계 시장에 판매하였다. 마이크로소프트의 경우도 이와 비슷한데, 마이크로소프트는 초기부터 자사의 소프트웨어를 세계 시장에 판매하는 것을 목표로 하였다. 포드, 폭스바겐, 그리고 도요타 같은 자동차 제조회사들도 자국 시장에서 제품을 개발하고 이를 글로벌 시장에서 판매하며 성장해 왔다. 만약 진입하는 국가에 유사한 수준의 제품을 생산하는 기업이 없다면, 이러한 전략이 주는 효과는 보다 극대화될 것이다. 예를 들어 도요타는 북미나 유럽시장에 진입하여, 해당 시장에서의 경쟁자들(포드, GM)이 제공하는 제품과 차별화되는 높은 수준의 품질과 내구성을 가진 제품을 판매함으로써 수익을 성장시켜 왔다.

많은 다국적 기업들의 성공이 이들이 판매하는 제품과 서비스뿐만 아니라 이들의 제품과 서비스의 생산과 마케팅 활동의 근간을 이루는 차별적 역량(distinctive competency, 혹은 독특한 역량, unique skills)에 기반하고 있다는 사실에 주목할 필요가 있다. 따라서 도요타의 성공은 자동차를 생산함에 있어서 기업이 보유한 차별적 역량에 기반하고 있으며, 도요타의 글로벌 확장은 이러한 차별적 역량으로부터 보다 높은 수익을 얻기 위한 방법으로 볼 수 있다. 이와 유사하게, P&G의 글로벌 성공은 기업이 가지고 있는 다양한 소비재의 포트폴리오뿐만 아니라, 소비재를 대중적으로 마케팅할 수 있는 능력에 기반하고 있다. P&G는 글로벌 시장에서 1950년부터 1990년 사이에 급격하게 성장하였는데, 이는 P&G가 전 세계에서 가장 뛰어난 매스 마케팅 능력을 가진 회사들 중 하나여서, 자사가 진입한 시장의 기존 경쟁자들을 압도할 수 있었기 때문이다.

따라서, 글로벌 확장은 P&G가 가진 마케팅 역량을 활용하여 높은 성과를 창출하기 위한 하나의 방법이라고 볼 수 있다.

다시 말해, 차별적 역량은 기업이 사업을 하는데 있어서 본질적으로 가장 중요한 부분이기 때문에, 도요타나 P&G 같은 제조회사들의 성공적인 글로벌 확장은 차별적 역량을 개발하고 이를 해외시장에 적용하는 능력에 기반하였다고 볼 수 있다.

이러한 논리는 금융회사나 소매기업, 레스토랑 체인, 호텔 체인들과 같은 서비스 부문에서 경쟁하는 기업들에 대해서도 동일하게 적용된다. 자신의 서비스를 판매하는 시장을 확대하는 것은 자신들의 기본적인 비즈니스 모델을 다른 국가시장에서 반복하여 활용하는 것을 의미한다(이 경우 국가 간 차이를 반영한 약간의 변화가 있을 수도 있다. 이 부분에 대해서는 추후에 논의한다). 예를 들어, 스타벅스는 미국 시장에서 개발한 기본적인 사업모델을 다른 국가 시장에서 사업운영방식을 수립하는 과정에서 청사진으로 활용함으로써, 미국 이외의 국가에서 빠르게 사업을 확장하여 왔다. 이어지는 중간사례에서 보듯이, 월마트 역시 동일한 방식으로 성장하였다. 월마트는 1992년 이후 9개의 국가에 진출하여 매장을 개설하였는데, 역시 자신들이 미국에서 처음 개발한 사업 모델을 활용해 오고 있다. 맥도날드의 경우도 이와 유사하다. 맥도날드는 120개국 이상의 나라에 진출하여 전체 수익 중 절반 이상을 해외시장에서 창출해 온 성공적인 글로벌 확장전략으로 잘 알려져 있다.

규모의 경제 실현

기업은 글로벌 확장을 통해 보다 빠르게 수익을 성장시키는 것뿐 아니라, 매출을 확대함으로써 규모의 경제에 기반한 원가절감과 수익성 향상을 실현할 수 있게 된다. 이러한 규모의 경제는 몇 가지 원천으로부터 달성된다. 첫째, 제품의 개발과 생산시설 설비 확충에 투자된 고정 비용을 증가한 글로벌 매출 단위에 분산시킴으로써, 기업은 제품의 단위당 원가를 낮출 수 있다. 마이크로소프트의 경우, 윈도우즈 비스타 개발에 투자된 50억 달러에 달하는 개발비용을 전 세계에 판매되는 제품의 단위당 원가에 분산시킴으로써 막대한 규모의 경제를 실현했다.

둘째, 글로벌 시장에 제품을 판매함으로써, 기업은 자사의 생산설비를 보다 집중적으로 사용할 수 있어, 높은 생산성과 낮은 원가와 높은 수익성을 모두 달성할 수 있다. 예를 들어, 만약 인텔이 마이크로프로세서를 미국 내에서만 판매했다면, 이들은 자신들의 공장을 주 5일간 1교대로만 운영할 수 있었을 것이다. 하지만, 동일한 공장에서 생산되는 제품들을 글로벌 시장에서 판매함으로써, 인텔은 동일한 공장을 주 7일, 2교대로 운영할 수 있게 되었다. 다시 말하면, 인텔은 미국시장만이 아니라 글로벌 시장에 제품을 판매함으로써 공장에 투자한 자본을 보다 집중적으로 사용할 수 있게 되고, 이는 자본 생산성과 투하자본수익률을 높이는 결과를 가져왔다.

셋째, 글로벌 시장에서의 제품 판매를 통해 기업규모가 성장하게 되면, 기업이 공급자에 대해 가질 수 있는 협상력도 증가한다. 기업은 증가된 협상력을 활용해 주요 원재료의 구매원가를 낮출 수 있어 수익성을 개선할 수 있다. 월마트의 경우 막대한 매출 크기에 기반한 높은 협상력을 가지고 있어, 자사의 매장에서 판매하는 제품의 구매원가를 낮출 수 있었다.

입지의 경제 실현

이 장의 초반부에서 우리는 각 국가 시장 간에는 생산요소의 품질과 원가를 포함한 다양한 측면에서의 차이가 존재함을 논의하였다. 이러한 차이는 어떤 지역들이 다른 지역들보다 특정 제품의 생산에 보다 적합할 수 있음을 시사한다.

> **입지의 경제**
> 특정한 생산활동을 해당 생산활동에 가장 최적화된 지역에서 수행함으로써 얻을 수 있는 경제적 이익

입지의 경제는 특정한 가치창출활동을 해당 활동을 수행하기에 최적인 장소에서 수행함으로써 얻을 수 있는 경제적 이익을 의미한다. 이러한 장소는 운송비용이나 무역장벽 등의 측면에서 전 세계 어디라도 될 수 있다. 가치창출활동을 해당 활동이 최적화된 지역에 배치하게 되면 다음의 두 가지 중 한 가지의 효과를 기대할 수 있게 된다. (1) 가치창출활동의 원가를 낮춤으로써, 기업이 원가우위를 확보할 수 있게 해주거나 (2) 기업이 판매하는 제품을 차별화할 수 있도록

함으로써, 기업이 프리미엄 가격을 설정하거나 혹은 시장가격을 유지하며 차별성을 활용해 시장점유율을 높이는 두 가지 옵션을 가질 수 있도록 한다. 따라서, 입지의 경제를 실현하고자 하는 기업의 노력은 저원가 전략 혹은 차별화 전략 등의 사업전략의 일환이라 볼 수 있다. 이론적으로, 자사의 각 가치창출활동이 최적의 입지에서 수행될 수 있도록 적절히 분산시킨 기업은 모든 가치창출활동을 동일한 장소에서 수행하는 기업들에 비해서 경쟁우위를 가진다. 이러한 기업들은 동일한 장소에서 제품을 생산하는 기업들에 비해서 제품을 보다 차별화 하거나 혹은 낮은 원가구조를 가지게 된다. 경쟁의 압력이 증가하는 글로벌 경영환경에서, 입지의 경제를 활용한 전략은 생존을 위한 불가피한 선택이 된다.

예를 들어, IBM의 ThinkPad X31 랩탑 컴퓨터를 생각해 보면(이 사업은 2005년에 중국기업인 레노버가 인수하였다), ThinkPad는 미국에서 IBM의 엔지니어들에 의해서 디자인되었다. 이는 IBM이 제품의 기본적인 디자인을 하는데 있어서 미국이 가장 적합한 장소라고 믿었기 때문이다. 제품의 케이스, 키보드, 하드 드라이브는 태국에서, 디스플레이 스크린과 메모리는 한국에서, 그리고 내장 무선랜 카드는 말레이시아에서 생산되었으며, 마이크로프로세스는 미국에서 생산되었다. 즉, 각각의 부품들이 최적의 장소에서 생산되었는데, 이는 각 가치창출활동을 각기 다른 장소에서 수행할 때 발생하는 상대적인 비용의 차이를 고려한 경영자의 결정에 근거한다. 각 부품들은 멕시코의 IBM 공장으로 운송되었으며, 이곳에서 조립된 후, 최종 판매를 위해 미국으로 다시 운송되었다. IBM은 ThinkPad의 조립을 멕시코에서 수행하였는데, 이는 IBM의 경영자가 멕시코의 낮은 인건비가 최종 조립비용을 최소화 할 수 있는 장소라고 판단하였기 때문이다. 북미에서의 마케팅과 판매 전략은 미국에 있는 IBM 직원들이 개발하였는데, 이는 IBM이 지역시장에 대한 지식을 가지고 있는 미국의 직원이 다른 어느 곳에 있는 직원들보다 마케팅 활동을 통해 제품에 보다 높은 가치를 부여할 수 있을 것이라 판단하였기 때문이다.

글로벌 자회사의 역량 활용

많은 다국적 기업들은 처음에는 자국시장에서 사업을 수행하는 데 필요한 가치있는 역량(competencies and skills)을 개발한 후, 이러한 이 역량과 기술을 바탕으로 개발한 제품과 서비스를 판매하며 글로벌 확장을 진행한다. 예를 들어, 월마트는 미국에서 소매 사업과 관련된 역량을 축적한 후, 이를 해외 시장으로 적용하여 활용하였다고 볼 수 있다. 하지만, 이미 해외 시장에서 지사들의 네트워크를 구축한 다국적 기업들의 경우, 가치 있는 역량의 개발이 해외지사에서 발생하기도 한다. 역량의 개발은 직원들이 새로운 방식으로 업무를 수행하려는 동기와 인센티브를 가지고 있는 해외의 지사들 중 어디에서도 이루어질 수 있다. 생산원가를 절감하거나 고객들이 인지하는 가치를 향상시키거나 높은 제품가격의 설정 등을 가능하게 하는 역량의 개발은 다국적 기업의 본사에서만 이루어지는 것이 아니다.

해외 자회사 내부에서 개발된 기술을 활용하고 이를 기업의 글로벌 네트워크 상의 다른 해외지사들에 적용함으로써, 기업은 새로운 가치를 창출해 낼 수 있다. 예를 들어, 맥도날드는 해외 프랜차이지들이 가치있는 새로운 아이디어의 중요한 원천이 될 수 있음을 발견하고 있다. 프랑스에서 낮은 성장률에 직면한 맥도날드의 지역 프랜차이즈 사업자들은 메뉴를 비롯해 매장의 레이아웃과 테마에까지 다양한 실험을 시도하였다. 맥도날드의 상징인 황금색 아치를 제거했고, 매장 내에 배치된 실용성이 강조된 의자와 테이블들, 그리고 다른 플라스틱 장식들도 제거했다. 현재 프랑스에 있는 많은 맥도날드 매장들은 딱딱한 나무바닥, 노출된 벽돌 벽, 그리고 심지어 팔걸이 의자들을 가지고 있다. 현재 프랑스의 930여 개 매장 중 절반의 매장들은 미국인들이 맥도날드임을 인식할 수 없을 정도로 개선되었다. 메뉴 역시 변화하여, 치킨을 얹은 포카치아 빵과 같은 프리미엄 샌드위치를 내놓았는데, 이 메뉴는 다른 햄버거들보다 30% 정도 높은 가격을 받고 있다. 최소한 프랑스에서는 이러한 전략이 제대로 작동하고 있는 것으로 보인다. 이러한 변화로 동일 매장에서의 연간 매출액 증가율이 1%에서 3.4%로 상승하였다. 이러한 결과에 힘입어, 맥도날드의 경영진은 미국을 포함해

중간사례 월마트의 국제적 확장

1990년대 초반, 월마트의 경영자는 월마트가 미국 시장 내에서 성장을 지속하는 데에는 한계가 있음을 깨달았다. 1995년까지 월마트는 미국의 모든 50개 주에 진출하게 될 것이며, 2000년대 초반이면 내수시장의 포화로 인해 더 이상 성장기회를 찾는 것이 어려울 것임을 알게 되었다. 그래서 월마트는 해외시장으로의 진출을 결정하게 된다. 하지만 일부에서는 월마트가 너무 미국적인 기업이고, 비록 월마트의 비즈니스모델이 미국에서는 적합했지만, 인프라가 다르고, 고객의 기호와 선호가 다르며, 이미 지역의 소매업체들이 확고히 지배하고 있는 다른 국가들에서 적합하지 않을 것이라고 지적하였다.

1991년 월마트는 멕시코에 첫 매장을 오픈하며 글로벌화를 시작하였다. 멕시코에서의 사업은 현지의 가장 큰 소매업체인 씨페라(Cifera)와의 합작투자를 통해 시작하였다. 초기에 월마트는 비판론자들의 주장이 맞았음을 증명하는 것처럼 보이는 다수의 실수를 저질렀다. 월마트는 자사의 효율적인 물류시스템을 멕시코에서 재현하는 과정에서 어려움을 겪었다. 낮은 수준의 인프라, 복잡한 도로 사정, 월마트의 매장 혹은 물류센터로 직접 배송을 하지 않거나 할 수 없는 대부분의 현지 공급자들 등의 상황은 재고 관리상의 문제를 야기했고, 비용과 가격을 높이는 원인이 되었다. 초기에 멕시코의 월마트에서 판매하는 상품들은 미국의 월마트 매장에서 판매하는 유사한 상품들에 비해서 대략 평균적으로 20%가량 높은 가격을 가지고 있어서, 월마트는 시장점유율을 늘려가는 데 어려움을 겪었다. 제품 구색에 있어서도 문제가 있었다. 월마트는 미국 시장에서 인기가 있는 제품을 멕시코의 많은 매장에서 판매하였다. 아이스 스케이트, 탑승 가능한 잔디깎기기계, 낙엽을 날려버리는 기계, 그리고 공구 박스 등이 여기에 해당한다. 당연히 이러한 제품들은 멕시코에서 잘 팔리지 않았다. 관리자들이 재고를 처분하기 위해 가격 인하를 단행했지만, 자동화된 정보시스템은 오히려 제품의 재고를 확보하기 위해 자동으로 추가 주문을 넣는 현상이 발생하기도 하였다.

하지만 1990년대 중반에 이르러 월마트는 초기 실수로부터 학습을 했고, 멕시코에서의 사업을 지역의 특성에 맞추어 변화시켰다. 멕시코의 운송회사와의 파트너십은 물류시스템을 크게 개선시켰고, 동시에 보다 주의 깊은 재고관리 방식을 도입하여 멕시코에서의 매장들이 지역 소비자들의 기호와 선호에 호소할 수 있는 제품을 팔도록 해주었다. 월마트의 입지가 강화되면서, 보다 많은 월마트의 공급자들이 멕시코에 있는 월마트의 물류 센터와 가까운 곳에 공장을 지었고, 이것은 재고와 물류 비용을 낮추는 데 도움을 주었다. 1998년에 월마트는 씨페라의 다수지분을 인수하였다. 오늘날, 멕시코 시장에서 월마트는 가장 가까운 경쟁자에 비해 두 배 이상의 규모를 가지게 되었으며, 멕시코는 월마트의 글로벌 사업에서 중요한 위치를 차지하고 있다. 멕시코에서의 성공은 월마트에게 미국 이외의 다른 지역에서의 사업에 대한 자신감을 주었다. 월마트는 이어서 15개의 다른 나라로 사업을 확장하였다. 캐나다, 영국, 독일, 일본 그리고 한국에서 월마트는 기존의 기업들을 인수한 후, 자사의 정보시스템, 물류시스템, 그리고 운영관리 기술을 이전시켰다. 푸에르토리코, 브라질, 아르헨티나, 그리고 중국에서 월마트는 자사의 매장을 설립하였다(중국에서는 2007년에 인수를 통해 사업을 확장하기도 하였다). 이러한 확장의 결과, 2008년에 월마트는 미국 이외의 지역에서 3,000개의 매장, 600,000명의 직원을 가질 수 있었고, 800억 달러 이상의 매출을 해외에서 올릴 수 있었다. 높은 성장에 더해서, 사업의 글로벌 확장은 월마트에게 두 가지의 추가적인 혜택을 가져다주었다. 첫째, 월마트는 글로벌 시장에서 형성된 구매력을 바탕으로 상당한 수준의 규모의 경제를 달성할 수 있었다. 월마트의 주요 공급자들 중 많은 기업들이 오랫동안 글로벌 시장에서 활동해 온 기업들이었다. 전자제품에서 GE, 식료품에서 유니레버, 그리고 퍼스널 케어제품에서 P&G는 모두 월마트의 주요 공급자였고, 글로벌 시장에서 자신들의 사업을 운영해 오고 있었다. 국제적으로 사업을 확장하면서, 월마트는 자사의 규모를 활용하여, 앞서의 주요 공급자들의 각 지역 사업체들에게 보다 많은 할인을 요구할 수 있었다. 이를 통해 월마트는 제품가격을 낮추고, 시장점유율을 높이며, 최종적으로 많은 수익을 획득할 수 있는 능력을 높일 수 있었다. 둘째, 월마트는 서로 다른 국가들에 위치한 사업들 간에 아이디어를 교환함으로써 많은 수익을 얻을 수 있다는 것을 발견하였다. 예를 들어, 월마트의 아르헨티나 팀은, 멕시코에서 개발된 월마트 매장의 형태를 재현하기 위해서, 그리고 멕시코에서 개발된 인적자원과 부동산 관리 방식을 도입하기 위해 월마트의 멕시코 경영진과 함께 일했다. 아르헨티나 매장들의 와인 부서에서 개발된 레이아웃 관련 아이디어들도 전 세계의 다른 매장들의 레이아웃에 반영되고 있다.

또한 월마트는 만약 글로벌 확장을 시도하지 않았었다면, 다른 글로벌 소매기업들이 자신에게 큰 타격을 입혔을 것이라는 사실을 깨닫게 되었다. 실제로 월마트는 프랑스의 까르푸, 폴란드의 홀드, 그리고 영국의 테스코와 같은 기업들과 높은 수준의 글로벌 경쟁을 하고 있다. 세계에서 두 번째로 큰 소매기업인 까르푸는 아마도 가장 글로벌화된 기업일 것이다. 하이퍼마켓 개념의 창시자인 까르푸는 현재 26개 국가에 진출해 있으며, 전체 매출의 50% 이상을 프랑스 이외의 국가에서 달성하고 있다. 이것과 비교해 볼 때, 2008년 전체 매출의 25%를 해외사업으로부터 얻는 월마트는 약간 뒤처져 있다고 볼 수 있다. 하지만, 전 세계의 소매시장은 여전히 매우 분산되어 있어서 글로벌 확장을 더욱 추진할 수 있는 여지가 있다. 2008년 기준으로, 전 세계에서 상위 25개 소매기업들은 전체 매출의 25%만을 확보하고 있다.

이러한 성공을 위해 월마트가 글로벌 확장을 추진하는 과정에서 어려움을 겪기도 했다. 2006년 월마트는 두 개의 시장에서 철수하였는데, 하나는 한국 시장이었다. 이 시장에서 월마트는 지역고객들의 쇼핑 특성을 이해하는 데 실패했다. 다른 한 곳은 독일 시장이었다. 이곳에서 월마트는 기존의 할인 매장들과의 가격경쟁에서 성공하지 못하였다. 또한 월마트는 일본 시장에서 어려움을 겪고 있는데 월마트는 일본 시장의 문화를 이해하지 못한 것 같다. 예를 들어 월마트가 일본의 연휴기간에 낮은 가격의 과일 선물세트를 팔기로 결정했는데, 이 결정은 실패하였다. 이는 일본 고객들이 선물에 돈을 아끼는 것은 선물을 받는 사람을 모욕하는 것이라 생각하는 경향이 있기 때문이었다. 흥미롭게도, 월마트가 어려움을 겪은 시장들은 선진시장들이었다. 이들 시장에 월마트는 인수를 통해 진출하였는데, 오랜 기간 동안 효율적으로 운영해 온 지역 경쟁자들과 경쟁해야 하는 시장이었고, 고객들의 구매 습관이 미국과는 매우 다른 곳이었다. 반면에, 월마트가 성공해 온 시장들은 개발도상국들이었다. 이들 시장에서는 강력한 지역 경쟁자가 없었고, 월마트가 자신의 사업을 처음부터 설립하며 진출한 곳들이었다(e.g., 멕시코, 브라질, 중국).

매출 성장이 정체되고 있는 다른 지역들에도 유사한 변화를 시도하는 것을 고려하고 있다.

원가절감 및 현지시장 대응의 필요성

글로벌 시장에서 경쟁하는 기업들은 일반적으로 두 가지 형태의 경쟁 압력을 받게 된다. 원가절감에 대한 압력과 현지시장 대응의 압력이 그것이다. 이 두 가지 압력들은 기업에서 서로 상충하는 조건들을 만족시킬 것을 요구한다. 원가절감 압력은 기업이 단위당 생산원가를 최소화할 것을 요구한다. 이 목표를 달성하기 위해서 기업은 생산활동을, 전 세계의 어느 곳이든, 비용이 가장 낮은 지역에서 수행해야 한다. 또한 기업은 학습효과와 규모의 경제를 통한 원가절감을 실현하기 위해 표준화된 제품을 전 세계 시장에 판매해야 한다. 반면, 현지 시장에 대한 대응능력을 높이기 위해서는, 기업들이 국가별로 상이한 소비자의 취향과 선호, 사업관행, 유통채널, 경쟁조건 그리고 정부 정책 등의 차이점들로부터 기인하는 다양한 니즈를 충족시키기 위해 제품과 마케팅 전략을 각 국가에 맞게 수정해야 한다. 하지만 제품과 마케팅 전략을 각 국가 시장에 맞추어 차별화 하게 되면, 동일 활동에 대한 중복투자가 발생하고 제품의 표준화가 어려워지게 되어 비용이 상승하게 된다.

[그림 6.1]에서 보면, 기업A는 높은 수준의 원가절감 압력과 낮은 수준의 현지시장 대응 압력을 받게 되고, 기업B는 낮은 수준의 원가절감 압력과 높은 수준의 현지시장 대응 압력을 받게 된다. 하지만 많은 기업들이 사실상 기업C의

[그림 6.1] 원가절감과 현지시장 대응 압력

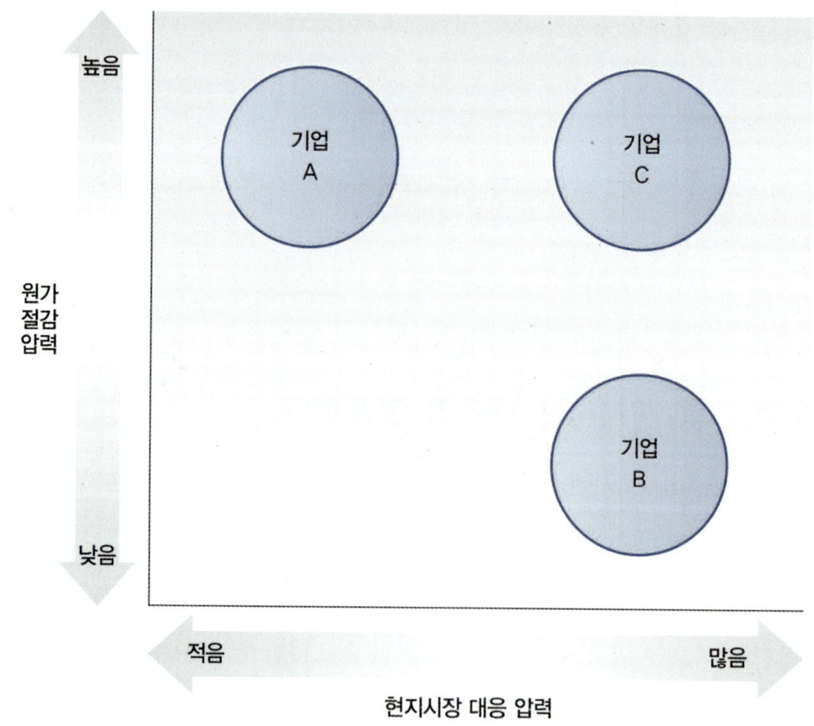

위치에 놓여져 있다. 많은 기업들은 높은 수준의 원가절감 압력과 현지시장 대응 압력을 동시에 직면하고 있다. 현지시장 대응능력을 높이기 위해 노력하는 경우 일반적으로 비용이 상승하기 때문에, 이처럼 서로 상충되며 모순적인 압력들에 대응하는 것은 기업들에게 매우 어려운 전략적 도전이 된다.

윤리적 딜레마

낮은 인건비 때문에 당신의 회사는 제품 제조를 위한 지사를 중국 남부 지역에 설립하였다. 현지의 최저 임금 규정에서 직원들은 일주일에 6일 동안 하루에 10시간(때때로 의무 초과근무 때문에 12시간)을 근무한다. 현지 공장은 당신의 본국에서 법률적으로 의무화된 환경보호와 직원안전 기준과 동일한 기준을 준수하지 않는다. 당신은 상대적으로 열악한 노동조건과 환경보호 문제에 대해 우려를 가지고 있어서, 본국에서 파견된 주재원에게 이러한 문제를 해결하기 위해 필요한 것이 무엇인지 물었다. 주재원은 진출 국가에서의 규정과 법률을 준수하고 있다고 주장하며, 덧붙여, 기업이 이 지역에 제조설비를 갖춘 이유가 낮은 비용에 제조설비 기반을 확보하기 위해서라고 말한다. 현지 규정과 법률을 넘어서는 수준으로 노동조건을 개선하고 환경보호 설비를 갖추는 것은 낮은 비용의 제조 설비 기반확보라는 목표와 상충한다. 이러한 주장은 윤리적인가? 현재의 방식으로 사업 운영을 계속하는 것이 야기할 수 있는 부정적인 잠재적 결과는 무엇인가? 현지 규정과 법률이 규정한 것을 넘어서는 기준을 지키는 것이 줄 수 있는 이점은 무엇인가?

원가절감

경쟁적인 글로벌 시장환경에서 경쟁하는 기업들은 종종 원가절감 압력에 직면한다. 원가절감 압력에 대응하기 위해서 기업들은 가치창출에 소요되는 비용을 낮추어야 한다. 예를 들어, 제조기업들은 전 세계 어디든 간에 표준화된 제품의 대량생산에 최적화된 장소를 찾아 생산활동을 수행함으로써, 규모의 경제와 입지의 경제를 실현해야 한다. 또한, 제조기업들은 비용을 낮추기 위해 특정 활동을 저원가의 해외 공급자에게 아웃소싱하기도 한다. 실제로 많은 컴퓨터 제조기업들이 콜센터를 활용한 고객서비스 활동을, 영어가 능숙한 숙련된 전문가들을 미국보다 상대적으로 낮은 임금에 고용할 수 있는 인도의 기업들에게 아웃소싱하고 있다. 같은 맥락에서, 월마트 같은 소매 유통기업들도 제품 공급업체들로 하여금 생산활동을 아웃소싱하도록 영향을 미쳤다(실제로 월마트가 제품공급업체들에게 행사하는 공급단가 인하 압력은 북미의 많은 제조기업들이 생산활동을 중국으로 이전하는 트렌드를 발생시킨 주요 원인으로 언급되고 있다). 은행 등의 서비스 기업들도 정보처리 등의 비영업 부문의 지원업무들(back office functions)을 임금수준이 낮은 개발도상국으로 이동시키고 있다.

원가절감에 대한 압력은 비가격 요소에 의한 의미있는 차별화가 어렵고 가격이 주요 경쟁 포인트가 되는 일상재(commodity)를 생산하는 산업에서 보다 강하게 나타난다. 이는 소비자의 **보편적 니즈**(uiniversal needs)를 충족시키는 제품들에서 보다 강하게 나타나는데, 다양한 국가에서 소비자들이 아주 동일하지는 않더라도, 유사한 기호와 선호를 가지고 있는 경우에 형성된다. 화학원료(bulk chemical), 석유, 철강, 설탕과 같은 제품들이 보편적 니즈가 형성되어 있는 제품들의 예라 할 수 있다. 또한 휴대용 계산기, 반도체 칩, 개인용 컴퓨터,

보편적 니즈
다양한 국가의 소비자들이 가지고 있는 유사한, 하지만 동일하지는 않은, 기호와 선호

액정 디스플레이(LCD) 스크린 등의 다양한 산업재와 소비재들에 대해서도 보편적 니즈가 존재한다. 원가절감 압력은 주요 경쟁자들이 저원가 입지 우위에 기반하고 있는 산업, 초과 생산능력이 지속적으로 존재하는 산업, 소비자의 협상력이 강하고 전환비용이 낮은 산업에서 강하게 나타난다. 많은 전문가들은 최근 수십 년 간 이루어진 국제무역과 투자환경의 자유화가 글로벌 경쟁을 촉진함으로써 원가절감 압력을 증가시켜 왔다고 말한다.

현지시장 대응의 필요성

현지시장 대응의 필요성은 고객의 기호와 선호의 차이, 인프라와 전통적인 관행, 유통 채널 등의 차이와 현지 정부의 요구 등으로 인해 발생한다. 이러한 차이점을 고려하여 현지시장에 적절히 대응하기 위해서 기업들은 자사의 제품과 마케팅 전략을 각 국가시장에 맞추어서 현지화 해야 한다. 하지만 이러한 전략은 기업의 원가구조를 상승시키는 경향이 있다.

고객의 기호와 선호의 차이

각 국가의 소비자들은 역사적 혹은 문화적인 이유로 서로 매우 상이한 기호와 선호를 가질 수 있으며, 이로 인해 현지시장 대응압력이 발생한다. 이러한 경우, 다국적 기업은 현지 시장 고객들의 기호와 선호를 만족시키기 위해서 제품과 마케팅 방법을 현지화해야 하며, 이로 인해 기업이 생산과 마케팅 업무의 책임과 기능을 해외 지사로 위임해야 할 필요성이 증가하였다.

예를 들어, 1980년대부터 1990년대 초반까지 자동차 기업들은 이른 바 '월드카'를 생산하고자 노력하였다. 이는 GM, 포드, 도요타 같은 글로벌 기업들이 중앙 집중화된 생산시설에서 생산한 동일한 기본 모델의 자동차를 전 세계에 판매하는 것을 의미한다. 만약 성공했더라면, 자동차 기업들은 범세계적인 규모의 경제를 달성할 수 있었을 것이다. 하지만 이 전략은 고객 현실에 부딪쳐 성공하지 못했다. 고객들은 지역별로 자동차에 대해 서로 다른 기호와 선호를 가지고 있었고, 다른 종류의 자동차를 원했다. 북미 소비자들은 픽업트럭에 대한 강한 수요를 가지고 있다. 특히 미국의 남부와 서부지역에서는 많은 가정에서 픽업트럭을 두 번째 혹은 세 번째 자동차로 가지기를 원한다. 하지만 유럽에서 픽업트럭은 단지 유틸리티 차량으로 인식되고, 개인보다는 주로 기업고객들이 구매하기를 원한다. 결과적으로, 제품 구성과 마케팅 전략도 북미와 유럽 고객이 가진 서로 다른 수요의 특징을 반영하여 수정될 필요가 있다.

사회기반 시설과 전통적인 관행의 차이

국가들 간 존재하는 사회기반 시설과 전통적인 관행의 차이로 인해 현지시장 대응압력이 발생하고 이로 인해 기업들이 제품의 현지화를 위해 생산 업무를 해외 지사에 위임해야 할 필요성이 발생하기도 한다. 예를 들어, 북미에서의 소비자들이 사용하는 전기 전압은 110볼트이지만, 어떤 유럽 국가들에서는 240볼트가 표준이다. 따라서 전자 제품들은 이러한 사회기반 시설의 차이점을 고려하여 제조되어야 한다. 전통적인 관행 역시 국가마다 다르다. 예를 들어, 영국에서는 사람들이 도로의 좌측에서 자동차를 운전하기 때문에, 운전석이 자동차의 우측에 있어야 한다. 하지만 프랑스에서는 사람들이 도로의 우측에서 자동차를 운전하기 때문에 운전석이 자동차의 좌측에 있어야 한다. 따라서, 자동차는 이러한 전통적인 관행의 차이를 고려해 제조되어야 한다.

국가 간 사회기반 시설의 차이는 많은 경우 각 국가의 역사에 기인하지만, 일부는 최근에 만들어진 것도 있다. 예를 들어, 무선 통신산업에서 국가별로 상이한 기술표준이 채택되어져 있다. 유럽에서는 GSM으로 알려진 기술표준이 보편적이지만, 미국과 일부 아시아 지역에서는 또 다른 기술표준인 CDMA가 보다 보편적으로 사용된다. 이러한 기술표준의 차이로 인해 GSM용으로 제작된 무선장비는 CDMA 네트워크에서는 작동하지 않을 수 있으며, 그 반대의 경우도 마찬가지다. 따라서, 무선 단말기와 기지국 등의 무선통신설비를 제작하는 기업들은 특정 국가의 기술표준에 맞추어 제품을 제조해야 한다.

유통채널의 차이

기업들은 각 국가별로 상이한 유통채널의 차이를 고려하여 마케팅 전략을 수정해야 하며, 이를 위해 마케팅 업무를 현지 지사에 위임해야 할 필요성이 있다. 예를 들어, 제약산업에서, 영국과 일본의 유통 시스템은 미국의 시스템과 매우 다르다. 영국과 일본의 의사들은 미국 방식의 공격적인 영업전략을 우호적으로 받아들이지 않는다. 따라서, 영국과 일본에서 제약회사들은 미국에서의 방식과는 다른 형태의 마케팅 전략, 즉 경성판매(hard sell)가 아닌 연성판매(soft sell)를 도입해야 한다.

현지 정부 요구조건의 차이

현지 정부가 요구하는 경제적 혹은 정치적 조건들 때문에 기업의 현지시장 대응능력이 요구되어지기도 한다. 예를 들어, 제약회사들은 현지국의 임상실험, 등록절차, 가격제한 등의 규제를 받게 되며, 이로 인해 생산과 마케팅 활동을 수행함에 있어서 현지국의 규제에 따라야 한다. 대부분의 국가에서 정부와 정부 산하기관들이 공공 의료보험 예산의 상당한 비중을 통제하고 있기 때문에, 현지 정부의 요구에 대한 대응 압력은 매우 높다.

보다 일반적으로, 보호주의와 경제적 국수주의, 그리고 부품의 현지 조달 규정(제품의 일정 비율 이상을 현지에서 생산할 것을 요구하는 규정) 등으로 인해 글로벌 기업들이 현지에서 생산활동을 해야 할 필요성이 높아진다. 예를 들어, 철도차량, 비행기, 제트보트, 스노우 모빌을 제조하는 캐나다의 봄바르디에(Bombardier)를 생각해 보자. 이 기업은 유럽지역에 12개의 철도차량 공장을 가지고 있다. 이러한 생산시설의 중복투자로 인해 비용이 높아지고, 결과적으로 철도차량 사업의 수익이 봄바르디에의 다른 사업들보다 낮다는 비판이 있다. 하지만 유럽 국가들이 현지 부품 조달과 관련된 비공식적 규정을 가지고 있어 현지 직원을 고용하여 현지에서 생산하는 것을 선호하기 때문에 어쩔 수 없다고 봄바르디에의 경영자는 설명한다. 철도차량을 독일에 팔기 위해서는 독일에서 생산해야 하고, 이는 벨기에, 오스트리아, 프랑스에서도 마찬가지라고 한다. 유럽에서의 비용구조의 문제를 해결하기 위해 제품의 설계와 구매활동을 집중화 하였지만 생산활동을 집중화할 계획은 없다.

글로벌 전략의 선택

현지시장 대응압력이 존재하는 경우, 기업은 규모의 경제와 입지의 경제의 혜택을 최대한 실현하지 못할 수도 있다. 원가 우위를 가진 한 군데의 지역에서 표준화된 제품을 대량생산하고, 이를 전 세계 시장을 대상으로 하는 마케팅 활동을 통해 글로벌 시장에 제품을 판매함으로써 규모의 경제를 실현하는 것이 불가능할 수 있다. 실제로 각 지역시장의 요구에 맞추어 제품을 현지화할 필요성이 있는 경우 이러한 전략은 불가능한다. 예를 들어, 자동차 기업들은 일본과 미국 그리고 유럽의 고객들이 서로 다른 자동차를 선호하고 있으며, 이로 인해 각 지역 시장에 맞추어 제품을 현지화 해야 할 필요성이 있음을 알게 되었다. 이러한 이유로 혼다, 포드, 도요타 같은 기업들은 각 지역 시장의 니즈를 보다 잘 만족시키기 위해, 각 지역마다 제품을 디자인하고 생산할 수 있는 설비를 갖추는 전략을 추구하고 있다. 이러한 현지화 전략이 많은 장점을 가지고 있지만, 동시에 기업이 규모의 경제와 입지의 경제를 실현하는 것을 어렵게 한다.

또한, 현지시장 대응압력은 기업이 차별적 역량에 기반한 제품이나 기술을 글로벌 시장에서 활용하는 것을 어렵게 만든다. 지역적 특징으로 인해 제품을 수정해야 할 필요성이 있기 때문이다. 전 세계적으로 표준화된 제품을 공급하는 가장 대표적인 기업 중 하나인 맥도날드도 국가마다 다른 고객의 기호와 선호에 대응하기 위해 메뉴를 현지화 할 필요가 있음을 알게 되었다.

원가절감 압력과 현지시장 대응압력의 중요성을 고려할 때, 원가절감의 압력과 현지시장 대응압력의 수준의 차이는 기업의 전략에 어떠한 영향을 미칠까? 글로벌 환경에서 경쟁하는 기업들은 일반적으로 다음의 네 가지 전략 중 한 가지를 선택한다. 이 네 가지 전략은 글로벌 표준화 전략(global standardization strategy), 현지화 전략(localization strategy), 초국적 전략

(transnational strategy), 국제적 전략(international strategy)이다. 기업에게 어떤 전략이 가장 적합한가의 문제는 기업이 맞이하는 원가절감과 현지시장 대응압력의 정도에 따라 달라진다. [그림 6.2]는 어떤 조건에서 어떤 전략이 가장 적합한가를 보여준다.

[그림 6.2] 기본적인 네 가지 글로벌 전략

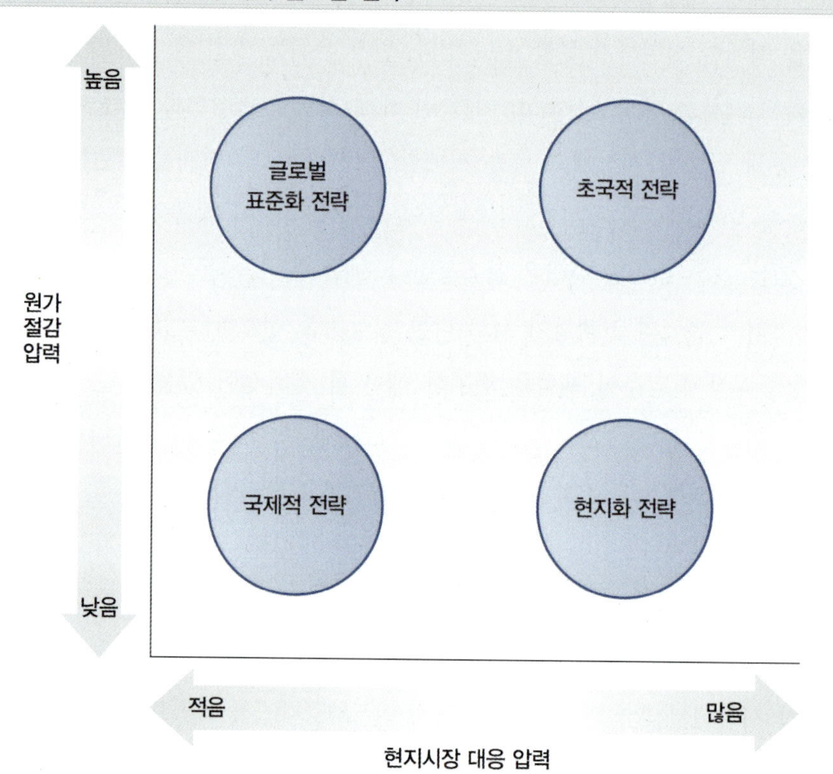

글로벌 표준화 전략

> **글로벌 표준화 전략**
> 규모의 경제와 입지의 경제에 기반한 비용절감을 통해 수익성을 높이는 것에 집중하는 전략

글로벌 표준화 전략(global standardization strategy)을 사용하는 기업들은 규모의 경제와 입지의 경제에 기반하여 원가를 절감함으로써 수익성을 높이고자 노력한다. 즉 글로벌 표준화 전략은 글로벌 수준에서의 저원가 전략이라 할 수 있다. 글로벌 표준화 전략을 추구하는 기업은 생산, 마케팅, 연구개발 활동들을 소수 지역에 집중하여 수행한다. 또한 글로벌 표준화 전략을 추구하는 기업들은

자사의 제품과 마케팅 전략을 지역 시장의 조건에 맞추어 현지화하려는 시도를 하지 않는다. 이는 현지화가 제품의 생산기간을 단축시키고 동일 활동에 대한 중복투자를 필요로 하므로 비용을 높이기 때문이다. 대신에 기업들은 규모의 경제가 가져다주는 장점을 극대화하기 위해서, 전 세계 시장을 대상으로 표준화 제품을 판매하는 것을 목표로 한다. 또한 글로벌 표준화 전략을 추구하는 기업들은 원가 우위를 활용하여 글로벌 시장에서 매우 공격적인 가격정책을 추구한다.

글로벌 표준화 전략은 원가절감 압력이 높고 현지시장 대응압력이 낮은 경우에 가장 적합하다. 보편적인 수요가 존재하는 산업재를 생산하는 산업들에서 이러한 경향이 보다 강하게 나타난다. 예를 들어, 반도체 산업에서는 글로벌 표준이 등장하며 표준화된 글로벌 제품에 대한 막대한 수요가 창출되었다. 따라서, 삼성전자, 하이닉스 등의 기업들은 모두 글로벌 표준화 전략을 추구한다. 이러한 조건들은 현지시장 대응압력이 높은 대부분의 소비재 산업에서는 잘 나타나지 않기도 한다. 하지만, 일부 소비재 기업들이 원가구조를 낮추기 위해 글로벌 표준화 전략을 추구하기도 한다. [6.1 전략의 실제]에서 볼 수 있는 P&G가 이러한 기업의 좋은 예이다.

현지화 전략

현지화 전략(localization strategy)은 각기 다른 국가 시장에서 고객의 기호와 선호를 만족시키기 위해서 제품과 서비스를 현지화하고 이를 통해 수익성을 높이는 것에 집중하는 전략을 말한다. 고객의 기호와 선호 측면에서 국가 간 상당한 차이가 존재하고 원가절감 압력이 높지 않을 때, 현지화 전략이 가장 적합하다. 현지 시장의 요구에 맞추어 제품을 현지화함으로써, 기업들은 해당 시장에서 자사 제품의 가치를 높일 수 있다. 하지만 현지화 전략은 몇몇 활동들의 중복과 생산규모의 감소를 초래하여, 기업이 표준화된 제품을 대량생산하여 글로벌 시장에서 판매함으로써 원가를 절감하는 것을 어렵게 한다. 하지만 현지화를 통해 제품의 가치를 높임으로써 높은 가격을 설정하여 증가한 비용을 회수할

> **현지화 전략**
> 각기 다른 국가 시장에서 고객의 기호와 선호를 만족시키기 위해서 제품과 서비스를 현지화하고 이를 통해 수익성을 높이는 것에 집중하는 전략

수 있거나, 현지화된 제품에 대해 상당한 규모의 현지 수요를 창출하여 기업이 현지시장에서 규모의 경제를 통한 원가절감을 달성할 수 있다면, 현지화 전략은 타당한 전략이 될 수 있다.

MTV는 현지화 전략을 사용하는 기업의 좋은 예이다. MTV는 각 국가의 시청자의 요구에 맞추어 프로그램을 다르게 구성한다. 만약 MTV가 이러한 전략을 사용하지 않았다면, 각 국가에서 현지 경쟁자들에게 시장 점유율을 빼앗겼을 것이고, 광고 수입의 감소로 인해 기업의 수익성도 낮아졌을 것이다. 따라서, 현지화 전략이 비용구조를 상승시키더라도, 현지화 전략은 MTV에게 가장 적합한 전략이라고 볼 수 있다.

하지만 MTV 같은 기업들이 여전히 자사의 비용을 주의 깊게 통제하고 있다는 것은 매우 중요한 사실이다. 현지화 전략을 선택하는 기업들도, 가능하다면 효율성을 유지하기 위해서, 자신들이 글로벌 시장에서 수행하는 사업활동들로부터 어느 정도 수준의 규모의 경제를 실현하여야 한다. 앞서 언급한 바와 같이, 많은 자동차 기업들은 지역 시장의 요구에 맞추어 자사의 제품을 어느 정도 맞춤화해야 한다는 것을 이해하고 있다. 예를 들어, 자동차 기업들은 미국 시장의 고객을 위해서 대형 픽업트럭을 생산하고, 유럽과 일본 시장의 고객을 위해서는 연비가 좋은 차량을 생산해야 함을 알고 있다. 동시에, 이들 자동차 기업들은 여러 다른 모델들이 플랫폼 혹은 부품을 공유하거나, 최적의 생산입지에서 효율적인 규모로 플랫폼과 부품을 생산하는 방법 등을 통해서, 어느 정도 수준의 규모의 경제를 달성하기 위해 노력한다. 이러한 방식으로 자사의 제품을 디자인 함으로써, 자동차 기업들은 자사의 제품을 현지화함과 동시에, 어느 정도 수준의 규모의 경제를 달성하고 있다.

6.1 전략의 실제 P&G에서의 전략의 진화

1837년 신시내티에서 설립된 P&G는 오랜 기간 동안 세계에서 가장 글로벌화된 기업들 중 하나였다. 오늘날 P&G는 연간 500억 달러 이상의 매출을 올리고 있으며, 매출의 54%를 해외시장에서 만들어내는 소비재 사업분야에서의 거대 기업이다. P&G는 아이보리 비누, 타이드, 팸퍼스, 이암스 애완동물 사료, 크리스코, 폴저를 포함해 300개 이상의 브랜드를 160개 국가의 고객들에게 판매한다. 역사적으로 P&G에서의 전략은 상당히 잘 짜여져 있었다. P&G는 신시내티에서 신제품을 개발했고, 제품의 생산, 마케팅, 유통을 위해서 상당한 권한이 위임된 해외지사들에 의존했다. 많은 경우, 해외지사들은 자신들의 생산설비를 가지고 있었고, 제품의 포장, 브랜드네임, 그리고 마케팅 메시지 등을 지역 고객의 기호와 선호에 맞추어 현지화 했다. 오랜 기간 동안 이 전략은 꾸준한 신제품 출시와 매출과 수익의 안정적인 성장을 가져왔다. 하지만 1990년대 들어 P&G의 수익성장은 정체되기 시작했다.

문제의 본질은 간단했다. 각기 다른 해외지사들에 제조, 마케팅, 관리부문 등이 광범위하게 중복되어 있어, P&G의 비용이 너무 높아진 것이다. 각각의 국가 시장이 국경 간 무역을 가로막는 장벽들로 인해 각기 분리되어 있었던 1960년대에는 자산의 중복투자가 큰 문제가 아니었다. 예를 들어, 영국에서 생산된 제품은 높은 수입 관세로 인해서 독일에서 저렴하게 판매할 수 없었다. 하지만 1980년대 들어서며 전 세계적으로 국가 간 무역을 가로막는 장벽이 급격하게 사라졌고, 분리되어 있던 국가 시장이 큰 규모의 지역 시장 혹은 하나의 글로벌 시장으로 통합되었다. 또한, P&G가 자사의 제품을 유통시키기 위해 사용했던 소매기업들, 예를 들어, 미국의 월마트, 영국의 테스코, 그리고 프랑스의 까르푸 같은 기업들이 점차 성장했고 국제적으로 확장하기 시작했다 새롭게 등장한 이들 글로벌 소매기업들은 P&G에 가격 인하를 요구했다.

1990년대에 P&G는 자사의 비용 구조를 통제하고 새롭게 등장한 글로벌 시장에서의 현실을 반영하기 위한 노력으로 주요한 구조조정 활동을 시작했다. P&G는 전 세계에 흩어져 있는 30여 개의 제조설비의 가동을 중단했고, 13,000명의 인력을 해고했으며, 지역시장을 보다 잘 만족시키고 규모의 경제를 보다 잘 실현할 수 있는 소수의 공장으로 생산을 집중했다. 하지만 이것으로 충분하지 않았다. 수익 성장은 여전히 정체되어 있었기 때문에, 1999년 P&G는 두 번째 구조조정을 시도했다. 목표는 P&G를 진정한 글로벌 기업으로 변화시키는 것이었다. P&G는 각각의 국가와 지역에 기반하던 과거의 조직형태를 버리고, 베이비 케어부터 식료품에 이르는 7개의 독립적인 글로벌 사업 유닛의 조직형태로 전환하였다. 각 사업유닛에 제품의 제조, 마케팅, 제품개발과 수익을 창출할 전적인 책임이 부여되었다. 각 사업 유닛들은 생산을 합리화 하기 위해 소수의 대형 생산설비에 생산을 집중했고, 글로벌 브랜드의 구축을 위해 각 국가별로 마케팅 활동의 차이를 제거하였으며,

제품개발과 신제품 출시를 강화해야 했다. 이러한 변화를 위해 P&G는 다른 10개 공장의 운영을 중단할 것이며 15,000명의 직원을 추가로 해고할 것이라고 발표하였다. 이러한 변화는 여전히 자산의 중복이 많았던 유럽지역에서 두드러졌다. 연간 비용 절감액은 8억 달러에 이를 것으로 예상되었다. P&G는 이 절감액을 활용하여, 제품가격 인하와 마케팅 활동에 투자해 시장점유율을 확보하고, 나아가 규모의 경제 달성을 통해 추가적으로 비용을 낮출 계획을 세웠다. 이러한 전략은 잘 작동하는 것으로 보인다. 2003년과 2007년 사이에, P&G는 매출액과 수익의 양 측면에서 큰 성장을 기록하였다. 하지만 유니레버, 킴벌리클라크, 콜게이트-팜올리브 등의 P&G의 글로벌 경쟁자들은 같은 기간 동안 상당한 어려움을 겪었다.

초국적 전략

우리는 앞서 원가절감에 대한 압력이 높고 현지시장 대응압력이 낮은 상황에서 가장 적절한 전략은 글로벌 표준화 전략임을 살펴보았다. 이와 반대로 현지화 전략은 현지시장 대응압력이 높고 원가절감에 대한 압력이 중간정도 혹은 낮은 상황에서 가장 적절하다고 볼 수 있다. 하지만 기업이 높은 수준의 원가절감에 대한 압력과 높은 수준의 현지시장 대응압력을 동시에 받게 되면 어떠한 상황이 발생할까? 경영자들은 어떻게 서로 상충하는 압력들 간의 균형점을 찾을 수 있을까? 연구자들에 의하면, 초국적 전략(transnational strategy)이라고 불리는 전략의 선택이 그 답이 될 수 있다.

오늘날의 글로벌 환경과 경쟁 조건은 매우 치열해서, 기업들은 생존을 위해 현지시장 대응압력과 원가절감에 대한 압력에 대응하기 위해 자신들이 할 수 있는 모든 수단을 활용해야 한다. 기업들은 글로벌 대량생산으로부터 입지의 경제와 규모의 경제를 실현해야 하고, 차별적 역량을 기업 내부에서 부서간 서로 이전시킬 수 있어야 하며, 동시에 현지시장 대응압력에 대해서도 주의를 기울여야 한다. 게다가, 오늘날의 다국적 기업에서는, 차별적 역량이 본사에만 존재하는 것이 아니라, 전 세계적으로 흩어져 있는 어떤 지사에서도 개발될 수 있다.

따라서, 역량과 제품의 흐름은 본사에서 해외 지사로 이어지는 단일 방향이어서는 안 된다. 오히려, 이러한 흐름은 해외 지사에서 본사로, 그리고 해외지사들 간에도 이루어져야 한다. 다시 말해서, 초국가 전략을 사용하는 기업은 각 지사들이 가진 역량을 활용할 수 있어야 한다.

초국적 전략
기업이 다양한 지역시장에 걸쳐서 제품의 저원가와 차별화를 달성하고, 각 지사들로 이루어진 네트워크 내에서 지식과 역량이 이동하도록 노력하는 전략

본질적으로, **초국적 전략**을 추구하는 기업들은 여러 지역시장에서 저원가와 제품의 차별화를 동시에 달성하고, 각 지사들로 이루어진 글로벌 네트워크 내에서 지식과 역량이 유연하게 이동할 수 있도록 노력한다. 이는 매우 매력적으로 들리지만, 초국가 전략은 서로 상충하는 요구조건들을 충족시켜야 하기 때문에 실행하기가 매우 어려운 전략이다. 서로 다른 지역시장에서 서로 다른 요구조건들에 대응하기 위해 차별화된 제품을 생산하는 것은 비용을 증가시키며, 따라서 원가절감이라는 목표와 상충되기 때문이다. 포드나 ABB(세계적으로 유명한 다국적 엔지니어링 복합기업)는 초국적 전략을 추구해 오고 있지만, 이 전략을 실제로 실행하는 것이 매우 어렵다는 것을 경험하였다.

국제적 전략

어떤 다국적 기업들은 낮은 수준의 원가절감 압력과 낮은 수준의 현지시장 대응압력을 받고 있는 매우 다행스러운 상황에 놓여 있기도 한다. 전형적으로 이런 기업들은 보편적인 니즈를 만족시키는 제품을 판매하지만, 강력한 경쟁자가 없어서 원가절감 압력에 직면하지 않는다. 복사기를 개발한 제록스가 1960년대에 바로 이러한 위치에 있었는데, 제록스의 복사기 제조 기술이 강력한 특허로 보호되고 있었기 때문에, 제록스는 오랜 기간 동안 뚜렷한 경쟁자 없이 시장을 독점할 수 있었다. 제록스의 제품은 대부분의 선진국에서 매우 높은 평가를 받았고, 따라서 제록스는 전 세계 시장에서 동일한 기본제품을 상대적으로 높은 가격에 판매할 수 있었다. 또한 직접적인 경쟁자가 없었기 때문에, 제록스는 원가를 낮춰야 하는 압력을 받지도 않았다.

역사적으로 제록스와 같은 기업들은 유사한 경로를 통해 글로벌화를 추진하

국제적 전략
연구개발과 같은 제품개발 기능을 본국에 집중화하고, 제조와 마케팅 기능은 각 주요국가 혹은 사업을 수행하는 지역에 설립하는 전략

여왔다. **국제적 전략**(international strategy)을 추구하는 기업들은 연구개발과 같은 제품 개발 활동을 본국에 집중하는 경향을 보이는 반면, 생산과 마케팅 활동은 제품을 판매하는 각 주요 국가나 지역 시장에 설립하는 경향을 보여왔다. 이들 기업들은 자사의 제품과 마케팅 전략에 있어 어느 정도 수준의 현지화를 추구하지만, 그 범위는 다소 제한적이었다. 다시 말해, 국제적 전략을 추구하는 대부분의 기업들은 본사가 마케팅과 제품 전략을 매우 강력하게 통제한다.

P&G가 국제적 전략을 추구하는 또 다른 기업의 예가 될 수 있다. P&G는 전통적으로 혁신적인 신제품들을 신시내티에서 개발하고, 개발된 제품들을 각 지역 시장에 대량으로 공급하였다('전략의 실제' 참조). 유사한 전략을 사용하는 기업으로 마이크로소프트가 있다. 마이크로소프트에서의 제품개발은 본사가 있는 워싱턴의 레드몬드에서 이루어진다. 비록 일부 현지화 작업들은 다른 곳에서 이루어지기도 하지만, 이런 작업들은 오피스와 같은 유명한 마이크로소프트 제품의 외국어 버전 생산 등에 한정된다.

시간에 따른 전략의 변화

국제적 전략의 아킬레스 건은, 시간이 흐르면서 반드시 경쟁자가 등장한다는 것이며, 따라서 만약 경영자가 자사의 비용구조를 낮추기 위한 선제적인 조치를 취하지 않는다면, 보다 효율적인 경쟁자들에 의해서 빠르게 포위당한다는 것이다. 실제로 이런 일이 제록스에서 일어났다. 캐논과 같은 일본기업들이 제록스의 특허를 사용하지 않고 자신들만의 제품을 개발했고, 자사의 복사기를 자사의 매우 효율적인 생산시설에서 생산하였으며, 제록스의 제품보다 낮은 가격에 시장에서 판매함으로써, 제록스의 세계 시장 점유율을 급격하게 잠식하였다. 제록스의 몰락은 필연적으로 등장하게 되는 경쟁자의 등장 때문이 아니라, 효율적인 글로벌 경쟁자가 등장하기 전에 선제적으로 자사의 비용구조를 낮추는 것에 실패했기 때문이다. 제록스의 사례에 담긴 중요한 메시지는 국제적 전략이 장기적으로 가능하지 않을 수 있으며, 국제적 전략을 수행하는 기업들은 생존을 위해서 경쟁자보다 앞서서 글로벌 표준화 전략이나 초국적 전략으로 전환할 필

요가 있다는 것이다([그림 6.3] 참조).

현지화 전략도 마찬가지다. 현지화가 기업에게 경쟁우위를 제공할 수 있으나, 만약 동시에 공격적인 경쟁자들을 직면하게 된다면, 기업은 또한 자사의 비용구조를 낮추어야 하며, 따라서 초국적 전략을 선택하는 것이 유일한 방법이 될 수도 있다. 경쟁이 심화됨에 따라, 국제적 전략과 현지화 전략의 적합성은 점점 감소하는 경향을 보이게 되고, 기업의 경영자들은 자사의 전략적 방향을

[그림 6.3] 시간에 따른 전략의 변화

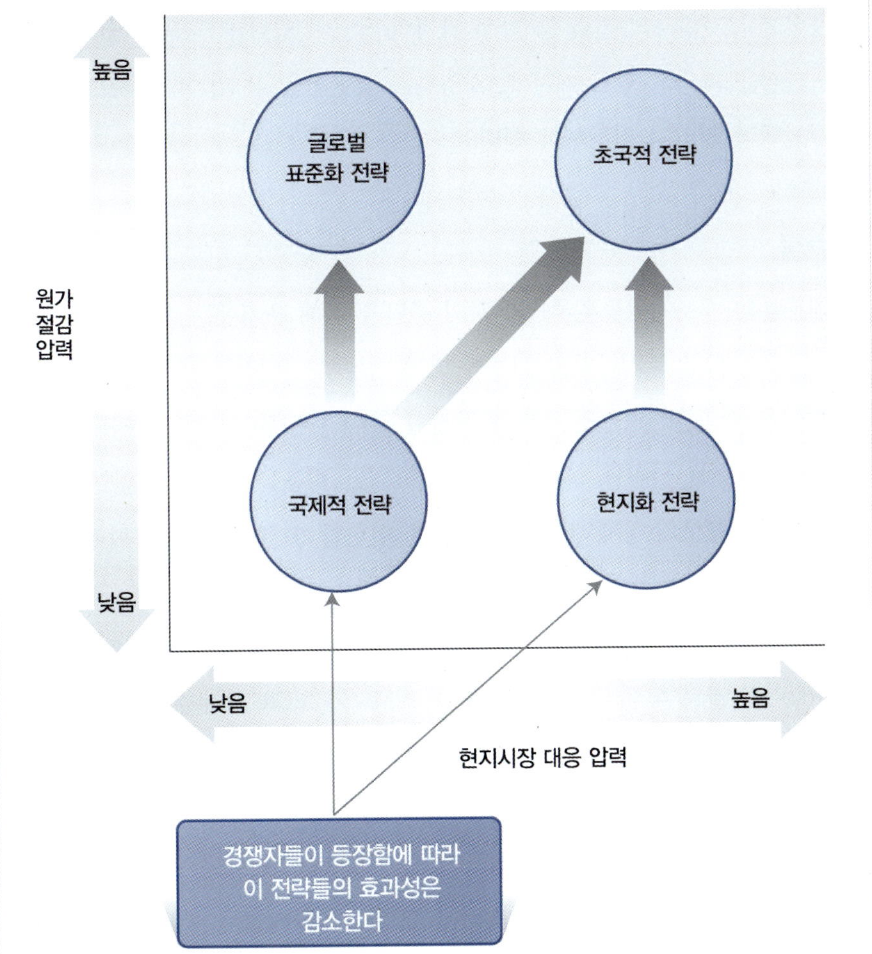

글로벌 표준화 전략 혹은 초국적 전략으로 전환해야 한다. 예를 들어, P&G는 최근 현지화 전략에서 초국적 전략으로 전환하였다('전략의 실제' 참조).

진입방식의 선택

다국적 기업의 경영자들이 직면하는 또 다른 중요한 전략적 이슈는 시장 진입을 위한 최적의 전략을 선택하는 것이다. 진입전략과 관련해서는 수출, 라이선싱, 프랜차이징, 현지 국가의 기업과 함께하는 합작회사, 그리고 현지 국가에서 완전소유 자회사의 설립 등 다섯 가지의 방법이 있다. 각각의 진입전략은 장점과 단점을 가지고 있기 때문에, 경영자는 장단점을 잘 평가해서 어떤 진입전략을 선택할 것인지 결정해야 한다.

수출

대부분의 제조기업들은 해외시장의 공략을 위해 초기에는 수출(exporting)을 통해 글로벌 확장을 시작하고 이후에 다른 형태의 진입전략으로 전환하는 방법을 택한다. 수출은 두 가지 독특한 장점이 있다. 수출을 선택하는 경우, 기업은 진출 국가에 생산설비를 설립하기 위한 막대한 비용을 부담하지 않아도 된다. 또한 수출은 규모의 경제와 입지의 경제를 실현할 수 있는 방법이 되기도 한다. 특정 지역에서 집중적으로 제품을 생산하고 이를 다른 국가 시장에 수출함으로써, 기업은 글로벌 매출로부터 상당한 규모의 경제를 실현할 수 있게 된다. 이것이 소니가 글로벌 텔레비전 시장을, 마츠시다가 VCR 시장을 지배할 수 있었던 이유이다. 또한 많은 일본의 자동차 기업들이 미국 자동차 시장에 진입할 때 사용했던 방식이기도 하다.

수출에는 몇 가지 단점들도 있다. 첫째, 만약 해외에 보다 낮은 원가로 제품을 생산할 수 있는 지역이 있다면(다시 말해, 만약 기업이 생산설비의 이전을 통해 입지의 경제를 실현할 수 있는 지역이 있다면), 본국에서 제품을 생산하여 수출하는 것은 적절하지 못한 방법이 될 것이다. 특히 글로벌 표준화 전략이나 초국적 전략을 추구하는 기업들의 경우, 가치 창출 관점에서 가장 적합한 조건을 가진 지역에서 제품을 생산하고, 생산된 제품을 전 세계의 다른 지역으로 수출하는 전략을 사용하는 것이 적절할 수 있다. 이것은 수출 전략 자체가 문제가 있다는 주장이라기보다는 본국에서의 수출 전략에 대해 다시 한 번 고려해 볼 필요가 있다는 주장이다. 예를 들어, 많은 미국의 전자제품 회사들이 생산활동의 일부를 임금수준은 낮으나 숙련된 노동자를 쉽게 구할 수 있는 아시아 지역으로 옮기고 있다. 이 회사들은 아시아 지역에서 생산한 제품을 미국을 포함한 전 세계의 다른 국가들로 수출한다.

또 다른 단점은 운송비용이 높은 경우 수출의 경제성이 감소한다는 것인데, 특히 벌크 제품이 이러한 경우에 해당한다. 이러한 문제점을 회피하는 하나의 방법은 벌크 제품을 지역단위로 생산하여 운송비용을 제한함과 동시에 어느 정도 수준의 규모의 경제를 실현하는 것이다. 많은 다국적 화학 기업들이 자사의 제품을 각 지역단위 공장에서 생산하고, 해당 공장에서 생산된 제품을 해당 지역 내 여러 국가에 판매한다.

관세 장벽 역시 수출의 경제성을 감소시킬 수 있으며, 관세 장벽과 관련한 현지 정부의 위험 역시 수출 전략의 위험성을 증가시킨다. 실제로 미 의회가 미국으로 수입되는 일본 차량에 대해 관세를 부과하겠다는 암묵적 위협을 함으로써, 많은 일본 자동차 기업들이 미국 내에 생산 공장을 설립하게 되었다.

마지막으로 이제 막 수출을 시작한 기업들이 공통적으로 보이는 관행적인 선택 또한 위험을 야기한다. 다국적화 초기에 기업들은 자신들이 수출을 통해 진출하는 국가에서의 마케팅 활동을 현지국의 다른 기업에게 위임하는 경향을 보인다. 하지만 이들 대리인 기업들이 진출 기업의 이익을 위해서 행동하리라는 보장은 없다. 외국의 대리인 기업들은 종종 진출 기업의 경쟁사들의 제품도 취급하기 때문에 특정 기업에 대한 충성도가 낮을 수밖에 없다. 결과적으로, 대리인을 활용하는 것이 진출기업이 직접 마케팅 활동을 수행하는 것보다 나은 결과를 기대하지 못할 가능성이 있다. 이러한 문제를 해결하기 위한 하나의 방법은 진출 국가에 기업이 100% 소유하는 있는 자회사를 세우고 직접 마케팅 활동을 수행하는 것이다. 이러한 방식을 통해, 기업은 단일 지역에서의 대량 생산을 통한 비용 우위를 확보할 수 있을 뿐 아니라, 진출 국가에서의 마케팅 활동에 대해서도 강력한 영향력을 행사할 수 있다.

라이선싱

> **국제적 라이선싱**
> 외국의 라이선스 사용자가 수수료를 지불하고 라이선스 사용자의 국가에서 라이선스 제공자의 제품을 생산할 권리를 사는 계약

국제적 라이선싱(international licensing)은 외국의 라이선스 사용자가 수수료를 지불하고 라이선스 사용자의 국가에서 라이선스 제공자의 제품을 생산할 권리를 사는 계약을 의미한다(보통 로열티는 판매된 제품 수에 따라 지불한다). 라이선스 사용자는 해외 시장에서 사업을 진행하는데 필요한 대부분의 자본을 준비한다. 라이선싱의 장점은 기업이 해외시장을 개척하기 위한 개발 비용과 위험을 부담하지 않아도 된다는 것이다. 따라서, 라이선싱은 해외 사업을 진행할 만한 자본이 부족한 기업들에게 매우 매력적인 대안이 된다. 라이선싱은 또한 자신들이 친숙하지 않은 시장이나, 정치적 위험이 매우 높아 정치적으로 불안한 해외시장에 상당한 재무 자원을 투자하기를 꺼려하는 기업들에게도 매력적인 대안이 된다.

하지만 라이선싱에는 세 가지 단점이 있다. 첫째, 라이선싱을 선택하는 경우 기업은 해외에서의 생산, 마케팅, 그리고 전략적 기능에 대한 강력한 통제력을 행사할 수 없게 되어, 규모의 경제나 입지의 경제를 실현하는데 어려움을 겪게 된다(글로벌 표준화 전략과 초국적 전략을 사용하는 기업들은 이들 기능들에 대한 강력한 통제력을 가져야 한다). 일반적으로 각 라이선스 사용자는 자사의 생산설비를 독자적으로 구축하여 활용한다. 따라서 기업이 자사의 제품을 특정 지역에서 집중적으로 생산함으로써 획득할 수 있는 규모의 경제나 입지의 경제를 실현할 수 있는 가능성은 매우 낮아진다. 이러한 경제성이 중요한 경우, 라이선싱은 아마도 가장 적합한 해외 확장 방식이 아닐 것이다.

둘째, 글로벌 시장에서 경쟁하는 기업들은 특정 국가에서 획득한 이익을 다른 국가에서의 경쟁을 지원하는데 사용하기 위해서 여러 나라에 걸쳐 있는 자

사의 전략적 행동들을 조정할 필요가 있다. 하지만 라이선싱을 선택하는 경우, 라이선스의 본질적인 특성상, 기업이 국가 간 전략을 조율할 수 있는 능력을 상당부분 상실하게 된다. 라이선스 사용자는 자국 시장에서의(로열티 지급액 이상의) 수익을 다국적 기업의 본사가 가져가서 다른 국가의 라이선스 사용자의 운영을 지원하기 위해 사용하는 것을 허용하지 않는다.

라이선싱과 관련된 세 번째 문제는 기술적 노하우를 외국 기업들에게 라이선싱하는 경우에 발생한다. 많은 다국적 기업들에게 있어서 기술적 노하우는 경쟁우위의 기반이 되며, 따라서 자신들의 기술적 노하우의 사용을 통제하기를 원한다. 하지만 기술을 라이선싱 하게 되면, 기업들은 이러한 통제력을 급격히 상실하게 된다. 예를 들어, RCA는 자사의 컬러 텔레비전 기술을 다수의 일본 기업들에게 라이선싱 하였는데, 이들 일본 기업들은 RCA의 기술을 빠르게 습득한 후, 이를 활용하여 미국 시장에 진입하였고, 이들 기업들은 현재 미국 시장에서 RCA보다 높은 시장점유율을 가지고 있다.

프랜차이징

프랜차이징(franchising)은 라이선싱과 유사하지만, 일반적으로 라이선싱보다 장기적인 관계를 형성한다. 프랜차이징은 기본적으로 특수한 형태의 라이선싱이라 할 수 있다. 프랜차이즈 제공자(franchiser)는 무형자산을(일반적으로 상표권, trademark) 프랜차이즈 가맹자(franchisee)에게 판매하는 것뿐 아니라, 프랜차이즈 가맹자가 어떻게 사업을 운영할 것인가와 관련하여서도 매우 엄격한 규정을 제시하고 이를 준수할 것을 요구한다. 프랜차이즈 제공자는 또한 프랜차이즈 가맹자가 지속적으로 사업을 운영할 수 있도록 지원한다. 라이선싱의 경우과 같이, 일반적으로 프랜차이즈 제공자는 프랜차이즈 가입자 수익의 일부를 로열티로 받는다.

> **프랜차이징**
> 특수한 형태의 라이선싱으로 프랜차이즈 제공자는 무형자산을 판매하는 것뿐 아니라 사업운영 관련해서도 엄격한 규정을 준수할 것을 요구한다

라이선싱이 제조 기업들에서 주로 사용되는 전략인 반면, 여러 면에서 라이선싱과 유사한 프랜차이징은 서비스 기업들이 주로 사용하는 전략이다. 맥도날드는 프랜차이징 전략을 사용해 성장한 기업의 좋은 예라 할 수 있다. 맥도날드

는 프랜차이즈 가맹자가 어떻게 사업을 운영해야 하는지와 관련하여 엄격한 룰을 만들었다. 이러한 룰은 메뉴, 조리 방법, 스태프 정책, 그리고 매장의 디자인과 위치와 관련된 내용에 대해서도 적용된다. 맥도날드는 또한 자사의 프랜차이즈 가맹자들을 위해 공급망을 조직하고, 경영관리 교육과 재무적 지원까지도 제공한다.

프랜차이징의 장점은 라이선싱과 비슷한다. 구체적으로 프랜차이즈 제공자는 해외시장을 개척하는 개발 비용과 위험을 부담할 필요가 없으며, 프랜차이즈 가맹자가 이러한 비용과 위험을 부담한다. 따라서, 서비스 기업들은 프랜차이징 전략을 사용하여 낮은 비용으로 전 세계 시장에서의 입지를 빠르게 구축할 수 있게 된다.

프랜차이징의 단점은 라이선싱보다 두드러지지 않는다. 프랜차이징이 서비스 기업들에 의해서 주로 사용되는 전략이기 때문에, 기업들이 규모의 경제나 입지의 경제를 달성하기 위해 생산 활동의 조정을 고려할 필요가 없기 때문이다. 그럼에도 불구하고, 프랜차이징은 기업이 글로벌 시장에서 국가 간 전략적 조정활동을 수행하는 것을 어렵게 할 수 있다.

프랜차이징의 보다 심각한 단점은 품질 관리가 어렵다는 것이다. 프랜차이징 계약의 기반에는 기업의 브랜드에 기업이 고객들에게 제공하는 제품의 품질에 대한 메시지가 담겨 있다는 것을 전제로 한다. 따라서, 홍콩에 있는 포시즌 호텔에 예약한 여행객은 자신이 뉴욕의 포시즌 호텔에서 받을 수 있는 것과 동일한 수준의 객실, 음식, 그리고 서비스를 당연히 기대하게 될 것이다. 포시즌이라는 브랜드가 일관성 있는 서비스 품질을 보장한다고 믿기 때문이다. 하지만 외국 프랜차이즈 가맹자들은 제품의 품질에 대해서 필요한 정도만큼 신경을 쓰지 않을 수도 있다. 만약 이로 인해 해외 특정 시장에서 낮은 수준의 서비스가 제공된다면, 이는 해당 시장에서의 매출액 손실뿐만 아니라 전 세계 시장에서의 기업의 명성을 저하시키는 결과를 가져올 것이다. 예를 들어, 만약 한 여행객이 홍콩의 포시즌 호텔에서 좋지 않은 경험을 하게 된다면, 이 여행객은 다른 지역의 포시즌 호텔에도 가지 않을 것이고 지인들에게도 포시즌 호텔을 사용하지 말라고 이야기할 것이다. 기업과 해외의 프랜차이즈 가맹자 간 존재하는 지리적 거리뿐 아니라 매우 많은 수의 개별적인 프랜차이즈 가맹자들(예를 들어, 수만 개에 달하는 맥도날드의 프랜차이즈 매장들)의 존재는 품질관리가 제대로 되지 않는 경우에도 기업이 이를 발견하는 것을 매우 어렵게 만든다. 따라서, 품질 문제는 해결되지 않고 지속될 수 있다.

이러한 문제를 해결하기 위해, 기업은 각 국가 혹은 지역 단위로 자회사를 설립할 수 있다. 본사가 100% 소유하거나 혹은 해외 기업과의 합작투자를 통해 자회사를 설립한 후, 특정 국가 혹은 지역 내에서 프랜차이즈 사업을 수행하는 권한과 의무를 부여하면, 프랜차이즈 가맹자와 지리적 거리가 단축되고 감시 대상이 되는 독립적인 프랜차이즈 가맹자의 수가 줄어들게 되므로 품질 관리 문제 또한 감소할 것이다. 또한, 본사가 자회사에 대한 최소한 어느 정도 지분을 보유하고 있기 때문에, 본사의 관리자를 자회사에 배치하여, 본사가 요구하는 대로 감시활동을 수행할 수도 있게 된다. 실제로 이러한 조직전략은 기업들에 의해 자주 사용되어진다. 예를 들면, 맥도날드, KFC, 힐튼 호텔 등이 자신들의 사업을 국제적으로 확장하는 과정에서 이러한 조직전략을 사용하고 있다.

합작회사

새로운 시장에 진입하기 위해 해외 기업과 합작회사를 설립하는 것은 오랜 기간 동안 선호되어 온 방식이다. **합작회사**(joint ventures)는 둘 혹은 그 이상의 기업들이 소유권을 가지고 있는 독립된 법인이다. 일본 시장에서 복사기를 제조하여 판매하기 위해 설립한 후지-제록스는 오랜 기간 동안 유지되어 온 가장 유명한 합작회사의 예라 할 수 있다. 가장 전형적인 형태의 합작회사는 두 기업이 각각 50%의 소유권을 가지고, 두 모기업에서 보내어진 경영자들로 구성된 경영진에 의해서 기업의 운영 통제권이 공유되는 방식을 가진다. 어떤 기업들은 자신들이 다수 지분을 가지는 합작회사를 선호하기도 하는데(예를 들면, 51%와 49%로 소유권을 나눈 경우이다), 이 경우 많은 지분을 가진 기업이 보다 강력

> **합작회사**
> 두 개 혹은 그 이상의 기업들이 소유권을 가지고 있는 독립된 법인

한 통제권을 가진다.

합작회사는 여러 가지 장점을 가진다. 첫째, 기업은 현지 파트너 기업이 가지고 있는 진출 국가의 경쟁상황, 문화, 언어, 정치적/경제적 시스템에 대한 지식으로부터 도움을 받을 수 있다. 둘째, 해외 시장을 개척하는 개발 비용과 위험이 높은 경우 기업은 현지 파트너 기업과 이러한 비용과 위험을 공동으로 부담할 수 있게 된다. 셋째, 몇몇 국가에서는 정부규제로 인해 합작회사를 설립하는 것이 유일한 진입방식일 수도 있다. 예를 들어, 많은 미국 기업들이 일본에 진출할 때 단독으로 진출하는 것보다는 일본 현지 기업과 협력하는 것이 사업 허가를 받는데 훨씬 용이하다는 것을 알게 되었다. 이러한 이유로 제록스가 일본시장에서 복사기를 판매하기 위해 후지와 협력을 하게 된 것이다.

이러한 장점들에도 불구하고, 합작회사를 설립하고 운영하는 데에는 다음과 같은 두 가지 중요한 단점이 있다. 첫째, 라이선싱의 경우처럼, 합작회사를 설립하는 기업은 자사의 기술을 현지 파트너 기업에게 노출시키게 되는 위험을 안게 된다. 이러한 위험을 최소화하기 위해 기업들은 합작회사에서 다수 지분(majority ownership)을 확보하려 한다. 다수 지분을 가지는 경우, 자사의 기술에 대해 보다 큰 영향력을 행사할 수 있기 때문이다. 하지만 이러한 전략의 경우, 소수 지분 제의를 기꺼이 받아들이려는 현지 파트너를 찾기 어렵다는 문제가 있다.

두 번째 단점은 합작회사를 설립하는 경우, 기업은 글로벌 표준화 전략과 초국적 전략을 추구하는 기업들이 얻고자 노력하는 규모의 경제나 입지의 경제를 실현하기 위해, 혹은 글로벌 경쟁기업에 대해 조직적인 글로벌 대응을 위해 필요한, 합작회사에 대한 강력한 통제력을 가질 수 없다는 것이다.

완전 소유 자회사

완전 소유 자회사
모회사가 100%의 소유권을 가지고 있는 회사

완전 소유 자회사(wholly owned subsidiaries)는 모회사가 해외에 설립한 자회사의 100%의 소유권을 가지고 있는 경우를 의미한다. 해외 시장에서 완전 소유 자회사를 설립하기 위해서 기업은 처음부터 새로운 회사를 설립하거나 진출국가에 있는 기존 기업을 인수하는 방법을 택하게 되며, 자회사를 활용하여 해당시장에서 자사 제품을 판매한다.

완전 소유 자회사를 설립하는 데는 세 가지의 장점이 있다. 첫째, 기업의 경쟁우위가 자사의 기술적 역량에 기반하는 경우, 완전 소유 자회사를 설립하여 활용하게 되면 기업이 기술에 대한 통제력을 상실하는 문제를 줄일 수 있기 때문에, 일반적으로 선호되는 진입방식이 된다. 결과적으로, 많은 하이테크 기업들이 합작회사의 설립 혹은 라이선싱보다 완전 소유 자회사의 설립을 선호하며, 실제로 완전 소유 자회사는 반도체, 컴퓨터, 전자, 제약 산업에서 선호되는 진입전략이다.

둘째, 완전 소유 자회사는 기업이 글로벌 시장에서 전략적 조정활동을 수행하고자 할 경우(한 국가에서 얻은 이익을 다른 국가에서의 경쟁활동을 지원하기 위해서 사용하는 경우)에 서로 다른 국가들에서 이루어지는 운영활동에 대해 강력한 통제력을 행사하는 것을 가능하게 한다.

셋째, 만약 기업이 하나 혹은 적은 수의 생산 공장에서 표준화된 제품을 대량생산함으로써 입지의 경제와 규모의 경제를 실현하기를 원한다면 완전 소유 자회사는 최선의 선택이 될 수 있다. 원가절감에 대한 압박이 높을 때, 기업은 가치사슬 활동의 각 단계에서 최대한의 가치가 창출될 수 있도록 가치사슬 활동을 배치하여야 한다. 한 지역의 자회사가 제품 생산 라인의 일부 혹은 최종 제품의 특정 부분품을 생산하는 것에 전문화하고, 생산된 부분품과 제품을 기업의 글로벌 네트워크 내의 다른 자회사들과 교환하는 방식을 선택할 수 있을 것이다. 이러한 글로벌 생산 시스템을 수립하기 위해서는 기업이 각 국가에 위치한 해외 자회사들의 운영활동을 강력히 통제할 수 있어야 한다. 해외 자회사들이 어떻게 생산활동을 할 것인지, 어느 정도를 생산할 것인지, 다른 국가의 해외 자회사로 이전하는 경우 가격을 어떻게 설정할 것인지 등과 관련하여 본사의 중앙 집권화된 의사결정들을 수용할 준비가 되어 있어야 한다. 완전 소유 자회사는 본사의 이러한 의사결정들을 따라야 하는 반면, 라이선스 사용자 혹은 합작회사의 파트너들은 그러한 역할을 하려고 하지 않을 것이다.

하지만 완전 소유 자회사를 설립하는 것은 해외시장에 진출하는 방법 중 가장 많은 비용이 요구되는 방법이다. 모기업은 해외사업과 관련된 모든 비용과 위험을 감수해야 한다. 반면 합작회사의 경우에는 비용과 위험이 파트너 기업에 의해 공유되며, 라이선싱의 경우에는 라이선스 사용자가 모든 비용과 위험을 감수한다. 하지만 만약 기업이 진출국가 내의 기존 기업을 인수한다면, 새로운 문화적 환경에서 사업을 운영하는 위험은 줄어든다. 하지만 인수는 서로 다른 기업문화들을 통합해야 하는 새로운 추가적인 문제들을 야기할 수 있고, 이러한 문제들이 장점들을 모두 상쇄하고도 남을 수 있다.

진입전략의 선택

각 진입전략이 가지고 있는 장점과 단점이 [표 6.1]에 요약되어 있다. 각 진입전략은 필연적으로 서로 상충관계를 가진다. 예를 들어, 외국인 소유기업들을 국영화한 기록이 있는 친숙하지 않은 국가로의 진출을 고려하는 기업은 현지기업과 합작회사를 설립하는 것을 선호할 것이다. 그 이유는 현지 파트너 기업이 친숙하지 않은 현지환경에서 사업을 시작하는 것을 도와줄 것이며, 또한 국영화의 가능성이 발생할 경우 국영화에 반대하는 목소리를 내줄 것이기 때문이다. 하지만 기업의 차별적 역량이 독점적인 기술에 기반한다면, 합작회사의 설립을 통한 시장진입은 합작회사 파트너 기업에게 기술에 대한 통제권을 빼앗길 위험이 있음을 의미하며, 이는 합작회사를 통한 진입전략의 매력을 떨어뜨린다. 이러한 위험들에도 불구하고, 최적 진입전략 선택에 관한 일반적인 지침들이 제시될 수 있다.

[표 6.1] 진입전략별 장점과 단점

진입방식	장점	단점
수출	• 입지의 경제와 규모의 경제 실현이 가능함	• 높은 운송비용 • 무역장벽 • 현지 마케팅 파트너 기업과의 이해관계 불일치의 문제
라이선싱	• 낮은 개발비용과 위험	• 입지의 경제와 규모의 경제 실현의 어려움 • 국제적인 전략적 조정활동의 어려움 • 기술 보호의 어려움
프렌차이징	• 낮은 개발비용과 위험	• 국제적인 전략적 조정활동의 어려움 • 품질관리의 어려움
합작회사	• 현지 파트너 기업의 지식활용 가능 • 개발비용과 위험 분담 • 정치적 상황	• 국제적인 전략적 조정활동의 어려움 • 입지의 경제와 규모의 경제 실현의 어려움 • 기술 보호의 어려움
완전소유자회사	• 기술 보호가 용이 • 국제적인 전략적 조정활동이 가능함 • 입지의 경제와 규모의 경제를 실현이 가능함	• 높은 비용과 위험

차별적 역량과 진입전략 선택

기업이 자사의 차별화된 제품으로부터 높은 수익을 획득하기 위해, 자사의 제품과 경쟁할 만한 제품을 제공하는 경쟁자가 없는 시장으로 국제적 확장을 실시할 때, 기업은 글로벌 전략을 사용한다. 이러한 기업들을 위한 최적 진입전략은 기업이 가지고 있는 차별적 역량의 속성에 달려 있다. 특히, 우리는 기술적 노하우 측면에서 차별적 역량을 가지고 있는 기업들과 경영관리 노하우 측면에서 차별적 역량을 가지고 있는 기업들을 구분할 필요가 있다.

만약 기업의 경쟁우위, 즉 차별적 역량이 독점적인 기술적 노하우에 기인한다면, 해당 기술에 대한 통제력을 상실하는 위험을 최소화하기 위해, 라인선싱과 합작회사의 설립은 가능하면 피해야 한다. 따라서, 만약 하이테크 기업이 기술적 노하우에 기반한 차별적 역량을 활용하여 수익을 창출하기 위해 해외 국가에서 사업을 시작하는 것을 고려하고 있다면, 이 기업은 아마도 완전 소유 자회사의 설립을 통해 진출해야 할 것이다.

하지만 이 기준은 절대적인 것은 아니다. 예를 들어, 라이선싱 계약이나 합작회사의 설립도 라이선스 사용자나 합작회사 파트너 기업에게 기술적 노하우를 잃게 되는 위험을 최소화하는 방식으로 맺어질 수 있다. 우리는 이러한 형태의 계약을 전략적 제휴를 다루고 있는 장에서 보다 상세하게 논의할 것이다. 앞서 제시한 기준의 또 다른 예외 사례로, 기업이 자사의 기술적 우위가 일시적이라고 인식하고 있으며, 경쟁자가 핵심기술을 빠르게 모방할 수 있을 것이라 기대하고 있는 상황을 고려해 보자. 이러한 상황에서는, 경쟁자에 의한 모방이 발생하기 전에 자사의 기술에 대한 폭넓은 활용 기반을 획득하기 위하여, 기업은 아마도 자사의 기술을 가능하면 빠르게 외국의 기업들에게 라인선싱하려 할 것이다. 이러한 전략은 몇 가지 장점이 있다. 경쟁자에게 자사의 기술을 라이선싱함으로써, 기업은 경쟁자들이 자사보다 뛰어난 신기술을 개발하는 것을 지연시킬 수 있다. 또한 기업은 (마쯔시다가 비디오카세트 레코더시장에 VHS 포맷을 지배적 디자인으로 만든 것처럼) 자사의 기술을 산업 내에서 지배적 디자인으로 만들어서, 지속적으로 로열티를 획득할 수도 있다. 하지만 이러한 상황들이 아니라면, 기술에 대한 통제권 상실위험이 라이선싱이 가진 다른 매력들보다 클 수 있기 때문에, 라이선싱은 회피되어야 한다.

맥도날드나 힐튼 호텔과 같은 많은 서비스 기업들의 경쟁우위는 경영관리 노하우에 기반한다. 이들 기업들이 자신들의 경영관리기술에 대한 통제력을 프랜차이즈 가맹자나 합작회사 파트너에게 잃을 위험은 크지 않다. 그 이유는 이들 기업에게 중요한 자산은 기업의 브랜드이고, 브랜드는 트레이드 마크에 대한 국제법에 의해서 상대적으로 잘 보호되기 때문이다. 이러한 이유로, 기술적 노하우와 관련되어 발생하는 많은 이슈들이 경영관리 노하우의 경우에는 발생하지 않는다. 그 결과, 많은 서비스 기업들은 프랜차이징을 이용하면서 프랜차이즈 가맹자들에 대한 통제를 위해 특정 국가 혹은 지역 내에서 자회사를 동시에 설립하는 방법을 선호한다. 자회사의 경우, 완전 소유 자회사 혹은 합작회사의 형태를 취할 수 있으나, 많은 경우에 서비스 기업들은 특정 국가 혹은 지역에서의 프랜차이즈 사업을 통제할 자회사를 설립하기 위해, 현지 국가의 파트너 기업과 합작 회사를 설립하는 것이 보다 효과적임을 알고 있다. 이는 합작회사의 경우, 정치적으로도 보다 수용적이며, 현지 시장에 대한 지식을 제공해 줄 수 있는 진입전략이기 때문이다.

원가절감 압력과 진입전략

원가절감에 대한 압력이 높을수록, 기업은 수출과 완전 소유 자회사의 조합을 사용하게 된다. 생산요소의 조건이 가장 최적인 지역에서 생산을 하고, 생산된 제품을 다른 지역으로 수출함으로써, 기업은 상당한 수준의 입지의 경제와 규모의 경제를 실현할 수 있다. 이 경우, 기업은 최종 완제품을 다양한 국가에 있는 자사의 판매지사들로 수출하기를 바랄 것이다. 일반적으로 이러한 지사들은 완전 소유 자회사이며 특정 국가에서의 유통에 대한 책임을 가진다. 완전 소유 마케팅 자회사를 설립하는 것이 합작회사의 설립이나 해외의 마케팅 대리인을 사용하는 것보다 선호된다. 이는 완전 소유 마케팅 자회사의 설립을 통해 기업이 국제적으로 흩어져 있는 가치사슬 상의 다양한 활동들을 조정하기 위해 필요한 마케팅 활동에 대한 강력한 통제권을 가질 수 있기 때문이다. 또한 각 지역에 대한 강력한 통제는 기업이 한 시장에서 얻은 수익을 다른 시장에서의 자사의 경쟁적 지위를 강화하는데 사용하는 것을 가능케 해준다. 따라서, 글로벌 혹은 초국적 전략을 사용하는 기업들은 완전 소유 자회사를 설립하는 것을 선호한다.

요약

1 어떤 기업들은 국제적 확장을 통해 자사의 차별적 역량과 제품을, 상응하는 수준의 역량과 제품을 가지고 있는 경쟁자가 없는 시장으로 이전함으로써 높은 수익을 창출한다.

2 국가 간 존재하는 차이로 인해, 각 가치창출 활동을 수행하는데 가장 도움

이 되는 요소 조건들을 가진 곳에 각 가치창출 활동을 위치시키는 것은 기업에게 도움이 된다. 이러한 전략은 입지의 경제 달성에 집중하는 전략이다.

3 글로벌 확장은 매출의 크기를 급속하게 증가시켜 기업이 규모의 경제와 입지의 경제에 기반한 원가 우위를 획득하는데 도움을 준다.

4 기업이 추구해야 하는 최선의 전략은 기업이 어떠한 압력(원가절감 압력, 현지 시장 대응압력)에 처해 있는가에 따라 달라진다. 원가절감 압력은 가격이 중요한 경쟁무기가 되는 일상재를 생산하는 산업에서 강하게 나타난다. 현지시장 대응압력은 고객이 가진 선호와 기호의 차이, 그리고 국가의 인프라, 전통적인 관행, 유통채널, 정부의 정책 등의 차이에 의해서 발생한다.

5 국제적 전략을 추구하는 기업은 자사의 차별적 역량에 기반한 제품과 기술을 해외 시장에 이전하는 한편, 제한적인 현지 맞춤화를 실시한다.

6 현지화 전략을 추구하는 기업은 자사의 제품, 마케팅 전략, 그리고 사업전략을 각 국가의 조건에 맞추어 현지화 한다.

7 글로벌 표준화 전략을 추구하는 기업은 규모의 경제와 입지의 경제를 통해 원가절감을 추구한다.

8 현재 많은 산업들이 매우 경쟁적이어서 기업들은 초국적 전략을 선택해야 한다. 초국적 전략은 원가절감, 역량과 제품의 이전, 그리고 현지시장 대응 등을 동시에 추구하는 전략을 말하며, 이는 매우 쉽지 않은 일이다.

9 해외시장에 진출하는 데는 다섯 가지의 진입 방법이 있다. 수출, 라이선싱, 프랜차이징, 합작회사, 그리고 완전 소유 자회사가 있다. 최적의 진입전략 선택은 기업의 전략에 따라 달라진다.

토의 주제

1 [그림 6.3]에 다음 기업들의 위치를 표시해 보시오. P&G, IBM, 코카콜라, 다우 케미컬, 화이자, 맥도날드. 각각의 경우에 대해서 선택의 근거를 제시하시오.

2 다음의 산업들은 표준화가 중요한 산업인가? 아니면 현지시장 대응이 중요한 산업인가? 대용량 화학 산업, 제약 산업, 브랜드 식품업, 텔레비전 제조 산업, 개인용 컴퓨터 산업, 항공 여행 산업, 휴대폰 산업.

3 해외에서의 사업활동에 대한 통제력의 필요성이 기업의 전략과 차별적 역량에 따라 어떻게 달라지는지 설명하시오. 이러한 관계가 기업의 진입전략 선택에 있어 제시하는 시사점은 무엇인가?

4 독점적 기술을 해외 경쟁자에게 라이선싱하는 것은 기업이 가진 경쟁우위를 포기하는 가장 좋은 방법이다. 왜 그런가?

전략경영 연습

소그룹 토론: 글로벌 전략 수립

세 명에서 다섯 명으로 그룹을 구성한 후, 한 명의 구성원을 발표자로 지정하여 그룹의 의견을 다른 학생들에게 설명하게 하라. 당신의 지금 과즙이 들어간 탄산음료를 개발한 청량음료 산업 내의 한 기업에서 근무하고 있다. 당신의 기업은 이미 국내시장에서 상당한 기반을 확보하고 있으며, 글로벌 전략을 수립하려 한다. 당신은 아래와 같은 내용들을 결정해야 한다.

1 어떤 전략을 추구할 것인가: 글로벌 표준화 전략, 다국적 전략, 국제적 전략, 초국적 전략?

2 어떤 시장에 가장 먼저 진입할 것인가?

3 어떤 진입전략을 선택할 것인가(예, 프랜차이징, 합작회사, 완전 소유 자회사)?

이러한 결정을 내리기 위해 어떤 정보가 필요한가? 현재 알고 있는 지식에 근거하여 어떤 전략을 제시할 것인가?

웹 탐색

IBM 웹사이트 방문하기

IBM은 International Business Machines이라는 뜻을 가지고 있다. 회사의 웹사이트에 게시된 다양한 자료들, 회사의 연혁, 회사의 연간보고서와 같은 자료들을 사용하여 IBM에서 'international'이 어떤 의미를 가지는지 설명하라. 구체적으로, IBM은 얼마나 많은 국가들에서 활동하고 있는가? 해외시장으로의 진출을 통해 IBM은 어떻게 가치를 창출하는가? 대부분의 시장에서 IBM이 선택한 진입전략은 무엇인가? 예외적인 경우를 찾을 수 있는가? 글로벌 시장에서 경쟁하기 위한 IBM의 전략의 특징은 무엇인가? IBM이 사용하는 전략은 글로벌 표준화 전략, 현지화 전략, 초국적 전략, 혹은 국제적 전략 중 무엇에 해당하는가?

일반과제

기업의 해외사업에 대한 정보가 많은 기업의 웹사이트를 찾아보라. 웹사이트의 정보를 토대로, 기업이 어떻게 해외시장에 진출하였는지 그리고 기업이 추구하는 전반적인 전략이 무엇인지를 설명해 보라(글로벌 표준화 전략, 현지화 전략, 초국적 전략, 국제적 전략).

마무리 사례 이케아(IKEA)

이케아는 아마도 국제적으로 가장 성공한 소매업체일 것이다. 잉바르 캄프라드(Ingvar Kamprad)가 17세의 나이에 1943년 스웨덴에서 설립한 이케아는 현재 33개 국가에 230개의 매장을 가지고, 연간 4억 천만 명의 고객이 방문하며 180억 달러의 매출을 내는 글로벌 컬트 브랜드로 성장하였다. 여전히 캄프라드는 비공개회사로 이케아를 소유하고 있으며, 캄프라드는 세계 최고의 부자로 알려져 있다. 이케아의 타겟 시장은 상대적으로 낮은 가격에 매력적인 디자인의 가구와 가정용품을 찾는 중산층이다. 이케아는 전 세계의 사업장에 동일한 기본 규칙을 적용하고 있다. 예를 들어, 스웨덴 국기의 푸른색과 노란색으로 치장된 대형 창고형 매장을 열고 키친 캐비넷부터 촛대까지 8,000개에서 10,000개의 제품을 공급한다. 매장으로 고객들을 끌어들이기 위해서 많은 프로모션을 사용한다. 고객이 계산대에 이르기까지 매장의 모든 부분들을 거치도록 매장 인테리어를 구성한다. 고객이 매장에 오래 머물도록 매장 내에 음식점과 보육시설을 마련한다. 제품의 가격은 최대한 낮게 유지한다. 제품의 디자인은 이케아의 트레이드 마크가 된 단순하고 깔끔한 스웨덴 스타일을 반영한다. 이러한 전략의 결과, 40달러짜리 커피 테이블을 사기 위해 매장을 방문한 고객은 저장용품부터 주방용품까지 모두 합해 500달러어치를 구매하게 된다.

이케아는 매년 2~3% 정도 자사 제품의 가격을 낮추는 것을 목표로 한다. 이러한 목표는 엄격한 원가절감 활동을 요구한다. 53개 국가에 위치한 1,300여개의 공급자 네트워크를 활용해, 이케아는 각각의 제품에 대해 최적의 생산자를 찾기 위해 노력한다. 이케아의 베스트 셀링 제품 중에 하나인 클리판 러브시트(Klippan Loveseat)를 생각해 보라. 1980년에 디자인된 이 제품은, 깔끔한 라인, 밝은 컬러, 단순한 소파 다리와 적절한 사이즈를 가지고 있고, 도입된 이후로 150만 개가 팔렸다. 처음에는 스웨덴에서 제작되었지만, 이케아는 폴란드에 있는 저원가 생산업체에게 제조를 이전하였다. 제품의 수요가 증가하면서, 이케아는 제품을 전 세계로 배송하는 비용을 절감하기 위해, 각 주요 시장에 있는 공급자들과 함께 일하는 것이 보다 적절하다고 판단하였다. 지금은 프레임 공급자로 유럽에 5개, 미국에 3개, 중국에 2개의 업체가 있다. 면커버의 생산비용을 낮추기 위해, 모든 생산은 중국과 유럽에 있는 4개의 공급업체에 집중되었다. 이와 같은 글로벌 소싱 의사결정으로부터 얻어진 효율성은 이케아가 1999년과 2006년 사이에 클리판의 가격을 40% 정도 낮출 수 있게 해주었다. 하지만 표준화된 운영방식에도 불구하고, 이케아는 국제적 성공을 위해서 각기 다른 국가의 소비자들이 가진 기호와 선호를 반영한 제품의 도입이 필요하다는 사실을 깨달았다. 이케아는 1990년대 초반, 미국에 진출할 때, 이 사실을 처음 알게 되었다. 이케아는 유러피안 스타일의 자사 제품이 미국의 소비자들에게 항상 매력적이지는 않다는 사실을 발견했다. 침대의 경우, 미국인들이 익숙한 킹, 퀸 그리고 트윈 사이즈의 규격이 아니라, 센티미터 단위로 측정되고 있었다. 소파는 충분히 크지 않았고, 옷장 서랍은 충분히 깊지 않았으며, 유리컵은 너무 작았고, 커튼은 너무 짧았다. 그리고 주방설비는 미국에서 사용되는 주방기구들의 크기에 적합하지 않았다. 이케아는 미국의 소비자들을 위해 자사의 제품을 다시 디자인했고, 높은 매장 매출을 얻어낼 수 있었다. 현재 이케아는 중국에서 2010년까지 10개의 매장을 열려고 하고 있고, 동일한 과정을 진행 중이다. 중국매장 내 섹션의 레이아웃은 중국의 아파트의 레이아웃을 반영한다. 또한 많은 중국의 아파트들이 발코니를 가지고 있기 때문에, 이케아의 중국 매장은 발코니 섹션을 가지고 있다. 이케아는 매장의 입지에 있어서도 자동차 보급이 높지 않은 중국의 특징을 반영해야 했다. 영미권의 국가에서 이케아의 매장은 일반적으로 교외에 위치해 있고 넓은 주차공간을 확보하고 있다. 하지만, 중국에서 이케아의 매장은 대중교통 수단과 가까운 곳에 위치하며, 고객들이 집에서 구매를 할 수 있도록 배송서비스를 제공하고 있다.

토의 주제

1. 이케아는 글로벌 확장을 통해 어떻게 수익을 내고 있는가? 글로벌 확장을 통해 수익을 창출하는 이케아의 전략에서 가장 핵심적인 것은 무엇인가?
2. 해외시장에서 이케아의 초기전략을 어떻게 정의할 수 있는가? 이러한 전략의 강점과 약점은 무엇인가?
3. 미국 시장에서의 경험을 통해, 이케아의 전략이 어떻게 바뀌었는가? 이 경험은 왜 이케아의 전략을 바꾸었는가? 이케아의 최근 전략은 어떻게 정의할 수 있는가?

Chapter

7

기업수준 전략과 장기 수익성

학습목표

- 기업이 자원을 한 산업에 집중하여 경쟁하는 전략의 장단점을 논의
- 기업이 핵심산업에서의 지위를 강화하기 위한 수단으로 수직적 통합을 추구하게 되는 상황을 설명
- 기업이 다각화를 통해 보다 많은 가치를 창출 할 수 있는 상황과 다각화 전략의 한계에 대해 이해
- 기업이 리스럭쳐링을 필요로 하는 이유와 기존 사업 및 산업에서 철수하기 위해 사용할 수 있는 전략들의 장단점을 논의

개요

기업수준 전략에서 가장 중요한 것은 기업의 장기적인 수익성을 극대화하기 위해 어떤 산업에 진출할 것인지를 결정하는 것이다. 어떤 산업으로 진출할 것인지를 결정함에 있어서 기업은 몇 가지 선택을 가진다. 첫째, 기업은 단일 산업에만 집중하여 해당 산업에서의 자사의 경쟁적 포지션을 강화하기 위하여 사업부 수준의 전략 개발에 집중할 수 있다(5장 참조). 둘째, 기업은 수직적 통합 전략을 추구하여 산업의 가치사슬 상의 인접 단계에 있는 새로운 산업에 진출하는 전략을 선택할 수 있다. 이것은 기업이 사용하는 투입물을 직접 생산하는 산업 혹은 자사의 생산물을 판매하는 산업으로의 진출을 의미한다. 셋째, 기업은 다각화 전략을 선택하여 자사의 기존 산업과 관련된 혹은 관련되지 않은 새로운 산업으로 진출하는 전략을 선택할 수 있다. 마지막으로, 기업은 자사의 장기적인 수익성을 높이기 위해 기존의 사업과 산업에서 철수하는 전략을 선택하거나 기업 활동의 리스트럭처링이나 다운사이징을 통해 조직의 활동범위를 줄여나가는 선택을 할 수 있다.

본 장에서 우리는 이러한 다양한 전략적 대안들을 살펴보고 기업의 장기적인 수익성을 높이기 위한 방법으로써 각 대안의 장점과 단점을 논의하고자 한다. 본 장은 만약 기업수준 전략이 기업의 장기적인 수익성을 높이는데 기여하기 위해서는 반드시 기업 혹은 기업의 사업부들이 하나 이상의 가치 창출 활동들을 (1) 보다 낮은 원가로 수행할 수 있거나 (2) 차별화를 달성할 수 있는 방향으로 (그 결과 프리미엄 가격을 책정할 수 있도록) 수행하는 것을 가능하게 할 수 있어야 한다는 것을 반복적으로 강조한다. 따라서, 성공적인 기업수준 전략은 기업이 차별적 역량을 확보하고 시장에서의 경쟁우위를 강화하는 것에 기여해야 하며, 기업수준 전략과 사업수준에서의 경쟁우위 창출은 매우 중요한 관련성을 가진다.

단일 산업 집중 전략

> **단일 산업 집중 전략**
> 기업이 자사의 자원과 역량을 특정 제품시장에서의 성공적인 경쟁을 위해 집중하는 전략

많은 기업들에게 적절한 기업수준 전략의 선택은 **단일 산업 집중 전략**(concentration on a single industry)을 통해 특정 제품시장에 자사의 자원과 역량을 집중하여 성공적으로 경쟁하는 것에 초점을 맞추는 전략이 된다. 현재 이러한 전략을 실행하고 있는 기업들의 예로는 패스트푸드 레스토랑 시장에 집중하는 맥도날드, 프리미엄 커피숍 사업에 집중하는 스타벅스, 그리고 글로벌 할인 소매업에 집중하는 월마트 등이 있다. 이러한 기업들은 단일 제품 시장(그리고 해당 시장 내의 다양한 세분시장들)에서의 고객들의 니즈에 집중하는 것이 가져다주는 몇 가지 장점들 때문에, 단일 산업에 집중하는 전략을 선택하였다.

단일 산업에 집중하는 것의 중요한 장점은 이를 통해 기업이 자사의 경영, 재무, 기술, 그리고 기능별 자원과 역량 모두를 단일 사업에 집중하여 해당 산업에서의 기업의 경쟁적 지위를 강화하기 위한 전략을 개발할 수 있다는 것이다. 이 전략은 기업의 자원과 역량의 상당한 투입을 필요로 하지만, 기업이 경쟁우위를 유지할 수 있다면 상당한 수준의 장기적인 수익성을 가져다줄 있는 성장산업에서 특히 중요하다. 예를 들어, 스타벅스와 같은 기업에게, 커피숍 산업이 여전히 급격한 성장단계에 있고, 새로운 산업에서 성공적으로 경쟁하기 위해 스타벅스가 가진 경영, 마케팅, 그리고 재무 자원과 역량의 상당부분을 소모해야 한다면, 슈퍼마켓이나 도넛 판매와 같은 새로운 산업에 진입하는 것은 좋은 전략이 될 수 없을 것이다. 실제로 복수의 서로 다른 제품 시장들에서 경쟁하기 위해, 기업이 자원을 각 시장에 조금씩 나누어 사용하게 되는 경우, 기업은 빠르게 성장하는 핵심 사업에서의 빠른 성장을 위해 필요한 자원의 부족을 경험하게 될 것이다. 그 결과 핵심 사업에서의 경쟁우위의 손실과 실패를 경험하게 된다.

기업이 자원과 역량을 단일 사업, 시장, 혹은 산업에 집중함으로써 얻게 되는 이익은 성장기 기업에만 국한되지는 않는다. 많은 성숙기 기업들이 오랜 시간에 걸쳐 너무 많은 사업영역과 시장으로 진출하여 그 결과 기업의 자원이 너

무 광범위하게 흩어져 있고 기업의 성과가 하락하고 있음을 발견하곤 한다. 예를 들어, 코카콜라는 한때 영화사업에 진출하기로 결정하고 콜럼비아 픽처스를 인수했다. 또한 코카콜라는 큰 규모의 캘리포니아의 와인 업체도 인수했다. 하지만 코카콜라는 곧 자신들이 새로이 진출한 산업에서 성공적으로 경쟁하기 위해 필요한 역량이 부족하다는 사실과 해당 산업들에 존재하는 강한 경쟁자들, 즉 폭스 같은 영화사와 갈로 같은 와인메이커들의 경쟁력을 감안하지 못했음을 알게 된다. 코카콜라는 이러한 새로운 시장으로의 진출이 기업의 가치를 창출하기보다 가치를 감소시켜 기업의 수익성을 악화시킬 것이라 결론을 내렸으며, 상당한 손실을 감수하고 새로운 비즈니스들을 매각하게 된다.

단일 사업에 집중하는 것은 기업들이 다른 것에 신경쓰지 않을 수 있도록 한다. 즉, 기업이 가장 잘 아는 사업에 집중하고, 기업이 잘 알지 못해서 가치를 창출하기 어려운 새로운 사업에 진입하는 것을 피할 수 있도록 한다. 이러한 전략은 기업의 경영자들이 잘 이해하지 못하고 있어서, 현명하지 못한 의사결정으로 인해 막대한 손실을 입을 수도 있는 사업들에 진출하는 것을 막는다.

반면, 단일 시장이나 단일 산업에 집중하는 것은 시간이 지남에 따라 단점들을 야기할 수도 있다. 본 장의 뒷부분에서 논의되어지듯이, 어느 정도의 수직적 통합은 기업이 자사의 핵심 산업에서의 경쟁 우위를 강화하기 위해 필요할 수 있다. 또한 단일 산업에 집중하는 기업들은 자사의 자원과 역량을 활용하여 다른 시장 혹은 산업에서 제품을 제조하고 판매함으로써 보다 많은 가치를 창출하고 수익성을 높일 수 있는 기회를 놓칠 수도 있다.

수평적 통합

앞서 살펴본 것처럼, 많은 기업들에게 있어서 수익성 있는 성장과 확장을 추구하는 것은 단일 산업 내에서 성공적으로 경쟁하는 것에 집중하는 것을 의미한다. 경영자들이 자신의 기업들이 산업 내에서 보다 잘 경쟁할 수 있는 포지셔닝을 차지할 수 있도록 하기 위해 기업수준에서 광범위하게 사용하는 전술 혹은 방법이 수평적 통합이다. 우리는 이것을 5장에서 간단하게 논의하였다. **수평적 통합**(horizontal integration)은 기업이 큰 규모로부터 얻을 수 있는 경쟁 우위를 확보하기 위해서 산업 내의 경쟁자들을 인수하거나 합병하는 것을 말한다. **인수**(acquisition)는 기업이 자신의 재무자원(주식, 부채, 혹은 현금)을 사용하여 다른 기업을 구매하는 것을 말하며, **합병**(merger)은 두 개의 기업이 자신들의 자원을 하나의 사업체로 통합하는 것을 말한다. 예를 들어, 뉴스 코퍼레이션(News Corp.)의 최고경영자인 루퍼트 머독은 신문 산업에서 수십 건의 인수를 하였는데, 그의 모든 신문회사들은 전 세계에 있는 뉴스 코퍼레이션의 신문 기자들이 작성한 뉴스와 기사거리들을 활용함으로써 비용을 줄일 수 있었다.

수평적 통합
큰 규모로부터 얻을 수 있는 경쟁 우위를 확보하기 위해서 산업 내의 경쟁자들을 인수하거나 합병하는 전략

인수
기업이 자신의 재무자원(주식, 부채, 혹은 현금)을 사용하여 다른 기업을 구매하는 것

합병
두 개의 기업이 자신들의 자원을 하나의 사업체로 통합하는 것

모든 산업들에서 지난 수십년 간 수천 건의 인수와 합병이 있어 왔다. 항공우주 산업에서 보잉은 맥도날드 더글러스(McDonald Douglass)를 합병하여 전 세계에서 가장 큰 항공우주 기업이 되었고, 제약 산업에서 화이자는 워너 램버트(Warner-Lambert)를 합병하여 가장 큰 제약 회사가 되었다. 컴퓨터 하드웨어 산업에서, 컴팩은 디지털 이큅먼트를 인수하였고, 나중에 HP에 인수 되었다. 그리고 인터넷 산업에서, 야후, 구글은 비디오 스트리밍, 음악 다운로드, 그리고 디지털 사진과 같은 세분시장에서의 자신들의 지위를 개선하기 위해서, 수백 개의 작은 인터넷 기업들을 인수했다.

글로벌 합병과 인수의 결과는 광범위한 산업들에서 산업의 집중화의 정도를 높여왔다. 20년 전, 미국의 케이블 텔레비전 산업은 수천 개의 소규모의 가족소유 기업들이 지배하고 있었다. 하지만 2000년대에 이르러서는 3개의 기업이 시장의 2/3 이상을 점유하게 되었다. 세 개의 주요 대학교재 출판사들이 1990년에는 전체 시장의 35%를 차지하였지만, 2008년에는 이들의 시장점유율이 75%를 넘었다. 반도체 칩 산업에서, 산업 선두 기업들 간의 인수와 합병으로 인해 상위 4개 기업들의 시장점유율은 1997년 45%에서 2007년에는 85%로 증가하였다. 경영자들이 단일 산업을 선택하여 그 안에서 자사의 경쟁력을 관리하는 것에 집중하기로 한 기업들의 경우, 수평적 통합을 통해 경쟁우위와 수익성을 현저하게 향상시킬 수 있기 때문에 이러한 현상이 발생했다. 이러한 전략을 통해

월마트가 슈퍼마켓 산업 내에서 자신의 위치를 확장시켜 온 사례를 다음의 중간사례에서 논의한다.

수평적 통합의 장점과 단점

수평적 통합을 추구하는 경영자들은 자사의 수익성을 높이는 최선의 방법이 산업 내 경쟁자들의 자원과 자산을 구매하기 위한 자본투자라고 생각한다. 수평적 통합이 다음 네 가지의 중요한 장점들을 – (1) 운영비용의 감소, (2) 제품 차별화의 강화, (3) 산업 내 경쟁강도의 약화, (4) 공급자 및 구매자에 대한 기업의 협상력의 증가 – 실현시킬 때 기업의 수익성이 향상된다.

운영비용의 감소

수평적 통합이 기업의 규모의 경제를 높을 때, 기업의 운영비용이 감소한다. 다섯 개의 주요 경쟁 기업들이 미국의 모든 지역에 자신들의 생산 공장을 가지고 있지만, 어느 공장도 최대 생산 능력만큼 생산을 하고 있지 못한 상황, 그래서 비용이 상대적으로 높은 상황을 가정해 보자. 만약 한 기업이 다른 경쟁기업을 인수하고 경쟁기업의 공장 가동을 중단시킨다면, 이 기업은 자사 공장의 생산능력을 최대한 활용할 수 있을 것이며, 결과적으로 제조원가가 감소할 것이다.

규모의 경제를 달성하는 것은 고정비용이 높은 산업에서 매우 중요하다. 대량생산을 하게 되면 기업이 고정비용을 보다 많은 수의 제품에 분산시킬 있게 되므로, 제품 단위당 평균 제조원가가 감소하게 된다. 예를 들어, 텔레커뮤니케이션 산업에서 이전보다 진보된 인터넷 네트워크를 구축하기 위한 고정 비용은 대단히 높다. 그래서 이러한 투자가 성과를 낼 수 있도록 하기 위해서, 기업은 보다 많은 수의 고객들을 확보하여야 한다. 따라서, AT&T와 Verizon과 같은 기업들은 추후에 자사의 네트워크로 전환할 수 있는 고객을 확보하기 위해서 많

중간사례 월마트의 성장 중인 체인점 "Neighborhood Markets"

슈퍼마켓 산업에 진입한 이후, 월마트는 자사의 대형 슈퍼센터와 할인매장이 빠르고 편리한 쇼핑에 대한 니즈를 가진 소비자, 예를 들어, 저녁식사를 위한 식품을 손쉽게 구매하고자 하는 니즈를 가진 소비자들을 만족시키지 못한다는 사실을 인식하게 되었다. 월마트는 또한 소비자들이 연간 수십억 달러를 가까운 인근의 슈퍼마켓, 약국, 편의점에서의 쇼핑에 지출을 하며, 이러한 채널이 소매 시장에서 잠재적으로 높은 수익성을 가진 세분시장임을 인식하게 되었다. 따라서, 2000년대에 들어와 월마트는 새로운 체인인 "Neighborhood Markets"을 설립하여, 이 세분시장에 진입하기로 결정했다. 이 슈퍼마켓은 대략 40,000스퀘어피트의 면적으로, 이는 월마트 매장의 1/4 크기에 해당하며, 20,000개에서 30,000개의 제품을 구비해 100,000개 이상의 제품을 구비하는 월마트 매장과 차이를 보인다. 이 새로운 체인 매장들에 대한 월마트의 전략은 이 체인 매장들이 크로거(Kroger)나 세이프웨이(Safeway)가 운영하는 지역 슈퍼마켓들과 직접 경쟁하도록 포지셔닝하는 것이었다. 이 새로운 체인 매장들은 지역 고객들에 대한 대응력을 극대화하기 위해서 24시간 운영하며, CVS, Walgreen's와 같은 드러그스토어로부터 매출을 빼앗아오기 위해 높은 수익마진을 보이는 의약, 건강, 뷰티 제품들과 같은 부문을 포함한다. 결과적으로, 고객들은 처방약의 조제나 필름의 현상을 기다리는 동안 식료품을 구매할 수 있게 되었다.

자사의 저원가 사업 모델이 이 작은 규모의 사업에서도 적용될 수 있는지를 확인해 보기 위해서, 월마트는 새로운 체인점들을 좋은 입지만을 골라 천천히 개점하는 전략을 선택하였다. 이 사업에서 마진율은 1~2%로 기존의 월마트 매장들보다 낮았다. 원가를 낮은 수준으로 유지하기 위해, 월마트는 새로운 매장들을 자사가 효율적인 식료품 준비와 배송 시스템을 가지고 있는 지역에 집중하였다. 월마트의 전략은 베이커리, 육류, 델리 식품 등 높은 마진의 제품을 집중화된 지역에서 준비하고, 이를 포장용기에 담아 매장으로 배송하는 것이었다. 각각의 지역 상점들은 위성을 통해 월마트의 네트워크에 연결되어 있어서, 월마트의 식품 관리자가 어떠한 식품이 잘 팔리고, 어떠한 식품이 팔리지 않는지를 알 수 있었다. 그래서 식품 관리자들은 각 매장에서 잘 팔리는 식품들을 매일 신선하게 배송함으로써 고객화를 실시할 수 있었다. 또한 각 매장에는 정육사나 제빵사가 없었기 때문에, 비용도 훨씬 낮았다.

이러한 전략들의 결과, 2004년까지 개점한 60개 이상의 미국 내 매장들은 퍼블릭스(Publix), 윈딕시(Winn-Dixie), 크로거(Kroger), 앨버트슨(Albertsons) 등의 슈퍼마켓들의 가격보다 10%가량을 낮출 수 있었다. 평균적으로 매장은 연간 2천만 달러의 매출을 기록했고, 90여 명의 직원을 고용하였으며, 2.3%의 수익마진을 올렸다. 이 수익 마진은 슈퍼마켓 산업에서의 평균보다 높은 수준이었다. 이러한 성공에 고무되어, 월마트는 새로운 매장을 계속해서 개점하였고, 2009년에 145개의 매장을 운영하게 되었다. 대부분의 매장은 미국 남부지역에 위치하였다.

월마트는 이 세분 시장에서 자사의 시장점유율을 높이기 위해서 새로운 종류의 소규모 슈퍼마켓을 계속해서 실험하고 있다. 월마트의 Marketside 매장의 컨셉은 심지어 30~25,000스퀘어피트 규모의 매우 작은 길모퉁이 매장 형태이다. 월마트는 또한 적극적으로 히스패닉 고객을 목표로 하는 체인 매장을 실험하고 있다. 텍사스에 있는 하나의 실험적인 히스패닉 커뮤니티 매장은 160,000스퀘어피트의 대규모 매장이다. 이 매장은 히스패닉 식료품과 함께, 히스패닉 고객들의 기호에 맞는 다른 많은 제품들을 제공하고 있다. 또한 월마트는 히스패닉 소비자 집단을 대상으로 한 작은 식품잡화점 형태의 슈퍼마켓을 검토하고 있다. 분명히, 많은 수익 창출의 기회가 이 세분 시장에 존재한다. 글로벌 시장에서의 경우처럼, 월마트의 경영자들이 이 세분시장을 공략하기 위한 전략을 계속해서 개발 중이다. 실제로 2010년에 월마트는 향후 5년 동안 1,000개의 Neighborhood Market을 추가적으로 개점할 것이라고 발표하였다.

은 대규모의 텔레커뮤니케이션 기업들을 인수했다. 이러한 전략은 네트워크의 활용도를 높일 뿐 아니라, 네트워크를 사용하는 각 개별 고객에게 투자되는 비용을 낮춘다. 유사하게, 제약산업에서 이루어지는 인수와 합병은 판매와 마케팅에서의 규모의 경제를 실현하고자 하는 필요에 의해서 이루어진다. 전국적인 규모의 제약 판매 영업망을 구축하는 고정비용이 매우 높기 때문에, 제약회사들이 자사의 영업망을 효과적으로 이용하고자 한다면, 판매할 수 있는 약의 수를 늘려야 한다. 예를 들어, 화이자(Pfizer)는 자사의 영업인력들이 보다 많은 상품을 가지고 의사들을 만날 수 있도록 하기 위해 워너-램버트를 인수하여, 영업인력들의 생산성을 증가시켰다. 또한 화이자는 와이어스 제약회사(Wyeth Pharmaceuticals)를 인수한 이후, 전례가 없는 규모의 비일상 의약품 회사(prescription drug: 의사의 처방이 있어야만 살 수 있는 의약품)를 만들 수 있었다. 이 회사는 2009년에 700억 달러의 매출을 기록하였다.

기업들은 또한 수평적 통합을 통해 기업 본사 및 영업인력 등의 기능에서의 중복을 제거함으로써 결합된 기업의 운영비용을 낮출 수 있다.

제품 차별화의 강화

수평적 통합은 기업이 제품 차별화를 강화하여 수익성을 증가시킬 수 있도록 한다. 예를 들어, 기업이 수평적 합병을 통해 합병한 기업들의 제품 라인들을 결합하여 묶음으로 제공하게 되면, 고객들에게 보다 다양한 종류의 제품을 제공할 수 있게 된다. 이러한 **제품 번들링**(product bundling)은 고객들이 한 번에 하나의 가격으로 자신들이 필요로 하는 일련의 제품들을 한꺼번에 구매할 수 있는 기회를 제공한다. 이러한 전략은 기업이 제공하는 제품라인에 대해 고객들이 인식하는 가치의 수준을 높여준다. 왜냐하면 (1) 고객들은 결합된 제품들을 구매함으로써 가격할인을 받을 수 있고, (2) 일반적으로 고객들은 한 회사와 거래하는 것에 쉽게 익숙해지기 때문이다. 이러한 이유로 인해 기업은 제품 차별화의 강화를 통해 경쟁우위를 획득할 수 있다.

제품 번들링
고객들이 한 번에 하나의 가격으로 필요한 모든 제품을 구매할 수 있도록 하는 전략

워드 프로세서, 스프레드 시트, 프리젠테이션 프로그램 등의 다양한 소프트웨어 프로그램들을 묶음으로 판매한 마이크로소프트의 오피스 프로그램이 제품 번들링 전략의 적절한 사례라 할 수 있다. 1990년대 초반, 마이크로소프트는 각 제품 카테고리에서 2위 혹은 3위에 있었다. 워드프로세서 분야에서는 워드퍼펙트(WordPerfect), 스프레드 시트 분야에서는 로터스(Lotus), 프리젠테이션 프로그램 분야에서는 하버드 그래픽스(Harvard Graphics)가 시장을 선도하고 있었다. 하지만 마이크로소프트가 자사의 세 가지 제품을 묶어서 단일 패키지로 판매하기 시작하며, 마이크로소프트는 고객들에게 보다 높은 가치를 제공할 수 있게 되었다. 마이크로소프트의 시장점유율은 빠르게 증가하여, 결국 세 가지 제품 분야에서 모두 90% 이상의 매출을 차지하게 되었다.

윤리적 딜레마

마이크로 소프트는 PC산업에서 지배적인 소프트웨어 공급자가 되기 위해서, 수평적 통합전략을 추구하여 수백 개의 작은 소프트웨어 기업들을 사들여 왔다. 마이크로소프트는 독점기업이 가지는 힘을 활용하여 다른 기업들(Lotus와 WordPerfect)을 압도하고 경쟁자들(Netscape)을 시장에서 퇴출시켰다는 비난을 받는다. 마이크로소프트의 경영자들은, 자사의 대규모 생산이 제품가격을 낮출 수 있는 기회, 무상제공을 할 수 기회, 다른 제품들을 크게 개선시킬 수 있는 기회를 제공하고 있기 때문에, 실제로는 제품들의 가격이 떨어졌다고 주장한다. 만약 당신이 마이크로소트가 비윤리적으로 행동하고 있는지를 결정하는 위원회에 소속되어 있다면, 당신은 결정을 내리기 위해 어떤 종류의 기준들을 사용할 것인가?

산업 내 경쟁강도의 약화

수평적 통합은 두 가지 방식으로 산업 내 경쟁강도를 약화시킨다. 첫째, 경쟁자를 인수하거나 합병하는 것은 가격 전쟁을 일으키는 요인이 되는 산업 내의 초과 생산능력을 제거한다. 산업 내 초과 생산능력을 제거함으로써, 수평적 통합은 가격이 안정되거나 혹은 상승할 수 있는 산업환경을 조성한다.

또한 산업 내 경쟁자의 수를 줄임으로써, 수평적 통합은 산업 내 경쟁자들 간 암묵적 가격 조정이 보다 쉽게 이루어질 수 있도록 한다(암묵적 조정은 기업 간 직접적인 의사소통이 없이도 달성될 수 있다. 가격 조정을 위해 기업들이 명시적인 의사소통을 하는 것은 불법이다). 일반적으로, 산업 내 경쟁자의 수가 많아질수록, 가격 전쟁이 발생할 가능성을 감소시키는 역할을 하는 산업 내 지배기업에 의한 가격 선도(price leadership) 등에 의한 비공식적 가격 조정이 어려워진다. 수평적 통합은 산업 집중도(industry concentration)를 높여 시장을 과점상태를 만들기 때문에, 경쟁자들이 서로의 행동을 조정하는 것을 용이하게 한다.

오라클이 많은 소프트웨어 기업들을 인수했던 이유가 바로 이 두 가지 동기 때문이다. 기업용 소프트웨어 산업 내 초과 생산능력의 문제로 인해 주요 경쟁기업들이 고객들에게 가격할인을 해줌에 따라, 가격전쟁이 발생하여 수익성이 감소하고 있었다. 오라클은 가격경쟁을 약화시키기 위해 기업 인수를 통해 산업 내 초과 생산능력을 제거하고자 했다. 기업 소프트웨어 산업에서 주요 기업들은 자사의 제품을 보다 차별화함으로써 가격 전쟁을 피하고자 하였으며, 또한 경쟁우위를 확보하기 위해 경쟁기업들을 인수하는 노력을 지속하였다.

협상력의 증가

기업이 수평적 통합을 실시하는 또 다른 이유는 공급자와 구매자에 대한 협상력을 높이기 위해서이다. 기업들은 협상력을 증가시켜 자사의 경쟁적 지위를 강화할 수 있으며, 공급자와 구매자에게 비용을 전가함으로써 수익성을 높일 수 있다. 수평적 통합을 통한 산업의 통합(consolidation)이 진행되면, 기업은 훨씬 큰 규모의 구매자가 되며, 따라서 자사의 협상력을 활용하여 공급자에게 지불해야 하는 공급재에 대한 가격을 낮춤으로써, 원가를 절감할 수 있게 된다. 이와 비슷하게 기업이 경쟁기업들을 인수하게 되면 산업 내 생산량의 보다 많은 부분을 차지하게 되어 구매자들이 해당 기업에게 보다 의존하게 된다. 다른 조건이 같다면, 구매자들이 공급자를 선택할 수 있는 선택지가 줄어들게 되므로, 기업은 자사제품의 가격과 수익을 높일 수 있는 힘을 가지게 된다. 기업이 구매자에게 판매하는 가격을 높일 수 있는 능력을 가지게 되거나 공급자에게 지불해야 하는 가격을 낮출 수 있는 능력을 가지게 될 때, 기업의 시장 지배력(market power)은 증가한다.

비록 수평적 통합이 다양한 방법으로 기업의 경쟁적 지위를 강화시켜 줄 수 있지만, 이 전략은 동시에 몇 가지 문제점과 한계점을 가지고 있다. 8장에서 자세히 논의하고 있듯이, 기업이 인수와 합병으로부터 기대하는 효과들이 종종 다양한 이유들로 인해 실현되지 않는다. 서로 다른 기업문화의 통합, 적대적으로 인수가 이루어진 경우 피인수기업 경영진의 높은 퇴사율, 인수와 합병을 통해 얻을 수 있는 이익에 대한 경영자의 과대평가 및 기업들을 통합하는 과정에서 발생할 수 있는 문제점들에 대한 경영자의 과소평가 등이 그 예라 할 수 있다. HP와 컴팩 간 합병의 경우, 상당히 많은 반대의견이 존재하였는데, 이들은 HP의 CEO인 칼리 피오리나가 매우 다른 기업문화를 가진 두 기업을 통합하는 과정에서 발생할 수 있는 어려움과 비용을 과소평가하고 있다고 비판하였다. 실제로, 합병 자체는 칼리 피오리나가 생각한대로 순조롭게 진행되었지만, 두 기업이 통합되기까지 칼리 피오리나가 기대했던 것보다 더 많은 시간이 소요되었고, 결국 칼리 피오리나는 자신의 전략이 결실을 맺기도 전에 CEO에서 물러나게 되었다.

수평적 통합의 또 다른 문제는, 기업이 수평적 통합을 통해 산업 내의 지배적인 경쟁자가 되고자 할 때, 보다 더 큰 규모의 기업이 되고자 이 전략을 계속 시도하는 경우 정부의 반독점법 규제를 담당하는 정부기관과 충돌할 수 있다는 것이다(미국의 경우, 연방거래위원회(FTC, Federal Trade Commission), 한국의 경우 공정거래위원회_역자 주). 반독점법을 집행하는 정부기관들은 기업이 시장 지배력을 남용할 가능성에 대해 우려하며, 경쟁이 높은 상황이 그렇지 않은 상황보다 소비자들에게 도움이 된다고 믿는다. FTC 등의 정부기관들은 소수의 기업들이 인수를 통해 시장지배력을 확보한 후, 이를 활용하여 소비자에게 판매하는 제품의 가격을, 시장이 경쟁적이었을 경우의 가격수준 이상으로 높일 수 있는 상황이 발생할 것을 우려한다. FTC 등의 정부기관은 산업 내 지배적인 기업들이 자신들의 시장지배력을 활용하여 잠재적인 경쟁자들을 시장에서 쫓아내는 행동(예를 들어, 새로운 경쟁자가 시장에 진입하면 가격을 상당한 수준으로 내림으로써 새로운 경쟁자가 경쟁을 버티지 못하고 철수하도록 만든 후, 경쟁이 사라지면 다시 이전 수준으로 가격을 높이는 행동)을 하는 것을 막고자 한다. 이러한 이유로, FTC 등의 정부기관은 기업들이 시도하는 인수나 합병이 높은 수준의 산업통합을 발생시켜 기업들이 시장지배력을 남용할 수 있는 가능성이 존재하는 경우, 이러한 인수나 합병을 허가하지 않는다.

기능별 활동의 아웃소싱

기업이 자신의 산업 내에서 경쟁적 지위를 강화하기 위해서 사용할 수 있는 두 번째 전술은 하나 혹은 복수의 가치창출활동을 아웃소싱하여 다른 기업이 이를 대신 수행하도록 하는 것이다. 최근 들어 기능별 활동들에 대한 아웃소싱, 특히 생산과 IT 부문에서의 아웃소싱이 급격하게 증가하고 있다. 기업들이 본국에서의 자사의 경쟁우위를 강화하는 것뿐 아니라, 극심한 글로벌 경쟁환경에서의 보다 효과적인 경쟁을 추구하게 되며, 글로벌 아웃소싱이 확대되고 있으며, 이는 현대 전략경영 분야에서 가장 중요한 흐름 중 하나가 되었다.

우리는 이러한 경향을 6장에서 논의하였고, 어떤 기능을 아웃소싱할 것인가와 관련된 의사결정을 내리기 위해서는 기업이 어떤 가치사슬활동이 자신에게 차별적 역량을 가져다주는 경쟁우위의 기반이 되는지를 우선적으로 파악해야 한다고 설명하였다. 기업은 이러한 중요한 기능과 역량들을 내부적으로 수행함으로써 이를 개발하고 보호해야 한다. 그외 나머지 비핵심적인 기능별 활동들에 대해서는 국내 혹은 국외의 다른 전문화된 기업들이 이런 기능들을 보다 효율적, 효과적으로 수행할 수 있는지를 검토해야 한다. 만약 기업 외부에 그러한 기업들이 있다면, 비핵심적인 기능별 활동들을, 생산, 유통, IT 등 각 영역에서 전문화된 기업들에게 아웃소싱해야 한다. 기업과 하청업체들 간의 관계는 경쟁적인 입찰과정을 통해 형성된다. 하청업체들은 기업의 특정 기능의 활동을 대신하기 위해 구체적인 가격과 기간을 놓고 서로 경쟁한다. 가상조직(virtual corporation)이란 단어는 하나 혹은 소수의 핵심적인 가치사슬활동에 집중하고 나머지 대부분의 기능별 활동을 아웃소싱하는 기업들을 설명하기 위해 만들어진 용어이다.

가상조직
하나 혹은 소수의 핵심적인 가치사슬활동에 집중하고 나머지 대부분의 기능별 활동을 아웃소싱하는 기업

제록스는 최근 아웃소싱의 활용비중을 비약적으로 늘려온 기업이다. 제록스는 자사의 차별적 역량은 복사기의 디자인과 제조활동에 있다고 생각하였다. 따라서, 비용을 낮추기 위해서 제록스는 IT 등의 비핵심 가치사슬활동들의 수행을 다른 기업들에게 아웃소싱하였다. 예를 들어, 제록스는 자사 내부의 컴퓨터와 통신 네트워크의 유지 관리를 위해, 국제적인 IT 컨설팅 회사인 EDS와 32억 달러의 계약을 맺었다. 이러한 계약을 통해 1,700명의 제록스 직원들이 EDS로 이직하였다. 다른 사례로, 세계에서 가장 큰 운동화 제조회사인 나이키는 자사의 핵심적인 기능인 제품 디자인과 마케팅 기능은 내부에서 직접 수행하고, 자사의 모든 제조공정을 아시아의 기업들에게 아웃소싱해 오고 있다.

아웃소싱의 장점과 단점

기능별 활동들을 아웃소싱하는 전략은 몇 가지 장점을 가진다. 첫째, 특정 비핵심적 기능활동을 기업이 자체적으로 수행하는 것보다 이를 보다 효율적으로 수행할 수 있는 전문화된 기업에게 아웃소싱하는 것은 기업의 운영비용을 낮춘다. 둘째, 전문화된 기업들은 특정 활동을 수행하는 데 있어서 차별적 역량을 가지고 있어서 기업이 제품을 차별화하는 데에 도움을 줄 수 있다. 예를 들어, 전화회사인 신시내티 벨(Cincinnati Bell)의 스핀오프 회사인 컨버지스(Convergys)는 고객계좌 개설, 요금청구, 그리고 고객응대를 포함하는 고객관리 기능에 있어서 차별적 역량을 구축하였다. 컨버지스의 이러한 역량을 활용하기 위해, 오렌지(Orange), 콕스(Cox), 로지카(Logica) 등의 다른 전화회사와 글로벌 기업들이 자사의 고객관리 기능을 컨버지스에 아웃소싱하기로 결정했다. 이 기업들은 컨버지스에 아웃소싱하는 것이 자신들이 직접 고객관리 서비스를 제공하는 것보다 낫다고 판단한 것이다. 컨버지스는 자신의 고객기업들이 보다 차별

화된 서비스를 제공하는데 도움을 주고 있으며, 2010년에 30억 달러의 수입을 기록하였다. 아웃소싱의 세 번째 장점은 기업이 부족한 인적, 재무적, 물적 자원을 자신들의 핵심 역량을 강화하는데 집중할 수 있도록 한다는 것이다. 예를 들어, 노텔(Nortel)과 와코비아(Wachovia)는 컨버지스가 제공하는 최상급의 고객관리 지식을 확보함으로써, 자사의 자원을 무선 네트워크의 구축과 보험상품의 제공 등의 활동에 집중적으로 투입할 수 있었다.

반면, 아웃소싱은 몇 가지 단점들도 가지고 있다. 특정 기능을 아웃소싱하는 기업은 해당 기능을 내부적으로 수행할 때 얻을 수 있는 학습기회와 해당 기능을 자신의 차별적 역량으로 만들 수 있는 기회를 잃는다. 따라서, 고객관리활동을 컨버지스에 아웃소싱하는 것이 노텔에게 현재는 옳은 의사결정이 될 수 있지만, 미래에 매우 중요한 기능이 될 수 있는 고객관리활동에 대한 자체적인 내부역량을 개발할 수 없다는 것은 잠재적인 문제점이 될 수 있다. 아웃소싱의 두 번째 단점은 기업이 지나치게 아웃소싱을 활용하게 되어, 자신의 경쟁우위를 유지하는데 중요한 핵심적인 가치창출 활동까지도 아웃소싱하게 되는 일이 발생할 수 있다는 것이다. 그렇게 되면, 기업은 스스로의 역량개발에 실패하게 되어 결국 시장에서의 성과가 하락하게 될 것이다. 마지막으로, 특정 아웃소싱 파트너 기업에 대한 기업의 의존도가 지나치게 높아질 수 있다. 그렇게 되면, 아웃소싱 파트너 기업의 역량이 하락하기 시작하거나, 공급업체가 자사의 협상력을 활용하여 기업에게 보다 높은 가격을 요구하기 시작하는 경우, 아웃소싱은 기업의 성과에 부정적인 영향을 줄 수 있다. 하지만 이러한 아웃소싱의 단점들은 기업이 전략적 아웃소싱을 추구하지 말아야 한다는 것을 의미하기보다는, 경영자들이 아웃소싱을 결정하기 전에 아웃소싱 전략의 장점과 단점을 꼼꼼하게 살펴보아야 하며, 이러한 문제가 발생하지 않도록 파트너 기업과 계약을 맺는데 주의를 기울여야 함을 의미한다.

종합하면, 단일 산업에 집중하는 기업수준의 전략은 기업이 비용을 낮추거나 자사의 제품을 보다 차별화하는 것을 가능하게 함으로써, 기업이 해당 산업에서의 경쟁적 지위를 보다 강화하는데 도움을 준다. 수평적 통합과 기능별 활동의 아웃소싱은 기업이 자사의 자원과 역량을 보다 잘 활용하여 경쟁우위를 확보하는데 도움을 주는 강력한 수단이 된다. 기업이 산업 내 지배적인 경쟁자의 지위를 확보하게 되면, 기업은 장기적인 수익성을 높일 수 있는 시장지배력을 획득할 수 있다.

수직적 통합

수직적 통합은 기업이 장기적으로 수익성을 높이기 위해 새로운 산업에 진출하는 기업수준의 전략이다. 수직적 통합은 기업이 생산하여 판매하는 핵심제품들에 가치를 추가적으로 부여할 수 있는 새로운 산업, 즉 기업의 핵심제품이 가진 차별화 강점을 보다 강화하거나 제품을 생산하는 비용을 낮출 수 있는 산업에 진출할 때 정당화되어진다.

기업이 수직적 통합(vertical integration)을 추구할 때, 기업은 자사의 핵심제품의 생산에 필요한 투입물들을 생산하는 산업으로 사업을 확장하거나(후방통합), 자사의 핵심제품을 사용, 유통, 혹은 판매하는 산업들로 사업을 확장한다(전방통합). 새로운 산업에 진출하기 위해서, 기업은 직접 사업부를 설립하고 해당 산업에서 효과적으로 경쟁하기 위해 필요한 가치사슬활동들을 준비하기도 하고, 아니면 해당 산업 내 기존 기업을 인수하거나 합병하기도 한다. 철강회사가 자사 소유의 철광석 광산으로부터 필요한 철광석을 공급받는 것은 후방통합의 예가 되며, 자사 소유의 전국 규모의 유통망을 통해 노트북을 판매하는 PC 제조회사는 전방통합의 예가 된다. 예를 들어, 애플은 애플 스토어를 통해 자사의 제품들을 판매하기 위해 새로운 가치사슬활동들을 추가하기로 결정하였으며, 그 결과 소매산업에 진출하게 되었다. IBM은 매우 높은 수준의 수직적 통합이 이루어져 있던 기업이다. IBM은 자사의 컴퓨터에 사용되는 주요 부품들을 생산하기 위해서, 후방통합을 실시하여 마이크로프로세서와 디스크 드라이브 산업으로 진출했다. 또한, IBM은 컴퓨터 소프트웨어 산업과 IT 컨설팅 산업에서 경쟁하기 위해 필요한 새로운 가치사슬활동들을 설립하여 전방통합을 실시

> **수직적 통합**
> 기업이 자사의 핵심제품의 생산에 필요한 투입물들을 생산하는 산업으로 사업을 확장하거나(후방통합), 자사의 핵심제품을 사용, 유통, 혹은 판매하는 산업들로 사업을 확장하는(전방통합) 전략

하였다.

[그림 7.1]은 원재료에서부터 고객에 이르는 전형적인 부가가치사슬(value-added chain)의 주요 4단계를 보여주고 있다. 마지막 조립단계에 있는 기업들에게 있어, 후방통합은 부품 제조와 원재료 생산으로의 진출을 의미하며, 전방통합은 유통과 판매 단계로의 진출을 의미한다. 가치사슬의 각 단계에서 제품에 가치가 추가되는데, 이는 특정 단계에 있는 기업이 이전 단계에서 생산된 제품을 구입하여, 해당 제품을 다음 단계의 기업, 최종적으로는 소비자에게, 보다 가치있는 제품이 되도록 변화시킨다는 것을 의미한다.

[그림 7.1] 원재료에서 고객에 이르는 부가가치 사슬의 단계

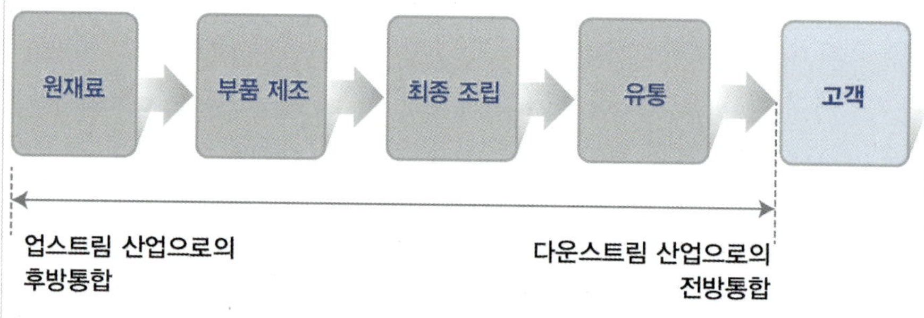

부가가치사슬의 각 단계는 그 안에서 많은 기업들이 서로 경쟁하고 있는 하나의 독립된 산업 혹은 산업들이다. 그리고 각 산업 내의 모든 기업들은 우리가 4장에서 논의한 가치사슬활동들(연구개발, 생산, 마케팅, 고객서비스 등)로 구성된 자신들의 가치사슬을 가진다. 다시 말하면, 여러 산업들을 가로지르는 가치사슬이 존재하며, 각 산업 내에서의 기업들의 가치사슬은 그 안에 내재된다.

부가가치의 예로 [그림 7.2]에 나타나 있는 PC 산업에서의 생산사슬을 살펴보자. PC 가치사슬의 원재료 단계에 있는 기업들은 특수 세라믹, 화학제품, 금속제품을 제조하는 기업들을 포함한다. 반도체의 세라믹 회로기판을 생산하는 일본의 쿄세라(Kyocera) 같은 기업이 여기에 포함된다. 원재료 회사들은 자신들

의 생산품을 중간단계의 부품회사들에게 판매한다. 인텔, AMD, 삼성 등의 중간단계의 부품회사들은 자신들이 구입한 세라믹, 화학제품, 금속제품들을 사용하여 마이크로프로세서, 디스크 드라이브, 플래시 메모리칩 등의 컴퓨터 부품들을 생산한다. 이 과정에서 중간단계의 부품회사들은 자신들이 구매한 원재료에 추가적인 가치를 창출한다.

마지막 조립 단계에서는, 애플, 델, HP 등의 기업들이 다양한 부품들을 구입하여 이를 사용하여 PC를 조립하며, 그 과정에서 기업들은 자신들이 구입한 부품들에 추가적인 가치를 창출한다. 많은 PC들이 베스트바이나 스테이플스 등의 유통회사에 팔리며, 이 유통회사들은 최종소비자에게 PC제품을 판매한다. 유통회사들도 소비자가 제품을 구매할 수 있도록 도와주고, PC 관련 서비스를 제공함으로써, 추가적인 가치를 창출한다. 따라서, 원재료에서부터 고객에 이르는 부가가치사슬의 각 단계에 있는 기업들이 제품에 추가적인 가치를 창출한다.

기업수준 전략으로서, 수직적 통합은 기업들이 자사의 장기적인 수익성을 극대화하기 위해, 부가가치사슬 상의 어떤 산업에 진출하여 경쟁할 것인지와 관련하여 선택지를 제공한다. PC 산업에서 대부분의 기업들은 단일 산업에 집중하여 전문화를 추구함으로써 얻을 수 있는 많은 장점들 때문에 인접 산업에 진출하지 않았다. 하지만 IBM과 HP는 예외적으로 여러 인접 산업에 진출하기도 하였다.

[그림 7.2] PC 산업에서 원재료에서 고객에 이르는 부가가치 사슬의 단계

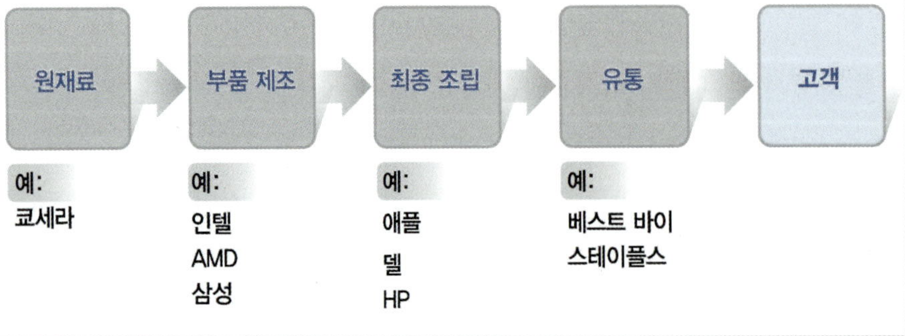

수직적 통합의 장점

기업은 자사의 핵심사업에서의 경쟁적 포지션을 강화하기 위해서 수직적 통합을 추구한다. 기업들이 수직적 통합을 추구하는 데에는 중요한 네 가지 이유가 있다. 수직적 통합은 기업이 (1) 새로운 경쟁자에 대해 진입장벽을 형성할 수 있도록 하고, (2) 효율성을 높이는 특수자산에 대한 투자를 촉진하고, (3) 제품의 품질을 보호하고 (4) 효율적인 생산활동을 할 수 있도록 한다.

진입장벽의 형성

핵심적인 투입물에 대한 통제력을 확보하기 위해서 후방통합을 실시하거나, 유통채널에 대한 통제력을 확보하기 위해서 전방통합을 실시함으로써, 기업은 잠재적 진입자에 대한 진입장벽을 형성할 수 있다. 수직적 통합 전략이 효과적일수록 수직적 통합은 산업에서의 경쟁을 약화시켜, 기업이 높은 가격을 책정하여 보다 높은 수익을 올릴 수 있도록 한다. 1930년대의 잘 알려진 사례를 통해 이러한 주장의 타당성을 살펴보자.

당시 상업적인 알루미늄 제련사업은 알코아(Alcoa)와 알칸(Alcan) 등의 기업들에 의해서 시작되었다. 알루미늄은 알루미늄의 원광인 보크사이트를 용해시켜 추출한다. 하지만 보크사이트가 일반적인 광물임에도, 보크사이트 내 알루미늄 함량이 매우 낮아 알루미늄을 캐내고 용해하는 과정은 경제적이지 못했다. 1930년대까지 발견된 광산 중, 알루미늄 함량의 수준이 개발과 용해과정에서 경제성을 맞출 수 있는 보크사이트가 대량으로 묻혀 있는 광산은 단 한 군데였다. 이 광산은 자메이카의 캐리비안 섬에 있었다. 알코아와 알칸은 수직적 후방통합을 실시해 이 광산의 소유권을 사들였다. 이 기업들의 수직적 통합은 알루미늄 산업에 높은 진입장벽을 형성하였다. 고품질의 보크사이트를 모두 알코아와 알칸이 소유하고 있었으므로, 잠재적인 진입자는 고품질의 보크사이트에 접근할 수 없었고, 따라서 알루미늄 산업으로의 진입은 매우 제한적이었다. 만약 산업에 진입하더라도, 새로운 진입자는 저품질의 보크사이트를 사용해야만 했

기 때문에, 상대적인 원가열위를 가질 수밖에 없었다. 이러한 상황은 새로운 고품질의 보크사이트 광산이 오스트레일리아와 인도네시아에서 발견된 1950년대까지 지속되었다.

1970년대와 1980년대에, IBM과 디지털 이큅먼트 등의 기업들이 유사한 전략을 컴퓨터 산업에서 사용하였다. 이 기업들은 마이크로프로세서나 메모리칩 등의 컴퓨터의 주요 부품들을 직접 제조했고, 컴퓨터를 디자인하고 조립했으며, 컴퓨터의 운영을 위해 필요한 소프트웨어를 만들었고, 최종 제품을 최종 사용자에게 직접 판매하였다. 이 기업들은 독점적인 기술들을 내부적으로 직접 개발함으로써, 경쟁기업들이 이런 기술에 접근하는 것을 제한하여 진입장벽을 형성할 수 있다고 믿었다. 이 전략은 1990년대 초반까지는 잘 작동하였지만, 그 이후에는 특히 PC와 서버컴퓨터 산업에서 실패하기 시작하였다. 1990년대 초반, 컴퓨터 산업에서 가장 좋지 않은 성과를 낸 기업들이 수직적 통합 전략을 추구했던 IBM과 디지털 이큅먼트였다. 그 이유는 컴퓨터 하드웨어와 소프트웨어에서의 공개표준(open standards)이 등장하기 시작하여 컴퓨터 산업에서의 광범위한 수직적 통합의 장점들이 약화되었기 때문이다. 또한, 델과 같은 기업들은 공개표준의 덕을 본 기업으로 델은 생산원가를 절감하기 위해 각 부품별로 전 세계에서 가장 낮은 비용의 생산자를 찾아 이들로부터 부품을 구입하였으며, 이러한 방법을 통해 효과적으로 진입장벽의 문제를 극복하였다. 2005년 IBM은 손실을 기록하던 PC 사업부문을 중국의 레노버에 매각하였으며, 디지털 이큅먼트는 컴팩에 의해 인수되었고, 컴팩은 이후에 다시 HP에 합병되었다.

특수자산에 대한 투자 촉진

특수자산(specialized asset)은 기계장치, 컴퓨터, 공장설비 등 특정 활동들을 수행하기 위해서 고안된 가치창출의 수단으로, 해당 활동 이외의 용도에서는 가치창출 가능성이 급격하게 낮아지는 자산을 말한다. 특수자산은 단 한 종류의 제품을 생산하기 위한 기계장치의 일부분일 수 있으며, 개인이나 기업이 훈련이나 경험을 통해 획득한 노하우나 역량일 수도 있다. 기업들은 특수자산이 가치

특수자산
특정 활동을 수행하게 위해서 고안된 가치창출의 수단으로 해당 활동 이외의 용도에서는 가치창출 가능성이 급격하게 낮아지는 자산

창출 비용을 낮추고, 자사의 제품을 경쟁자의 제품에 비해 보다 차별화시켜 주어 프리미엄 가격을 책정할 수 있게 해주기 때문에, 특수자산에 투자한다.

기업은 생산원가를 낮추고 품질을 높일 수 있는 특수 장비에 투자하기도 한다. 또한 경쟁기업의 제품보다 높은 품질의 제품을 개발할 수 있는 고도의 특수화된 기술적 지식을 개발하는데 투자하기도 한다. 따라서 특수화는 사업부 수준에서 경쟁우위를 획득하는 기반이 될 수 있다.

그렇다면 왜 기업이 수직적 통합을 하고 직접 특수자산에 대한 투자를 해야 하는 것일까? 왜 다른 기업들은 이를 대신할 수는 없을까? 그 이유는 부가가치 사슬 상에서 인접한 단계에 있는 다른 기업들로 하여금 특수자산에 투자하도록 설득하는 것이 매우 어렵기 때문이다. 따라서 특수자산을 활용하여 경제적 이익을 실현하기 위해서는, 기업은 인접한 단계로의 수직적 통합을 한 후, 스스로 투자를 해야 한다.

예를 들어, 포드가 새로운 고성능, 고품질의 독특한 디자인을 가진 연료공급장치를 개발하는 경우를 생각해 보자. 이 연료공급장치는 연비를 높여 포드의 자동차를 경쟁기업의 자동차로부터 차별화시킴으로써 포드에게 경쟁우위를 가져다줄 것이다. 포드는 이 새로운 연료공급장치를 내부적으로 생산할 것인지(수직적 통합) 혹은 독립적인 공급자와의 계약을 통해 생산할 것인지를 결정해야 한다. 이 새로운 연료공급장치를 생산하기 위해서는 해당제품만을 생산할 수 있는 설비장치를 갖추기 위해 상당한 투자를 해야 한다. 제품의 독특한 디자인 때문에, 새로운 설비장치는 포드의 다른 자동차뿐 아니라 다른 자동차 제조기업의 자동차를 위한 연료공급장치를 생산하기 위해 사용될 수 없다. 따라서, 이 생산설비에 대한 투자는 특수자산에 대한 투자가 된다.

포드로부터 특수자산에 대한 투자를 요청받은 공급업체의 관점에서 생각해 보자. 만약 공급업체가 특수자산에 대한 투자를 하고 나면, 포드가 해당 연료공급장치의 유일한 구매자가 되므로, 자사가 포드에게 매우 의존적이 될 것이라고 생각할 것이다. 공급자는 이러한 상황이 포드의 협상력을 강화시키고, 그 결과 포드가 높은 협상력을 활용하여 연료공급장치의 납품단가를 낮추려 할 것이라

생각할 것이다. 이러한 위험으로 인해, 공급업체는 특수자산에 대한 투자를 거절할 것이다.

이제 포드의 입장을 생각해 보자. 포드는 만약 외부의 공급업체에게 새로운 연료공급장치의 생산을 맡기게 되면, 자사의 중요한 부품의 수급에 있어서 해당 공급자에게 너무 의존적이 될 것이라고 생각할 것이다. 새로운 연료공급장치의 생산에는 특수한 기계설비가 필요하기 때문에, 포드는 해당 기계설비를 가지고 있지 않은 다른 공급자에게 해당 연료공급장치의 생산을 요청할 수 없게 된다. 포드는 이러한 상황이 공급자의 협상력을 강화시킬 것이라고 인식할 것이며, 공급자가 협상력을 활용하여 납품단가를 높이려 할 것이라고 생각할 것이다.

이처럼 특수자산에 대한 투자가 가져오는 상호 의존적(mutual dependence) 상황은 포드에게는 외부의 잠재적인 공급자를 활용하는 것을, 잠재적 공급자에게는 새로운 연료공급장치를 생산하기 위해 필요한 특수자산에 대한 투자를 실행하는 것을 망설이게 만든다. 이러한 상황의 본질적인 문제는 신뢰의 부족이다. 포드와 잠재적인 공급자 모두 이러한 상황에서 상대방을 신뢰하지 않기 때문에 이러한 문제가 발생한다. 신뢰의 부족은 홀드업(holdup)의 위험으로부터 기인하는데, 이는 특수자산에 대한 투자가 이루어진 후, 상대방에게 이용당할 수 있는 위험을 말한다. 이 위험 때문에, 포드는 새로운 연료공급장치를 생산할 수 있는 안전한 유일한 방법은 직접 생산하는 것이라고 생각하게 될 것이다.

이러한 사례를 일반화하면, 한 기업이 경쟁우위를 획득하기 위해 특수자산에 대한 투자를 하여 다른 기업과 거래를 해야 하는 경우, 홀드업의 위험으로 인해 특수자산에 대한 투자가 이루어지지 않을 수도 있다. 그 결과 원가 절감이나 차별화의 강화를 통해 얻을 수 있는 잠재적인 이익은 실현되지 않을 것이다. 이러한 이익을 획득하기 위해, 기업은 가치사슬 상의 인접 단계로의 수직적 통합을 실시해야 한다. 이러한 이유로 자동차 제조기업들이 주요부품의 생산과정으로, 철강 회사들이 철광석의 생산과정으로, 컴퓨터 회사들이 칩 생산과정으로, 그리고 알루미늄 회사들이 보크사이트 채굴과정으로 후방통합을 실시하였다.

제품의 품질보호

수직적 통합은 기업들이 제품의 품질을 보호함으로써 자사의 핵심 사업에서 차별화를 추구할 수 있도록 한다. 바나나 산업이 좋은 예이다. 바나나를 수입하는 식품회사들이 오랫동안 직면했던 문제점 중 하나는 수입한 바나나의 품질이 일정하지 않다는 것이었다. 즉 미국의 매장에 도착한 바나나가 너무 익었거나 혹은 너무 익지 않았거나 하는 문제였다. 이러한 문제를 해결하기 위해서, 제네럴 푸드와 같은 미국의 주요 식품회사들은 바나나 공급과정에 대한 통제력을 확보하기 위해 후방통합을 실시했다. 그 결과 식품회사들은 표준화된 품질의 바나나를 최적소비시점에 맞추어 유통할 수 있게 되었다. 해당 브랜드들의 바나나의 품질을 신뢰할 수 있다는 사실이 알려지며, 소비자들은 기꺼이 높은 가격으로 이들 기업들의 바나나를 구입하였다. 이렇듯, 바나나를 판매하는 기업들은 수직적 통합을 통해 바나나 농장의 소유권을 확보함으로써 소비자의 신뢰를 형성하였고, 그 결과 자신들의 제품에 프리미엄 가격을 책정할 수 있었다. 이와 비슷한 사례로, 맥도날드가 첫 매장을 모스코바에 개점하기로 결정했을 때, 매우 실망스럽게도, 전 세계의 다른 매장들과 차이가 없는 상품을 공급하기 위해서는 후방통합을 통해 필요한 식재료들을 스스로 공급해야 한다는 사실을 발견했다. 러시아산 감자와 고기의 품질이 너무 낮아서 자사 제품의 품질을 유지하기 위해서, 맥도날드는 자사의 낙농장, 소목장, 채소농장, 그리고 식품가공공장을 러시아에 설립하였다.

전방통합의 경우도 마찬가지이다. 만약 복잡한 제품에 대한 표준적인 사후서비스가 필요하다면, 유통매장들을 직접 소유할 필요가 있다. 예를 들어, 코닥은 1920년대에 사진장비 유통을 위한 소매점들을 가지고 있었다. 코닥이 자사의 사진장비를 판매하고 서비스를 제공할 수 있는 역량을 가진 소매점이 거의 없다고 생각했기 때문이다. 1930년대에 들어서며 코닥은 더 이상 자사 소유의 소매점들을 가지고 있을 필요가 없다고 판단하게 되었다. 이는 다른 소매점들도 코닥의 제품에 대해서 만족할 만한 수준의 유통과 서비스를 제공하게 되었기 때문이다. 따라서 코닥은 소매사업에서 철수하였다. 2000년대에 들어 코닥은 자사의 인화지와 디지털 카메라 등을 고객들에게 홍보하기 위해서, 직접 설립한 디지털 사진현상 부스 사업을 가지고 있었다.

수직적 통합의 단점

수직적 통합은 시간이 지나며 몇 가지 중요한 단점들을 가져올 수 있다. 비록 수직적 통합이 생산원가의 절감을 위한 전략이지만, 만약 외부에 보다 저원가의 효율적인 공급자가 있음에도 불구하고 자사소유의 공급자로부터 투입물을 높은 가격으로 구매해야 한다면, 수직적 통합은 오히려 원가를 증가시킬 것이다. 예를 들어, 1990년대 초반, 제너럴 모터스(GM)는 자사가 생산하는 차량에 사용되는 부품의 68%를 내부적으로 생산했다. 이는 다른 주요 경쟁자들보다 높은 수준이었다(크라이슬러의 경우 30%, 도요타는 28%였음). 높은 수준의 수직적 통합으로 인해 GM은 가장 원가가 높은 자동차 제조기업이 되었고, 델코(Delco) 부품 사업부를 스핀오프하는 등의 다양한 원가절감 노력에도 불구하고, GM의 문제는 해결되지 않았고 결국 2009년에 파산을 선언하게 된다. 이렇듯 수직적 통합이 운영비용을 높일 때, 수직적 통합은 오히려 주요한 단점이 될 수 있다.

기업이 소유한 공급부서의 경영자가 자신들이 생산한 부품을 언제나 기업 내부의 다른 조립부서들에게 팔 수 있다는 것을 알고 있을 때(이들 조립부서를 captive buyers라고 함), 이들 공급부서의 생산원가는 기업 외부의 독립적인 공급자들의 생산원가보다 높아지는 경향을 보인다. 예를 들어, GM의 유리제조 부서는 자신들이 제조한 유리창을 GM의 자동차 조립부서에 판매할 수 있다는 사실을 안다. 유리제조 부서는 고객을 확보하기 위해 경쟁해야 할 필요가 없기 때문에, 효율성을 개선하거나 생산원가를 낮추기 위해 노력할 인센티브를 가지지 않는다. 실제로 공급부서의 경영자들은 생산원가가 증가하는 경우 원가를 낮추기 위한 방법을 찾기보다는 부품의 이전가격을 높여 다른 부서로 증가한 비용을 떠넘기려는 인센티브를 가진다. 하지만, 기업이 완전통합(full integration)이 아니라 외부의 공급자와 유통업자를 동시에 활용하는 부분통합(taper integration)

을 하는 경우 이러한 문제는 어느 정도 해결된다(그림 7.3).

기업이 가치창출을 위해 필요한 특정 투입물의 전부를 직접 생산하거나 생산물의 전부를 자사가 직접 판매 혹은 유통한다면 완전통합되어 있다고 볼 수 있다. 부분통합은 기업이 부품들의 일정 부분을 외부의 공급자로부터 구입하고 나머지를 자사 소유의 공급자로부터 구입하거나, 생산물의 일부를 외부의 유통업자를 통해 판매하고 나머지를 자사 소유의 유통망을 통해 판매하는 경우를 말한다. 기업이 부분통합을 추구하는 경우, 오늘날의 대부분의 기업들에서 나타나듯이, 기업 내부의 공급자도 외부의 공급자와 경쟁을 해야 한다. 이러한 경쟁은 내부 공급부서의 경영자에게 원가를 절감해야 하는 인센티브를 제공한다. 만약 내부 공급부서가 원가를 절감하지 않는 경우 기업은 해당 사업에서 철수하거나, GM이 델코 부품사업부를 스핀오프 한 것처럼 해당사업부를 외부에 매각하게 될 것이다.

또 다른 문제는 기술이 매우 빠르게 변하고 있음에도 불구하고 수직적 통합이 이루어진 기업들은 종종 오래되고 구식이 된 매우 비용이 높은 기존 기술에 묶여 있게 된다. 일반적으로 기업은 자신들이 진출한 모든 산업단계에서의 가치사슬활동들을 개발하여야 하므로, 기술의 급격한 변화와 같은 각 산업환경에서의 중요한 변화들은 기업의 투자위험을 증가시킨다. 더 많은 산업에 진출해 있을수록, 이러한 위험은 증가한다.

따라서, 수직적 통합은 한편으로는 기업이 원가를 절감하고 차별화를 강화하는데 도움을 주어 가치를 창출하고 수익성을 높이는 데 기여하지만, 다른 한편으로는 내부 공급자들의 원가절감 인센티브를 약화시켜 생산원가를 높이거나, 기술을 빠르게 변화할 수 있는 능력을 감소시켜 품질을 낮추고 차별화를 어렵게 함으로써 수익성을 악화시키기도 한다. 그렇다면 기업은 어느 정도의 수직적 통합을 추구해야 하는가?

[그림 7.3] 완전통합과 부분통합

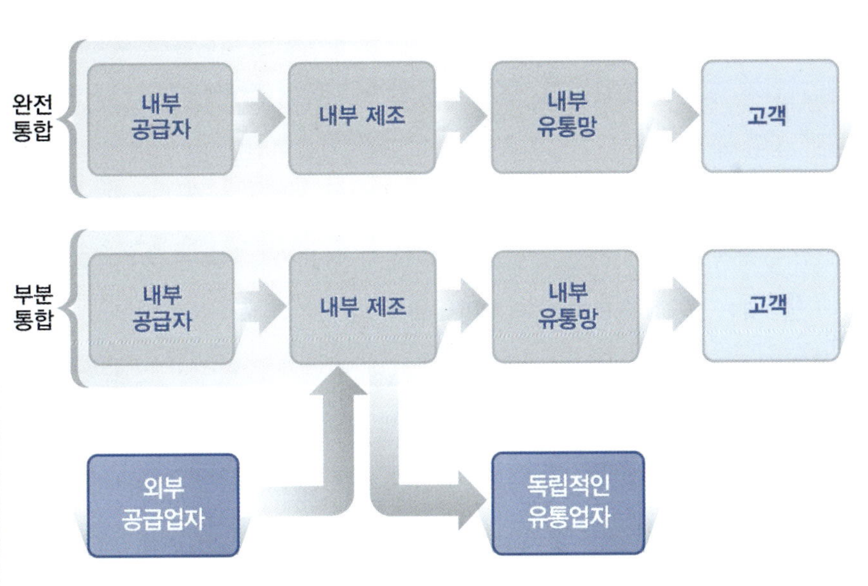

일반적으로 기업은 전방통합 혹은 후방통합을 하기로 결정할 때, 가치사슬 상의 새로운 산업에 진입함으로써 추가적으로 창출할 수 있는 가치가 새로운 사업을 영위하는 비용보다 클 때 수직적 통합을 추구해야 한다. 모든 수직적 통합 기회가 동일한 수준의 가치를 창출할 수 있는 가능성을 가지고 있지는 않다. 따라서 전략경영자는 가장 낮은 비용으로 가장 높은 가치를 실현할 수 있는 산업단계로의 수직적 통합을 가장 먼저 실시하여야 한다. 그리고 각 새로운 산업으로 진출하여 얻을 수 있는 추가적인 가치가 감소하고 산업가치사슬 상의 거래를 관리하는 비용이 증가하면 경영자는 수직적 통합을 멈추어야 한다. 실제로, 특정 산업에서의 비용이 시간이 지남에 따라 해당 산업에서 창출되는 가치보다 빠르게 증가한다면, 기업들은 수직적 통합의 해체(vertically disintegrate)를 통해 수익성이 낮은 산업에서 철수하여야 한다. 수직적 통합이라는 전략이 기업의 장기적인 수익성을 높이는 데에 한계가 있는 것은 분명하다.

수직적 통합과 아웃소싱

만약 기업이 자사를 대신하여 전방 혹은 후방의 특정활동을 수행해 줄 전문화된 기업과 계약을 맺는다면, 수직적 통합과 관련된 장점을 얻을 수 있을까? 어떠한 상황 조건하에서, 기업이 원가절감 혹은 기술혁신에 대한 낮은 인센티브의 문제를 겪지 않고, 공급자 및 유통업자와 협력적인 아웃소싱 관계를 구축함으로써, 수직적 통합이 가진 장점을 실현할 수 있을까? 우리는 본 장의 서두에서 아웃소싱이 가진 장점과 단점을 논의하였다.

연구에 따르면, 일반적으로 기업이 파트너 기업과 장기적인 관계나 전략적인 제휴관계를 형성하게 되면, 시간이 지남에 따라 파트너와의 관계에서 신뢰와 선한 의지가 형성되므로, 아웃소싱이 기업의 경쟁우위를 높이는 데 도움이 된다고 한다. 하지만, 만약 기업이 공급자나 유통업자와 오직 단기적인 혹은 일회성 계약만을 맺는다면, 아웃소싱을 통해 수직적 통합과 관련된 이익을 실현하는 것은 거의 불가능해진다. 이는 아웃소싱 파트너가 장기적인 관점을 가지고 기업의 비용을 낮추거나 제품의 기능 혹은 품질을 높이는 것을 도울 방법을 찾을 인센티브가 없기 때문이다.

다각화를 통한 신산업 진출

고성과를 내는 기업들은 먼저 자사의 핵심사업 혹은 핵심시장에서 최상의 경쟁적 지위를 획득할 수 있도록 해주는 기업수준의 전략을 선택한다. 그런 다음에 이들 기업들은 해당 산업에서 자사의 경쟁우위를 강화하기 위해 수직적 통합을 실시할 것이다. 그 이후 이들 기업들은 수직적 통합의 해체를 통해 산업에서 철수하는 대신 아웃소싱을 선택하기도 한다. 바로 이 시점에서, 전략경영자는 자사의 장기적인 수익성의 극대화를 위해 기업의 증가한 자원과 자본을 어떻게 투자해야 할 것인지와 관련하여 또 다른 의사결정을 내려야 한다. 즉, 경영자들은 기업수준의 전략으로써 다각화를 추구할 것인지 아닌지에 대한 의사결정을 내려야 한다.

다각화(diversification)는 기업들이 자사의 핵심산업 혹은 기존산업과는 다른 하나 혹은 그 이상의 산업에 진출하여, 새로이 진출한 산업에서 자사의 차별적 역량을 활용하여 고객에게 제공하는 제품의 가치를 높이기 위한 방법을 찾는 전략을 말한다. **다각화된 기업**(diversified company)은 자사의 장기적인 수익성을 극대화하는 방법을 찾기 위해, 두 개 혹은 그 이상의 다른 산업에 (여기서 말하는 산업은 수직적 통합에서 말하는 산업가치사슬 상에서 인접한 단계에 있는 산업이 아니다.) 진출한 기업이다. 기업은 다각화를 통해 진입한 각 산업에서, 제품을 생산하고 해당시장에서 판매하기 위해 필요한 가치사슬 상의 모든 기능을 수행하는 독립적인 기업과도 같은 형태의 사업부를 설립한다. 즉 수익성을 높이기 위해서, 다각화 전략은 기업 혹은 기업의 각 사업부들이 하나 혹은 여러 가지의 가치사슬상의 활동을 저원가로 수행하거나, 보다 차별화된 방식으로 수행하여 프리미엄 가격을 책정하는 것을 가능하게 해야 한다.

> **다각화**
> 기업들이 자사의 핵심산업 혹은 기존산업과는 다른 하나 혹은 그 이상의 산업에 진출하여, 새로이 진출한 산업에서 자사의 차별적 역량을 활용하여 고객에게 제공하는 제품의 가치를 높이기 위한 방법을 찾는 전략
>
> **다각화된 기업**
> 장기적인 수익성의 극대화를 위해 두 개 혹은 이상의 산업에 진출한 기업

다각화를 통한 가치창출

대부분의 기업들은 자사의 기존 사업 혹은 산업에서 경쟁우위를 유지하기 위해 필요한 수준 이상의 재무적 자원을 창출하고 있을 때, 다각화를 고려하게 된다. 전략경영자는 장기적으로 자사의 가치와 수익성을 극대화하기 위하여 기업의 초과자원을 어떻게 투자하여야 하는지를 고민해야 한다. 다각화는 (1) 우수한 내부 통제구조, (2) 사업부 간 역량의 이전, (3) 범위의 경제 실현 등의 세 가지 방법을 통해 기업이 보다 많은 가치를 창출할 수 있도록 한다.

우수한 내부 통제구조

내부 통제구조(internal governance)라는 용어는 기업의 최고경영진이 자사의 사업 단위, 부서, 그리고 기능들을 운영(혹은 통제)하는 방식을 말한다. 다각화된 기업에서, 효과적이고 우수한 통제구조를 가지고 있다는 것은 최고경영진이 자사의 사업부들이 경쟁하고 있는 각 산업에서 경쟁적 지위를 강화할 수 있는

전략을 잘 개발하고 있다는 것을 의미한다. 기업의 최고경영진이 기업의 여러 사업부들을 매우 효과적으로 운영하여 각 사업부가 분리된 독립적인 회사들로 운영될 때보다 높은 성과를 낼 때, 다각화는 가치를 창출한다.

다각화된 기업을 이렇게 운영하는 것은 결코 쉬운 일이 아니다. 실제로, 이것은 기업의 최고경영진이 직면하고 있는 가장 어려운 과제들 중에 하나이며, 일부 최고경영자와 최고경영진이 일 년에 수천만 달러의 연봉을 받는 이유이기도 하다. 어떤 고위경영자들은 많은 사업부를 관리하고 감독하며, 각 사업부를 책임지는 관리자들로 하여금 높은 성과를 달성하도록 독려하는 뛰어난 능력을 가지고 있다. 예를 들어 GE의 제프리 이멜트, 마이크로소프트의 스티브 발머, 애플의 스티브 잡스, 델의 마이클 델과 케빈 롤린스 등이 그러한 경영자들이다.

연구에 따르면, 우수한 내부 통제구조를 통해서 성공적으로 가치를 창출하는 경영자들은 다수의 유사한 전략적 의사결정을 내린다고 한다. 첫째, 이들은 기업의 서로 다른 사업부들을 각각 개별적이고 독립적으로 운영될 수 있는 사업부서의 형태로 조직한다. 예를 들어, GE는 전구, 터빈, NBC 등을 포함해 300개 이상의 독립적인 사업부서들을 가지고 있다. 둘째, 이들 각 사업부서들은 기업의 경영진에 의해 매우 높은 수준으로 분권화된 방식으로 운영된다. 경영진은 각 사업부서의 일상적인 운영활동에 관여하지는 않는다. 대신, 이들은 각 부서들에게 도전적인 재무 목표를 설정해 주며, 각 사업부서의 관리자들이 주어진 목표를 달성하기 위해 적합한 전략을 가지고 있는지를 살펴보고, 각 사업부서의 성과를 감시하며, 각 사업부의 관리자들이 성과에 책임을 지도록 한다. 셋째, 기업의 경영자들은 매우 세심하게 내부의 감시 및 통제 장치들을 인센티브 시스템과 연결시켜, 목표를 달성하거나 특히 초과한 경우, 각 사업부의 담당자들에게 적절한 보상을 제공한다. 이는 매우 쉽게 들리지만, 실제로 이를 성공적으로 수행하기 위해서는 고도로 숙련된 경영진이 필요하다. **인수 후 리스트럭처링**(acquisition and restructuring strategy) **전략**의 경우 이러한 전략적 접근이 확장되어 나타난다. 인수 후 리스트럭처링 전략은 기업의 경영진들이 비효율적이며 제대로 관리되지 않는 기업들을 인수한 후, 피인수 기업의 성과를 향상시키기

인수 후 리스트럭처링 전략 한 기업이 비효율적이며 제대로 관리되지 않은 기업들을 인수한 후, 우수한 내부통제구조를 도입하고, 운영 시스템의 리스트럭처링을 통해 인수된 기업의 성과를 향상시켜 가치를 창출하는 전략

위하여 자신들의 우수한 내부 통제구조를 피인수 기업에 이식하고, 기업의 운영 시스템을 리스트럭처링하여 가치를 창출하고자 하는 전략이다. 피인수 기업과 인수한 기업이 반드시 동일 산업에 있어야 하는 것이 아니므로, 이 전략은 다각화 전략이라 할 수 있다.

피인수 기업의 성과는 다양한 방법을 통해 개선될 수 있다. 첫째, 인수기업은 보통 피인수기업의 최고경영진을 보다 공격적인 최고경영진으로 교체한다. 많은 경우, 새로운 경영진들은 우수한 내부 통제구조를 어떻게 수립해야 하는지를 잘 알고 있는 인수기업의 경영자들로 구성된다. 새로운 경영진들은 운영비용을 낮추기 위한 방법들을 찾기 시작하는데, 예를 들어, 경영진 전용기나 매우 비싼 본사 사옥 등의 비생산적인 자산을 매각하거나 경영진과 종업원의 수를 줄이는 방법을 찾는다(제대로 관리되지 못한 기업들은 종종 인력의 증가를 통제하지 못하는 경우가 많다).

인수기업에 의해서 배치된 최고경영진은 피인수 기업이 이전에 어떻게 관리되었는지를 집중적으로 살펴본 후, 각 사업부의 효율성, 품질, 혁신성, 그리고 고객대응성을 높이기 위한 방법을 탐색한다. 또한 인수기업은 보통 피인수 기업이 상당한 수준의 효율성 개선 없이는 달성할 수 없는 성과목표를 부여한다. 이는 새로운 최고경영진이 주어진 시간 안에 주어진 목표에 부합하는 성과향상에 실패하는 경우 자신들이 해고될 수도 있음을 자각하도록 한다. 마지막으로, 피인수 사업부의 새로운 최고경영진과 다른 관리자들이 부담스럽고 스트레스가 될 수 있는 활동들을 수행하도록 동기부여하기 위해서, 인수기업은 피인수기업의 성과향상을 인센티브 시스템에 직접적으로 연결시킨다.

인수기업의 경영진들에 의해서 제공되는 이러한 상벌 시스템은 피인수 사업부의 새로운 경영진에게 자신들이 담당하고 있는 사업부의 효율성 향상을 위한 방법들을 찾기 위해 노력해야 하는 모든 인센티브를 제공한다. GE, 텍스트론, 유나이티드 테크놀로지(UTC), 그리고 IBM 등의 기업들이 위와 같은 방식으로 운영되는 기업들의 좋은 예이다.

역량의 이전

다각화를 통해서 기업이 가치를 창출하는 두 번째 방법은 하나 혹은 복수의 가치창출활동(예를 들어, 생산, 마케팅, 자재관리, 연구개발 등)에서 자사가 가지고 있는 기존의 차별적 역량을 다른 산업으로 이전하는 것이다. 기업의 최고경영진들은 자신들이 가지고 있는 차별적 역량을 활용하여 가치를 창출하고 수익성을 높일 수 있다고 생각하는 기업들을 다른 산업에서 찾고자 노력한다. 예를 들어, 기업의 최고경영진이 새로운 사업부의 경쟁적 지위를 향상시키기 위해 하나 혹은 복수의 가치창출활동에서 자사가 가지고 있는 우수한 역량을 활용할 수 있다. 아니면, 기업의 경영자들은 자사의 가치창출활동의 효율성을 높일 수 있는 우수한 역량을 보유하고 있다고 믿는 다른 산업에 속한 기업의 인수를 결정할 수도 있다.

만약 성공적으로 역량이 이전되면, 하나 혹은 복수의 사업부에서 가치창출 비용이 낮아지거나, 하나 혹은 복수의 사업부가 차별화를 통해 프리미엄 가격책정을 할 수 있는 방향으로 가치창출활동을 수행할 수 있게 된다. 필립 모리스가 자사의 마케팅 역량을 맥주회사인 밀러로 이전한 것은, 역량의 이전을 통해 가치가 창출된 좋은 사례이다. 자사의 마케팅 역량과 경쟁적 포지셔닝 역량을 활용하여, 필립 모리스는 맥주 산업을 재정의하였다고 평가받는 밀러 라이트를 성공적으로 출시하였고, 이 제품의 성공으로 밀러의 시장에서의 지위는 6위에서 2위로 수직상승하였다([그림 7.4] 참조).

이러한 전략이 성공하기 위해서는, 이전되는 역량이 피인수기업으로 하여금 자사의 산업에서 경쟁우위를 확보할 수 있도록 도움을 줄 수 있어야 한다. 즉, 이전되는 역량이 피인수 기업에게 경쟁우위를 가져다줄 수 있어야 한다. 하지만, 종종 경영자들은 역량의 이전이 가져다줄 수 있는 장점을 정확하게 평가하지 못하고, 역량이전을 통해 얻을 수 있는 이익을 과대평가하곤 한다. 예를 들어, GM의 경영자들은 자동차와 자동차 제조가 점차 전자화되어가고 있다고 믿었고, 휴즈 항공사(Hughes Aircraft)가 전자회사라고 믿었기 때문에 휴즈 항공사

[그림 7.4] 필립모리스에서의 역량의 이전

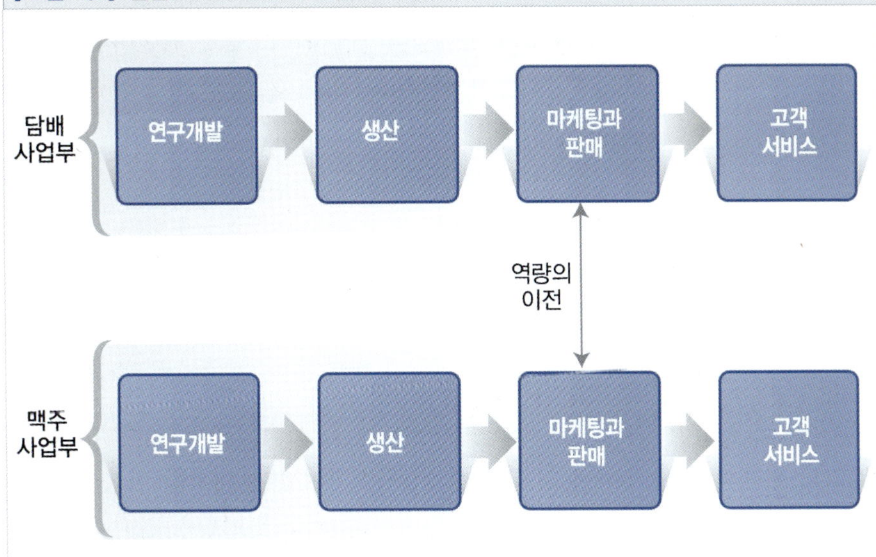

를 인수하였다. 하지만 이 인수는 당초 GM이 기대했던 어떤 성과도 거두지 못한 채 실패로 끝났으며, GM은 2005년에 휴즈 항공사를 다시 매각하였다. 반면, 야후는 웹포털 서비스 기업으로서 자사의 경쟁적 지위를 강화할 필요성으로 인해, 전자, 미디어, 엔터테인먼트 등의 산업에서 많은 기업들을 인수했다. 3M 역시 전략실행사례에서 보듯이 동일한 전략을 추구하였다.

범위의 경제

"두 명이 사는 것이 혼자 사는 것보다 저렴하다(Two can live cheaper than one.)"는 말은 범위의 경제의 개념과 관련되어 있다. 두 개 혹은 그 이상의 사업부들이 생산시설, 유통채널, 광고 캠페인, 연구개발비용 등의 자원과 역량을 공유할 때, 범위의 경제로 인해 전체 비용이 감소한다. 각 사업부가 공통자원을 공유하는 경우, 특정 기능의 활동을 위한 비용을 절감할 수 있다. P&G의 일회용 기저귀와 페이퍼 타올 사업부는 성공적인 범위의 경제 실현의 가장 좋은 사례라고 할 수 있다. 이 두 사업은 특정 원재료(예를 들어, 종이) 구매를 위한 비용, 새로운 제품과 공정을 위한 기술 개발비용을 공유한다. 또한 공동의 영업인력들이 두 제품을 슈퍼마켓에 함께 판매하고, 두 제품은 같은 유통시스템을 통해 배송된다([그림 7.5] 참조). 이러한 자원의 공유는 두 사업부 모두에게 다각화되지 않은 다른 경쟁자들에 비해서 자사 제품의 가격을 내릴 수 있는 원가 우위를 제공한다.

시티그룹을 만들어낸 시티코프(Citicorp)와 트래블러스(Travelers) 보험사 간 합병의 여러 동기들 중 하나는, 합병을 통해 트래블러스가 자사의 보험상품과 재무서비스를 시티코프의 은행 지점들을 통해 판매할 수 있다는 것이었다. 다시 말하자면, 합병의 주된 목적은 보다 다각화된 시티그룹의 주요 공통 자원인 은행 고객 네트워크를 보다 더 잘 활용하기 위한 것이었다. 하지만 이 합병은 완전한 실패였다. 시티코프의 고객들이 은행에서 보험을 구매하는 것에 흥미를 보이지 않았기 때문이다. 합병이 기대했던 가치를 창출하지 못했기 때문에, 시티그룹은 트래블러스를 메트라이프(MetLife)에 매각하였다. 다각화를 위한 의사결정은, 다른 기업수준 전략들과 마찬가지로, 매우 복잡한 의사결정이며, 항상 옳은 결정을 내리는 것은 어려운 일이다.

[그림 7.5] P&G에서의 자원 공유

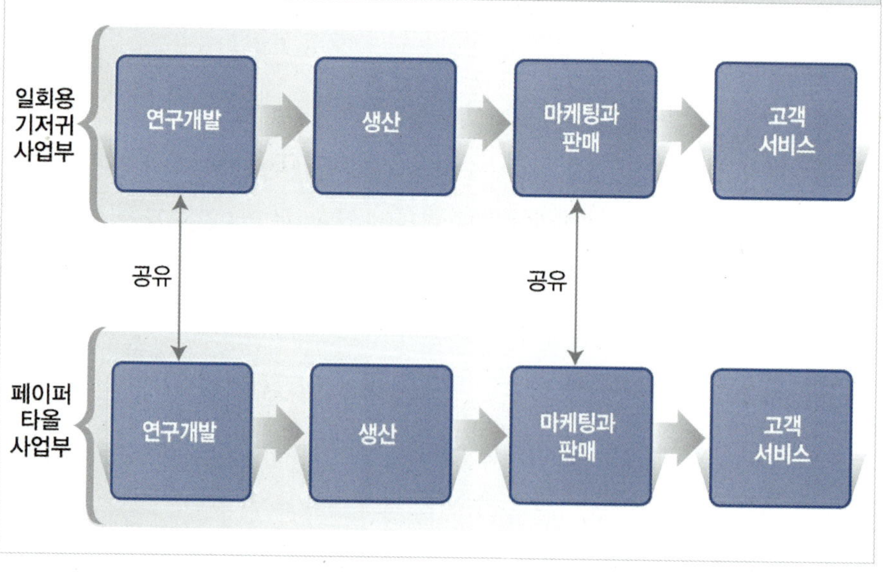

역량을 이전하는 경우처럼, 범위의 경제를 달성하기 위한 다각화는 기업의 기존 사업과 새로운 사업 간에 하나 혹은 그 이상의 가치창출활동의 역량과 서비스를 공유할 수 있는 진정한 기회가 있는 경우에만 가능하다. 범위의 경제를 목표로 하는 다각화는 자원의 공유가 하나 혹은 그 이상의 사업부에게 상당한 경쟁우위를 가져다줄 수 있을 때만 추구하여야 한다. 또한 경영자는 범위의 경제를 달성하기 위해 새로이 추가된 사업부의 활동을 관리하고 조정하는 비용이 막대할 수 있으며, 이 비용이 다각화를 통해 창출되는 가치보다 클 수도 있음을 인식해야 한다. 시티그룹의 실패가 바로 이런 이유에서였다.

7.1 전략의 실제 3M의 다각화: 기술 활용하기

3M은 100년 이상 운영되어 온 산업의 거인으로, 2009년에 사포와 테이프에서부터 의료기구, 사무용품, 전자부품에 이르는 50,000개가 넘는 개별제품들로 구성된 자사의 제품 포트폴리오로부터 170억 달러의 수입과 14억 달러의 수익을 창출했다. 3M은 자사의 과학적 지식을 활용하여 자사의 독점적 기술을 활용할 수 있는 새로운 사업들을 지속적으로 창출해 오고 있다. 오늘날 3M은 40개 이상의 사업단위를 가지고 있으며, 이는 다시 운송, 헬스케어, 산업재, 소비재 및 사무용품, 전자제품 및 통신, 그리고 특수소재 등의 6개 섹터로 구분된다. 3M은 지속적으로 30% 이상의 매출을 최근 5년 이내에 출시된 제품으로부터 얻고 있으며, 최근에는 40% 이상의 매출을 최근 4년 이내에 출시된 제품으로부터 얻는 것을 목표로 하고 있다.

3M에서 새로운 사업을 창출하기 위해 자사의 기술을 활용하는 과정은 3M의 연구개발팀의 수장인 윌리엄 코인(William Coyne)의 인터뷰에서 엿볼 수 있다. "모든 것은 기질 위에 광물가루와 접착제를 더한 사포로부터 시작되었습니다. 연마재 생산회사로서 수년이 지난 이후에, 우리는 접착 테이프 사업을 만들었습니다. 한 연구자가 먼저 광물을 제거하고, 접착제와 기질을 사용하여 첫 접착 테이프를 생산했습니다. 일반 소비자, 전자제품, 그리고 의학분야를 위한 다양한 종류의 접착 테이프를 만들고 난 후에, 연구자들은 세계 최초로 오디오테이프와 비디오테이프를 만들었습니다. 보다 나은 녹음 테이프를 만드는 과정에서, 다른 연구자들은 다층필름(multilayer film)을 발견했는데, 놀랍게도 뛰어난 광선관리품질(light management quality)을 가지고 있었습니다. 이 다층필름기술은 현재 거의 모든 랩탑과 팜 컴퓨터의 디스플레이에 사용되고 있습니다."

3M은 이것을 어떻게 해냈을까? 첫째, 3M은 혁신과 위험감수의 강한 전통을 가지고 있는 과학기술 기반의 기업이다. 위험 감수가 장려되고, 실패는 처벌받지 않는다. 대신 실패는 새로운 제품과 사

업을 창출하는 과정에서의 자연스러운 부분이라고 본다. 둘째, 3M의 경영진들은 집요할 정도로 기업의 소비자들과 소비자들이 직면하고 있는 문제들에 집중한다. 3M의 많은 제품들이 고객이 가진 어려운 문제점들을 해결하기 위한 노력의 과정에서 얻어졌다. 셋째, 경영자들은 기업이 새로운 제품들과 사업들을 빠른 속도로 창출해 낼 것을 요구하는 도전적인 목표를 설정한다(40%의 매출이 최근 4년 이내에 도입한 제품으로부터 얻어져야 한다라는 기업의 현재 목표가 그 예이다). 넷째, 직원들이 상당한 자율성을 가지고 자신의 아이디어를 추구할 수 있다. 직원들은 관리자의 승인 없이도 자신의 업무시간의 15%를 자신의 직접 선택한 과제를 수행하는 것에 사용할 수 있다. 어디에서나 사용할 수 있는 포스트 잇 같은 제품들이 이러한 자율성으로부터 얻어졌다. 다섯째, 제품은 사업부에 속하고 사업부가 성과에 대한 책임을 가지고 있지만, 기술은 기업 내의 모든 사업부에 의해 공유된다. 3M에 있는 누구라도 자사의 사업부들에서 개발된 기술의 새로운 적용 가능성을 자유롭게 시도해 볼 수 있다. 여섯째, 3M은 새로운 기회들이 창출될 수 있도록, 사업부 간 기술지식의 공유를 촉진하는 IT 시스템을 가지고 있다. 또한, 3M은 각기 다른 사업부의 연구자들이 한 곳에 모여서 자신의 연구결과를 공유할 수 있는 많은 내부 컨퍼런스를 개최한다. 마지막으로, 3M은 새로운 기술, 제품, 그리고 사업을 개발한 사람들을 인정하고 보상하기 위해서, 동료추천상제도, 기업 명예의 전당, 그리고 금전적 보상들과 같은 다양한 제도들을 사용한다.

따라서, 수직적 통합의 경우와 마찬가지로, 사업부의 수와 다양성이 증가함에 따라, 사업부 간 자원과 역량의 공유를 관리하고 조정하는 비용은 상당히 증가한다. 이러한 이유로 수익성을 낼 수 있는 다각화의 수준이 제한되어진다. 다각화 전략을 통해 창출되는 추가적인 가치가 새로운 사업부를 기업 내부로 통합하는 데 소요되는 비용보다 큰 경우에만 기업이 다각화를 추구해야 하는 것은 너무나도 당연하다. 하지만 많은 기업들이 이러한 한계를 넘어서 너무 많은 새로운 기업들을 인수하며 다각화를 진행하는데, 이러한 기업들의 성과는 하락한다. 이 문제를 해결하기 위해서, 기업은 사업철수, 즉 사업부의 매각이나 산업퇴출 등을 통해서 기업의 범위를 줄여야 한다. 이러한 내용은 본 장의 마지막에 논의될 것이다.

관련 다각화와 비관련 다각화

다각화를 시도하는 기업들이 풀어야 하는 하나의 문제는 완전히 새로운 사업 혹은 산업으로 다각화를 할 것인지, 아니면 가치사슬상의 무언가를 공유할 수 있어서 기존 사업과 관련성이 있는 사업 혹은 산업으로 다각화를 할 것인가의 문제이다. 이 선택은 기업이 관련 다각화를 할 것인가 혹은 비관련 다각화를 할 것인가의 문제가 된다.

관련 다각화(related diversification)는 가치사슬 상의 하나 혹은 그 이상의 요소들 간 연관성으로 인해 기업의 기존 사업부와 관련성이 존재하는 새로운 사업부로 진출하는 전략이다. 일반적으로 이러한 연관성은 생산, 마케팅, 기술적 연관성 혹은 유사성에 기반한다. 필립 모리스가 밀러 맥주의 인수를 통해 맥주산업으로 다각화를 한 것은 관련 다각화의 예라 할 수 있다. 맥주사업과 담배사업 간에는 마케팅 측면에서 유사성이 존재하기 때문이다(두 사업 모두 기업의 성공이 경쟁적 포지셔닝 역량에 달려 있는 소비재 사업이다).

> **관련 다각화**
> 기업의 기존 사업부들과 가치사슬상의 연관성이 있는 새로운 산업으로 진출하는 전략

비관련 다각화(unrelated diversification)는 기업이 현재 하고 있는 사업 혹은 산업과 가치사슬상의 어떠한 연관성도 없는 새로운 사업 혹은 산업으로 진출하는 다각화를 말한다. 비관련 다각화를 추구하는 기업은 종종 거대복합기업(conglomerate)이라고 불리며, 이 용어는 다수의 다양한 사업들로 구성되어 있는 기업을 설명하기 위해 사용된다.

> **비관련 다각화**
> 기업의 기존 사업부들과 가치사슬상의 어떠한 연관성도 없는 새로운 산업으로 진출하는 전략

용어의 의미대로, 관련 다각화된 기업은 사업부 간 자원의 공유와 역량의 이전을 통해서 가치를 창출할 수 있다. 기업은 또한 리스트럭처링을 할 수도 있다. 반면, 비관련 사업들 간에는 가치사슬상의 유사성이나 관련성이 없기 때문에, 비관련 다각화된 기업은 사업부 간 자원의 공유나 역량의 이전을 통해 가치를 창출할 수 없다. 비관련 다각화 기업은 인수 후 리스트럭처링 전략을 통해서만 가치를 창출할 수 있다.

관련 다각화는 비관련 다각화보다 다양한 방법으로 가치를 창출할 수 있으므로, 관련 다각화가 비관련 다각화에 비해 선호되는 전략이라고 할 수 있다.

또한, 관련 다각화의 경우, 경영진들이 어느 정도의 지식을 가지고 있는 사업 혹은 산업으로 진출하게 되므로, 상대적으로 낮은 위험을 내포하고 있다고 인식된다. 이러한 이유들로 인해 대부분의 다각화된 기업들은 관련 다각화를 선호하는 모습을 보여왔다. 실제로, 과거 십여년간, 비관련 다각화를 추구했던 많은 기업들이 자신들이 창출할 수 있는 가치를 높이기 위해서 기업을 독립적인 사업부 중심의 기업들로 분할하는 모습을 보여주었다. 예를 들어, 거대복합기업인 타이코(Tyco)는 2007년에 자사를 전자사업, 헬스케어, 보안과 방화설비 사업에 집중하는 세 개의 상장기업으로 분할하였는데, 각 기업들은 분할 이후 더 좋은 성과를 내기 시작하였다.

하지만 다른 거대복합기업인 유나이티드 테크놀로지(UTC)는 비관련 다각화를 추구하여 커다란 가치를 창출해 낸 기업의 좋은 예가 된다. UTC의 최고경영자인 조지 데이비드는 사업부들의 성과를 높이기 위해서, 우리가 앞서 논의한 모든 종류의 우수한 내부통제구조 관련역량을 사용하였다. 본 장 마지막의 사례는 UTC가 어떻게 비관련 다각화를 성공적으로 추구했으며, 어떻게 이 기업이 포춘 500의 기업들 중에서도 가장 뛰어난 성과를 보이는 기업들 중에 하나가 될 수 있었는지를 설명한다.

리스트럭처링과 다운사이징

지금까지 우리는 기업의 범위를 확장하는 전략 그리고 새로운 사업영역으로 진출하는 전략을 논의했다. 지금부터는 그 반대의 경우, 특정 사업에서의 철수를 통해 기업의 범위를 좁히는 전략에 대해서 논의한다. 최근 들어 리스트럭처링과 다운사이징을 통해 기업의 범위를 줄이는 전략은 점점 더 보편적인 전략이 되어가고 있다. 특히 1980년대와 1900년대에 다각화를 추구했던 기업들 사이에서 더욱 그렇다. 많은 경우, 리스트럭처링을 실시하는 기업들은 소수의 사업에 집중하기 위해서 자사의 다각화된 사업들을 처분하고 다운사이징을 실시한다. 예를 들어, 1996년 AT&T는 자사의 통신장비회사(Lucent)를 분사하였고,

1990년대 후반에는 두 개의 대규모 케이블 TV 회사를 인수한 이후, 2002년에는 자사의 케이블 사업부를 케이블 TV 사업의 경쟁자인 컴캐스트(Comcast)에 720억 달러에 매각하였다. 그리고 2005년 다운사이즈된 AT&T는, 성장하는 모바일 핸드폰 사업에서 자사의 경쟁적 포지션을 강화하고자 했던 SBC 커뮤니케이션즈에 의해서 인수되었다. 2007년에 SBC가 AT&T로 사명을 변경하며, AT&T는 다시 미국에서 가장 큰 규모의 글로벌 통신기업이 되었다. 2010년 애플 아이폰의 독점판매자가 되면서, AT&T는 다시 미국시장에서 지배적인 통신과 인터넷 서비스 기업이 되었다.

우선 왜 그토록 많은 기업들이 지난 십여 년간 리스트럭처링을 진행했는지를 살펴볼 필요가 있다. 그 다음, 우리는 기업들이 특정 사업영역에서의 철수를 위해 사용하는 다양한 전략들을 살펴볼 것이다. 마지막으로, 우리는 기업들이 핵심적인 이윤창출 사업을 재활성화하기 위해서 사용하는 다양한 회생전략(turnaround strategy)들을 살펴볼 것이다.

왜 리스트럭처링이 필요한가?

지난 십여 년간 광범위하게 다각화를 추구했던 기업들이 리스트럭처링을 진행했던 가장 중요한 이유는, 이들 기업들의 주식이 주식시장에서 일종의 다각화 디스카운트의 영향을 받았기 때문이다. **다각화 디스카운트**(diversification discount)는 높은 수준으로 다각화된 기업들의 주식이 그렇지 않은 기업들에 비해서 상대적으로 낮게 평가 받는 상황을 의미한다. 여기에는 두 가지 이유가 있다. 첫째, 다각화된 기업들의 경우, 재무제표가 복잡하고 투명하지 않아 이해하기 어려운 것은 물론 기업의 각 개별적인 사업부들의 성과에 대한 충분한 정보를 제공하지 않아 투자자들이 이를 선호하지 않는다. 달리 말하면, 투자자들은 다각화된 기업들을 하나 혹은 소수의 주요 산업에 집중하는 기업들보다 위험한 투자대상으로 인식한다는 것이다. 따라서, 기업이 리스트럭처링을 통해 기업을 높은 가격에 매각할 수 있는 다수의 사업부로 나누게 되면, 주주의 수익률은 높아지게 된다.

> **다각화 디스카운트**
> 높은 수준으로 다각화된 기업들의 주식이 그렇지 않은 기업들에 비해서 상대적으로 낮게 평가 받는 상황

다각화 디스카운트가 발생하는 두 번째 이유는, 기업의 경영자들이 종종 다각화를 지나치게 추구하는 경향을 가지고 있거나, 혹은 기업의 수익성을 높이기 위해서가 아니라 경영자 자신의 이익을 위한 성장추구 등의 바람직하지 못한 이유로 다각화를 추구한다는 사실을 많은 투자자들이 경험했기 때문이다. 일부 최고경영진들은 광범위한 수준의 다각화를 관리하는 비용이 다각화를 통해 새롭게 창출되는 가치를 초과하는 지점을 넘어서까지 기업의 사업범위를 확장시켜 기업의 성과를 하락하게 만들곤 한다. 이러한 경우, 리스럭처링은 하락하는 재무적 성과에 대한 대응전략이 된다.

리스트럭처링은 또한 실패한 인수에 대한 대응전략이 될 수도 있다. 인수가 수평적 다각화, 수직적 통합, 다각화 전략 등 어떤 목적에서 수행한 것이든 상관이 없다. 우리는 이 장의 서두에서 많은 인수가 기대했던 이익을 달성하지 못한다는 사실을 지적하였다. 이러한 경우, 경영자들은 종종 더 이상의 손실을 방지하기 위해 인수한 사업에서 철수하는 전략을 선택한다.

리스트럭처링이 점점 더 빈번하게 발생하는 마지막 이유는 전략경영과 IT분야에서의 혁신으로 인해 기업들이 수직적 통합과 다각화를 통해 수익을 증대시킬 수 있는 기회가 낮아졌기 때문이다. 따라서 기업들은 수익성을 높이기 위해서, 리스트럭처링과 사업철수를 통해서 사업의 범위를 줄여왔다. 예를 들어, 이삼십 년 전에는 기업과 공급자 간 장기적인 협력관계 혹은 전략적 제휴가 수직적 통합의 대안이 될 수 있다는 사실을 이해하지 못하였다. 대부분의 기업들은 공급사슬을 관리하기 위해 수직적 통합과 경쟁입찰의 두 가지 대안만을 고려하였다. 하지만 적절한 상황하에서는, 공급사슬을 관리하는 세 번째 대안인 장기계약(long-term contracting)이 수직적 통합이나 경쟁입찰보다 좋은 전략이 될 수 있다. 수직적 통합의 경우처럼, 장기계약은 특수자산에 대한 투자를 촉진한다. 하지만 수직적 통합과는 달리 기업이 장기계약을 선택하게 되면, 내부적으로는 관리비용의 문제가 발생하지 않으며, 외부적으로는 시장의 영향으로부터 자유로울 수 있다는 장점을 가진다. 이러한 전략적 혁신들이 널리 알려지게 되면서, 수직적 통합의 상대적 장점은 감소하게 되었다.

철수전략(exit strategy)

기업은 기존 사업영역에서의 철수를 위해서, 매각전략, 수확전략, 그리고 청산 등의 세 가지의 전략을 사용할 수 있다. 이 세 가지 전략 중, 매각전략이 가장 일반적으로 선택되는 전략이다. 이는 매각전략이 초기투자자금을 가장 많이 회수할 수 있는 전략이기 때문이다.

매각전략

매각전략(divestment strategy)은 사업부를 가장 높은 가격을 제시한 입찰자에게 판매하는 것을 말한다. 개인 투자자, 다른 기업들, 혹은 해당 사업부의 경영진들이 구매자가 될 수 있다. 사업부를 독립적인 투자자들에게 매각하는 것을 보통 분사(spinoff)라고 한다. 이 전략은 매각하고자 하는 사업부의 수익성이 좋고, 주식시장에서 새로운 주식의 등장을 원할 때(보통 주식시장이 활황인 경우에 해당하며, 주식시장이 저황인 경우에는 해당되지 않는다.) 보다 타당하다. 분사 대상인 사업부의 수익성이 좋지 않아 투자자들에게 매력적이지 않거나, 주식시장이 저황이라 신주발행을 원하지 않는 경우에 분사는 좋은 선택이 아니다.

> **매각전략**
> 사업부를 가장 높은 가격을 제시한 입찰자에게 판매하는 전략
>
> **분사**
> 사업부를 다른 기업 혹은 독립적인 투자자들에게 매각하는 전략

사업부를 동일 시장에 속한 다른 기업에게 판매할 수 있다면, 사업부를 다른 기업에게 판매하는 전략이 보다 빈번하게 사용된다. 이러한 경우, 구매기업은 하룻밤 사이에 자사의 사업규모를 크게 성장시킬 수 있는 기회를 잡기 위해 상당한 금액을 지불할 준비가 되어 있는 경우가 많다. 예를 들어, 앞서 언급했던 것처럼, 2002년에 AT&T는 자사의 케이블 TV사업을 컴캐스트에 720억 달러에 매각하였고, SBC는 AT&T를 160억 달러에 사들여서, 현재 미국에서 지배적인 무선전화 및 인터넷 서비스 제공자가 되었다.

수확전략

수확전략(harvest strategy)은 해당 사업부에서 얻을 수 있는 단기에서 중단기의 현금흐름을 극대화하기 위해서 추가적인 투자를 중지하는 전략이다. 이 전

> **수확전략**
> 해당 사업부에서 얻을 수 있는 단기에서 중단기의 현금흐름을 극대화하기 위해서 추가적인 투자를 중지하는 전략

략은 이론적으로는 좋은 것처럼 보이지만, 실제로 활용하기에는 적절하지 않은 경우가 많다. 수확전략이 사용되고 있다는 것이 분명해지면, 해당 사업부의 직원들의 사기는 물론, 해당 사업부가 지속될 것이라는 것에 대한 공급자와 소비자의 신뢰가 급격하게 하락하게 된다. 이러한 상황에서는 사업부의 수익성이 급격하게 하락하여 해당 전략을 계속하여 사용할 수 없게 된다.

청산전략

청산전략
사업부의 사업을 중지하고, 자산을 판매하는 전략

청산전략(liquidation)은 사업부의 활동을 중지하는 것을 말한다. 청산전략은 기업이 해당 사업부에 대한 그동안의 모든 투자를, 종종 큰 손해를 보고 청산하는 것이기 때문에 가장 매력적이지 않은 전략이다. 하지만 성과가 너무 좋지 않아서 매각이나 분사가 불가능하거나 MBO(Management Buy Out, 경영자 매수_역자 주)가 이루어질 수 없는 상황에서 청산전략은 남은 유일한 대안이 될 수 있다.

요약

1 기업들이 장기적인 수익성을 높이기 위해서 추구하는 기업수준의 전략에는 여러 가지가 있다. 기업들은 현재 산업에 집중하거나, 새로운 산업으로 진출하거나, 혹은 현재 산업에서의 철수를 선택할 수 있다.

2 기업수준의 전략은 기업에게 가치를 더해주어야 한다. 즉, 기업, 혹은 하나 혹은 복수의 사업부들이, 하나 혹은 그 이상의 가치창출활동들을 보다 낮은 비용으로 수행하거나 차별화를 통해 프리미엄 가격을 책정할 수 있도록 하여야 한다.

3 단일 산업 집중 전략은 기업이 자사의 경영, 재무, 기술, 물적 자원과 역량을 하나의 산업에서의 성공적인 경쟁을 위해 집중하도록 한다. 이 전략은 또한 기업이 가장 잘 아는 산업에 집중하도록 한다.

4 비핵심 가치창출활동들의 전략적 아웃소싱은 기업이 원가를 절감하고, 제품을 보다 차별화하고, 제한된 자원을 보다 잘 활용할 수 있게 하며, 변화하는 시장환경에 빠르게 대응할 수 있게 한다. 하지만 만약 기업이 중요한 가치창출활동을 아웃소싱하거나, 그러한 활동을 주요 공급자에게 과도하게 의존하게 된다면, 전략적 아웃소싱은 기업에게 부정적인 영향을 미친다.

5 단일 사업에 집중하는 기업은 수직적 통합이나 다각화를 통해 가치를 창출할 수 있는 기회를 상실할 수 있다.

6 수직적 통합은 진입장벽을 형성하고, 특수자산에 대한 투자를 촉진하며, 제품의 품질을 보호함으로써, 기업이 경쟁우위를 달성하는 것을 가능하게 한다.

7 수직적 통합의 단점은 기업 내부 공급자의 원가가 높아질 때 발생하는 원가열위의 문제와 기술과 환경이 빠르게 변할 때 전략적 유연성이 부족해지는 문제를 포함한다.

8 기업이 협력적인 장기 아웃소싱 계약을 맺을 수 있으면, 수직적 통합의 많은 문제점들을 피하면서, 수직적 통합의 장점들을 누릴 수 있다.

9 다각화는 리스트럭처링 전략을 포함한 뛰어난 내부 통제구조의 적용, 역량의 이전, 그리고 범위의 경제 실현 등을 통해 가치를 창출한다.

10 관련 다각화는 기업이 보다 많은 가치창출활동을 수행할 수 있도록 하며, 비관련 다각화보다 덜 위험하기 때문에, 비관련 다각화보다 선호된다.

11 리스트럭처링은 과도한 다각화, 실패한 인수, 그리고 수직적 통합과 다각화의 장점을 상쇄하는 경영관리기술의 혁신에 대한 대응으로 선택되어진다.

12 철수전략은 매각전략, 수확전략, 청산전략을 포함한다. 철수전략의 선택은

사업부의 특성에 따라 달라진다.

토의 주제

1 왜 과거에는 부품제조산업으로의 후방통합이 GM과 Ford에게 높은 수익을 가져다주었는가? 그리고 왜 이 기업들은 현재 가능하면 더 많은 부품을 외부에서 구입하고자 하는가?

2 어떠한 상황에서 단일사업 집중 전략이 기업의 목표달성을 어렵게 하는가?

3 왜 일반적으로 단일사업 집중 전략 이후에 수직접 통합전략이 첫 번째로 선택되는 전략이 되는가?

4 기업은 어떤 가치창출활동을 외부의 독립적인 공급자에게 아웃소싱해야 하는가? 이러한 활동들을 외부에 아웃소싱하는 것과 관련된 위험은 무엇인가?

5 기업은 언제 관련 다각화 혹은 비관련 다각화를 추구하게 되는가? HP, 애플, 델과 같은 기업들을 참고해서 논의해 보시오.

전략경영 연습

소그룹 활동: 수직적 다각화 전략의 비교

세 명에서 다섯 명으로 구성된 그룹으로 나누고, 한 명의 구성원을 그룹의 대변인으로 지정하여, 강의자의 요청이 있을 때, 그룹의 의견을 다른 학생들에게 설명하게 하시오. 컴퓨터 디스크 드라이브를 생산하는 시게이트(Seagate Technology)와 퀀텀(Quantum Corporation)사에 대한 다음의 내용을 읽은 후, 글의 내용에 기반하여, 수직적 통합의 장점과 단점에 대해서 요약해 보시오. 컴퓨

터 디스크 드라이브 산업의 상황에서 어떤 전략이 가장 적절하다고 생각하는가?

퀀텀과 시게이트

퀀텀과 시게이트는 도두 PC와 워크스테이션에서 사용되는 디스크 드라이브의 주요 생산자들이다. 디스크 드라이브 산업은 수요의 급격한 변화, 높은 가격 경쟁, 빠른 기술변화, 그리고 12~18개월을 넘지 않는 제품 수명주기라는 특징을 가지고 있다. 최근 퀀텀과 시게이트는 매우 다른 수직적 통합 전략을 추구하였다. 시게이트는 수직적으로 통합된 디스크 드라이브 제조사이며, 자사 디스크 드라이브의 대부분을 디자인하고 생산한다. 퀀텀은 디자인에 전문화되어 있으며, 생산의 대부분을 다수의 독립적인 공급자들에게 아웃소싱한다. 퀀텀의 가장 중요한 공급자는 일본의 마쓰시타 고토부키 전자(MKE: Matsushita Kotobuki Electronics)이다. 퀀텀은 자사의 가장 비싼 최신 제품만을 내부적으로 생산한다. 새로운 드라이브가 완성되고, 대량생산의 준비가 되면, 퀀텀은 생산을 MKE에 넘긴다. MKE와 퀀텀은 파트너십을 8년 이상 이어오고 있다. 새로운 제품 디자인의 각 단계에서, 퀀텀의 엔지니어들은 새로운 제품의 디자인을 MKE의 생산팀에 보낸다. MKE는 제품의 디자인을 검토하고, 새로운 디스크 드라이브의 생산을 보다 쉽게 할 수 있는 방법들을 지속적으로 제안한다. MKE에서 대량생산을 할 준비가 되면, 8~10명의 퀀텀의 엔지니어들이 MKE의 일본 공장에 방문하여 최소 한 달 동안 새 제품의 출시를 위해 협업한다.

마무리 사례 유나이티드 테크놀로지(UTC)는 ACE를 가지고 있다.

미국의 코티네컷주의 하트포드에 위치한 유나이티드 테크놀로지(UTC, United Technologies Corporation)는 거대 복합기업으로 다양한 사업들과 산업들에서 활동하는 다수의 기업들을 가지고 있다. UTC의 포트폴리오에 포함되어 있는 어떤 기업들은, UTC보다도 잘 알려져 있다. 시코르스키 항공회사(Sikorsky Aircraft Corporation), 항공기 엔진 및 부품 제조회사인 프랫 앤 휘트니(Pratt & Whitney), 오티스 엘리베이터(Otis Elevator Company), 캐리어(Carrier), UTC가 2003년에 인수한 보안회사인 처브(Chubb) 등이 그 예이다. 오늘날 투자자들은 UTC처럼 다양한 산업에 걸친 기업들을 가지고 있는 기업들에게 호의적이지 않다. 점점 더 많은 사람들이 기업이 독립적으로 혹은 단일기업으로 운영될 때, 경영자들이 기업을 더 잘 경영할 수 있다고 생각한다. 그렇다면 UTC는 거대복합기업으로써 많은 기업들을 거느리고 있는 것을 어떻게 정당화할 수 있을까? 어떻게 UTC는 각 기업들이 독립적으로 운영될 때보다 더 높은 장기적인 수익성을 기록할 수 있는가? 과거 십여 년 동안, 그레이하운드 다이얼(Greyhound- Dial), ITT 산업, 그리고 텍스트론(Textron) 등의 거대복합기업의 최고경영자들과 이사회들은 다양한 기업들을 동시에 보유하게 되면 기업의 수익성이 낮아진다는 사실을 깨달았다. 그 결과, 많은 거대복합기업들이 기업들을 서로 분리된 독립기업으로 운영될 수 있도록 나누고, 분사하였다.

UTC의 최고경영자인 조지 데이비드는 자신이 UTC내의 다양한 기업들의 가치를 높이는 독특하고 정교한 복합기업모델(multibusiness model)을 만들었다고 주장한다. 데이비드는 1975년 오티스 엘리베이터에 CEO의 비서로 입사하였고, 1년도 되지 않아 오티스가 UTC에 인수되었다. 당시에는 '큰 것이 더 좋다(Bigger is better.)'라는 인식이 미국의 산업계에 팽배해 있었고, 인수합병전략은 이윤을 높이는 최고의 전략으로 인식되고 있었다. UTC는 데이비드에게 남아메리카 사업을 관리하도록 했고, 나중에는 일본 사업을 담당하도록 하였다. 오티스는 일본시장에서 엘리베이터의 개발을 위해 마쓰시다와 제휴를 맺고 'Elevonic 401'을 개발하였지만, 일본시장에 널리 판매되었던 이 제품은 대실패를 기록하게 된다. 이 제품은 다른 일본기업이 개발한 엘리베이터들에 비해서 훨씬 더 자주 고장이 났고, 고객들은 제품의 내구성과 안전을 의심하게 되었다.

마쓰시다는 엘리베이터의 실패에 크게 당황했고, 자사의 뛰어난 품질관리전문가인 유츠로 이토(Yuzuru Ito)를 오티스 엔지니어 팀에 배치하여 문제의 원인을 파악하도록 했다. 이토의 관리하에 엘리베이터의 생산에 참여했던 모든 직원들(관리자, 디자이너, 그리고 생산인력들)은 엘리베이터가 제대로 작동하지 않는 원인을 분석했다. 이 집중적인 연구는 엘리베이터의 디자인을 완전히 새롭게 했고, 새롭게 개선된 엘리베이터는 글로벌 시장에서 큰 성공을 거두었다. 오티스의 세계시장 점유율은 급격하게 상승했고, 데이비드는 1992년에 UTC의 사장으로 취임하게 된다. 데이비드는 자사의 중요한 사업부인 프랫 앤 휘트니를 포함해 기업 전체에 걸쳐 비용을 낮추는 책임을 맡았다. 그리고 UTC의 비용구조를 낮추고, ROIC를 높인 공으로 데이비드는 1994년에 최고경영자의 자리에 오르게 된다.

UTC의 모든 다양한 기업들에 대한 책임을 지게 되며, 데이비드는 떨어졌던 UTC의 수익성을 높이는 최선의 방법은 모든 기업들의 효율성과 품질을 높이는 것이라 생각하였다. 데이비드는 이토를 하트포드로 부임시켜, 오티스를 개선했던 것과 같은 종류의 변화를 만들어내는 책임을 부여했다. 이토는 ACE(Acheving Competitive Excellence)로 알려진 UTC의 TQM 시스템 개발을 시작했다.

ACE는 생산현장의 직원들부터 최고경영진에 이르기까지 모든 직원들이, 제품이 생산되는 방식의 모든 면들을 분석하기 위해 사용하는 작업과 절차들이다. 이 시스템의 목표는 제품의 품질과 내구성을 높이고, 제품 제조비용을 낮추며, 제품 혁신의 촉진, 즉 어떤 제품의 더 나은 다음 세대 제품을 만들기 위한 방법을 찾는 것이다. 데이비드는 모든 기능, 모든 계층에 속한 모든 직원들이, 기업이 가치창출의 경계를 넓혀 시장에서의 지배적인 사업자가 되기 위해 혁신적이며 효율적인 제품을 생산할 수 있도록 점진적인 개선을 달성할 책임을 갖도록 하였다.

데이비드는 이러한 일련의 기술을 'process disciplines'라고 불렀고, UTC의 모든 기업들의 성과를 높이기 위해 이를 사용하였다. 데이비드는 이 기술들을 활용해서 추가적 가치를 창출하였고, 이는 UTC가 다양한 사업들을 소유하고 운영하는 것을 정당화하였다. 데이비드의 성공은 그가 취임한 이후 십여년 간 기업이 달성한 성과를 통해 확인할 수 있다. 그는 UTC의 주당이익률(EPS)을 네 배로 높였고, 1994년의 상반기에는 매출을 26% 상승시켜 183억 달러, 수익은 25% 성장시켜 14억 달러를 기록하였다. UTC는 지난 3년간 다우존스 산업평균지수를 구성하는 기업들 중에서 기업성과가 가장 높은 상위 3개 기업에 포함되었으며, 투자자 수익률 측면에서 또 다른 거대복합기업인 GE를 지속적으로 앞지르고 있다.

데이비드와 그의 경영진들은, 자사가 연간 25억 달러 이상을 투자하고 있는 연구개발이 자사의 모든 사업들에게 도움이 되는 제품 혁신을 지속적으로 달성하고 있기 때문에, UTC의 process disciplines를 통해서 얻어지는 수익이 지속될 것이라고 믿는다. 실제로, UTC는 프로세스 개선을 달성하는 자사의 역량이 제조기업들에 특화되어 있다는 것을 알고 있기 때문에, UTC는 ACE 프로그램을 적용하여 수익을 창출할 수 있는 제품을 생산하는 기업들만을 인수하는 전략을 가지고 있다. UTC의 처비(Chubb) 인수가 그러한 사례이다. 데이비드는 또한 오직 산업 내에서 선도기업으로 남아 있을 가능성이 있는 기업들에만 투자하였고, 이를 위해 기꺼이 평균 이상의 가격을 지불하였다. 그가 인수한 기업들은 UTC의 기존 사업이 가진 역량을 강화하는데 기여하였다. 예를 들어, 그는 선도적인 항공산업 시스템회사인 썬더스트랜드(Sunderstrand)라는 회사를 인수한 후, UTC의 해밀턴 항공과 합병하여, 해밀턴 썬더스트랜드(Hamilton Sunderstrand)라는 기업을 만들었다. 이 기업은 현재 보잉사의 중요한 공급자이며, 프리미엄 가격을 책정할 수 있는 제품을 만들고 있다.

토의 주제

1. UTC의 기업수준 전략으로서 비관련 다각화는 어떠한 방법으로 가치를 창출하는가?
2. 이 전략이 가지는 위험과 단점은 무엇인가?
3. UTC에 대한 최근 정보를 모아보라. 얼마나 성공적으로 자신의 전략을 추구하고 있는가?

PART 4 전략의 실행

Chapter

8

전략적 변화: 기업 설립과 발전을 위한 전략의 실행

전략적 변화

전략적 변화의 유형

변화 과정 모형

핵심역량 포트폴리오를 활용한 기업 분석

빈칸 채우기

10년간 정상 유지

백지

거대한 기회

사내 사업 신설을 통한 전략실행

사내 사업 신설의 함정

성공적인 사내 사업 신설을 위한 지침

인수를 통한 전략실행

인수의 함정

성공적인 인수를 위한 지침

전략적 제휴를 통한 전략실행

전략적 제휴의 장점

전략적 제휴의 단점

성공적인 전략적 제휴의 실행

학습목표

- 전략적 변화 과정의 주요 단계를 이해
- 사업 분석 시, 역량 포트폴리오 관점을 활용한 접근방식의 필요성 인식
- 사내 사업 신설, 인수, 전략적 제휴를 통한 전략실행 시 각각의 장단점 검토
- 사내 사업 신설, 인수, 전략적 제휴의 위험을 완화시킬 수 있는 방안에 대해 토론
- 전략적 제휴 구축을 위한 합작투자 관련 이슈를 인식

개요

제7장에서는 기업의 장기적인 수익을 향상시키기 위한 다양한 기업수준 전략에 대하여 알아보았다. 이 모든 전략적 선택들은 기업의 미래에 중요한 영향을 미친다. 이와 함께, 전략이 성공적이기 위해서는 경영자가 전략실행의 이슈와 문제점들을 명확히 이해하는 것이 매우 중요하다. 본 장에서는 우선 전략적 변화의 특성과, 경영자가 전략과 조직구조의 변화를 시도할 때 만나게 되는 장애물들을 살펴볼 것이다. 이후 이러한 장애물을 극복하고 기업을 성공적으로 변화시키기 위해 경영자가 거쳐야 하는 단계들에 대해 알아볼 것이다.

둘째, '특정 사업이나 산업을 유지할 것인가, 그로부터 철수할 것인가', 그리고 '새로운 사업이나 산업에 진출할 것인가, 아닌가'의 핵심적인 의사결정을 경영자가 어떻게 할 수 있을지에 대해 생각해 본다. 이러한 의사결정을 위해 경영자들은 기업의 미래 모습에 대한 명확한 비전을 가져야 한다. 이 장에서 우리는 경영자가 비전을 설정하고 사업 선택의 의사결정을 내리는 데 도움을 줄 수 있는 주요 기법으로서 역량 포트폴리오에 대해 살펴볼 것이다.

셋째, 경영자가 기업을 설립하여 발전시키고, 기업의 성과를 향상시키기 위해 사용하는 신사업 진출의 다양한 방식에 대해 알아본다. 즉 사내 사업 신설, 인수, 합작투자를 포함한 전략적 제휴 중 무엇을 선택하여 기업수준 전략을 실행할 것인가에 관해 다룰 것이다. 여기서는 경쟁우위 획득과 수익 향상의 목표에 따른 각 방식의 장단점들에 대해 논의할 것이다.

전략적 변화

> **전략적 변화**
> 경쟁우위와 수익 창출을 위해 현재 상태를 벗어나 바람직한 미래 상태로 변화해가는 기업의 움직임

전략적 변화(strategic change)는 경쟁우위 구축과 수익성 향상을 위해 현재의 상태에서 벗어나 바람직한 미래 상태로 변화해 가는 움직임을 뜻한다. 최근 10여년간, 대부분의 포춘 500대 기업들은 전략적 변화를 거쳤다. 경영자는 현재의 핵심역량을 강화하고, 새로운 핵심역량을 구축하기 위해 전략적 변화를 수행한다.

또한 강력한 경쟁자의 출현이나 기술 혁신 등 급격한 환경 변화에 대응하여 사업 성과를 향상시키기 위해 새로운 전략과 구조를 개발하기도 한다.

전략적 변화의 유형

기업이 좀 더 효과적으로 운영되도록 변화시키는 방법 중 하나가 리엔지니어링이다. **리엔지니어링**(reengineering)은 기업 성과의 향상을 위해 경영자가 기능적 활동에 얽매이지 않고, 가치 창출의 기반이 되는 비즈니스 프로세스에 집중하는 과정을 뜻한다. **비즈니스 프로세스**(business process)는 주문 처리, 재고관리, 제품 디자인과 같이 제품과 서비스를 고객에게 적시에 제공하는데 필수적이거나, 품질 향상이나 원가 절감을 위해 중요한 활동을 말한다. 비즈니스 프로세스는 어느 한 기능이 책임지는 것이 아니라 여러 기능에 걸쳐 있다. 예를 들어 홀마크카드(Hallmark Cards)는 기업의 카드 디자인 프로세스를 성공적으로 리엔지니어링 했다. 리엔지니어링 이전에는, 아티스트, 작가, 편집자가 다양한 종류의 카드를 생산하기 위해서 각기 다른 기능으로 흩어져서 일했다. 그러나 리엔지니어링을 거친 후, 아티스트, 작가, 편집자들은 다기능 팀(cross-functional team)으로 재조직 되었고, 각 팀은 생일, 크리스마스, 어버이날 등 특정 종류의 카드 제작을 담당하게 되었다. 결과적으로 신제품 출시 기간은 연 단위에서 월 단위로 낮아지게 되었고, 홀마크의 성과도 극적으로 향상되었다.

> **리엔지니어링**
> 기업 성과를 높이기 위해 경영자가 기능적 활동이 아닌 가치 창출의 기반이 되는 비즈니스 프로세스에 집중하는 과정
>
> **비지니스 프로세스**
> 주문 처리, 재고관리, 제품 디자인과 같이 제품과 서비스를 고객에게 적시에 제공하는데 필수적이거나, 품질 향상과 원가 절감을 위해 중요한 활동

리엔지니어링과 전사적 품질관리(제4장의 TQM)는 서로 밀접하게 관련되어 있으며 상호 보완적이다. 리엔지니어링이 '고객이 요구하는 제품과 서비스를 제공할 수 있는 최선의 방법이 무엇인가'의 질문에 대한 답을 제공하고, 이후 전사적 품질관리는 '어떻게 새로운 프로세스를 지속적으로 개선하고, 일과 역할의 관계를 더 나은 방법으로 관리할 수 있을까'의 질문에 답을 제공한다. 성공적인 기업은 이 두 질문을 함께 고려하며, 경영자들은 효율성, 품질, 고객 대응능력의 향상이라는 목표를 달성할 수 있는 새롭고 더 나은 비즈니스 프로세스를 찾기 위해 항상 노력한다. 결국 경영자들은 기업의 미래 모습이 더 나아지도록 하기 위해

끊임없이 노력하는 것이다.

제7장에서 다룬 것처럼, 리스트럭처링(restructuring)은 사업부, 부서, 조직의 계층을 제거함으로써 조직의 구조를 단순화하고, 해고를 통해 규모를 축소하여 운영비용을 낮추는 과정이다. 리스트럭처링에는 제조, 마케팅, 고객서비스 등과 같은 기능적 활동을 다른 기업이 수행하게 하는 아웃소싱(outsourcing)이 포함된다. 리스트럭처링은 성과 향상을 위해 경영자가 실행할 수 있는 두 번째 형태의 전략적 변화다. 이미 언급했듯이, 조직이 운영을 간소화, 단순화, 축소하는 데는 여러 가지 이유가 있다. 때로는 기업이 예측하지 못한 사업 환경의 변화가 일어난다. 예를 들어 기술적 변화가 제품을 도태시키거나, 세계적 경제 불황이 제품 수요를 줄일 수 있다. 때로는 제품 및 서비스가 시대에 뒤처지거나 제공하는 가치가 가격에 비해 낮아져서, 고객들이 더 이상 제품과 서비스를 찾지 않게 되어 기업이 과도한 생산능력을 보유하게 될 수도 있다. 때로는 조직이 지나치게 비대해져서 관료주의의 문제가 커지거나 운영비용이 과도해져서 기업이 축소를 결정하기도 한다. 때로는 경쟁우위를 구축하고 향상시킴으로써 선도기업의 지위를 굳건히 하기 위해, 시장에서 강한 지위에 있는 기업들도 리스트럭처링을 실행한다.

그러나 가장 많은 경우는, 경영자들이 기본적인 비즈니스 프로세스에 대해 지속적인 관심을 기울이지 않고, 비용을 절감하고 환경 변화에 대응하기 위해 전략을 점진적으로 변화시키는 노력을 게을리하여 어쩔 수 없이 규모를 감축하고 인력을 해고해야 하는 상황에 처하게 된다. 경영자가 평소에 변화의 필요성에 관심을 가지지 않았기 때문에, 지속적으로 치열해지는 경쟁 환경 속에서 살아남기 위해 어쩔 수 없이 급진적인 변화를 추진해야만 하는 역설적인 상황에 처하게 되는 것이다.

변화 과정 모형

전략적 변화의 실행과 관련된 이슈를 이해하기 위해서는, 전략적 경영자가 거치게 되는 변화 과정의 여러 단계를 살펴볼 필요가 있다. [그림 8.1]은 이러한 단

[그림 8.1] 변화 과정의 단계

계를 보여준다.

변화의 필요성 도출

변화 과정의 첫 단계는 전략적 경영자가 변화의 필요성을 인식하는 것이다. 사업부 간 분쟁이 있거나, 경쟁사가 우월한 제품을 출시했을 때와 같이, 이러한 필요성이 명확한 상황도 있다. 그러나 대부분의 경우, 경영자들은 조직에서 무엇이 잘못되고 있는지 밝혀내는데 어려움을 겪는다. 문제가 너무 서서히 드러나서, 아주 조금씩의 성과 하락이 오랜 기간 쌓인 이후에야 뒤늦게 알아차리는 경우도 많다. 그러므로 변화 과정의 첫 단계는 전략적 경영자나 이사진, 인수전문가 등 조치를 취할 수 있는 지위에 있는 사람들이 기대 성과와 실제 성과 사이의 격차를 인지하는 것이다. 경영자들은 수익성, 투자수익률(ROI), 주가, 시장점유율과 같은 지표를 통해 변화의 필요성을 인지한 후 문제를 파악하기 시작한다. 이들은 문제를 발견하기 위해, 강점과 약점, 기회와 위협에 대한 SWOT 분석을 주로 사용한다.

전략적 경영자들은 기업의 강점과 약점을 분석한다. 예를 들어 경영자들은 모든 기능과 사업부에 대해 전략적 감사를 실시하고, 수익 창출에서 그동안의 기여도를 평가한다. 몇몇 사업부는 경영자들이 모르는 사이에 혁신활동이 지체되어 수익성이 낮아졌을 수 있다. 영업과 마케팅 기능이 경쟁 환경 변화를 따라가지 못하고 있을 수도 있다. 제품이 시대에 뒤처졌을 수도 있다. 전략적 경영자들은 또한 전략과의 적합성을 평가하기 위해 조직의 분화 및 통합 수준을 분석하기도 한다. 그 결과 어떤 기업은 시너지 효과를 누리기 위한 통합 메커니즘을 못 갖추고 있을 수 있다. 경우에 따라서는 조직구조가 과도하게 고층화되고 경직되어 관료적 비용이 꾸준히 증가하고 있을 수도 있다.

이후 경영자들은 제3장에서 언급한 모든 개념들을 사용하여, 문제를 설명할 수 있는 경영 환경으로부터의 기회와 위협을 평가한다. 예들 들어 기업이 파악하지 못한 대체재의 등장, 기술의 변화, 소비자의 기호 변화 등의 이유로 인해 예상치 못한 치열한 경쟁이 발생할 수 있다.

일단 문제의 원천이 SWOT분석을 통해 파악되면, 전략적 경영자는 기업의 바람직한 미래의 모습을 결정해야 한다. 즉 새롭게 설정한 목표를 달성하기 위해 조직구조와 전략을 어떻게 변화시킬지 결정해야 한다. 이 장의 뒷부분에서 경영자들이 기업의 수익을 극대화하기 위한 미션과 전략을 수립하는데 유용하게 사용할 수 있는 기법을 알아볼 것이다. 물론 각 기업은 자신만의 고유한 스킬과 역량을 보유하기 때문에 선택은 기업마다 다르다. 미래에 대한 가정이 맞는지 여부를 사전에는 전혀 알 수 없다는 것이 경영자들이 직면하는 큰 어려움이다. 따라서 전략적 변화는 항상 큰 불확실성과 위험을 내포할 수밖에 없다.

변화의 장애 요인 도출

조직 구성원은 전략적 변화에 반대하기도 한다. 예를 들어 리엔지니어링과 리스트럭처링 과정에서 기능이나 사업부 경영자의 역할과 권한이 재조정되기도 한다. 이러한 변화는 몇몇 경영자들의 지위와 소득을 위협할 수도 있어서 변화에 대한 저항을 초래한다. 많은 경우 변화를 위한 노력은 시간이 매우 오래 걸리고, 변화에 대한 저항 때문에 실패하는 경우도 많이 발생한다. 따라서 전략적 변화의 두 번째 단계는 변화를 방해하는 어떤 장애물이 있는지 파악하는 것이다. 이러한 변화에 대한 장애 요인은 기업, 사업부, 기능, 개인의 4가지 조직 수준에서 찾아볼 수 있다.

기업 수준에서의 미세한 전략적 변화도 기업 행동에 상당한 영향을 미칠 수 있다. 예를 들어 비용 절감을 위해 기업은 모든 사업부의 구매와 판매 활동을 집중화하여 통합하기로 결정할 수 있다. 이러한 통합은 개별 시장에 특화된 전략을 추구하는 각 사업부의 능력을 심각하게 훼손할 수 있다. 반대로, 저비용의 외국 경쟁사들에 대응하여, 차별화 전략을 강화하기로 결정할 수도 있다. 이러한 행동은 기능 간 힘의 균형을 변화시킬 것이며, 기능들이 조직 내 자신의 위상을 유지하기 위해 싸우면서 문제를 야기할 수 있다. 기업의 현재 전략은 변화의 강력한 장애물이 된다. 기존 전략이 변화를 위해 극복되어야 하는 큰 저항을 발생시키는 것이다. 이것이 일반적으로 전략적 변화가 느려지는 이유이다.

사업부에서도 유사한 일이 발생한다. 사업부 간 상호연관성이 높은 경우, 한 사업부에서의 운영의 변화는 곧바로 다른 사업부에 영향을 미치기 때문에 사업부 수준에서의 변화는 매우 어렵다. 더욱이 변화가 특정 사업부의 이해관계에 더 부합될 수 있어서, 전략적 변화는 사업부에 따라 다른 영향을 미치게 된다. 따라서 각기 다른 사업부의 경영자들은 변화에 대하여 서로 다른 태도를 가질 것이고, 몇몇 경영자들은 변화를 지지하지 않을 수 있다. 예를 들어 기존 사업부는 자신의 자원을 빼앗기고 조직 내 지위가 약화되는 것을 우려해서 신제품 사업부 설립에 반대할 수 있다.

동일한 변화에 대한 장애물들이 기능 수준에도 존재한다. 사업부와 마찬가지로, 각 기능은 나름대로의 전략적 지향성과 목표가 있기 때문에, 경영진이 제안하는 변화에 대해 각기 다른 반응을 보일 것이다. 예를 들어 생산 기능은 일반적으로 단기적인 시각에서 원가절감을 통해 효율성을 추구하려는 성향이 강하다. 연구개발 조직은 장기적인 관점에서 기술적 목표를 추구하고, 영업 조직은 고객 니즈의 만족을 지향한다. 따라서 생산 기능에서는 비용 절감으로, 영업에서는 수요 창출로, 연구개발에서는 제품 혁신으로, 동일 문제에 대한 해결 방안을 서로 다르게 볼 수 있다. 기능 간 지향성의 차이는 새로운 전략의 수립과 실행을 어렵게 만들며, 경쟁 환경 변화에 대한 대응을 지체시킬 수 있다.

개인 수준에서도, 사람들은 변화를 거부한다. 왜냐하면 변화가 내포하고 있는 불확실성이 안정성을 해치고 미지에 대한 두려움을 키우기 때문이다. 경영자도 사람이기 때문에, 이런 개인 수준에서의 저항은 불확실한 결과를 가져올 수 있는 변화에 대한 사업부 및 기능의 반대 성향을 더욱 강화시킨다. 리스트럭처링과 리엔지니어링 노력은 모든 조직 수준의 경영자들에게 특히 더 큰 압박으로 다가올 수 있다. 지금까지 살펴본 모든 장애 요인들이 전략이나 구조의 빠른 변화를 어렵게 만든다. 이러한 요인들이 IBM, 코닥, 모토로라와 같은 기업들과 미국 자동차 회사들이 극심한 글로벌 경쟁에 대해 느리게 대응한 원인이 되었다.

역설적으로, 가장 큰 불확실성에 직면한 기업이 이러한 불확실성에 가장 잘 대응하기도 한다. 또한 변화해야만 하는 상황에 자주 처할수록 잘 대응하기도 하는데, 그 이유는 어떻게 하면 쉽게 변화를 다룰지를 경영자들이 알게 되기 때문이다. 새로운 전략을 수립하고 실행할 때, 경영자들은 변화에 대한 잠재적인 장애물을 파악할 수 있어야 한다. 거대하고 복잡한 조직일수록 조직 관성이 크게 작용하기 때문에 변화를 실행하기가 매우 어려워진다.

변화의 관리 및 평가

전략적 경영자들은 변화의 관리 및 평가 과정에서 몇 가지 질문을 스스로에게 던지게 된다. 예를 들면 '내부 경영자와 외부 컨설턴트 중 누가 실제로 변화를 이끌어야 하는가?'의 질문이다. 내부의 경영자는 기업 운영에 대해 많은 지식과 경험을 가지고 있으나, 지금 현재 상황에 너무 밀접하게 관련되어 있고 '나무에 가려 숲을 볼 수 없기 때문에' 상황에 대한 시각이 부족할 수 있다. 변화에 대한 내부 경영자의 제안에는 또한 정치적 동기와 개인적인 이익이 반영되었을 수도 있다. 이러한 이유로 기업은 상황을 좀 더 객관적으로 볼 수 있는 외부 컨설턴트에 눈을 돌리기도 한다. 그러나 외부 컨설턴트는 실행계획을 제안하기까지 기업과 기업의 문제를 이해하는데 많은 시간을 할애해야 한다. 이러한 이유로 인해 IBM, 갭 등 많은 기업들이 기업 외부로부터, 심지어 산업 외부로부터 최고경영자를 영입하기도 한다. 이를 통해 기업은 내부의 정보와 외부의 관점, 모두로부터 이익을 얻을 수 있다.

일반적으로, 기업은 변화를 실행하고 관리하기 위하여 크게 하향식과 상향식의 두 가지의 접근 방식을 택할 수 있다. 하향식 변화(top-down change)에서는 강력한 최고경영자나 최고경영진이 조직이 추구할 전략을 분석하고, 실행 계획을 제시하며, 구조조정과 변화의 실행을 위해 매우 빠르게 움직인다. 이는 환경에 대한 대응과 문제에 대한 관리에서 속도를 중시하는 방식이다. 반면 상향식 변화(bottom-up change)는 훨씬 점진적인 특징을 보인다. 이 방식에서 최고경영진은 조직 내 모든 수준의 경영자들과 상의한다. 그런 다음, 조직이 거치게 되는 변화의 주요 단계와 이벤트에 대한 일정을 만드는 등 변화를 위한 구체적인 계획을 수립한다. 상향식 변화는 조직 구성원의 참여와 상황에 대한 이해를 중시하여 불확실성을 감소시키는 데 초점을 맞추는 방식이다.

상향식 변화의 장점은 변화에 대한 주요 장애 요인들을 전략 계획에 포함시킴으로써 제거할 수 있다는 것이다. 각 수준의 경영자들과 상의하기 때문에 잠재적 문제점이 쉽게 드러난다. 하지만 상향식 변화의 단점은 그 속도가 매우 더디다는 점이다. 반면에 하향식 변화는 속도가 빠른 장점이 있지만, 여러 문제들이 변화를 시작한 이후에 비로소 나타나게 되어 이를 해결하기가 쉽지 않다는 단점도 있다. GM이나 코닥 같은 거대 기업들은 어쩔 수 없이 하향식 변화를 추구하는데, 대부분의 경영자들이 변화에 익숙지 못하고 변화를 위협으로 인식하는 상황에서, 급진적인 구조조정 노력을 통해 조직의 관성을 무너뜨릴 필요가 있기 때문이다.

변화의 마지막 단계는, 전략적 변화가 기업 성과에 미치는 영향을 평가하는 것이다. 기업은 변화 실행 전후의 운영 방식을 비교해야 한다. 경영자들은 주가, 시장점유율, 수익성의 변화 등을 평가 지표로 사용한다. 또한 경영자들은 시장 선도 기업과 성과를 비교함으로써 변화를 통해 얼마나 개선되었고 선도 기업을 따라잡기 위해 얼마나 더 향상시켜야 하는지를 파악할 수 있다.

핵심역량 포트폴리오를 활용한 기업 분석

경영자들은 기업의 미래 모습, 즉 지속가능한 경쟁우위 창출을 위해 경쟁해야 하는 산업과 사업을 결정하기 위해 분석 기법을 활용할 수 있다. 이에 도움을 줄 수 있는 개념적 도구는 하멜(Gary Hamel)과 프라할라드(C.K. Prahalad)에 의해 개발되었다. 이는 현재 기업이 영위하는 사업의 포트폴리오가 아니라 핵심역량의 포트폴리오로서 기업을 분석하는 것이다. 제2장에서 우리는 제품 기반보다는 고객 기반으로 사업을 정의할 필요성에 대해 생각해 보았다. 지금부터는 가장 핵심적인 경쟁 변수로서 제품이 아닌 핵심역량에 대해 논의할 것이다.

하멜과 프라할라드에 따르면, 핵심역량(core competency)은 기업의 핵심적인 가치 창출 역량으로 핵심적인 스킬이라고 할 수 있다. 예를 들어 카메라와 복사기로 잘 알려진 일본의 캐논은 정밀기계공학, 광학, 마이크로 전자공학, 전자영상 시스템에 핵심역량을 가지고 있다. 기업은 현존하는 역량들을 유지하고, 새로운 역량들을 구축하며, 이들을 새로운 사업기회에 활용함으로써 발전할 수 있다. 예를 들어 하멜과 프라할라드는 3M이 새로운 사업분야에서 성공한 이유가 핵심역량을 스카치테이프로부터 포스트잇 등 다양한 사업기회에 성공적으로 적용했기 때문이라고 주장하였다.

하멜과 프라할라드에 따르면, 어떤 사업기회를 추구할 것인가에 대한 의사결정은 현재의 핵심역량을 알아내는 것에서 시작한다. 일단 기업의 핵심역량이 파악되면, 새로운 사업기회 창출을 위한 핵심역량의 구축과 활용을 위해 [그림 8.2]와 같은 매트릭스를 사용할 수 있다. 이 매트릭스는 역량을 기존 역량과 신규 역량으로, 산업을 기존 제품시장과 신규 제품시장으로 구분한다. 매트릭스 각 사분면의 명칭과 전략적 시사점은 다음과 같다.

빈칸 채우기

왼쪽 아래의 사분면은 기업의 기존 제품과 역량의 포트폴리오를 나타낸다. 예를 들어 20여 년 전, 캐논은 정밀기계공학, 광학, 마이크로 전자공학 분야에 핵심역량을 가지고 있었고, 기본적으로 카메라와 복사기 제조라는 두 사업에서 활동하였다. 정밀기계공학과 광학 분야의 핵심역량은 기존의 기계식 카메라 생산에 사용되었다. 이 두 역량에 마이크로 전자공학 관련 역량이 더해져 일반용지 복사기를 생산하는데 활용되었다. 이 사분면의 이름인 빈칸 채우기(fill in the blanks)

[그림 8.2] 역량 관련 이슈의 발굴

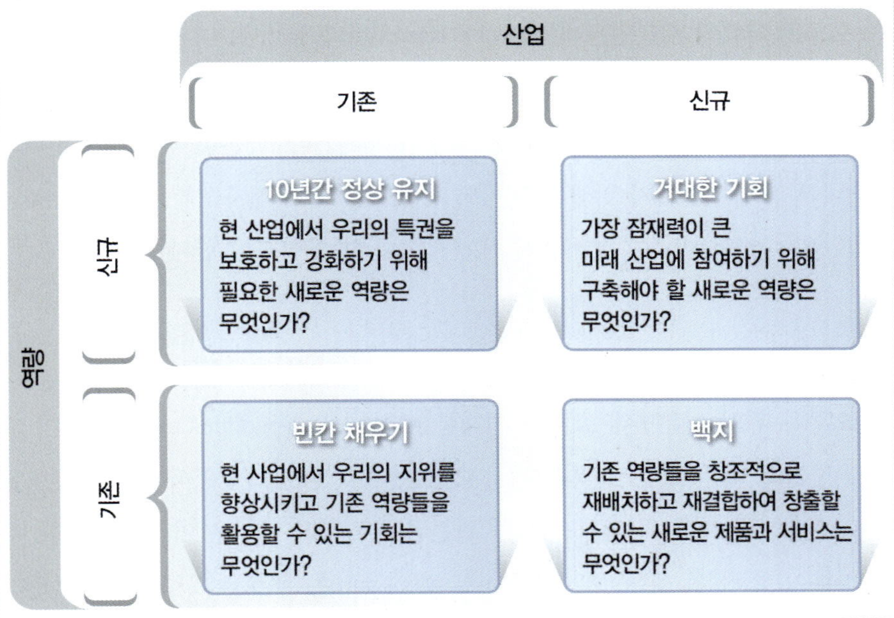

는 기존 핵심역량을 활용하여 기존 시장에서의 경쟁적 지위를 향상시켜 줄 수 있는 기회를 지칭한다. 예를 들어 캐논은 오토포커스 기능처럼 전자 제품의 성격을 가진 카메라를 개발하기 위해 복사기 사업의 마이크로 전자공학 분야 기술을 활용함으로써, 카메라 사업에서의 지위를 향상시킬 수 있었다.

10년간 정상 유지

왼쪽 위의 사분면은 10년간 정상 유지(premier plus 10)라고 부른다. 이 이름은 경영자들에게 '향후 10년간 기존 제품시장에서 정상을 지키기 위해, 지금 어떤 새로운 핵심역량을 구축해야 하는가'의 질문을 던지기 위해 지어졌다. 예를 들어 캐논은 복사기 사업 분야의 경쟁우위를 유지하기 위해, 디지털 이미지 분야의 새로운 역량을 보유해야 한다고 판단했다. 이후 이 새로운 역량은 캐논이 제품의 범위를 레이저 복사기와 컬러 복사기뿐 아니라 디지털 카메라까지 확장시키는데 도움을 주었다.

백지

오른쪽 아래의 사분면은 백지(white spaces)라고 불린다. 여기에서는 기존 핵심역량을 창조적으로 재배치하거나 재결합을 함으로써 '백지'를 가장 훌륭히 채울 수 있는 방법이 무엇인지에 대한 질문이 제기된다. 캐논은 컴퓨터 프린터와 스캐너 시장에 진입하기 위해 정밀기계, 광학, 마이크로 전자공학 부문의 기존 핵심역량을 디지털 이미지 분야에서 새롭게 습득한 역량과 결합시켰다.

거대한 기회

오른쪽 위의 사분면에 표시된 거대한 기회(mega opportunities)는 기업의 기존 시장이나 기존 보유 역량과 겹치지 않는다. 그럼에도 불구하고, 매력적이거나, 중요하거나, 기존 사업의 기회와 관련된 분야라면 기업은 이러한 기회를 추구할 수 있다. 예를 들어 1979년 몬산토(Monsanto)는 비료를 포함한 화학물질의 주요 제조업체였다. 그러나 이 기업은 당시 새롭게 형성된 생명과학 분야에서 매우 거대한 기회가 있음을 인식했다. 특히 몬산토의 선임 연구원들은 유전자를 조작하여 스스로 자연 살충제 성분을 만들어내는 농작물을 개발할 수 있을 것으로 믿었다. 그 해, 이 기업은 생명과학 분야에서 세계 수준의 역량을 구축하기 위해 10억 달러에 달하는 대규모의 투자를 감행했다. 이 투자는 몬산토의 핵심 분야인 화학 사업에서 만들어진 자금으로 충당되었다. 몬산토가 해충에 저항력을 가진 목화 종자, 제초제에 저항력을 가진 대두 종자와 같은 일련의 유전자 조작 농작물을 출시함에 따라, 투자는 결실을 맺기 시작했고 수천억 달러의 수익이 창출되었다.

하멜과 프라할라드가 제시한 프레임워크는 사업 기회를 식별하는데 도움을 주고, 몬산토의 사례처럼 자원 배분에 중요한 시사점을 제공한다. 그러나 이 분석도구의 최대 장점은, 새로운 사업분야에 진출할 때, 새로운 역량을 구축하거나 기존 역량들을 재결합함으로써 어떻게 가치를 창출할 수 있는지를 강조한다는 것이다. 전통적인 포트폴리오 기법들이 한 기업이 영위하는 여러 사업을 서로 독립적인 것으로 생각하는 반면, 이 프레임워크는 사업들 간의 상호의존성을 인식하며 역량 구축과 활용을 통한 가치 창출 기회에 집중하고 있다. 이런 의미에서 전략적 경영자들이 바람직한 미래를 결정하는데 있어서 기업의 핵심역량, 활동, 사업을 재인식할 수 있도록 하며, 이를 통해 희소한 자원의 투자를 둘러싼 불확실성을 줄일 수 있도록 도와준다.

경영자들은 더 많은 가치와 수익을 창출하기 위해 기업 포트폴리오의 여러 사업들을 검토함으로써, 몬산토가 생명과학 산업에 진출한 것처럼, 새로운 사업 분야나 산업으로의 진출을 결정할 수 있다. 지금부터는 기업들이 새로운 사업과 산업으로 진출하기 위해 사용할 수 있는 세 가지 주요 수단에 대해 논의할 것이다.

사내 사업 신설을 통한 전략실행

사내 사업 신설(internal new ventures)은 새로운 사업에 필요한 가치사슬 활동을 새롭게 창출하는 것이다. 사내 사업 신설 방식은 기업 수준 전략의 하나로서, 일반적으로 이미 보유한 자원과 역량을 활용하거나 재조합하여 신사업 영역에 진출하는 방식이다. 대체로 기존의 기술을 활용하여 관련 분야에서 새로운 시장 기회를 창출하고자 하는 과학 기반 기업들이 이 방식을 선호한다. 예를 들어 3M은 기업 내부에서 만들어진 아이디어로부터 새로운 시장을 구축하는데 놀라운 재능을 가지고 있다. HP는 사내 사업 신설 방식을 통해 측정 기기에서 시작하여 컴퓨터 분야로 이동했고, 이후에는 프린터 분야로 진출하였다. 마이크로소프트는 PC용 소프트웨어 제작에서 시작하였으나, 소프트웨어 기술을 새로운 사업 분야에 활용하여 X-박스를 출시함으로써 비디오게임 사업에 진출하였다.

> **사내 사업 신설**
> 기업이 새로운 사업을 시작할 때 필요한 가치사슬 활동을 직접 만드는 것

신사업에서의 경쟁에 필요한 역량이 부족하더라도, 갓 시작되었거나 태동기에 있는 산업에 진출할 때에는 신설의 방식을 사용할 수 있다. 이러한 산업에는 경쟁에 필요한 역량을 이미 구축한 선도기업이 없기 때문에, 사업부를 신설하더라도 심각한 경쟁 열위의 상황에 빠지지는 않는다. 또한 이미 필요한 역량을 구

축해서 인수의 대상이 되는 기업이 존재하지 않기 때문에, 기업은 사내 사업 신설의 방식으로 이러한 산업에 들어갈 수밖에 없다.

이는 몬산토가 제초제와 해충에 강한 종자를 개발함으로써 생명과학 분야로 진출을 고려하던 1979년의 상황과 비슷하다. 그 당시만 해도 생명과학 분야는 시작 단계였으며, 생명과학 기술을 농산물에 적용시키는데 집중하는 다른 기업은 없었다. 따라서 몬산토는 그 당시 요구되는 역량의 보유 수준이 높지 않았음에도 불구하고 사내 사업 신설의 방식을 선택하였다. 몬산토의 사내 사업 신설은 잠재적 경쟁자들보다 한발 앞서 역량을 구축할 수 있다는 생각에 기반하였으며, 결과적으로 몬산토는 이 신생 분야에서 강력한 선도기업의 자리를 차지하게 되었다.

사내 사업 신설의 함정

사내 사업 신설의 방식에는 높은 실패 위험도 따른다. 시장에 출시된 모든 신제품 중 33~60%가 경제적으로 적정한 수익을 창출하지 못하며, 이러한 제품 중 대부분은 사내 사업 신설의 결과라는 연구 결과가 있다. 사내 사업 신설의 실패 가능성이 높은 주요 이유로는 (1) 너무 작은 시장 진입 규모, (2) 신사업 제품의 상업화 실패, (3) 새로운 사업부의 부실한 운영을 들 수 있다.

진입 규모

연구에 따르면, 평균적으로 새로운 사업으로의 대규모 진입이 성공의 핵심적인 전제조건이 되는 경우가 많다고 한다. 단기적으로, 이는 대규모 진입을 위해 상당한 재무자원의 투자가 이루어져야 하고, 따라서 실패할 경우 큰 손실을 입을 위험이 있음을 의미한다. 그러나 산업에 따라 5~12년 정도 장기적으로 보면, 잠재적 손실을 줄이기 위해 투자를 회피하는 소규모 진입보다는 대규모 투자가 훨씬 높은 성과를 이끌어낸다. 대규모 진입자들은 새로운 사업 분야에서 더 빠르게 규모의 경제를 실현할 수 있고, 브랜드 로열티를 구축할 수 있으며, 유통채널에 대한 접근성을 확보할 수 있다. 결국 이러한 모든 것들이 새로운 사업의 성공가능성을 높이는 것이다. 반면, 소규모 진입자들은 규모의 경제를 달성하지 못해서 비용이 높고, 시장에서 고객의 브랜드 로열티가 낮으며 유통채널에 대한 접근도 어려운 지위에 놓여 매우 불리한 상황에 직면한다. 산업 내 기존 기업들이 이미 규모의 경제, 브랜드 로열티, 유통채널에 대한 접근성에서 이익을 취하고 있는 경우, 신규 진입자에게 진입 규모의 중요성은 더욱 커진다. 이들이 성공하기 위해서는 대규모의 투자가 필수적인 것이다.

[그림 8.3]은 시간과 수익성 간의 관계를 소규모 진입과 대규모 진입으로 나누어 보여주고 있다. 이 그림은 소규모 진입이 성공적이면 초기 손실은 줄일 수 있지만, 장기적으로는 대규모 진입이 더 많은 수익을 발생시킨다는 것을 보여준다. 그러나 대규모 진입의 위험과 높은 비용으로 인해, 많은 기업들이 소규모로 진입하는 실수를 저지르며, 결국 이들은 장기적인 성공을 위한 시장점유율 획득에 실패하는 경우가 많다.

[그림 8.3] 진입 규모와 수익성

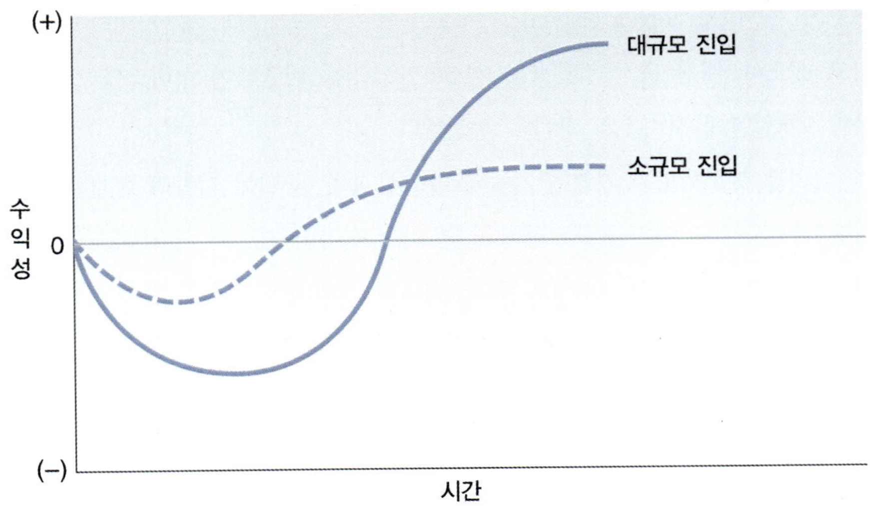

상업화

많은 경우 사내 사업 신설은 새롭거나 우월한 기술을 통해 고객에게 더 나은 제품을 제공하고 경쟁자들을 앞지를 수 있는 기회를 포착하기 위해 추진된다. 상업화에 성공하기 위해서는, 시장 요구와의 적합성을 염두에 둔 과학 기반의 혁신이 일어나야 한다. 기업이 시장의 기본적인 니즈를 무시할 때, 사내 사업 신설은 실패하게 된다. 기업은 신제품의 기술적 가능성에만 눈이 멀어, 시장 기회를 적절히 분석하지 못할 수 있다. 이러한 경우 신사업은 상업화를 못하거나 수요가 없는 기술을 마케팅 하려 애쓰다가 실패하게 된다. 근래에 가장 극적인 신사업 실패 중 하나가 모토로라에 의해 개발된 이리듐(Iridium) 위성 커뮤니케이션 시스템이다. 이리듐 프로젝트는 그 분야에서는 매우 놀랄 만한 사건이었다. 전 세계 이동통신 네트워크를 구축하기 위해 지구 궤도상에 77개의 통신위성이 필요했기 때문에, 원소기호 77번인 이리듐의 이름을 따서 프로젝트 명이 붙여졌다. 이론상으로는, 이 우주에 날아다니는 기지국 네트워크를 통해, 지구상 어디에 있는 누구나 이리듐 위성 전화기로 통화를 주고 받을 수 있었다. 모토로라의 회장인 크리스토퍼 갤빈(Christopher Galvin)은 이 프로젝트를 세계 8대 불가사의라고 언급하기도 했으나, 시장 출시 비용으로 약 50억 달러를 지출하여 서비스를 개시한 후 불과 9개월만에 서비스의 파산을 선언했다.

이리듐 프로젝트는 기업이 기술의 가능성에 눈이 멀어 시장의 현실을 무시한 전형적인 사례다. 이리듐 프로젝트의 몇 가지 심각한 결점이 이 서비스가 시장에서 수용되지 못하게 한 것이다. 우선, 이리듐 전화기는 지금의 휴대폰 기준으로 봤을 때 크고 무거웠다. 무게가 무려 1파운드를 넘었다. 휴대전화로 쓰기에 어려웠을 뿐 아니라 통화품질 또한 선명하지 못했다. 원가가 개당 3,000달러 이상이었으며, 어디에서도 사용이 가능하다고 마케팅했음에도 불구하고 자동차나 건물 안에서는 쓸 수가 없었다. 목표 고객인 세계를 돌아다니며 바쁘게 일하는 경영자에게 이러한 점들은 큰 불편함을 주었다. 결국, 시장에서 훨씬 저렴하고 더 편리한 휴대폰이 빠르게 수용되면서 이리듐 전화기의 수요는 사라져 갔다. 휴대폰이라는 더 저렴하고 편리한 대체품을 가진 고객들이 벽돌에 버금가는 크기와 무게를 지닌, 제대로 작동하지도 않는 전화기에 왜 3,000달러나 지불하려 할 것인가?

부실한 운영

신사업 프로세스를 관리하고, 새로운 사업부를 통제하는 것은 운영과 조직상에 많은 문제를 야기한다. 예를 들어 기업이 성공적인 제품 출시의 가능성을 높이기 위해 흔히 저지르는 실수는 동시에 너무 많고 다양한 사업에 뛰어드는 것이다. 이는 기업의 현금흐름에 엄청난 부담을 주며, 막상 성공가능성이 높은 사업임에도 불구하고 자금이 모자라서 실패하게 되는 상황까지 초래한다. 게다가, 기업이 신사업을 너무 많이 보유하면 경영자의 관심이 분산되어서 결국에는 재난으로 이어지게 된다.

또 다른 흔한 실수는, 기업수준 경영진이 신사업 프로젝트를 둘러싼 전략적 여건을 조성하는데 실패하는 것이다. 단순히 연구팀을 꾸려서 그들이 선호하는 분야를 연구하도록 하는 것도 흥미로운 결과를 도출해낼 수 있다. 하지만 이러한 결과물이 전략적, 상업적 가치를 창출하기는 어려울 것이다. 따라서 신사업의 전략적 목표를 명확히 정하고, 신사업이 경쟁우위를 어떻게 구축할지에 대해 정확히 이해하는 것이 매우 중요하다.

신사업 프로세스와 관련된 비용과 시간을 제대로 예측하지 못하는 것도 흔히 발생하는 실수이다. 많은 기업에서 신사업이 수익을 창출하기까지 소요되는 시간에 대해 비현실적인 예측을 한다. 연구에 따르면 어떤 기업들은 3년 차 말까지 이익을 내지 못할 경우 신사업에서 철수한다는 철학을 가지고 운영한다고 한다. 그러나 새로운 사업이 상당한 이익을 창출하기까지 보통 5~12년이 걸린다는 것을 고려할 때, 이는 매우 비현실적인 기대이다.

성공적인 사내 사업 신설을 위한 지침

지금까지 논의한 위험을 피하기 위해서는, 사내 사업 신설을 관리하기 위한 구조화된 접근이 필요하다. 신사업은 일반적으로 연구개발에서부터 시작된다. 연구개발 역량을 효과적으로 사용하기 위해, 우선 기업은 전략적 목표를 명확히 한 후, 이를 연구자와 엔지니어들과 적극적으로 커뮤니케이션 해야 한다. 결국 연구개발은 전략적 목표와 연관된 분야에서 진행되는 것이 바람직하다.

기업은 상업적 성공의 가능성을 높이기 위해 연구개발과 마케팅 인력이 서로 협력하도록 해야 한다. 왜냐하면 이것이 연구 프로젝트가 시장 니즈를 반영하도록 하는 방법이기 때문이다. 기업은 또한 제안된 새로운 제품을 제조할 능력을 확인하기 위해 연구개발 기능과 생산 기능의 협력을 촉진시켜야 한다.

많은 기업들은 프로젝트 팀을 만들어서 다양한 기능을 성공적으로 통합시킨다. 프로젝트 팀은 각 기능 영역의 대표들로 구성되고, 역할은 신제품 개발을 관리·감독하는 것이다. 이러한 팀의 또 다른 장점은 신제품 개발에 소요되는 시간을 현저히 줄일 수 있다는 것이다. 연구개발 인력이 디자인을 하는 동안, 제조 인력은 생산설비를 마련하고, 마케팅 인력은 홍보 및 판매 계획을 수립할 수 있다. 이러한 통합 덕분에, 애플은 단순한 아이디어에서 시작해서 혁신적인 태블릿 PC인 아이패드를 출시하기까지의 과정을 단 12개월만에 마칠 수 있었다.

기업은 주어진 자원을 최대한 효과적으로 사용하기 위해, 상업적 성공 가능성이 가장 높은 사업을 가려내기 위한 선택 프로세스를 개발해야 한다. 미래 성공 가능성이 큰 사업을 고르는 것은 매우 까다로운 일이다. 새로운 사업의 미래는 항상 불확실하기 때문이다. 한 연구에 따르면 그 불확실성으로 인해, 사업 착수 후 대략 4~5년의 시간이 지나야 비로소 사업의 미래 수익성을 적절히 평가할 수 있다고 한다. 그럼에도 불구하고, 너무 많은 프로젝트에 자원을 낭비하고 싶지 않다면, 선택 프로세스를 설계하는 것이 필수적이다.

일단 프로젝트가 선택되면, 경영진들은 그 사업의 진행 정도에 대하여 면밀히 살펴볼 필요가 있다. 처음 4~5년 동안 사업을 평가하는 가장 중요한 기준으로 현금흐름이나 수익성보다는 시장점유율의 성장이 좀 더 적절하다. 장기적으로 보았을 때, 가장 성공적인 사업들은 시장점유율을 늘려가는 것들이다. 기업은 신사업의 명확한 시장점유율 목표를 반드시 설정해야 한다. 그리고 시장점유율 목표를 달성하는 능력을 기준으로 초기에 사업을 철수할 것인지, 아니면 계속 유지할 것인지 결정해야 한다. 수익성과 현금흐름은 중기 이후가 되어야 좀 더 중요해지기 시작한다.

마지막으로, 중장기 수익성과 대규모 진입의 상관관계는 기업이 '크게 생각함(think big)'으로써 신사업의 성공가능성을 높일 수 있음을 의미한다. 크게 생각한다는 것은 수요가 구체화되기 전에 효율적 규모의 생산시설을 건설하고, 시장 지위와 브랜드 로열티를 구축하기 위해 대규모의 마케팅 비용을 지출하며, 시장점유율이 증가하는 한 초반 손실을 감내하는 것에 대해 기업 경영진이 공감대를 가져야 함을 의미한다. 하이테크 기업만이 사내 사업 신설 방식을 활용하는 것은 아니다. 제7장의 월마트 사례(중간사례)는 이 기업이 고객에 접근하기 위한 새로운 방식을 개발하기 위해 보유하고 있는 스킬과 차별역량을 어떻게 활용했는지를 보여준다.

인수를 통한 전략실행

인수(acquisitions)는 한 기업이 다른 기업을 취득하는 것을 말한다. 기업은 두 가지 측면에서 인수를 활용할 수 있다. 하나는 기존 사업의 경쟁사를 취득(수평적 통합)함으로써 경쟁적 지위를 강화하는 것이고, 다른 하나는 새로운 사업이나 산업에 진출하는 것이다. 기업이 새로운 사업에 진출하려는데, 그 분야 경쟁에 요구되는 자원과 역량 및 차별적 역량이 부족한 경우에, 해당 자원과 역량을 보유한 기존 기업을 인수할 수 있다.

> **인수**
> 기업이 다른 기업을 취득하는 것

기업은 또한 속도가 중시되는 상황에서의 진입 방식으로 인수를 선호한다. 앞서 살펴본 것처럼 사내 사업 신설 방식은 상대적으로 진행이 느리다. 반면 인수는 시장에서 지위를 구축하고, 가치를 창출하며, 수익성을 증가시킬 수 있는 훨씬 빠른 방법이다. 기업은 사내에 사업부를 신설하여 시장에서 선도적 지위를 확보하는데 수년의 시간을 들이는 대신, 인수를 통해 강력한 경쟁적 지위를 가진 선도기업을 수개월 내에 보유할 수 있다.

또한 인수는 상업화의 불확실성이 거의 없기 때문에, 사내 사업 신설에 비해 위험 수준이 낮다. 미래의 수익성, 매출, 현금흐름의 예측과 관련된 높은 불확실성이 사내 사업 신설 방식이 가진 중요한 문제점이기 때문이다. 이와는 대조적으로, 인수의 경우 피인수 기업의 수익성, 매출, 시장점유율을 모두 알 수 있기 때문에 불확실성은 상대적으로 낮다. 요약하면, 기업은 인수를 통해 그동안의 사업성과를 알 수 있는 기존의 다른 기업을 구매할 수 있는데, 이러한 사실 때문에 많은 기업들이 인수 방식을 선호한다.

마지막으로, 인수는 진입하려는 산업이 이미 확고히 자리잡고, 산업 내 기존 기업들이 진입장벽으로부터 보호받고 있을 때 선호되는 방식이다. 제3장에서 살펴본 것처럼 진입장벽은 브랜드 로열티, 절대적 비용우위, 규모의 경제를 주요 원천으로 한다. 기업은 이러한 진입장벽이 높을 때, 신규 설립 방식으로는 진입이 어렵다는 것을 알게 된다. 기업은 진입을 위해 효율적인 규모의 생산설비를 건설하고, 막대한 광고를 통해 기존 기업들의 브랜드 로열티를 넘어서야 하며, 유통채널을 빠르게 구축해야 한다. 그러나 이 모든 도전적인 목표들은 막대한 지출을 요구한다.

이와는 반대로, 기업은 기존 기업을 인수함으로써 대부분의 진입장벽을 회피할 수 있다. 기업은 이미 규모의 경제와 브랜드 로열티를 구축하여 이로부터 혜택을 받고 있는 선도기업을 인수할 수 있다. 따라서 진입장벽이 높을수록 인수 방식이 선호된다. 그러나 인수 방식의 매력은 신규 설립에 따른 진입 비용보다 인수에 따른 비용이 더 낮다는 가정에 기반한다는 점에 주의해야 한다. 아쉽게도 이러한 가정의 타당성이 의문시될 때도 많다.

인수의 함정

지금까지 살펴본 이유 때문에 인수는 조직의 범위를 새로운 사업 분야로 확장시키는 수단으로서 오랫동안 선호되어 왔다. 그러나 이러한 인수의 인기에도 불구하고, 많은 연구에서 다수의 인수 기업이 인수를 통해 추가적인 가치를 창출하지 못하며, 오히려 가치가 소멸되는 상황에 직면한다는 증거들이 제시되고 있다. 예를 들어 700개의 대규모 인수 사례를 대상으로 한 연구에서 이들 중 30%만이 더 높은 수익을 냈고, 31%는 손실로 이어졌으며, 나머지는 수익에 거의 영향을 미치지 않았다는 결과를 보여주었다.

실제로 많은 인수가 기대한 이익을 실현하지 못한다는 다수의 학술 연구들이 발표되고 있다. 이들에 따르면 인수 후 수익과 시장점유율이 감소하는 것뿐 아니라, 인수 기업이 피인수 기업을 다시 매각하는 것으로 끝나는 충격적인 상황도 자주 발생한다. 따라서 많은 경우, 인수가 가치를 창출하기보다는 가치를 파괴하는 결과를 초래하게 된다는 것이다.

왜 많은 기업 인수가 가치를 창출하지 못할까? 그 주요한 이유로는 네 가지를 들 수 있다. 즉, (1) 기업이 이질적인 기업 문화를 통합하는데 어려움을 겪고, (2) 인수로부터 나오는 잠재적·경제적 이익을 과대평가하며, (3) 인수에 너무 많은 비용을 소모하고, (4) 인수 대상 기업에 대한 조사를 소홀히 하기 때문이다.

인수 후 통합

인수 이후에 인수 기업은 인수한 사업을 자신의 조직구조에 통합시켜야 한다. 인수 후 통합(post acquisition integration)은 공동의 경영관리 및 재무 통제 시스템의 도입, 인수 기업과 피인수 기업의 운영 활동 결합, 정보와 인력의 공유를 위한 관리 메커니즘 확립, 공동의 문화 창출을 포함한다. 통합을 추진하면서 예상치 못한 여러 문제점들이 발생할 수 있다. 많은 경우 이러한 문제점들은 문화적 차이에 기인한다. 인수 후, 많은 피인수 기업들은 잦은 경영진의 교체를 경험하게 되는데, 이는 피인수 기업의 종업원들이 인수 기업의 운영 방식을 싫어하기 때문에 발생되기도 한다. 연구에 따르면, 다른 사업 조직 간의 대립에서 오는 피해뿐 아니라, 경영관리 인력과 전문성의 손실이 피인수 조직의 성과에 악영향을 미칠 수 있다.

경제적 이익의 과대평가

통합을 달성한 이후에도, 기업들은 서로 다른 사업의 결합을 통해 창출되는 잠재적 가치를 과대평가하는 경향이 있다. 인수로부터 파생될 수 있는 전략적 장점을 과대평가하여, 실제 가치보다 더 많은 비용을 인수하는데 지불한다. 그 이유는 무엇일까? 일반적으로 최고경영자들은 인수로부터 가치를 창출하는 자신의 능력을 과대평가하는데, 이는 내부의 치열한 경쟁을 뚫고 기업의 최고 지위에 올랐다는 사실 때문에 자신의 능력을 과신하기 때문이다. 예를 들어 경제적인 이익에 대한 과대평가는 2001년 타임워너(Time Warner)의 AOL 인수에서 찾아 볼 수 있다. 그 인수로 인해 타임워너는 수십억 달러의 손실을 입었으며, 결국 2009년 12월 AOL을 독립기업으로 분리시키게 되었다.

인수 비용

타임워너의 사례에서 볼 수 있듯이, 상장기업의 인수는 비용이 매우 많이 소요되는 경향이 있다. 기업이 다른 기업의 주식을 매입하려 할 때, 인수과정에서 주가는 상승하게 된다. 그러한 경우, 인수 기업은 피인수 기업의 현 시장가치에 비해 상당한 프리미엄을 지불해야 한다. 이러한 프리미엄은 인수 발표 전 피인수 기업 주식가치의 50~100%에 이르기도 한다. 이러한 상황은 두 개 또는 다수의 기업이 입찰 경쟁을 벌일 때 더욱 빈번히 일어난다. 예를 들어 2010년 델컴퓨터와 HP는 한 클라우드 스토리지 기업(3Par)을 놓고 입찰 경쟁에 들어갔다. 델은 먼저 그 기업을 사들이기 위해 10억 달러를 제안하였으나, HP는 15억 달러를 제시하였다. 이에 델이 다시 17억 달러로 올렸으나, HP는 20억 달러로 맞받아쳤다. 델은 입찰을 포기했고, HP는 인수하는데 성공했다. 결과적으로 입찰 경쟁과정에서 100%의 프리미엄이 발생하여 인수 비용은 최초 델의 제시가격 대비 2배가 되었다.

비싼 인수 비용 충당을 위한 부채는 인수 기업의 목을 조여올 수 있다. 특히 이자율 상승 시에는 더욱 그렇다. 더욱이 인수 전 피인수 기업의 시장가격을 당시 상황에서의 실제 기업가치를 반영한 것으로 본다면, 50~100% 상당의 프리미엄은 인수 기업이 인수 후 피인수 기업의 성과를 과거와는 비교할 수 없을 정도로 획기적으로 향상시켜야 함을 의미한다. 사실 그러한 성과를 달성하기란 매우 어려운 것이 현실이다.

부적절한 인수 전 기업 조사

인수가 실패하는 또 다른 이유는 경영진이 인수 전 기업 조사에 큰 주의를 기울이지 않는 것이다. 많은 기업들이 잠재적인 이익과 비용을 철저하게 분석하지 않은 채 인수를 성사시키려고만 한다. 하지만 이러한 기업들은 인수가 완료된 후, 잘 운영되는 사업이 아닌 문제 많은 조직을 떠안았음을 비로소 알게 된다. IBM은 2009년 칩을 제조하는 선 마이크로시스템스(Sun Microsystems)에 대한 인수 협상을 벌이는 과정에서 위의 문제를 극복했다. IBM은 일주일에 걸쳐 선 마이크로시스템스의 회계 장부를 실사하였고, 이 회사의 고객 기반이 예상보다 건실하지 않음을 발견했다. 그 결과 IBM은 제시가격을 10% 정도 낮췄는데, 결국 이 기업은 그보다 훨씬 더 낮은 가격에 오라클에 최종 매각되었다.

성공적인 인수를 위한 지침

기업은 함정에 빠지지 않고 성공적인 인수를 하기 위해서, (1) 사전 조사 및 인수대상 선정, (2) 입찰 전략, (3) 통합의 세 측면에서 체계화된 접근을 할 필요가 있다.

사전 조사 및 기업 선정

인수 전 기업 조사를 통해 잠재적 피인수 기업에 대한 정보와 지식을 얻을 수 있고, 비즈니스 모델이 취약한 경우 등 문제 있는 기업을 인수하는데 따르는 위험을 줄일 수 있다. 기업은 사전 조사를 통해 인수 실행에 관련된 문제점들을 좀 더 현실적으로 평가할 수 있어서, 새로운 사업을 어떻게 통합시킬 것이며, 조직구조와 문화를 어떻게 융화시킬 것인지에 관한 계획을 수립할 수 있다. 인수 대상 기업 선정을 위한 사전 조사는 인수의 필요성에 대해 다시 한 번 평가하고, 이상적인 인수 대상 기업군을 찾아내면서 시작된다.

다음으로 구체적인 기준을 가지고 잠재적 인수 대상 기업군을 철저히 평가해야 한다. 이러한 평가기준에는 (1) 재무상태, (2) 제품 시장에서의 지위, (3) 경쟁환경, (4) 경영진 능력, (5) 기업문화 등의 요소가 포함된다. 평가를 통해 각 후보기업의 장단점, 인수 기업과 피인수 기업 간 범위의 경제 수준, 인수 후 통합의 잠재적 문제점, 인수 기업과 피인수 기업 간 문화의 융화가능성 등을 파악할 수 있어야 한다. 예를 들어, 한때 마이크로소프트와 ERP 소프트웨어 분야의 세계적 선도기업인 SAP은 인수가능성을 논의하였다. 두 기업이 함께하면 거대 글로벌 기업의 니즈를 충족시킬 소프트웨어 컴퓨팅 시장을 지배할 수 있다는 강력한 전략적 논리에 대한 공감대가 양측간에 형성되어 있었다. 그럼에도 불구하고 두 기업의 경영진은 전 세계 수십만 명의 직원들을 통합하고, 매우 상이한 두 문화를 융화시킬 수 있는 조직구조 설계의 문제가 너무 커서 극복이 불가능하다고 결론 내렸고 인수는 무산되었다.

그 다음에는 가장 유망한 기업으로 후보 기업 수를 줄여야 하고, 그들에 대해 더욱 깊이 있는 평가를 진행해야 한다. 이 단계에서는 투자 은행과 같은 제3자의 의견을 청취하는 것이 좋다. 전문가들의 의견은 매우 중요할 수 있으며, 대상 기업에 대한 핵심적인 통찰력을 제공할 수 있다. 이러한 과정을 거친 후 가장 높은 평가를 받은 기업이 최종 인수 대상으로 선정된다.

입찰 전략

입찰 전략의 목적은 인수 대상 기업에 지불하는 비용을 최소화하는 것이다. 입찰 전략이 성공하기 위해 가장 중요한 요소는 바로 '타이밍'이다. 예를 들어 비관련 다각화를 통해 전 세계적인 기업집단으로 성장한 영국의 핸슨(Hanson)은 기본적으로 우량 기업임에도 불구하고 산업의 경기나 한 사업에서의 문제로 인해 단기적인 어려움을 겪는 기업들을 지속적으로 탐색한다. 일반적으로 이러한 기업들은 주식시장에서 저평가되어 있기 때문에, 보통 적정 주가 대비 40~50% 수준의 프리미엄을 지불하지 않아도 인수할 수 있다. 타이밍이 적절하면 낮은 가격에 기업을 살 수 있는 것이다.

통합

기업 선정과 입찰 전략이 잘 수행되었다 하더라도, 피인수 기업을 인수 기업의 조직구조 속으로 적절히 통합하지 않는다면 인수는 실패하게 된다. 통합의 노력은 인수가 주는 전략적 이점의 주요 원천에 집중되어야 한다. 예를 들어 기업은 통합을 통해 마케팅, 생산, 구매, 연구개발, 재무, 경영자원 등의 공유에서 오는 기회를 포착할 수 있다. 또한 통합 과정에는 시설과 기능의 중복을 제거하는 단계가 포함되어야 한다. 그리고 피인수 기업의 원치 않는 사업부문은 매각되어야 할 것이다. 마지막으로, 두 사업에서 운영 활동들이 긴밀하게 관련되어 있다면 높은 수준의 통합이 필요할 것이다. 비관련 다각화의 경우, 통합 수준이 낮기 때문에 큰 문제가 되지 않는다. 하지만 관련 다각화의 경우에서는 두 기업의 운영 활동을 통합하는 문제가 훨씬 더 중요하다. 뉴스 코퍼레이션(News Corp)은 이러한 이유로 인수 전략에서 성공해 온 기업이다. 이에 대해서는 다음의 '전략의 실제'에서 논의할 것이다.

전략적 제휴를 통한 전략실행

전략적 제휴(strategic alliances)는 공동의 사업 목표 달성을 위해 서로 협력하고 자원을 공유하기로 하는 두 개 이상의 기업간 협약을 말한다. 합작투자(joint venture)란 새로운 사업 영역으로 진입하기 위해, 두 개의 기업이 힘을 합쳐 별도의 새로운 기업을 설립하는 전략적 제휴의 한 형태를 말한다.

> **전략적 제휴**
> 공동의 사업 목표 달성을 위해 서로 협력하고 자원을 공유하기로 하는 두 개 이상의 기업간 협약
>
> **합작투자**
> 새로운 사업 영역으로 진입하기 위해, 두 개의 기업이 힘을 합쳐 별도의 새로운 기업을 설립하는 전략적 제휴의 한 형태

기업은 새로운 사업 영역에 진입하기 위한 방식으로 인수보다 사내 사업 신설을 더 선호할 수 있다. 그러나 '맨땅에서부터' 새로운 조직을 설립하는데 따르는 비용과 위험은 신규 설립을 주저하도록 만든다. 기업이 태동기 또는 성장기 산업에서의 기회를 인식하고 있으나, 진입에 필요한 비용과 위험이 스스로 감당하기 어려운 수준인 경우, 이러한 상황이 주로 발생된다. 이때 기업은 다른 기업과의 전략적 제휴 방식을 고려하게 된다.

8.1 전략의 실제 뉴스 코퍼레이션의 성공적 인수 전략

'뉴스 코퍼레이션(News Corp)'은 많은 기업의 인수를 통해 세계 4대 엔터테인먼트 미디어 기업으로 성장하였다. 이 회사의 회장인 루퍼트 머독(Rupert Murdock)은 자신의 미디어 제국을 창조하기 위해 어떤 전략을 사용했을까?

머독 회장은 신문사 가족에서 태어났다. 그의 아버지는 호주의 한 지역 신문사의 소유주이자 경영자였다. 그리고 1952년 아버지가 사망하자 그는 신문사를 물려받았다. 그는 재빠르게 고객층을 확충하는데 눈을 돌렸다. 결국 더 많은 고객이 더 많은 수익을 창출하므로, 그는 지속적으로 많은 호주 신문사들을 인수하기 위해 재무적 수완을 활용하였다. 이어서 영국까지 진출하여 저급 신문인 미러(Mirror)를 인수하였고, 선(Sun)을 인수하여 영국 최고의 타블로이드지로 성장시켰다. 기업가로서의 명성이 높아지자 머독은 투자자로부터 더 많은 자금을 조달할 수 있었다. 투자자들은 자신의 자산을 그에게 맡기면 다른 경쟁자보다 높은 수익을 얻을 수 있다고 생각했다. 머독은 브리티시 선데이 텔레그라프(British Sunday Telegraph)와 같은 유명 신문사를 계속해서 사들였으며, 그의 첫 번째 미국 신문사인 샌 안토니오 익스프레스(San Antonio Express)도 매입하였다. 그 후, 내셔널 스타(National Star)를 런칭하였고, 수익이 늘어남에 따라 조달할 수 있는 자금도 계속 늘어갔다. 결국 그는 뉴욕 포스트(New York Post), 타임즈(The Times), 선데이 타임즈(Sunday Times)를 연이어 인수하게 되었다.

세계 최대의 신문 제국 건설을 목표로 한 수평적 통합 전략은 머독의 기업수준 전략 중 일부분에 지나지 않는다. 그는 엔터테인먼트와 미디어 부문의 사업을 두 가지로 나누었다. 첫째는 출판, 영화, TV 프로그래밍과 같이 미디어 콘텐츠, 즉 '소프트웨어'를 제공하는 것이고, 둘째는 영화관, TV 채널, 케이블 TV, 위성 방송과 같이 고객에게 미디어 채널, 즉 '하드웨어'를 제공하는 것이다. 머독은 소프트웨어와 하드웨어 모두에 참여함으로써 최대 수익을 창출할 수 있다고 생각했다. 이 두 산업은 엔터테인먼트 및 미디어 부문의 가치사슬에서 매우 인접한 단계에 위치한다. 그래서 머독은 수직적 통합 전략 추구에 전력을 다했고, 엔터테인먼트 부문의 소프트웨어와 하드웨어 단계에 속한 글로벌 미디어 기업을 계속 사들였다. 그는 미국 내 가정 20% 이상에 송출 가능한 7개 방송국을 가진 메트로미디어(Metromedia)를 15억 달러를 인수하였다. 또한 프리미엄 콘텐츠 제공사인 20세기 폭스(Twentieth Century Fox)를 매입하는 기염을 토했다. 그는 폭스사의 거대한 영화 라이브러리를 소유하고, 새로운 영화나 TV 프로그램을 만들 수 있는 창의적인 인재들도 보유하게 되었다. 머독은 폭스 네트워크를 만들기로 결심하고, 폭스의 영화 스튜디오에서 개발된 콘텐츠를 제공하기 위한 계열사를 매입하거나 설립해 나갔다. 폭스 네트워크(Fox Network)는 첫 번째 블록버스터 프로그램인 심슨 가족(Simpson's)를 선보이며 인지도를 얻어갔다. 머독은 또한 NBC를 제치고, 모든 NFL게임의 독점 중계권을 10억 달러에 사들였으며, 폭스를 4대 미디어 네트워크로 만드는 쾌거를 이루어냈다. 폭스 네트워크는 과거에 집착하지 않고 새로운 시도를 많이 하는데, 예를 들어 폭스는 리얼리티 프로그램을 처음으로 시작하기도 했다. 뉴스 코퍼레이션은 산업 내 경쟁적 지위를 강화하기 위해, 지금도 엔터테인먼트 가치 사슬에 속한 기업들 중에서 새로운 인수 대상을 물색하고 있다.

전략적 제휴는 기업간 협력에 대한 계약이다. 제휴 상대들은 실질적 또는 잠재적 경쟁자일 수 있고, 산업 가치사슬의 각기 다른 단계에 위치한 기업일 수도 있으며, 사업은 다르지만 양쪽 모두에 유용한 연구개발이나 마케팅에서의 차별적 역량을 개발하고자 하는 공동의 관심을 가진 기업일 수도 있다.

전략적 제휴의 범위는 노하우 공유를 위한 비공식적 합의와 단기적인 계약에서부터, 장기 아웃소싱 계약과 합작투자와 같은 공식적인 계약에 이르기까지 광범위하다. 어떤 전략적 제휴는 일시적일 수 있으며, 또 어떤 것들은 지속적인 관계의 초기단계가 되기도 한다. 예를 들어 장기적인 합의는 합작투자로 이어지기도 하고, 이는 결국 한 파트너가 다른 파트너의 지분을 취득하는 인수에 이르기도 한다. 신사업 추진의 위험과 비용을 공유하는 수단으로 다양한 종류의 전략적 제휴가 자주 활용된다. 어떤 경우든, 전략적 제휴는 특히 경쟁이 치열한 오늘날의 글로벌 환경에서, 사업 기회를 극대화하는데 도움을 줄 수 있는 전략적 도구이다.

전략적 제휴의 장점

기업은 다양한 전략적 목표를 달성하기 위해서 경쟁자들과 전략적 제휴를 맺는다. 첫째, 전략적 제휴는 시장 진입 방식이 될 수 있다. 예를 들어 모토로라는 초기에 일본의 공식·비공식적 무역장벽 때문에, 일본 휴대폰 시장에 접근하는 것이 매우 어렵다는 점을 깨달았다. 이때 마이크로프로세서 생산을 위해 도시바(Toshiba)와 체결한 제휴 협정이 모토로라에게는 중요한 전환점이 되었다. 협정의 일부로서, 도시바는 마케팅 부문에서 모토로라를 지원했으며, 여기에는 유능한 경영진의 도움도 포함되었다. 이러한 도움으로 모토로라는 일본 정부로부터 일본시장 진입을 마침내 승인받을 수 있었다.

둘째, 신제품이나 신공정 개발에 수반되는 위험과 고정비용을 공유하기 위해 전략적 제휴를 활용한다. 도시바와 모토로라의 제휴는 마이크로프로세서 생산이라는 자본집약적 사업의 고정비용을 공유할 목적도 가지고 있었다. 실제로 모토로라와 도시바는 공장 설립에 10억 달러를 함께 투자했는데, 이 정도의 비용과 위험을 혼자 감당할 수 있는 기업은 많지 않을 것이다. 이와 비슷하게, 보잉은 상용 제트 여객기인 보잉787의 개발을 위해 일본 기업들과 전략적 제휴를 체결했는데, 이를 통해서 항공기 개발에 필요한 약 80억 달러의 투자 부담을 파트너들과 공유할 수 있었다.

셋째, 전략적 제휴는 단독으로 개발이 어려운 상호 보완적 기술과 자산을 획득하는 방법이 될 수 있다. 예를 들어 마이크로소프트와 도시바는 자동차 안에서 다양한 엔터테인먼트 기능(뒷좌석 DVD 플레이어, 무선인터넷)이 가능하도록 하는 내장형 마이크로프로세서(소형 컴퓨터)를 개발하기 위해 전략적 제휴를 맺었다. 이 프로세서는 마이크로소프트 윈도우즈 CE를 운영체제로 한다. 마이크로소프트는 소프트웨어 엔지니어링 기술을, 도시바는 마이크로프로세서 개발 기술을 서로에게 전수하였다.

전략적 제휴의 단점

전략적 제휴는 여러 중요한 장점을 가지고 있지만 동시에 단점 또한 가지고 있다. 첫째, 전략적 제휴는 경쟁자에게 가치 있는 저비용 생산 지식과, 신기술 및 시장에 대한 접근 경로를 제공할 수 있다. 예를 들어 몇몇 전문가들은 미국기업과 일본기업 간의 여러 전략적 제휴가 미국기업들의 성공 기반이었던 프로젝트 엔지니어링과 생산 프로세스에서의 스킬을 일본기업들에게 이전해 준 결과를 초래했으며, 이는 전략적 제휴를 통해 일본 내에 고임금·고부가가치 일자리를 늘리려는 일본기업들의 숨겨진 의도에 미국기업들이 이용당한 것이라고 주장한다. 또한 공작기계와 반도체 산업에서의 일본의 성공은 미국기업들과의 전략적 제휴를 통해 획득한 지식의 산물이라고 말한다. 그리고 전략적 제휴를 통해 미국기업들이 최신 발명품을 일본에 전해주었으며, 이를 기반으로 일본기업에 의해 만들어진 제품이 다시 미국 시장에서 판매될 수 있도록 편리한 판매망과 유통채널을 제공했다고 주장한다. 비록 이러한 제휴가 미국기업의 단기적인 수익을 향상시킬 수는 있겠지만, 장기적으로는 글로벌 시장에서 미국기업의 경쟁우위를 잃게 만들어서 미국의 산업을 공동화시키는 위험도 내포하고 있다.

예를 들어 두 기업이 자신들의 보완적 기술과 자산을 모아 독립된 기업을 설립하는 합작투자 상황을 생각해 보자. 이러한 제휴는 신사업 기회 발굴에 관련된 비용과 위험을 공유할 수 있도록 해주고, 신사업의 성공가능성을 높여줄 것이다. 그러나 합작투자는 다음의 세 가지 주요한 문제점을 가지고 있다.

첫째, 합작투자를 통해 기업들은 신사업 개발 비용과 위험을 공유할 수 있으나, 동시에 신사업의 성공에 따른 수익도 함께 나누어야 한다. 둘째, 합작투자를 시작한 기업은, 향후 다른 기업들과의 경쟁에서 사용될 중요한 노하우를 파트너에게 빼앗길 수 있는 위험에 노출된다. 셋째, 사업 파트너들은 합작투자를 통해 설립된 기업의 통제권을 공유해야 한다. 만약 파트너들이 사업 철학, 투자 선호도, 기간에 대한 개념 등에서 차이를 보인다면, 상당한 문제가 발생할 수 있다. 합작투자 회사 운영 방식에 대한 갈등은 서로를 분열시키고 사업 실패라는 결과를 낳게 된다.

결국 전략적 제휴는 위험요소를 가지고 있으며, 제휴가 공식적이고 광범위할수록, 얻는 것보다 잃는 것이 더 많을 가능성이 커진다. 그럼에도 불구하고, 미국과 일본기업의 제휴를 포함하여 분명한 성공 사례들도 존재하며, 장기적인 전략적 제휴는 단점보다 장점이 더 많을 수 있다. 다음에서는 이러한 장점을 얻을 수 있는 방법에 대해 알아본다.

성공적인 전략적 제휴의 실행

전략적 제휴의 실패 확률은 상당히 높은 편이다. 예를 들어 한 연구는 글로벌 전략적 제휴 49개 중 2/3가량이 제휴 체결 후 2년 내에 경영 관리 및 재무 측면에서 심각한 문제를 겪게 된다는 결과를 보여주었다. 이러한 문제점들 중 상당 부분이 결국 해결되기도 하나, 제휴의 1/3은 완전한 실패로 끝나곤 한다. 전략적 제휴의 성공에 가장 큰 영향을 미치는 요소로 파트너 선택, 제휴 구조, 제휴 관리 방식의 세 가지를 들 수 있다.

파트너 선택

전략적 제휴가 적절히 운영되도록 하는 첫 번째 요인은 올바른 파트너를 선택하는 것이다. 좋은 파트너는 세 가지 특성을 가진다. 첫째, 좋은 파트너는 시장 접근성 획득, 신제품 개발의 위험과 비용 공유, 핵심역량 구축과 같은 기업의 전략적 목표를 달성하는데 도움을 준다. 다시 말해 파트너는 기업에게 가치가 크지만 기업이 보유하지 못한 역량을 가지고 있어야 한다. 둘째, 좋은 파트너는 제휴의 목적을 함께 공유한다. 만약 두 기업이 극단적으로 다른 목적을 가지고 제휴를 맺는다면, 그 관계는 조화를 이루지 못하며 결국 분열로 끝날 가능성이 매우 높다.

셋째, 좋은 파트너는 자신만의 목적 달성을 위해 제휴를 기회주의적으로 이용하지 않는다. 즉, 대가 없이 상대 기업의 기술적 노하우를 도용하거나 훔치지 않는다. 이러한 관점에서 볼 때, 페어플레이로 유명한 기업은 최고의 파트너가 될 수 있다. 예를 들어 IBM은 매우 많은 전략적 제휴를 맺고 있어 개별 제휴 파트너를 속이려 하지 않는다. 실제로 2000년대 중반, IBM은 무려 150개 이상의 전략적 제휴를 맺고 있는 것으로 알려졌다. 파트너를 속이는 행위는 좋은 협력자로서 IBM의 명성을 퇴색시킬 것이며, 미래에 제휴 파트너를 구하기 어렵게 할 것이다. IBM은 제휴를 매우 중요시하기 때문에, 남에게 비판 받을 만한 부정행위를 저지르지 않을 것이다. 외국기업과의 제휴 경험이 많은 소니, 도시바, 후지 같은 일본기업들도 자신들의 평판 때문에 제휴 파트너를 기회주의적으로 이용할 가능성은 낮다.

기업은 이러한 세 가지 특징을 가진 파트너를 선택하기 위해, 잠재적 제휴 파트너를 철저히 검증해야 한다. 좋은 파트너를 선택할 확률을 높이기 위해, 공개적으로 이용 가능한 정보를 최대한 많이 모아야 한다. 또한 잠재적 파트너와 제휴 경험이 있는 기업, 과거 거래 경험이 있는 투자 은행, 전직 임직원 등 제3자로부터 정보를 수집하여, 제휴 체결 이전에 잠재적 파트너를 최대한 잘 알고 있어야 한다. 마지막 단계로서 고위 경영진 간 대면 미팅을 통해 서로 잘 어울릴 수 있을지를 확인하는 것도 바람직하다.

제휴 구조

일단 파트너가 선택되면, 파트너가 제휴의 이익을 독식하는 위험을 감소시키기 위한 제휴 구조를 모색해야 한다. [그림 8.4]는 제휴 파트너의 기회주의적 행동을 막을 수 있는 네 가지 보호 장치를 보여준다. 첫째, 제휴는 기밀이나 특허 기술의 이전이 어렵거나 불가능하도록 설계될 수 있다. 구체적으로, 제휴를 통해 생산되는 제품의 디자인, 개발, 서비스 과정 등에서 파트너가 민감한 기술에는 접근하지 못하도록 제휴를 구조화 할 수 있다. 예를 들어 상용 항공기 엔진 생산을 위한 GE와 스네크마(Snecma)의 제휴에서, GE는 생산 과정의 특정 부분에 대한 파트너의 접근을 막음으로써 '과도한 이전'의 위험을 줄일 수 있었다. 이러한 차단을 통해 GE는 핵심 경쟁 기술이라 여기는 것들의 이전을 효과적으로 차단할 수 있었고, 반면 스테크마는 전체 공정 중 최종 조립 과정에만 접근할 수 있었다. 이와 유사하게, 보잉767기를 만들기 위한 보잉과 일본기업들 간 제휴에서, 보잉은 생산기술을 공유한 반면, 경쟁우위의 핵심적 원천이라고 생각한 연구, 디자인, 마케팅 기능에는 파트너의 접근을 차단하였다. 보잉은 또한 767기의 생산에 필요하지 않은 신기술에 대한 파트너의 접근도 효과적으로 차단하였다.

[그림 8.4] 기회주의적 행동을 줄이기 위한 제휴의 구조화

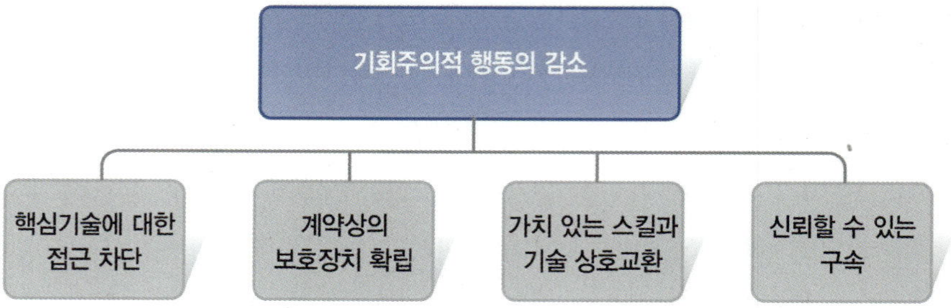

둘째, 파트너에 의해서 부당하게 이용되는 위험을 막기 위해서 계약상의 보호장치를 제휴 협약에 기입할 수 있다. 예를 들어 자동차 부품 회사인 TRW는 미국 내 일본 소유의 자동차 조립 공장에 납품할 안전벨트, 엔진 밸브, 조향 기어를 생산하기 위해 대형 일본 자동차 부품 업체와 제휴를 맺었다. 그러면서 TRW는 제휴 계약의 조항에 일본 파트너가 미국 소유의 자동차 기업에는 부품을 납품하지 못하도록 명시하였다. 이를 통해, TRW는 일본기업이 미국 시장에 교두보를 확보하여 TRW와 경쟁할 목적으로 제휴를 맺을 수 있다는 위험에서 자신을 보호할 수 있었다.

셋째, 제휴 파트너들이 중요한 특허 기술의 상호교환에 대해 사전에 약속함으로써, 제휴로부터의 이익을 양측이 공정하게 얻도록 할 수 있다. 크로스 라이선싱 협정(cross-licensing agreement)은 이러한 목표를 달성하기 위한 좋은 방법이다. 예를 들어서 모토로라와 도시바의 제휴에서, 모토로라는 도시바에게 일부 마이크로프로세서 기술의 사용을 허가했고, 이에 대하여 도시바는 모토로라에게 일부 메모리칩 기술을 사용할 수 있도록 하였다.

넷째, 상대적으로 약한 기업이 강한 파트너로부터 신뢰할 수 있는 구속(credible commitment)을 사전에 이끌어낸다면, 제휴 파트너의 부정직한 행위로 인한 위험을 줄일 수 있다. 신뢰할 수 있는 구속의 목적은 파트너에게 전략적 제휴의 성공을 위해 최선을 다할 것이라는 신호를 보내는 것이다. 신뢰할 만한 구속은 주로 자본투자의 형태로 나타난다. 예를 들어 2004년 작은 영국 생명공학

윤리적 딜레마

새롭게 형성된 전략적 제휴의 최고경영자로서, 당신은 파트너 기업의 비윤리적이고 기회주의적인 행동을 방지하는 계약상의 통제 시스템을 구축하라고 요청 받았다. 전략적 제휴를 실패로 이끄는 잠재적인 원인들에 대해 생각해 보는 것이 필요한 안정장치를 구축하는데 도움이 될 것이다. 학습한 바에 따라, 윤리적이고 성공적인 제휴가 유지되도록 하는 규정과 절차를 결정할 수 있는가?

기업인 케임브리지항체기술(Cambridge Antibody Technology)은 대형 제약기업인 아스트라제네카(Astra Zeneca)와 염증질환 신약 개발을 위한 5년간의 제휴를 맺었다. 계약의 일부분으로, 아스트라제네카는 약 1억 4천만 달러를 투자하여 이 작은 회사의 지분 약 20%를 취득했다. 이와 같은 투자는 제휴의 전략적 목표를 달성하기 위해 아스트라제네카가 최선의 노력을 기울일 가능성을 높여준다.

제휴 관리

파트너를 선정하고, 적절한 제휴 구조에 대해 합의 후, 기업이 다음으로 해야 할 일은 제휴의 이익을 극대화하는 것이다. 중요한 성공요소 중 하나는 문화적 차이에 주의를 기울이는 것이다. 경영 스타일에서의 여러 차이점은 문화적 차이에 기인하며, 경영자들은 파트너와의 협업 시 이러한 점을 반드시 감안해야 한다. 제휴 이익의 극대화를 위해서 파트너와의 신뢰관계를 구축하고 파트너로부터 학습하는 것 또한 그 이상으로 중요하다.

제휴를 성공적으로 관리하기 위해서, 관계적 자본(relational capital)이라 불리는 경영자 사이의 대인관계 구축이 필요하다. 이는 포드와 마쓰다(Mazda) 사이의 성공적인 전략적 제휴에서 잘 나타난다. 포드와 마쓰다는 미팅을 정례화하여 경영자들이 제휴와 관련된 문제에 대하여 논의할 뿐 아니라 서로가 친분을 쌓을 수 있는 시간을 갖도록 하였다. 이를 통해 구축된 친근한 인간 관계가 두 기업 간 신뢰를 구축하고 조화로운 관계를 형성하는데 도움을 줄 것이라고 믿었기 때문이다. 개인적인 관계는 두 기업의 경영자 간 비공식적인 네트워크를 만들기도 한다. 이러한 비공식적 네트워크는 위원회 같은 좀 더 공식적 상황에서 일어나는 문제점들을 해결하는데 활용될 수 있다. 신뢰관계 형성뿐 아니라, 파트너로부터의 학습을 극대화하기 위해서는, 제휴에 들어갈 때 파트너로부터 얼마나 학습하고, 학습한 지식을 얼마나 조직 내에서 활용하는지를 측정하는 방법을 개발하는 것이 바람직하다.

요약하면, 많은 경우에 전략적 제휴는 새로운 사업에 진입하는 수단으로서 사내 사업 신설이나 인수에 비해 장점을 가지기도 하지만 몇 가지 단점도 동시에 가지고 있다. 따라서 경영자들은 단독으로 사업부를 신설하여 진입할지, 인수를 통해서 진입할지, 제휴를 통해 다른 기업과 협력할지를 결정하기 위해 각 방식의 장단점을 명확히 이해하고 신중하게 평가해야 한다.

요약

1 전략적 변화는 경쟁우위를 향상시키기 위해 현재의 상태에서부터 기업이 바라는 바람직한 미래의 상태로 이동하는 것이다. 전략적 변화의 두 가지 주요 유형은 리엔지니어링과 리스트럭처링이다.

2 전략적 변화는 일련의 단계를 거쳐 이행된다. 첫 단계는 변화의 필요성을 인식하는 것이다. 전략적 경영자는 기업의 현재 상태를 파악하고 바람직한 미래의 상태를 구체화하기 위해 SWOT분석을 사용한다. 변화 과정의 두 번째 단계는 조직의 모든 수준에서 변화에 대한 장애물을 파악하는 것이다.

3 기업이 바라는 미래 상태를 파악하기 위해 사용되는 주요 기법 중 하나는, 기업을 사업의 포트폴리오가 아닌 핵심역량의 포트폴리오로서 분석하는 것이다. 이러한 접근 방식에서, 전략적 변화는 기존 역량을 유지하고, 새로운 역량을 구축하며, 이를 새로운 사업 기회에 적용시키는 방향으로 진행되어야 한다.

4 기업이 새로운 사업 영역으로 진입하는 방식에는 크게 사내 사업 신설, 인수, 합작투자를 포함한 전략적 제휴의 세 가지가 있다.

5 새로운 사업 분야 진출을 위해 활용하거나 재결합시킬 수 있는 가치 있는 자원과 역량들을 가지고 있을 때, 기업은 사내 사업 신설 방식을 활용한다.

6 사내 사업 신설은 작은 진입 규모, 상업화의 부족, 부실한 경영관리로 인해 실패할 수 있다. 이러한 실패를 피하기 위해 신사업 프로젝트를 선별하고 관리하는데 구조화된 접근을 하고, 신사업 아이디어를 성공적으로 상용화시

키기 위해 연구개발과 마케팅 기능을 통합하며, 효과적으로 경쟁이 가능한 수준으로 진입 규모를 결정해야 한다.

7 인수는 해당 분야 경쟁에 요구되는 주요 자원과 역량이 부족하고, 이를 보유한 기존 기업을 적절한 가격에 취득할 수 있을 때 선호된다. 또한 진출하려는 산업의 진입장벽이 높을 때와 사내 사업 신설에 소요되는 시간·비용·위험을 회피하려 할 때 선호된다.

8 많은 기업 인수가 부실한 인수 후 통합과정, 인수로 창출되는 가치의 과대평가, 높은 인수 비용, 부실한 사전 조사로 인해 실패한다. 이를 방지하기 위해서는 구조화된 사전 조사, 적절한 입찰 전략, 피인수 기업을 조직에 통합시키기 위한 많은 노력이 필요하다.

9 전략적 제휴는 (1) 신사업 진출을 위한 비용과 위험을 혼자서 감당하기 힘들 때, (2) 보완적 자산이나 기술을 보유한 기업과 협력함으로써 신사업 진출의 성공 가능성을 높일 수 있을 때 선호된다.

10 전략적 제휴는 기업간 단기간의 비공식적인 또는 장기간의 공식적인 상호 협력의 협정이다. 제휴는 기업이 시장 진입을 원활히 하고, 신제품 및 신공정 개발에 필요한 고정비용과 위험을 파트너와 공유하며, 상호 보완적 기술의 이전을 원활히 하고, 자신의 기술이 산업표준이 되도록 하는데 도움을 줄 수 있다.

11 공식적인 전략적 제휴, 특히 합작투자의 단점은 큰 대가 없이 파트너에게 기술적 노하우와 시장 접근의 교두보만 제공할 위험이 크다는 것이다.

12 기업이 파트너를 신중하게 선택하고, 그들의 평판에 면밀히 조사하며, 의도치 않은 노하우 이전을 방지하도록 제휴를 구조화하면, 제휴의 잠재적 문제점을 줄일 수 있다.

토의 주제

1 기업이 바라는 미래의 상태를 파악하는 것과 관련된 이슈와 문제점을 서술하시오.

2 기업이 바라는 미래 상태로의 성공적인 이행을 위해서, 어떻게 변화 과정을 관리해야 하는가?

3 인수를 통한 신사업 진출이 가장 적절한 상황은 무엇인가? 사내 사업 신설 방식이 선호되는 상황은 어떤 때인가?

4 만약 IBM이 이동통신 사업으로 다각화를 결정했다면, 당신은 어떤 진입 전략을 추천하겠는가? 왜 그렇게 생각하는가?

5 주요 공급자와의 장기적인 전략적 제휴를 통해 수직적 통합의 이점을 극대화하면서도 위험과 비용은 부담하지 않는 것은 어떠한 상황에서 가능한가?

전략경영 연습

소그룹 활동: AOL의 타임워너 인수 평가하기

3~5명의 그룹을 만들고, 한 사람을 그룹의 대변인으로 지정하시오. 대변인은 강사의 지시에 따라 그룹의 의견을 반 전체와 커뮤니케이션하는 역할을 한다. 그리고 2001년 타임워너(Time Warner)의 AOL 인수에 대해 조사하고, 다음 이슈에 대하여 토론하시오.

1 AOL과 타임워너의 결합에서 예상되는 이점은 무엇이었는가?

2 당신은 경영진이 인수를 통한 이익을 과장했다고 생각하는가? 그 이유는 무엇인가? 이러한 과장은 의도적인 것인가, 아니면 경영진이 진짜 그렇게 믿고 있는 것인가?

3 주가지수가 연이어 최고치를 경신하며 주식시장의 거품이 최고조에 달했을 때 인수가 발표되었다. 이는 인수 가치에 대한 인식을 어느 정도까지 왜곡시킨다고 할 수 있는가?

4 당시 예상된 인수의 이익이 실현되지 못한 이유는 무엇인가? 여기서 얻을 수 있는 시사점은 무엇인가?

웹 탐색

UTC 홈페이지

UTC(www.utc.com)의 웹사이트를 방문하시오. 이 웹사이트에 있는 정보들을 활용하여, 아래의 질문에 답하시오.

1 UTC의 주요 사업은 무엇인가? 이 포트폴리오가 가치 창출 관점에서 합당한가? 그 이유는 무엇인가?

2 당신은 UTC의 사업 포트폴리오에 어떤 변화를 주고 싶은가? 그 이유는 무엇인가?

3 UTC의 주요 사업부가 공유해야 할 핵심역량은 무엇이라고 생각하는가? 기존 핵심역량을 활용하여 신사업을 창출했다는 증거를 찾을 수 있는가?

4 인수, 사내 사업 신설, 이 두 방식의 조합 중 UTC가 새로운 사업 분야에 진출한 방식은 무엇인가? 역사적으로, 어떤 진입 방식이 UTC에게 가장 중요하였는가?

5 UTC가 성공적인 인수 사례라고 생각하는가? 그 이유는 무엇인가?

일반 과제

인터넷의 정보를 조사하여, 최근의 주요 인수 사례를 찾아보시오. 인수 배경이 되는 전략적인 논리를 파악하고 이를 평가하시오.

마무리 사례 오라클의 사업 포트폴리오 확장

미국 캘리포니아에 기반을 둔 오라클(Oracle)은 세계에서 가장 큰 데이터베이스 소프트웨어 제조업체이며, 매출 측면에서 마이크로소프트와 IBM에 이어 세계 3위의 소프트웨어 기업이다. 그러나 이런 지위는 기업 어플리케이션 소프트웨어 시장에서 글로벌 리더를 넘보는 오라클에게는 충분치 않다. 시장의 45%를 차지하고 있는 독일의 SAP는 이 시장에서 인정받는 리더지만, 오라클은 19%로 멀리 뒤처진 2위를 차지하고 있다. 그러나 기업 어플리케이션은 빠르게 성장하는 고수익의 시장이며, 오라클은 이 분야에서 빠른 속도로 선도 기업을 따라잡고 있다. 오라클의 목표는 SAP와의 경쟁을 위해 기존 고객에게 제공하는 제품 범위를 확장하고, 새로운 고객 발굴에 필요한 역량을 빠르게 구축하는 것이다. 2005년도부터, 오라클의 회장 레리 엘리슨(Larry Ellison)은 상위 5개 기업 중 2개 기업을 포함한 14개의 선도적인 기업 소프트웨어 공급자들의 인수에 190억 달러를 지출하였다. 예를 들어 100억 달러에 인수한 피플소프트(PeopleSoft)는 인적자원관리(HRM) 소프트웨어 분야의 선도적 공급자다. 또한 58억 달러에 인수한 시벨시스템스(Siebel Systems)는 고객관계관리(CRM) 소프트웨어 분야의 선도기업이다.

오라클은 수평적 통합이라는 기업 전략을 위해 인수를 활용함으로써 경쟁우위를 획득할 수 있을 것으로 기대했다. 첫째, 인수된 기업들의 우수한 소프트웨어를 자신의 우수한 기업 및 데이터베이스 소프트웨어 프로그램과 결합하고 묶는 것이 가능해진다. 이는 기업의 모든 기능적 활동(회계, 마케팅, 영업, HRM, CRM, SCM 등)을 관리할 수 있는 신규 통합 프로그램 세트를 만들기 위함이다. 둘째, 이러한 인수를 통해 오라클은 새로운 고객들에게 접근할 수 있다. 인수한 기업의 소프트웨어를 사용하고 있는 회사들이 바로 새로운 고객이다. 현재 이 모든 회사가 오라클의 데이터베이스 및 기업 소프트웨어의 잠재 신규 고객이 되고 있다. 셋째, 제품범위와 고객 수를 늘리는 것 외에도, 오라클의 인수는 기업 소프트웨어 산업을 집중화하였다. 가장 큰 경쟁자 몇몇을 인수하면서, 오라클은 2위의 기업 소프트웨어 공급자가 되었고, SAP와의 경쟁에서 유리한 위치를 점하였다.

새로운 전략의 장점을 실현시키기가 쉽지는 않다. 오라클의 새로운 통합 소프트웨어 패키지의 조합과 판매를 책임진 사람은 소프트웨어 부문의 선임 부사장인 존 우키(John Wookey)이다. 그는 "이 일이 잘 안 되면 내 목이 날아갈 것이다"라고 농담조로 말하곤 한다. 엘리슨 회장은 바라는 것은 많으면서 실적은 부진한 많은 중역들을 매우 신속하게 해고해왔기 때문이다. 우키 부사장이 최첨단 소프트웨어 패키지를 개발하여 오라클의 시장점유율과 수익을 향상시키기 위해서는 인수한 기업으로부터 획득한 첨단 기술을 최대한 활용해야 한다. 그는 또한 패키지 개발 기간 동안 고객들이 SAP와 같은 타 소프트웨어 공급자로 이동하지 않도록 고객을 설득해야 하며, 오라클의 경영 소프트웨어 도입을 점차적으로 늘리도록 설득해야 한다.

우키 부사장은 오라클의 새로운 전략을 실행하기에 가장 적합한 인물이다. 그는 고객과의 공감대 형성에 능하고 제품판매의 달인으로 기업 안팎에 잘 알려져 있다. 전체 패키지를 어떻게 구성하고 조합할지 결정하기 위해, 그는 다양한 사업부문의 최고경영진과 정보를 공유하고, 14명의 간부들로 구성된 그의 팀과 회의를 진행하는데 일과 시간의 많은 부분을 사용한다. 그는 또한 주요 고객, 특히 피인수 기업들의 고객을 정기적으로 방문한다. 이는 어떤 방식으로 소프트웨어 패키지를 만들어야 할지에 대한 조언을 얻기 위해서다. 우키는 심지어, 주요 고객의 자문위원회를 만들어 최종 패키지가 그들의 니즈를 충족시킬지를 확인한다. 우키의 뛰어난 성과 중 하나는 인수한 경쟁기업 출신인 최고 수준의 소프트웨어 엔지니어들이 오라클에 남아 있도록 한 것이다. 오라클이 필요로 하는 뛰어난 엔지니어들은 고액 연봉의 다른 직장을 쉽게 찾을 수 있음에도 불구하고 오라클의 새로운 목표 달성에 협력하고자 잔류하였다.

그럼에도 불구하고, 2006년경이 되자 오라클의 새로운 전략이 잘 진행되지 않고 있다는 여러 징후들이 보이기 시작했다. SAP는 강력한 경쟁사로 남아 있으며, SAP의 인기 소프트웨어들은 빠르게 산업 표준이 되어가고 있었다. 234억 달러의 기업 소프트웨어 시장에서 SAP를 몰아내는 것은 쉽지 않을 것이다. 게다가, SAP는 최신 기술이 적용된 고급 기능 어플리케이션 시장에서 계속 선도적 지위를 유지하고 있다. 그리고 특히 기술을 모두 자체적으로 개발하므로, 여러 상이한 피인수 기업으로부터 어플리케이션을 옮겨오는 문제에서 자유롭다. SAP로의 고객 이동을 막기란 쉽지 않을 것이다. 피플소프트 같은 예전 소프트웨어 공급자에 대한 고객의 로열티가 오라클의 기업 인수로 붕괴되었기 때문이다. 애널리스트들은 오라클이 단기간에 많은 기업의 인수를 지속하는 것은 지나치게 무리하는 것이라고 말한다. 하이테크 기업의 인수는 관리와 실행 측면에서 성공하기 매우 어렵기 때문이다.

엘리슨 회장은 매출 성장을 가속화하고 투자자의 기대를 뛰어넘어야 하는 압박감에 시달리고 있다. 예상치를 넘는 기업 어플리케이션 소프트웨어 판매 실적을 보여야만, 애널리스트들은 오라클의 전략이 성공했다고 생각할 것이다. 2006년 SAP가 15%에 그친 반면 여전히 오라클의 주식은 47%의 수익률을 보였으며, 2007년에는 기록적인 매출과 수익을 발표했다. 투자자들이 그와 우키가 인수자금을 회수할 능력을 가졌다고 믿고 있기 때문에 주가가 오른 것이다. 2008년, 오라클은 소프트웨어 공급자인 BEA 시스템스에 대한 인수를 발표했다. 그들은 성공의 역사를 이어갈 수 있을까?

토의 주제

1. 오라클은 어떤 방식으로 인수를 통해 가치를 창출하려고 하는가?
2. 오라클이 추구하는 가치 창출 방식을 고려했을 때 이 회사의 기업수준 전략은 무엇이라고 할 수 있는가?

Chapter

9

조직설계를 통한 전략실행

조직구조의 역할

조직구조의 구성요소

수직적 분화

고층 구조의 문제점

집권화와 분권화

수평적 분화

기능별 조직구조

제품별 조직구조

제품-팀 조직구조

지역별 조직구조

사업부제 조직구조

통합과 조직 통제

통합 메커니즘의 유형

분화와 통합

조직 통제의 유형

전략적 통제

재무적 통제

결과 통제

행동 통제

학습목표

- 전략이 조직구조를 통해 어떻게 실행되는지 토의
- 조직구조의 구성요소를 설명
- 수직적 분화와 수평적 분화를 구분
- 통합의 중요성과 분화와 통합의 관계를 토의
- 전략적 통제 시스템의 특성과 기능을 설명

개요

이 장에서는 가치 창출 극대화를 위해 어떻게 기업의 활동을 조직화해야 하는지 살펴볼 것이다. 제1장에서 살펴본 것처럼, 전략실행은 전략을 가장 효과적으로 추구하기 위해 조직을 배열하는 것으로 볼 수 있다. 즉 전략은 조직설계를 통해 실행된다.

조직 설계
경쟁우위 창출과 유지를 위해, 조직구조와 통제 시스템의 조합을 선택하는 일련의 과정

조직 설계(Organizational design)는 조직구조와 통제 시스템의 조합을 선택하는 것이다. 이는 경쟁우위의 구축과 유지를 위한 전략실행이 효과적으로 이루어질 수 있도록 한다. 적절한 조직설계는 두 가지 방식으로 수익을 증가시킨다. 첫째, 기업의 운영 비용 및 가치 창출 활동 비용을 낮추는 것이다. 둘째, 기업의 가치 창출 능력을 강화하는 것이다. 즉, 효율성, 품질, 혁신, 고객 대응능력을 향상시키고 차별화 우위를 획득할 수 있도록 한다.

조직구조와 통제의 주요 역할은 (1) 경쟁우위 창출을 위해 전략실행에 필요한 조직 구성원들의 활동을 조정하고 (2) 높은 효율성, 품질, 혁신, 고객 대응능력을 통한 성과 창출을 위해 구성원들을 동기부여하고 그들에게 인센티브를 제공하는 것이다. 예를 들어 마이크로소프트의 전략은 의사결정과 신제품 개발의 속도를 높이는 것이기 때문에, 프로그래머 팀들이 변화하는 소프트웨어 산업의 경쟁 환경에 빠르게 대처할 수 있도록 유연한 조직구조를 유지하려 노력하고 있다.

조직구조와 통제는 조직 내에서 구성원들의 의사결정방식과 행동방식을 결정짓는다. 만약 신임 최고경영자가 구성원들의 느린 의사결정, 부족한 부서 간 협력, 부진한 혁신적 제품 개발의 이유에 대해 알고 싶다면, 현재의 조직구조와 통제 시스템이 어떻게 구성원들의 행동을 조정하고 동기부여하고 있는지를 분석해야 한다. 조직구조와 통제 시스템을 분석함으로써 구성원 행동의 조정과 동기부여를 향상시킬 수 있다. 우수한 조직설계는 가치를 창출하고 경쟁우위를 구축하는 기업의 능력을 향상시킬 수 있다.

이 장에서는, 우선 전략적 경영자가 구성원을 조정하고 동기부여하기 위해 사용할 수 있는 조직구조에 대해서 살펴볼 것이다. 이어서, 조직 내 모든 수준의 경

영자와 직원들을 감독하고 동기부여하며, 그들이 경쟁환경 변화에 적절히 대응할 수 있도록 하기 위해, 조직구조와 함께 사용되는 전략적 통제 시스템을 다룰 것이다.

조직구조의 역할

전략이 수립되면 경영진은 다음으로 조직구조를 설계해야 한다. 이는 전략이 조직구조를 통해 실행되기 때문이다. 만약 구성원들에게 업무를 배정하고, 다양한 구성원과 기능의 활동을 연계하는 조직구조가 갖추어지지 않는다면, 가치 창출을 위한 조직구성원들의 노력은 무의미해질 것이다. 제4장에서 보았듯이, 각 기능은 효율성, 품질, 혁신, 고객 대응능력을 위한 가치 창출 활동에서 차별적 역량을 개발해야 한다. 따라서 각 기능은 숙련도, 생산성, 전문성을 증진시킬 수 있도록 설계된 조직구조를 필요로 한다. 그러나 기능조직들이 점차 전문화됨에 따라, 이들은 자신만의 목표를 배타적으로 추구하기 시작하며, 다른 기능조직들과의 의사소통 및 조정의 필요성을 잊게 될 수 있다. 예를 들어 연구개발 부서는 혁신과 제품 디자인의 목표에 집중하는 반면, 생산부서는 효율성 증가의 목표에 초점을 둔다. 이를 방치한다면, 다양한 기능조직들이 의사소통을 멈추고 결국 가치 창출의 기회마저 잃게 될 것이다.

조직구조의 역할은 다양한 기능, 부서, 사업부의 스킬과 역량을 활용하기 위해, 경영자들이 이들의 행동을 조정할 수단을 제공하는 것이다. 예를 들어, 원가우위 전략을 추구하기 의해서는 생산과 연구개발 활동을 조정하여, 혁신적인 제품이 안정적이고 효율적으로 생산될 수 있도록 해야 한다. 범위의 경제를 달성하고 부서 간 자원이 공유되도록 하기 위해서는, 각 부서의 경영자들간 소통과 지식의 공유를 권장하고 동기부여하는 메커니즘이 설계되어야 한다. 글로벌 표준화 전략이나 초국적 전략을 추구하기 위해서는 국내 부서와 해외 지사 간 자원과 역량의 흐름을 적절히 관리할 수 있는 조직구조가 마련되어야 한다. 조직구조가 개인, 기능, 사업부의 행동을 어떻게 결정하는지에 대해 알아보기 위하여, 다음에서는 조직구조의 기초 구성요소에 대해 살펴볼 것이다.

조직구조의 구성요소

> **분화**
> 조직업무에 사람과 자원을 배치하고, 이들을 가치 창출을 위한 기능과 부서로 나누는 방식

조직구조의 기본적인 구성요소는 분화와 통합이다. 분화(differentiation)는 조직의 업무에 사람과 자원을 배치하고, 이들을 가치 창출을 위한 기능과 부서로 나누는 방식이다. 일반적으로 조직 내 기능과 부서의 수가 많고, 이들이 숙련되고 전문화되어 있을수록, 분화의 수준은 높아진다. 예를 들어서, 300개 이상의 사업부가 있고, 상당히 많은 영업 부서와 연구개발 부서를 지닌 GE 같은 기업은, 중소 제조 기업이나 식당 체인점보다 훨씬 더 높은 분화 수준을 보인다. 가치 창출을 위한 조직 분화 방식의 의사결정에 있어서, 전략적 경영자들은 다음 두 가지 선택에 직면하게 된다.

> **수직적 분화**
> 전략적 경영자가 조직 내 가치 창출 활동에 대한 의사결정 권한을 어떻게 배분할지 선택하는 과정

> **수평적 분화**
> 전략적 경영자가 가치 창출 능력을 향상시키기 위해, 사람과 업무를 기능과 부서로 어떻게 배분할지 선택하는 과정

첫째, 전략적인 경영자들은 가치 창출 활동을 통제하기 위해 의사결정 권한의 배분 방식을 선택해야 한다. 이는 수직적 분화(vertical differentiation)에 대한 선택이다. 예를 들어 경영자는 사업부 및 기능조직 수준의 경영자들에게 위임할 권한의 수준을 결정해야 한다. 둘째, 경영자는 가치 창출 능력을 향상시키기 위해 사람과 업무를 기능과 부서로 나누는 방법을 선택해야 한다. 이는 수평적 분화(horizontal differentiation)에 대한 선택이다. 예를 들어 다음과 같은 선택이다. 영업조직과 마케팅조직을 분리시켜야 하는가, 결합시켜야 하는가? 고객 대응능력 극대화를 위해 판매 인력을 어떻게 나눌 것인가, 고객의 유형에 따라 나눌 것인가, 아니면 고객이 위치한 지역에 따라 나눌 것인가?

> **통합**
> 조직의 과업을 달성하기 위해, 개인, 기능, 사업부를 조정하는 방식

통합(Integration)은 조직의 과업을 달성하기 위해, 개인, 기능조직, 사업부를 조정하는 방식을 말한다. 앞서 언급했듯이, 분리되고 독특한 가치 창출 기능이 존재할 때, 이들은 자신만의 목표를 추구하는 경향이 있다. 조직은 서로 다른 기능조직과 사업부들이 자신들의 활동을 스스로 조정하도록 장려하는 조직구조를 만들어야 한다. 또한 기능조직과 사업부 간 조정과 협력을 촉진시키기 위해, 조직은 통합 메커니즘과 통제 시스템을 사용한다. 예를 들어 마이크로소프트와 구글은

혁신과 제품개발의 속도를 높이기 위해, 팀을 만듦으로써 직원들이 정보와 아이디어를 교환하고 효과적으로 협력할 수 있도록 하였다. 이와 유사하게, 혁신을 지향하는 조직의 규범, 공유가치, 문화 또한 통합을 촉진시킨다.

요약하면, 분화는 기업을 기능과 부서로 분할하는 방법이며, 통합은 이후 분할된 조직을 다시 결합시키는 방법이라고 할 수 있다. 이 두 과정은 어떻게 조직구조가 운영될 것인가와 어떻게 전략적 경영자가 선택된 전략을 통해 가치를 창출할 것인가를 결정한다. 따라서 우리는 조직설계의 주요 원칙을 이해할 필요가 있다. 먼저 분화에 대해 살펴보도록 하자.

수직적 분화

수직적 분화의 목표는 조직 내 모든 수준의 사람, 업무, 기능을 연결하는 보고 체계를 수립하는 것이다. 근본적으로, 이는 효과적으로 전략을 실행하기 위해서 경영진이 적절한 위계 수준과 통제 범위를 선택하는 것을 의미한다.

조직 위계(organizational hierarchy)는 조직 상부로부터 하부까지의 권한 구조를 확립한다. **통제 범위**(span of control)는 경영자가 직접적으로 관리하는 하급자의 수로 정의된다. 위계 수준이 적고 상대적으로 통제 범위가 넓은 **평면 구조**(flat structure)를 지향할지, 위계 수준이 많고 상대적으로 통제 범위가 좁은 **고층 구조**(tall structure)를 지향할지 결정하는 것이 기본적인 선택이다. 고층 구조는 규모에 비해 많은 위계 수준을 가지며, 평면 구조는 상대적으로 적은 위계 수준을 가진다. 연구에 따르면, 3,000명 수준의 직원을 가진 기업의 위계 수준은 평균적으로 7단계라고 알려져 있다. 그러므로 9단계를 가지는 조직은 고층 구조, 4단계를 가지는 조직은 평면 구조가 된다. 22,000명의 직원에 5단계의 위계 수준을 가진 구글은 상대적으로 평면 구조를 가지고 있는 것이다.

> **통제 범위**
> 경영자가 직접적으로 관리하는 하급자의 수
>
> **평면 구조**
> 위계 수준이 적고 상대적으로 통제 범위가 넓은 구조
>
> **고층 구조**
> 위계 수준이 많고 상대적으로 통제 범위가 좁은 구조

기업은 자신의 전략과 전략을 달성하기 위한 기능적 과업에 기반하여 필요한 위계 수준을 결정한다. 예를 들어 첨단 기술 중심의 기업은, 서비스와 품질에 기초한 차별화 전략을 추구할 것이다. 이러한 기업들은 대개 평면 구조를 선택하여,

[그림 9.1] 고층 구조와 평면 구조

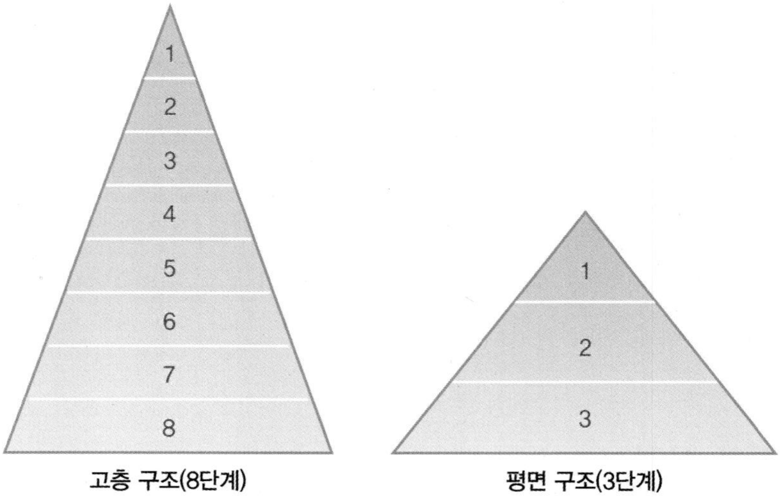

직원들이 상급자의 허가 없이도 고객 니즈를 충족시켜 줄 수 있도록 이들에게 폭넓은 재량권을 부여한다. 여기에서 핵심은 기업 내 권한과 책임의 배분이 기업수준, 사업수준, 기능수준의 전략적 요구와 일치하는가의 여부이다.

고층 구조의 문제점

기업이 성장하고 다각화됨에 따라, 직원들의 활동을 더 효율적으로 감독하고 조정하기 위해 위계 수준의 수는 증가한다. 연구결과에 따르면, 위계 수준의 수는 기업의 규모에 따라 예측이 가능하다([그림 9.2] 참조).

대략 직원 1,000명 규모의 기업은 4단계의 위계 수준을 지닌다. 최고 경영자, 부서의 장, 현장 감독자, 현장 직원의 순이다. 3,000명 규모의 기업은 보통 위계 수준을 7단계로 늘리면서, 수직적 분화 수준을 증가시킨다. 그러나 한 가지 흥미로운 일이 3,000명 이상을 고용한 기업에서 일어난다. 심지어 10,000명 혹은 그 이상의 규모를 지닌 기업의 위계 수준도 9~10단계 이상으로 증가하지 않는다. 조직이 성장함에 따라, 경영자들이 위계 수준의 수를 제한하려고 노력하기 때문이다.

[그림 9.2] 기업 규모와 위계 수준의 관계

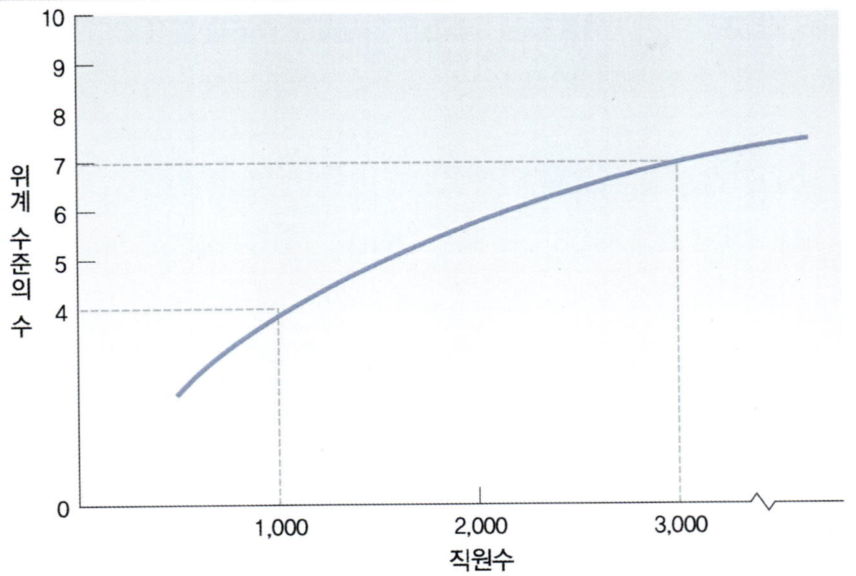

경영자들은 기업을 가능한 평면적으로 유지하고, **최소 지휘 계통의 원리**(principle of the minimum chain of command)를 따르려 노력한다. 이는 조직이 전략의 달성에 필요한 최소의 권한 단계를 가진 위계를 선택해야 한다는 원칙이다. 이와 같이 경영자들이 위계 수준을 최대한 평면으로 유지하려는 이유는 기업이 과도하게 고층화되면 전략실행을 어렵게 만드는 여러 문제들이 발생하기 때문이다.

> **최소 지휘 계통의 원리**
> 조직이 전략의 달성에 필요한 최소의 권한 단계를 가진 위계를 선택해야 한다는 원칙

조정의 문제

너무 많은 위계 수준은 직원과 기능조직 간의 의사소통과 조정을 방해하고 비용 또한 상승시킨다. 위계 수준의 최상부와 최하부 간 의사소통은 지휘 계통이 늘어날수록 지연된다. 이는 유연성을 저해하고, 신제품을 시장에 출시하거나 기술 발전을 따라가는데 필요한 시간을 지연시킨다. 페덱스에서는 신속한 의사소통과 조정이 매우 중요하기 때문에, 직원들과 최고경영자 사이에 최대 5개의 계층만을 유지하였다. 이와는 반대로 P&G는 고층의 위계 구조를 가지고 있었으며, 그 결과 신제품 출시를 위해 경쟁사에 비해 두 배의 시간을 소비하였다. 이후에

P&G는 조정 향상과 원가 절감을 위해 조직구조를 간소화하고 위계 수준의 단계를 축소하였다. 다른 기업들도 의사소통과 의사결정 속도를 향상시키기 위해, 그들의 구조를 좀 더 평면적으로 만드는 조치를 취하고 있다.

정보의 왜곡

위계 수준의 단계가 늘어남에 따라 나타나는 정보의 왜곡은 잘 드러나지는 않지만 매우 중요한 문제이다. 정보가 위계를 따라 아래로 내려가면서, 다른 수준의 경영자들(예를 들어, 사업부, 기업수준 경영자)은 우발적으로 메시지를 혼동하여 비의도적으로, 또는 자기 이익을 추구하기 위해 의도적으로 정보를 잘못 해석할 수 있다. 어떤 경우든 상부로부터의 정보는 온전히 전달되지 못한다. 예를 들어 사업부 수준의 정보를 공유하여 시너지를 창출하라는 지시는 이를 자신들의 권한과 권력에 대한 위협으로 인식하는 사업부 경영진에 의해 간과되거나 무시될 수 있다. 상부로 전달되는 정보 또한 마찬가지로 왜곡될 수 있다. 하급자들은 조직 내 자신의 지위를 강화할 수 있는 정보만 상위 관리자에게 전달할 가능성이 높다. 위계의 수가 많으면 많을수록, 하급자들이 사실을 왜곡할 가능성은 커지게 되고, 이는 결과적으로는 위계 관리 비용을 증가시키게 된다.

동기부여의 문제

위계 수준의 수가 증가할수록, 각 단계의 경영자가 보유한 권한은 줄어든다. 예를 들어 동일 규모의 두 조직 중 하나는 3단계, 다른 하나는 7단계의 위계 수준을 가지고 있다고 하자. 평면 구조를 지닌 조직의 경영자들은 더 많은 권한을 갖는 대신, 이에 따라 조직 성과에 대한 책임을 지게 되며, 이는 효율적인 업무수행에 대한 동기를 부여하게 된다. 더욱이 경영자의 수가 더 적을 때, 그들의 성과는 눈에 더 잘 띄게 되고, 결과적으로 좋은 성과에 대한 보상도 커지게 된다.

이와는 반대로, 고층 구조에서는 경영진의 권한이 제한되고, 그들의 결정은 상위 경영자에 의해 지속적으로 감시되고 검토된다. 결과적으로, 경영자들은 책임을 전가하게 되고, 새로운 전략에 따른 위험을 회피하게 된다. 이는 과업 수행을 조정하기 위한 시간과 비용을 증가시킨다. 결국, 조직구조의 형태는 조직원들의 동기부여와 전략실행 방식에 큰 영향을 미치게 된다.

과도한 중간관리자의 수

고층 구조의 또 다른 문제는 중간관리자를 많이 고용해야 한다는 것인데, 이에는 높은 비용이 발생한다. 경영자에게 지급하는 보수, 복지, 사무실, 비서 등은 조직에게 막대한 비용을 초래한다. 만약 평균적인 중간관리자에게 대략 연 20만 달러의 비용이 들어간다면, 100명의 '초과' 중간경영자들에게는 연 2,000만 달러가 소요된다. IBM, HP, P&G와 같은 미국 대기업들은 이러한 사실을 인식하고, 2000년대 들어 수천 명의 경영진을 해고하면서 위계 수준을 낮춤으로써, 수십억 달러의 운영 비용을 절감하려 하였다. 또한 사업이 성장하고 성공적일 때, 기업은 조직의 위계 문제에 대한 고려 없이 사람을 고용하고 새로운 직책을 만들기도 한다. 이후에 경영자들이 조직구조를 재검토하게 되면, 위에 언급한 단점들 때문에 자연스럽게 위계 수준을 줄이기 위한 행동에 들어가게 된다.

요약하면, 기업이 과도하게 고층화 되거나, 지휘계통이 과도하게 길어지면, 전략적 경영자들은 위계에 대한 통제를 잃게 되는 경향이 있다. 이는 전략에 대한 통제를 잃는다는 것을 의미한다. 고층 조직구조는 동기부여와 직원과 기능조직 사이의 조정을 감소시키기 때문에 때로는 심각한 문제를 발생시키기도 하며, 이는 운영 비용의 상승으로 이어진다. 이러한 문제점을 해결하고 비용을 줄일 수 있는 방법 중 하나가 분권화다. 즉, 위계 수준의 상위 계층뿐 아니라 하위 계층에게도 권한을 부여하는 것이다.

> **윤리적 딜레마**
>
> 부진한 성과를 거둔 조직이 수백 명의 중간 경영자들을 해고한다고 가정해보자. 최종 결정을 내리는 최고경영진은 하위 직급자 중 실적이 높은 사람보다는 그들이 좋아하는 사람을 잔류시키려 할 수 있다. 또는 실적이 높더라도 보수가 높은 하위 직급자를 해고할 수도 있다. 조직구조와 문화는 기업의 모든 이해관계자에게 영향을 미침을 고려했을 때, 조직의 위계 구조를 재설계하기 위해서, 평등, 공정, 정의에 대한 어떤 윤리적 원칙을 사용해야 하는가? 어떤 직원들은 과거 성공에 대한 기여를 근거로, 주주처럼 당당하게 자신의 자리 유지를 요구할 수 있다. 이것은 윤리적인 요구라고 생각하는가? 조직구조 설계에 이를 어떻게 고려할 것인가?

집권화와 분권화

상위 계층의 경영자가 중요한 의사결정 권한을 보유할 때, 조직구조는 집권화(centralization)된다. 반대로 조직구조가 분권화되면, 부서, 기능조직, 경영자, 현장근로자에게 권한이 위임된다. 분권화(decentralization)가 되면, 정보를 지속적으로 조직 상부에 전달하지 않아도 되기 때문에, 경영자들이 의사소통이나 조정의 문제에서 벗어날 수 있다. 분권화는 다음 세 가지 주요 장점이 있다.

1. 전략적 경영자가 중간관리자나 일선관리자들에게 의사결정에 대한 책임을 위임한다면, 전략적 경영자는 과도한 양의 정보에서 벗어날 수 있어서, 전략적 의사결정을 하는데 더 많은 시간을 쓸 수 있다. 결과적으로 그들은 더 효과적인 의사결정을 할 수 있다.

2. 조직 하위 경영자가 직면한 환경에 적응해야 하는 책임을 맡게 되면, 동기부여 수준과 책임감이 높아진다. 결국 분권화는 조직의 유연성을 촉진시킨다. 이는 하부 경영자가 상황에 적합한 의사결정을 할 수 있는 권한을 지니고 있기 때문이다. 분권화는 기업에게 중요한 경쟁우위를 제공하기도 한다. IBM이나 델컴퓨터와 같은 기업은 근로자에게 권한을 주고, 중요한 의사결정을 할 수 있도록 함으로써, 직원들이 고객의 요구에 빠르게 대응하여 최고의 서비스를 제공할 수 있게 한다.

3. 하위 층의 직원들에게 중요한 결정 권한을 부여하면, 그들의 행동을 감독하고 지시해야 하는 경영자의 수를 줄일 수 있다. 그리고 경영자 수가 적어지면 비용은 낮아진다.

만약 분권화가 그렇게 효과적이라면, 왜 모든 기업이 의사결정을 분권화하여 고층적인 위계구조의 문제들로부터 벗어나지 못할까? 이는 집권화 역시 장점을 가지기 때문이다. 첫째, 집권화된 의사결정은 기업 전략 수행에 필요한 조직 활동의 조정을 원활하게 한다. 만약 모든 수준의 경영자가 의사결정 권한을 가진다면, 기업의 전체적인 계획 수립이 매우 어려워지고, 기업이 의사결정에 대한 통제력을 잃게 될 수 있다. 둘째, 집권화는 의사결정이 조직 목표와 부합하여 이루어지도록 한다. 예를 들어 메릴린치(Merrill Lynch)는 지사 운영에 대한 통제가 어려워지자 이를 강화하기 위해 정보 시스템을 구축함으로써 집권화를 강화하였다. 이와 유사하게, HP도 연구개발 책임을 기업수준으로 집권화하여, 연구개발을 기업의 전략과 직접적으로 연계했으며, 계속 증가하는 사업부의 비용도 줄일 수 있었다.

9.1 전략의 실제 집권화인가 분권화인가? 그것이 문제로다.

미국에서 가장 큰 철도화물 운송 회사 중 하나인 UP(Union Pacific)는 1990년대에 위기를 겪고 있었다. 경제호황에 따라 화물의 양은 늘어났으나, 이에 따른 화물운송 지연이 발생하는 경우가 많아졌다. UP의 고객들은 이에 격분하여 격렬히 항의했으며, 기업은 보상금으로 수백만 달러를 지불해야 했다. 이러한 문제는 비용절감을 위한 UP의 집권화 결정에서 시작되었다. 효율적인 운영을 위해 모든 일정과 경로의 계획과 관리는 본사에서 이루어졌다. 지역 경영자들(regional managers)들의 업무는 화물이 자신의 지역을 잘 통과하고 있는지를 확인하는 정도였다. 최근 고객에 대한 빠른 대응과 효율성의 균형을 맞춰야 한다는 것을 인지한 UP의 최고경영자 딕 데이비슨(Dick Davison)은 전면적인 조직 개편에 들어갔다. 이에 따라 미래에는 최고경영진이 아닌 지역 경영자가 운영적 의사결정을 할 것이다. 그들은 비용이 상승하더라도, 고객의 요청에 따라 일정과 루트를 수정하게 될 것이다. 조직 개편의 목적은 "프로세스 단순화와 편의성 증진을 통한 성과의 우월성 회복" 이었다. 분권화함에 있어, UP는 이미 분권화를 추진한 경쟁사들의 선례를 따랐다. UP의 경영진은 지속적으로 현장에 의사결정 권한을 위임하여, 고객 대응능력, 운영의 탁월성, 책임감을 높여나갈 것이다.

반면, 야후는 환경적 요인을 고려하여 분권화에 대해 다른 접근을 시도했다. 2009년, 마이크로소프트와의 합병이 실패하자 야후의 주가는 폭락했다. 합병 실패에 대해 비난을 받았던 창업자 중 한 명인 제리 왕(Jerry Wang)은 최고경영자 직을 사임했고, 캐롤 바츠(Carol Bartz)가 이를 이어 받았다. 온라인 기업 경영에서 오랜 성공 경험을 가진 바츠는 야후라는 강력한 온라인 브랜드를 유지하기 위해, 비용구조의 개선과 운영의 단순화에 박차를 가했다. 빠르게 인기를 얻어가는 페이스북, 트위터와 같은 신생 온라인 기업과 구글, 마이크로소프트 같은 기존 기업과의 강도 높은 경쟁은 야후의 인기를 위협하고 있었다.

바츠는 야후의 사업모델을 재구축하기 위한 최고의 방법이 다시 집권화로 돌아가는 것이라고 생각했다. 그녀는 사업부에 대한 통제력을 회복하고 운영비용을 절감하기 위해, 제품개발, 마케팅 활동 등 이전에는 사업부에서 수행하던 기능을 중앙에 집권화시키기로 결정했다. 예를 들어 기업 내 모든 출판과 광고 기능을 집권화하여 힐러리 슈나이더(Hilary Schneider)의 통제 하에 두었다. 유럽, 아시아, 신흥시장 사업부도 집권화하여 다른 경영자에게 맡겼다. 그녀의 목적은 기업 운영을 보다 원활하게 만드는 방법을 찾는 것이었다. 그녀는 많은 권한을 중앙에 집권화하는 동시에 공개 토론회를 자주 개최하였다. 바츠는 다양한 부서의 야후 직원들에게 "당신이 나라면 어떻게 할 건가요?"라고 질문했다. 산업에서 지배적인 지위를 되찾기 위해 집권화를 강화하지만, 동시에 모든 위계 수준의 직원들로부터 의견을 들었다. 그녀의 성향으로 보았을 때, 야후가 경쟁우위를 회복하면 수익의 향상을 위해 다시 분권화하는 방향으로 나갈 것으로 예상된다.

수평적 분화

위계 수준의 단계가 과도하면, 전략과 구조의 관계를 관리하는 것이 매우 어렵고 비용도 많이 들게 된다. 기업의 상황에 따라 다르겠지만, 일반적으로 고층 구조의 문제점들은 분권화를 통해 줄어들 수 있다. 그러나 기업 규모가 증가함에 따라, 분권화는 효과적이지 않을 수 있다. 그렇다면 기업이 성장하고 다각화되어 갈 때, 조직구조의 과도한 분권화와 고층화 없이 효과적으로 기업을 운영할 수 있는 방법은 무엇인가? 엑손(Exxon)과 같은 회사가 과도한 관료화와 경직화를 피하면서도 30만 명의 직원들을 통제할 수 있는 방법은 무엇인가? 아마도 기업 목표 달성을 위한 또 다른 조직적 장치가 있을 것이다.

이러한 방안들 중 첫 번째는 적절한 형태의 수평적 분화를 선택하는 것이다. 즉, 전략의 목적에 부합하도록 조직 과업과 활동을 묶는 방법을 결정하는 것이다. 지금부터 기업이 선택할 수 있는 조직구조의 유형에 대해 살펴보자.

기능별 조직구조

기업이 직면한 문제는 더 많은 가치를 창출하기 위해 차별적 역량이 구축될 수 있도록, 자원을 배분하는 가장 좋은 방안을 찾는 것이다. 기업이 성장할 때, 두 가지 현상이 발생한다. 첫째, 수행해야 할 과업의 범위가 확대된다. 예를 들어 전문화된 업무 수행을 위해, 회계 전문가, 생산 관리자, 마케팅 전문가 등이 필요해진다. 둘째, 더 이상 여러 종류의 조직 과업을 과부하 없이 성공적으로 수행할 수 있는 사람이 없어진다. 예를 들어 창업자가 더 이상 제품의 생산과 판매를 동시에 수행하기는 힘들어진다. 여기서 '성장하는 기업의 요구에 최소한의 비용으로 대응할 수 있는 활동의 분류 방식, 즉, 수평적 분화의 형태는 무엇인가'라는 질문이 생겨난다. 많은 기업들은 기능별 구조에서 그 답을 찾는다.

기능별 구조
같은 자원을 사용하거나, 공통의 전문성이나 경험을 가진 사람들을 그룹화한 구조

기능별 구조(functional structures)는 같은 자원을 사용하거나, 공통의 전문성이나 경험을 가진 사람들을 그룹화하는 것이다. 예를 들어 엔지니어들은 같은 업무를 수행하며, 같은 기기나 기술을 사용하므로 함께 분류된다. [그림 9.3]은 전

형적인 기능별 구조를 보여준다. 각 사각형은 연구개발, 영업 및 마케팅, 생산 등 서로 다른 기능별 전문화를 나타난다. 그리고 각 기능은 전문화된 자신의 과업을 집중적으로 수행한다.

기능별 구조의 장점

기능별 구조는 몇 가지 장점이 있다. 첫째, 비슷한 업무를 수행하는 사람들끼리 그룹화하면, 서로 간에 학습이 일어나서 좀 더 전문화되고 생산적으로 자신의 일을 수행할 수 있게 된다. 둘째, 그룹화된 사람들은 업무를 효과적으로 수행하는지, 책임을 회피하지는 않는지를 서로 감시할 수 있다. 결과적으로, 업무 프로세스의 효율성이 향상되어, 생산 비용은 줄고 운영의 유연성은 높아진다.

셋째, 조직 활동에 대한 경영자들의 통제 수준이 높아진다. 앞서 언급했듯이, 위계 수준의 단계 수가 늘어날수록 여러 문제점들이 생긴다. 그러나 기능별 조직에서는 기능별로 별도의 경영자가 관리하는 여러 다른 위계가 생겨나게 되고, 이는 전체 조직이 과도하게 고층화되는 것을 방지할 수 있다. 예를 들어, 생산 조직, 회계 조직, 재무 조직 등은 각각 별도의 위계가 된다. 각 그룹이 서로 다른 업무에 특화되고, 별도로 관리되므로, 전체적인 사업의 관리가 훨씬 수월해진다.

[그림 9.3] 기능별 구조

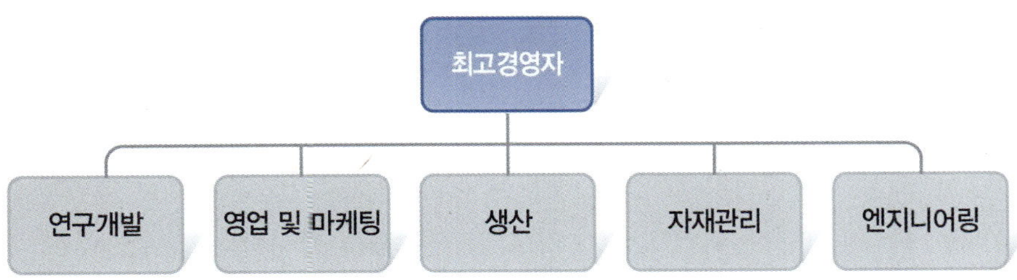

기능별 구조의 단점

좀 더 복잡한 업무를 다루기 위해, 기업은 수평적 분화 수준을 높일 수 있다. 기업은 이러한 구조를 통해 성장하는 상황에서도 활동을 효과적으로 통제할 수 있다. 그러나, 기업이 다양한 지역으로 확장하거나, 다양한 제품을 생산하기 시작하면, 통제와 조정의 문제가 발생하고, 이는 기업 활동에 대한 조정 능력을 약화시키고 비용을 상승시킨다.

의사소통 문제

분리된 기능조직의 위계구조가 진화할수록, 기능조직들은 각자 다른 방향으로 성장하게 된다. 결과적으로, 이는 기능조직 간 의사소통과 활동의 조정을 어렵게 만든다. 분화의 정도가 클수록, 다양한 기능조직들이 직면한 문제에 대해 서로 다른 관점에서 접근하기 때문에, 이러한 의사소통의 문제는 증가하게 된다. 예를 들어 각 기능조직들은 시간과 목표에 대한 지향점이 서로 다르다. 단기적 관점에서 접근하는 생산과 같은 기능조직은 생산비용 절감 등의 단기 목표에 집중한다. 반면, 장기적 관점을 지닌 연구개발과 같은 기능조직은 혁신과 신제품 개발 등의 목표 달성에 수년의 시간이 걸리는 것을 당연하게 생각한다. 이에 따라 각 기능조직은 기업이 직면하는 전략적 이슈에 대해서도 서로 다른 관점을 가지게 된다. 예를 들어 생산 조직은 우선적인 전략적 이슈를 비용 절감으로 여길 수 있으며, 영업 조직은 고객 대응능력 향상으로, 연구개발 조직은 신제품 개발로 볼 수 있다. 이러한 경우, 기능조직 간 조정이 어려워지고 비용은 상승하게 된다.

측정 문제

제품의 수가 늘어나면, 전체 수익에 대한 개별 제품의 기여도를 측정하는 것이 매우 어려워진다. 결과적으로, 수익성 없는 제품을 가려내는 데 실패하여, 자원 배분에 어려움을 겪게 된다. 이는 기업의 측정 시스템이 필요한 만큼 충분히 정교하지 못하다는 것을 의미한다. 예를 들어 델컴퓨터는 1990년대에 너무 급격하게 성장하다 보니 재고관리 시스템에 대한 통제를 잃게 되어, PC 부품의 수요와 공급을 정확하게 예측할 수 없게 되었다. 조직구조에서의 문제는 효율성과 품질을 낮추며 델을 괴롭혔다. 한 경영자가 말했던 것처럼, 기업 성장에 맞춰 구조를 설계하는 것은 경주 트랙을 돌며 고성능 자동차를 조립하는 것과 같이 매우 어려운 일이다. 델은 혁신적인 조직설계로 인해 2000년대 중반까지 성공하였고, HP와 에이서 같은 경쟁사에 대비 20%에 달하는 원가 우위를 누렸다. 그러나 HP와 에이서는 델의 혁신을 성공적으로 모방하여, 2007년 델을 제치고 최저 비용으로 PC를 생산하는 기업이 되었다.

입지 문제

입지 요소들 또한 조정과 통제를 저해한다. 생산과 판매가 이루어지는 지역이 다양해지면, 기능별 구조에서의 집중화된 통제 시스템은 제 역할을 못할 수 있다. 왜냐하면 이러한 상황에서는 다양한 지역의 경영자들이 고객의 니즈에 대응할 수 있는 유연성을 지녀야 하기 때문이다. 따라서 기능별 구조는 지역적 다양성을 다룰만큼 정교하지 못하다.

전략적 문제

앞서 언급한 모든 요소들이 결합되어, 의사소통과 조정 문제에 매달리게 된 경영진이 장기적인 전략을 등한시하는 문제를 낳기도 한다. 결과적으로, 기업은 방향을 잃게 되고, 비용이 상승하는 동시에 새로운 기회를 놓치게 될 수 있다.

이러한 문제를 경험하는 것은 기업이 목표달성을 위한 적절한 구조를 가지고 있지 못하다는 것을 의미한다. 경쟁우위 강화를 위해서 조직 과업을 효과적으로 수행하길 원한다면 기업은 수직적 분화와 수평적 분화의 조합에 변화를 줘야 한다. 기본적으로, 이러한 문제점들은 기업이 조직구조가 감당할 수 있는 것보다 더 많이 성장했음을 알려준다. 이때 기업은 경쟁전략에 맞는 좀 더 정교한 구조를 개발하기 위해 자원을 투입해야 한다. 이는 많은 비용이 소요되나, 이로 인해 창출되는 가치가 조직구조를 운용하는 비용보다 높다면 좀 더 정교한 구조를 도입하는 것이 바람직하다. 따라서 많은 기업들이 조정의 문제로 인해 제품별, 지역별, 제품-팀 조직구조 등을 도입하고 있다.

제품별 조직구조

제품별 구조(product structure)는 활동을 제품라인에 따라 나눈다. 생산조직은 제품간 유사성과 차별성을 기반으로 서로 다른 제품라인으로 나누어진다. [그림 9.4]는 전형적인 제품별 조직구조를 나타내고 있다. 이 기업은 제품을 소비재용, 의료용, 상업용으로 그룹화하고 있다. 각 제품 그룹 안에서는 유사한 종류의 제품들이 생산된다.

3개의 다른 제품 그룹이 있기 때문에, 이 구조에서 수평적 분화 정도는 기능별 조직구조보다 높다. 회계와 영업과 같은 전문화된 지원 기능들은 조직의 상위에 집중되어 있으나, 각 지원 기능의 조직은 각기 다른 제품 그룹에 전문화된 직원들을 운용하여 의사소통 문제를 해결한다. 따라서 회계부서의 인력은 각 제품을 담당하는 총 3개 그룹으로 나뉜다. 영업에서도 제품라인별로 영업 인력이 나뉜다. 그러나 이들이 모두 같은 영업부서에 속하고, 이 영업부서 내에서 3개 그룹

[그림 9.4] 제품별 조직구조

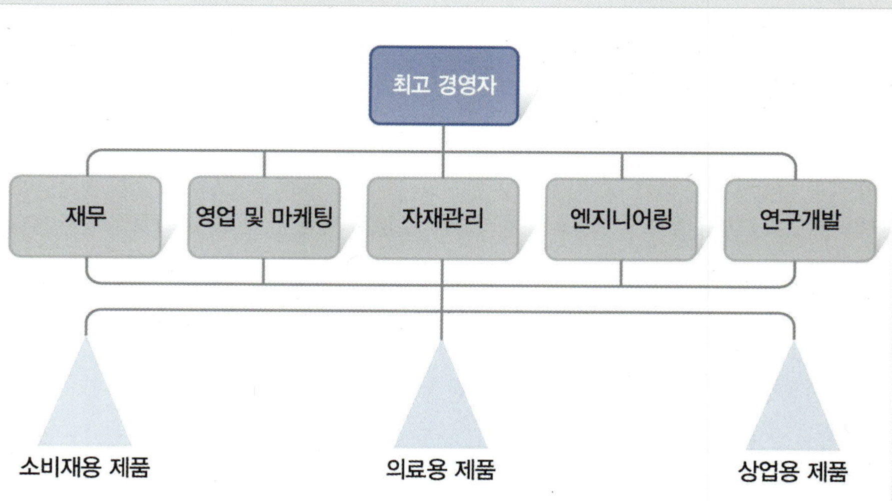

모두의 활동이 조정되기 때문에, 영업기능의 수준에서 규모의 경제를 달성할 수 있다. 예를 들어 델은 고객 그룹별 니즈를 기반으로 상용 부문과 공공 부문으로 나뉘는 제품별 조직구조를 도입하였다. 델의 영업인력은 이 중 하나의 고객 그룹으로 특화되지만, 제품 라인간 의사소통과 정보교환을 위하여 각각의 영업활동이 조정된다.

제품별 구조는 기능별 구조에서 일어나는 통제와 조정의 문제를 감소시킨다. 이는 개별 기능보다 제품라인에 더 주목하기 때문에, 기능별 조직 간의 벽을 허물 수 있다. 더욱이 각 제품라인의 수익 기여도를 명확하게 파악할 수 있어서 효율적으로 자원을 배분할 수 있다. 이 구조는 기능별 구조에 비해 위계구조에서 제품라인 경영자라는 단계를 하나 더 가진다. 이러한 수직적 분화의 증가는 제품라인 경영자가 일상적 운영에 집중하며, 상위경영자는 경쟁우위 개발에 집중할 수 있도록 한다. 비록 운영 비용은 높을지라도, 이는 조직구조에서 나오는 추가적인 조정과 통제에 의해 정당화될 수 있다.

메이텍(Maytag)은 제품라인 관리를 위해 제품별 조직구조를 선택한 또 다른 예이다. 메이텍이 세탁기와 건조기만 제조할 때는 기능별 구조를 채택했다. 그러나 메이텍은 이후 시장점유율 증가를 노리고 두 가전기기 제조사를 사들였다. 전기레인지로 알려진 젠에어(Jenn-Air)와 가스레인지로 유명한 하드윅(Hardwick)이란 기업이었다. 메이텍은 제품별 조직구조를 도입했고, 인수한 회사는 각자 분리된 제품라인으로서 운영되었으며, 비용절감을 위해 전문화된 지원 조직은 중앙에 집중시켰다. 이는 [그림 9.4]의 구조와 유사했다. 그러나 메이텍이 다각화를 지속함에 따라, 이후에는 전략을 효과적으로 수행하기 위해 사업부제 조직구조로 이동하였다.

제품-팀 조직구조

비교적 최근에 등장한 혁신적 조직구조로 제품-팀 구조(product-team structure)를 들 수 있다. 오늘날의 경쟁적인 환경에서, 빠른 신제품 출시와 경쟁우위 보

[그림 9.5] 제품-팀 조직구조

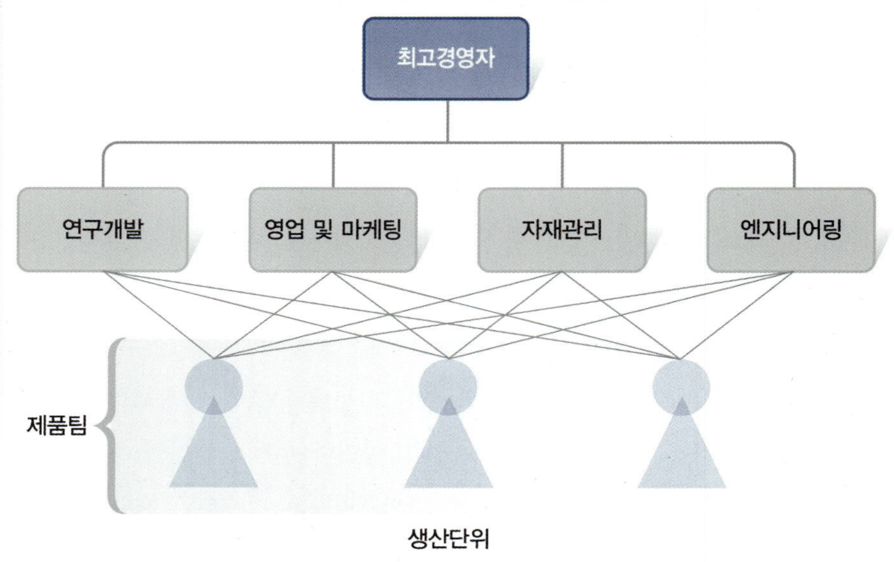

호를 위해, 기업들은 지원 기능들을 조정할 수 있는 최선의 방법을 찾아야 한다. 이를 위한 방법 중 하나가 다기능 팀을 활용하는 제품-팀 조직구조를 발전시키는 것이다([그림 9.5] 참조).

제품별 조직구조에서처럼, 비용 감소와 생산 프로세스에 대한 감독 및 통제 능력 강화를 위해, 제품-팀 조직구조는 과업 활동을 제품라인으로 나눈다. 그러나 다양한 지원 기능조직으로부터 차출된 전문가들이 제품이나 프로젝트에 배정된다. 여기서 이들은 다기능 팀(cross-functional team)으로 구성되어 제품에 필요한 업무를 하게 된다. 이러한 다기능 팀은 문제의 조기해결을 위해 제품 개발의 단계에서부터 조직된다. 모든 기능 조직들이 초반에 직접 개입하게 되면, 디자인 비용과 이에 따르는 생산비용을 절감할 수 있다. 더욱이 제품-팀 구조에서는 권한을 다기능 팀으로 위임함으로써 분권화하기 때문에, 빠른 의사결정이 가능하여 혁신과 고객대응 속도를 높일 수 있다.

지역별 조직구조

지역별 구조(geographic structure)에서는 지리적인 지역이 조직 활동을 그룹화하는 기준이 된다. 예를 들어 기업은 생산기능을 나누어 다른 지역에 생산공장을 설립할 수 있다. 이는 해당 지역 고객들의 니즈에 대한 빠른 대응과 운송비 절감을 가능케 한다. 마찬가지로, 소매 체인이나 은행 같은 서비스 기업은 고객에게 가까이 다가가기 위해 마케팅과 영업 활동을 전국이 아닌 지역별로 구축할 수 있다. 제품별 구조처럼 지역별 구조도 기능별 구조보다 통제에 있어 장점을 가진다. 과거 단일화된 중앙의 위계조직에서 수행되던 활동을 몇몇 지역별 위계조직이 나누어 수행하기 때문이다. 페덱스는 익일 배송이라는 기업의 목표 달성을 위해 지역별 구조가 필요했다. 월마트나 니먼 마커스(Nieman Marcus) 같은 거대 유통업체들도 전국에 지점을 개설하면서 지역별 구조를 받아들였다. 지역별 조직구조에서는 지역적으로 다른 의류에 대한 니즈(미국의 남부는 여름 의류, 북부는 겨울 의류)에 대응할 수 있다. 동시에, 중앙에 집중되어 있는 구매 기능이 모든 지역의 구매를 담당할 수 있다. 따라서 기업은 구매 기능에서 규모의 경제를 달성함과 동시에, 조정과 의사소통의 문제를 줄일 수 있다. 예를 들어 니먼 마커스의 경우에는 전국적인 백화점 체인을 운영하기 위해 [그림 9.6]과 유사한 지역별 조직구조를 도입하였다.

니먼 마커스는 동부, 서부, 남부, 중앙 지역의 고객 니즈에 대응하기 위해 지역별 구매팀을 만들었다. 지역별 구매팀은 자신의 정보를 본사의 중앙 구매팀에 전달하는데, 중앙 구매팀은 구매에서의 경제성을 획득하고, 차별화 우위의 원천인 높은 수준의 품질 기준이 전국적으로 유지되도록 하기 위해 지역에서의 요구를 조정한다. 오늘날 니먼 마커스는 가장 수익성 높은 고급 백화점 체인이 되었다.

그러나 제품별, 지역별 조직구조의 유용성은 기업규모, 제품과 지역의 범위에 따라 달라진다. 만약 기업이 새로운 산업으로 비관련 다각화나 수직적 통합을 시작한다면, 제품별 조직구조로는 더 이상 기업 내의 늘어난 다양성을 다루기 어

[그림 9.6] 지역별 조직구조

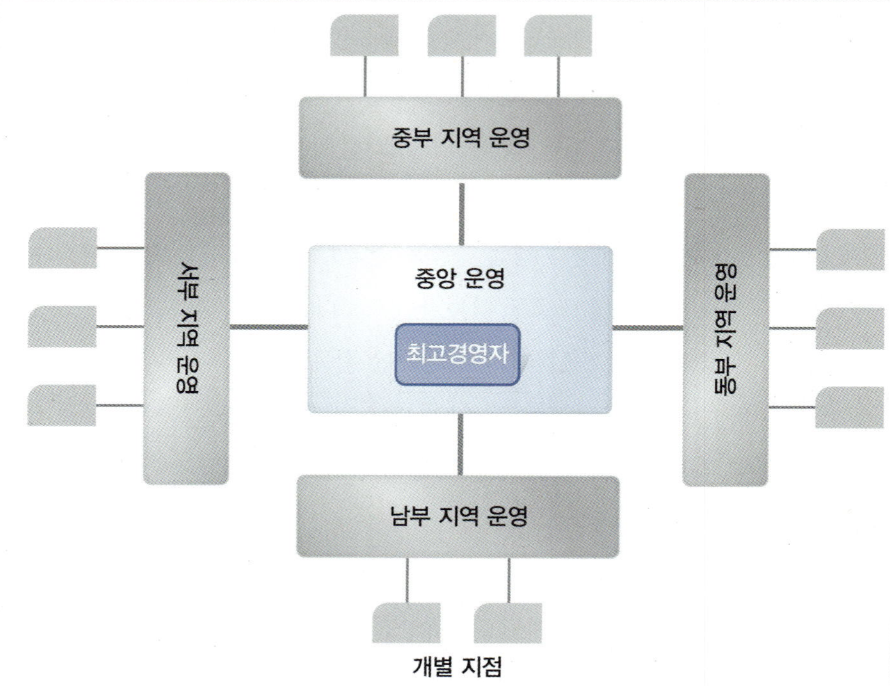

려워진다. 왜냐하면 경영자가 효과적으로 기업의 가치 창출 활동을 조정할 수 없기 때문이다. 이 조직구조는 거대 다각화 기업의 요구를 충족시킬 만큼 정교하지 않다. 따라서 기업이 이러한 단계로 발전함에 따라, 사업부제 구조가 많이 채택된다.

사업부제 조직구조

사업부제 구조(multidivisional structure)는 기업이 성장하고 다각화하면서도 통제의 상실에서 오는 문제점들을 극복할 수 있도록 하는 혁신적인 조직구조인데, 기능별 조직에 비해 두 가지의 장점을 가진다. 첫째, 별개의 제품라인인 각 사업부는 자체적으로 모든 지원 기능을 가진 독자적인 조직으로서 존재한다. GE는 150개 이상의 각기 다른 산업에서 경쟁하는데, 각 산업 내의 사업부들은 경쟁우위 창출을 위한 모든 가치 창출 기능을 자체적으로 수행할 수 있도록 조직된다. 결국 이는 보다 높은 수준의 수평적 분화로 이어진다.

둘째, 기업 본사의 스태프 조직은 각 사업부의 활동을 감독하고, 이들에 대한 재무적 통제를 실행한다. 이 스태프 조직은 사업부와 기능수준 경영자의 활동을 감독하는 기업수준 경영자들로 구성되고, 추가적인 조직위계의 단계를 형성한다. 따라서 기능별 조직구조보다 사업부제 조직구조에서 더 높은 수준의 수직적 분화가 나타나게 된다.

[그림 9.7]은 듀폰(DuPont)과 같은 대규모 화학기업에서 볼 수 있는 전형적인 사업부제 구조이다. 이 회사는 실제로는 70여개 사업부를 운영하고 있지만, 그림에는 이들 중 석유, 제약, 플라스틱의 3개만을 나타내었다. 독자적인 사업조직으로서, 각 사업부는 충분한 지원 서비스 기능을 자체적으로 가지고 있다. 예를 들어 각 사업부는 자체적인 회계, 영업, 인사 기능을 가진다. 각 사업부는 수익 창출 센터로서 기능하기 때문에, 본사 스태프는 사업부의 감독과 평가를 수월하게 할 수 있다.

[그림 9.7] 사업부제 조직구조

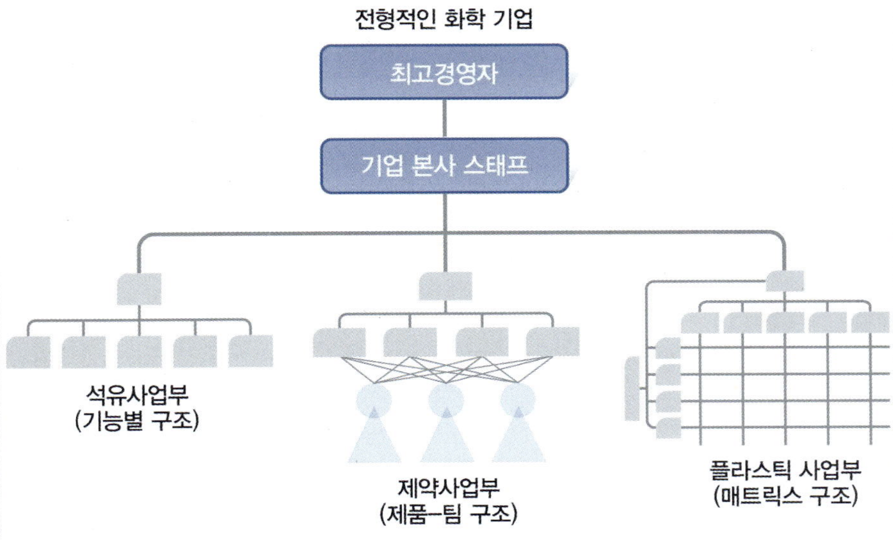

사업부제 조직구조의 운영비용은 기능별 구조에 비해 높은데, 가장 큰 원인은 본사 스태프가 존재하기 때문이다. IBM과 포드 같은 기업에서 본사 스태프는 수천 명에 이르는데, 오늘날 많은 기업이 스태프 조직을 간소화함으로써 그 수를 줄이기 위해 노력하고 있다. 또한 각 사업부가 연구개발, 마케팅과 같은 전문적 지원 조직을 따로 갖추고 있는 것도 높은 비용을 초래한다. 그러나 높은 운영비용을 통해 더 높은 수준의 가치 창출이 가능하다면, 이와 같은 조직구조로 가는 것이 옳을 것이다.

매트릭스 구조
기능조직의 경영자들이 신제품 개발을 위해 임시 조직된 팀의 프로젝트 경영자들과 함께 일하는 조직구조

각 사업부는 그 필요성에 맞는 조직구조를 선택할 수 있다. [그림 9.7]에서 석유사업부는 활동이 표준화되어 있기 때문에 기능별 구조를 가지고 있다. 반면 이 기업에서 제약사업부는 제품-팀 구조를, 플라스틱사업부는 매트릭스 구조를 가지고 있다. **매트릭스 구조**(matrix structure)에서는 기능조직의 경영자들이 신제품 개발을 위해 임시 조직된 팀의 프로젝트 경영자들과 함께 일한다. 그러나 한 프로젝트가 종료되면, 기능조직 경영자들과 프로젝트 경영자들은 또다시 자신의 능력을 활용할 수 있는 새로운 신제품 개발팀에 배치된다.

운영측면의 책임
사업부제 조직구조에서, 사업부의 일상적 운영에 대한 사업부 경영진의 책임

전략측면의 책임
사업부제 조직구조에서, 장기적 계획 수립 및 이에 대한 감독과 사업부 경영자들에게 가이드라인을 제공해야 하는 기업수준 경영진의 책임

사업부제 조직구조에서는, 사업부 경영진이 사업부의 일상적 운영을 책임진다. 즉, 사업부 경영진은 **운영측면의 책임**(operating responsibility)을 갖는다. 반면, 이사진과 최고경영자를 포함하는 본사 스태프는 장기적인 계획을 주관하고, 사업부간 프로젝트의 가이드라인을 제공하는데 책임이 있다. 즉, 이들은 **전략측면의 책임**(strategic responsibility)을 갖는다. 이러한 독자적인 사업부와 중앙집권화된 기업수준 경영관리의 조합은, 앞서 언급했듯이, 높은 수직적·수평적 분화 수준을 나타낸다.

이러한 두 가지 혁신은 성장과 다각화를 조정하기 위해 필요한 추가적인 통제력을 제공한다. 높은 비용에도 불구하고 이러한 조직구조는 미국 대기업의 90% 이상이 채택하고 있기 때문에, 그 장단점에 대해 좀 더 자세히 살펴볼 필요가 있다.

사업부제 구조의 장점

기업수준 및 사업부수준의 경영이 효과적일 때, 사업부제 구조는 몇 가지 장점을 가진다. 이러한 장점들은 조직이 더 복잡한 기업수준 전략을 추구할 수 있도록 함으로써, 기업의 수익 극대화에 기여한다.

재무적 통제의 강화

사업부제 조직구조에서 사업부의 수익성은 명확하게 확인 가능하다. 각 사업부는 수익 창출 센터로 기능하기 때문에, 수익을 기준으로 한 재무적 통제가 가능하다. 기업 경영진은 각 사업부의 성과 목표를 설정하고, 정기적으로 성과를 감독하며, 문제 발생 시 선택적으로 개입한다. 이러한 정보를 활용하여, 기업의 재무적 투자가 장기적 ROIC를 최대로 창출하는 사업부를 찾아낼 수 있다. 결과적으로 그들은 기업의 전체 수익성을 극대화시키는 방식으로 기업의 자금을 사업부에 배분할 수 있다. 기업 본사의 경영자들이 최대 수익을 낼 수 있는 고성과 사업부에 자금을 투자하는 "내부 투자자"로서의 역할을 수행하는 것이다.

전략적 통제의 강화

사업부제 조직구조에서 기업수준 경영자들은 운영측면의 책임으로부터 자유롭다. 따라서 이들은 더 광범위하고 장기적인 전략적 이슈를 고려하고, 환경변화에 대한 대응책을 만드는 데 더 많은 시간을 할애할 수 있다. 또한 사업부제 구조는 기업 본사가 전략계획 수립의 기능을 수행하기 위해 필요한 정보를 획득할 수 있도록 한다. 예들 들어 개별 사업을 분리시키는 것은 포트폴리오 계획에 필요한 전제조건이다.

성장

기업은 사업부제 구조를 통해 조직적 차원에서의 성장의 한계를 극복할 수 있다. 자칫 중앙에 과도하게 집중될 수 있는 정보의 양이 줄어들기 때문에 기업수준 경영자들은 더 많은 사업을 관리할 수 있다. 그들은 추가적인 미래 성장이나 다각화의 기회도 고려할 수 있게 된다. 표준화된 회계 및 재무 통제 기법을 통해 모든 사업부가 평가되기 때문에, 의사소통의 문제도 줄어든다. 또한, 기업수준 경영자들은 문제 발생시에만 개입한다는 뜻의 '예외에 의한 관리(management by exception)'를 실행할 수 있다.

내부 효율성의 추구

기능별 구조에서, 기능조직 간 상호의존성이 있으면 각 기능조직의 개별 성과는 측정될 수 없다. 예들 들어 재무, 마케팅, 생산 조직들의 수익성은 전체의 일부분이기 때문에 독립적으로 평가될 수 없다. 따라서 기능별 구조에서는 비생산적으로 활용되는 자원이 각 기능에 상당 수준 존재함에도 불구하고 잘 감지되지 않을 수 있다. 예를 들어 재무조직의 경영자가 부서 내 업무 강도를 낮추고 자신의 개인적 지위를 향상시키기 위해 필요 이상의 직원을 채용함으로써 운영의 효율성을 떨어뜨릴 수 있다.

그러나 사업부제 구조에서는 각 자율적 사업부의 효율성이 창출하는 수익을 통해 직접적으로 관찰되고 측정된다. 사업부 경영자에게는 자율과 함께 책임이 부여된다. 그들에게 부진한 성과는 변명의 여지가 없다. 따라서 기업수준 경영자들이 비효율성을 좀 더 잘 파악할 수 있다.

사업부제 구조의 단점

사업부제 구조는 강력한 장점이 많기 때문에, 오늘날 대부분의 다각화된 대기업들이 이 조직구조를 선호하는 것으로 보인다. 한 연구는 이를 채택하는 대기업이 기능별 조직구조를 유지하는 대기업보다 더 나은 성과를 도출한다고 제시하기도 하였다. 그러나 사업부제 조직구조에도 단점은 존재한다. 경영진들이 노력하면 단점 중 몇몇은 제거가 가능하지만, 어떤 단점들은 구조의 운영 방식에 내제되어 제거가 어려울 수 있다. 문제를 발견하기 위해서는, 기업수준의 경영자들이 운영 방식을 지속적으로 관찰해야 한다.

사업부와 본사의 권한 관계 확립

기업 본부와 사업부 사이의 권한 관계는 올바르게 확립되어야 한다. 사업부제 구조에서는 조직의 위계수준에 기업수준이라는 하나의 단계가 더 추가된다. 기업수준 경영자는 어느 정도의 권한과 통제를 사업부에 위임할 것이며, 또 어느 정도를 본부에서 가질 것인지를 결정해야 한다.

이 문제는 알프레드 슬로언(Alfred Sloan)에 의해 처음 언급되었다. 그는 사업부제 조직을 만들어낸 장본인이다. 그가 최고경영자일 때 GM은 세계 최초로 사업부제 구조를 채택하여, 쉐보레, 폰티악, 올즈모빌, 뷰익, 캐딜락의 5개 자동차 사업부를 가지게 되었다. 슬로언은 기업수준 경영자들이 너무 많은 권력과 권한을 소유하게 되면, 사업부 경영자들이 사업부에 최적화된 사업전략 개발에 필요한 충분한 자율성을 가지지 못한다는 점을 발견했다. 반면, 너무 많은 자율성이 사업부에 위임되면, 경영자들은 자기 사업부의 목표 달성에만 도움이 되고, 기업 전체의 가치에는 도움이 안 되는 전략을 추구하기 시작한다. 결과적으로, 시너지로부터 창출되는 모든 잠재적 이익을 얻지 못하는 것이다.

따라서 사업부제 구조에서 중요한 이슈는 얼마나 많은 권한이 기업의 본부에 집권화되어야 하고, 얼마나 많은 권한이 사업부에 분권화되어야 하는가이다. 이 이슈는 각 사업수준 및 전체 기업수준 전략의 특성을 고려하여 결정되어야 한다. 이에 대한 쉬운 답은 없다. 그리고 시간에 따른 환경 변화와 기업 전략 변화에 따라 집권화와 분권화 사이의 최적 균형 또한 변화할 것이다.

정보의 왜곡

만약, 기업 본사가 사업부에게 과도한 투자수익을 요구한다면, 사업부 경영진은 최고경영진에게 전달하는 정보를 왜곡하여 현 상황을 긍정적으로 보이도록 할 수 있다. 즉, 사업부는 장기적 수익성을 감소시킬 수 있는 단기 수익 중심의 전략을 추구하게 된다. 이러한 문제는 과도한 재무적 통제에 기인한다. 최근 GM은 이러한 문제를 겪었다. 성과가 감소하면서 사업부 경영자들이 자신의 사업부를 좋게 보이기 위해 노력했기 때문이다. 기업과 사업부 수준 간 정보교류 시에는 감지가 쉽지 않은 미묘한 권력문제에 유의해야 한다. 따라서 기업수준 경영자들은 기업의 장·단기 목표 모두를 달성하기 위해, 사업부 경영자들과의 상호작용에 신중해야 한다.

자원을 위한 경쟁

사업부제 구조를 관리함에 있어서 세 번째 문제는, 사업부 간 자원 확보를 위한 경쟁이 일어나고, 따라서 시너지와 범위의 경제를 얻기 힘들어진다는 것이다. 예를 들어 기업이 사업부에 배분하는 자금의 총량은 정해져 있다. 일반적으로는, 투자 수익이 가장 높은 사업부가 가장 많은 자금을 가져가게 된다. 그런데 더 많은 자금의 투자는 다음 해의 높은 성과로 연결되어, 강한 사업부가 더욱 강해지는 결과를 가져온다. 따라서 사업부는 자원 확보를 위해 서로 치열하게 경쟁하게 되고, 이는 사업부 간 조정을 어렵게 한다.

이전가격 설정

이전가격
한 사업부에서 생산된 제품이 다른 사업부로 공급되는 가격

사업부 간 경쟁은 **이전가격**(transfer price) 설정에 대한 전쟁으로 이어진다. 수직적 통합이나 관련다각화의 어려움 중 하나가 사업부 간 이동하는 제품의 가격을 설정하는 것이다. 사업부 간 경쟁은 공정한 가격을 설정하는데 문제를 발생시킨다. 각 공급 사업부는 그들의 수익을 극대화하기 위해 제품 가격을 최대한 높이려고 노력할 것이다. 그러한 경쟁은 기업문화를 훼손하고, 기업을 전쟁터로 바꿔놓을 수 있다. 많은 기업들이 사업부 간 경쟁을 경험한다. 당연하게도, 경영자가 최대 성과를 이끌어내기 위해 필요하다고 생각한다면 경쟁이 오히려 권장될 수도 있다.

단기적 연구개발에 집중

만약 본사에 의해 극단적으로 높은 수익성 목표가 설정된다면, 사업부들은 재무성과를 향상시키기 위해 연구개발 비용을 삭감할지도 모른다. 이는 단기적인 성과를 높일 수 있으나, 신제품 개발능력을 떨어뜨려 장기적 수익의 하락을 가져

올 것이다. 따라서 기업 본사는 기업의 장·단기적 목표 모두를 달성하기 위해 사업부와의 상호작용에 신중해야 한다.

높은 운영비용

이미 언급했듯이, 각 사업부는 재무, 연구개발과 같은 전문화된 기능조직을 자체적으로 보유하고 있기 때문에, 사업부제 구조의 운영과 관리에는 많은 비용이 소요된다. 따라서 몇몇 기업들은 연구개발과 같이 많은 비용이 소요되는 기능조직을 기업수준으로 집중화시킨다. 전문화된 기능의 중복은 그 효익이 비용을 초과한다면 문제가 되지 않는다. 따라서 전략적 경영자들은 기능의 중복이 재무적으로 정당화될 수 있는지를 판단해야 한다. 침체기나 불경기 때에는 기업들이 활동들, 특히 자문이나 계획 기능을 집중화하는 경향이 있다. 하지만 이러한 경우에도 사업부는 이익 창출 센터로서 유지된다.

사업부제 조직구조는 장점과 단점을 모두 가지고 있으나, 통찰력과 전문성을 가진 유능한 경영진이라면 단점을 효과적으로 관리할 수 있을 것이다. 사업부제는 오늘날 지배적인 조직구조이며, 이러한 사실은 다각화된 기업을 경영하는 수단으로서의 유용성을 잘 보여준다.

통합과 조직 통제

지금까지 살펴본 것처럼 조직은 전략에 부합하는 적절한 분화 형태를 선택해야 한다. 예를 들어 다각화된 거대 기업은 기능별 구조에서 사업부제 구조로 이동하려 할 것이다. 그러나 분화 형태를 고르는 것은 조직설계의 첫 단계일 뿐이다. 두 번째 의사결정은 조직구조가 효과적으로 운영될 수 있는 통합과 통제의 유형과 수준을 선택하는 것이다.

통합 메커니즘의 유형

이미 언급했듯이, 기업의 통합(integration) 수준은 가치 창출 활동을 조정하고 상호의존적으로 만드는 범위를 말한다. 이를 설계하는데 있어서의 이슈는 다음과 같이 요약할 수 있다. 즉, 기업의 분화 수준이 높을수록, 조직구조의 효과적 운영을 위해 높은 수준의 통합이 필요하다. 따라서 기업의 분화 형태가 정교해질수록, 목표 달성을 위한 통합 형태도 정교해져야 한다. 예를 들어 페덱스는 익일 배송이라는 약속을 지키기 위해 상당이 높은 수준의 통합을 필요로 한다. 이 기업은 '고객 연락 담당 직원'(customer liaison personnel)과 같이 조직 활동을 빠르고 효율적으로 조정하기 위한 혁신적 통합 메커니즘을 사용하는 것으로 유명하다.

분화 수준에 따른 통합 수준 향상을 위해 기업이 사용하는 일련의 통합 메커니즘이 존재한다. 이들 중 몇 가지가 [그림 9.8]에 표현되어 있다. 그림의 세 가지 메커니즘 중 (a)가 가장 단순하고 (c)가 가장 정교한 것이다. 분화 수준을 높이는 것처럼, 통합 수준을 높이는 데에도 많은 비용이 소요된다. 가치 창출 활동의 조정에 경영자를 투입하면 높은 비용이 발생한다. 따라서, 기업은 전략을 효과적으로 실행하는데 필요한 조정 수준에 부합하는 딱 알맞은 수준의 통합 메커니즘을 사용한다.

직접 접촉

경영자간 직접 접촉(direct contact) 방식을 선택하는 목적은 각기 다른 사업부나 기능의 경영자들이 상호 공통의 문제를 함께 해결할 수 있는 환경을 조성하는 것이다. 다른 기능의 경영자들은 각기 다른 목표와 이해관계를 가지지만 권한은 동일하다. 따라서 분쟁이 발생할 때, 협력하기보다 서로 경쟁하는 경향이 있다. 예를 들어 일반적인 기능별 조직구조에서, 각 기능조직의 장들은 동등한 권한을 지닌다. 이들의 지휘계통에서 겹치는 지점은 바로 위의 최고경영자밖에 없다. 따라서 이들 간 갈등이 일어날 때, 최고경영자의 권한 이외에는 이를 해결할 수 있는 메커니즘이 없다.

사실, 조직 내 갈등이 클수록 상위 경영자가 해결해야 하는 문제의 수는 많아지게 된다. 이에 따라 경영진의 시간과 노력이 낭비되고, 전략적 의사결정이 지체되며, 기업 내 협력 문화 구축이 어려워진다. 이러한 이유 때문에, 기업은 일반적

[그림 9.8] 통합 메커니즘의 유형

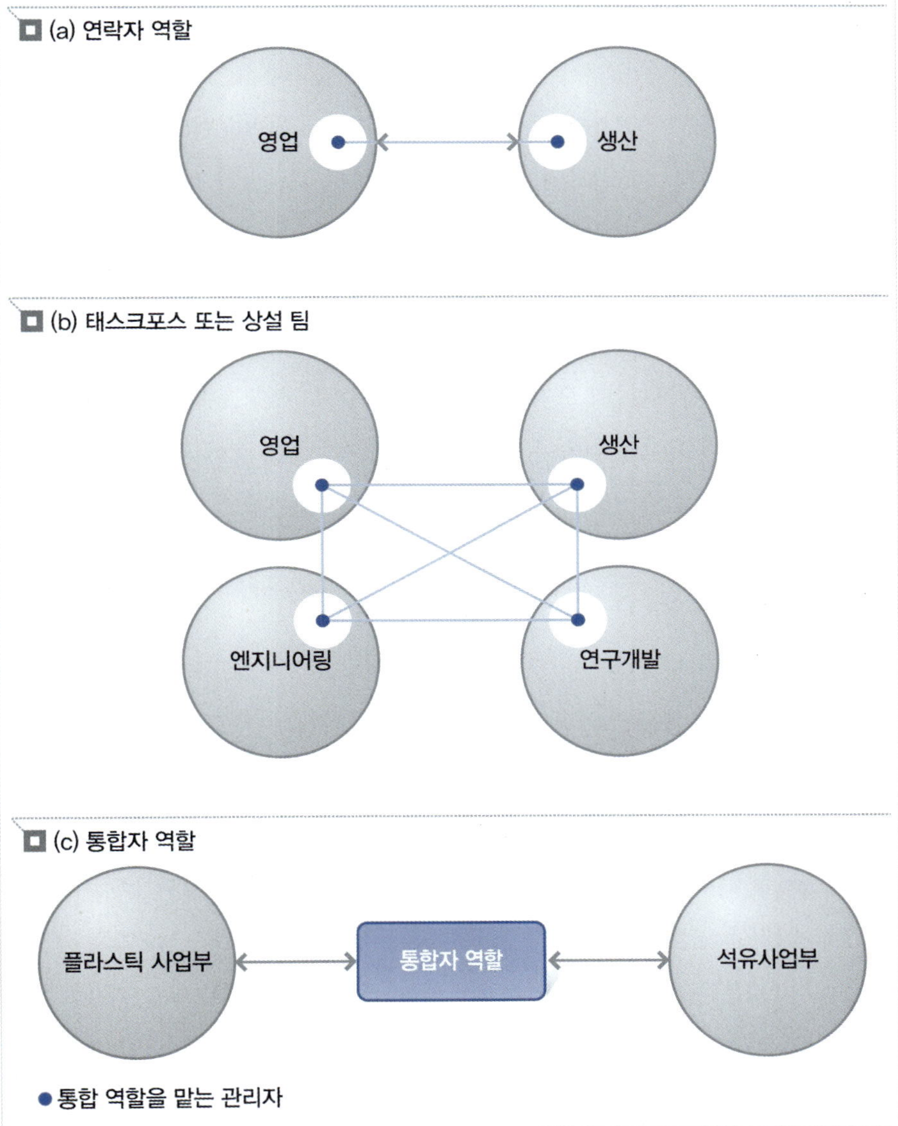

으로 기능조직 간, 사업부 간 활동을 조정하기 위하여 더 정교한 통합 메커니즘을 선택한다.

부서 간 연락자 역할 설정

기업은 부서 간 연락자 역할(interdepartmental liaison roles)을 통해 기능조직 간 조정을 향상시킬 수 있다. 부서나 기능조직 간 접촉이 많아질 때, 다른 기능조직과의 조정을 책임지는 관리자를 각 부서 및 기능조직마다 한 명씩 임명함으로써 조정을 향상시킬 수 있다. 이 역할을 맡은 관리자들은 일 단위로, 주 단위로, 월 단위로, 또는 필요한 때에 수시로 서로 만나게 된다. [그림 9.8]에서 (a)는 연락자 역할의 특성을 보여준다. 작은 점은 다른 기능 조직과의 협력을 담당하는 관리자를 의미한다. 조정 책임은 관리자의 일상 업무 중 한 부분이지만, 이러한 역할을 공식적으로 부여함으로써 관계자 간에는 지속적인 관계가 형성되며, 부서 사이의 긴장은 완화된다. 더욱이 연락자 역할은 조직 간 정보 전달 수단을 제공한다. 큰 기업일수록 직원들이 자신의 부서를 벗어나면 아무도 모르기 때문에, 이러한 역할은 더욱 중요하다.

임시 태스크포스 설치

두 개 이상의 기능조직이나 부서들이 공통의 문제에 직면할 때, 직접 접촉이나 연락자 역할을 통한 조정으로는 충분치 않을 수 있다. 이때의 해결책은 태스크포스라는 좀 더 정교한 통합 구조를 선택하는 것이다. 임시 태스크포스(temporary task forces)의 특징은 [그림 9.8]의 (b)에 제시되어 있다. 각 기능조직 및 부서에서 한 명씩 선발하여 특정 문제를 해결하기 위한 태스크포스를 구성하는 것이다. 기본적으로, 태스크포스는 임시 위원회이며, 구성원들은 제기된 이슈와 제안된 해결책을 자신의 부서에 전달하는 책임을 맡는다. 태스크포스는 임시적이다. 문제가 해결되면 구성원은 자기 부서의 원래 자리로 돌아가거나 다른 태스크포스에 참여하기 때문이다. 또한 태스크포스 구성원은 태스크포스 일을 하면서도, 자신의 일상 업무 중 대부분을 수행한다.

상설 팀 설치

대부분의 경우, 태스크포스에서 제기된 이슈는 또다시 발생한다. 이를 효과적으로 처리하기 위해서는, 상설 팀(permanent teams)과 같은 상설 통합 메커니즘을 구축해야 한다. 상설 팀의 예로서, 신제품의 선택, 개발, 마케팅을 책임지는 신제품 개발 위원회를 들 수 있다. 이러한 활동을 통해 신제품을 성공적으로 출시하기 위해서는 상당한 수준의 기능조직 간 통합이 요구되기 때문에, 상설 통합 메커니즘을 수립하는 것이 바람직하다. 예들 들어 인텔은 팀워크를 강조하였다. 따라서 이 기업은 대략 90개의 다기능 조직을 기반으로 한 협의회 시스템을 구축하였다. 이들은 정기적으로 만나서 마케팅이나 엔지니어링 같은 분야의 기능수준 전략을 수립하고, 사업수준 전략을 개발한다.

조직구조를 운영함에 있어서 팀의 중요성은 아무리 강조해도 지나치지 않다. 기본적으로, 상설 팀은 조직의 상임 위원회로, 조직의 많은 전략적 방향이 이들의 회의에서 결정된다. 헨리 민츠버그(Henry Mintzberg) 교수는 경영자가 시간을 소비하는 방식에 대한 자신의 연구에서, 이들이 60% 이상의 시간을 이러한 위원회에서 보낸다는 것을 발견했다. 이는 관료주의 때문이 아니라, 집중적인 대면회의를 통해서만 통합이 가능하기 때문이다. 이를 통해 경영자는 상대방의 관점을 이해할 수 있으며, 조화로운 조직 전략을 개발할 수 있다. 복잡한 기업일수록, 팀의 중요성은 더욱 커진다. 마이크로소프트는 사업부 사이의 통합을 증진시키고 기업성과를 향상시키기 위해, 새로운 태스크포스와 팀 시스템을 구축했다. 앞서 살펴본 것처럼, 신제품의 빠른 출시를 위해, 제품-팀 구조는 다기능 팀의 활용을 기초로 한다. 이러한 팀들은 제품 개발의 모든 측면을 담당하며, 이들의 목표는 기능조직 간 통합과 조정을 증가시키는 것이다.

통합자 역할 설정

통합자 역할(integrating roles)은 부서 및 사업부 간 통합 촉진만을 위한 독립적인 업무다. [그림 9.8]의 (c)에서처럼, 이 역할은 통합의 대상이 되는 사업부나 부서에 속하지 않고 독립적인 지위를 가진다. 이 역할은 독립적인 전문가에 의해 수행되는데, 일반적으로 양쪽 부서의 공통된 이슈에 많은 경험이 있는 상위 관리자가 이를 맡게 된다. 이들의 업무는 협력에서 창출되는 시너지를 얻기 위해 사업부나 부서 간의 의사결정 프로세스를 조정하는 것이다. 한 연구에 따르면, 듀폰은 사업부 간 조정을 통해 기업 성과를 향상시키려는 목적으로, 160개의 통합자 역할을 만들었다. 기업의 분화가 진행될수록, 이러한 역할은 증가한다. 통합자 역할을 하는 사람들이 동시에 태스크포스나 팀의 수장을 맡기도 하는데, 이를 통해 추가적인 통합이 이루어진다. 가끔은 통합자 역할의 수가 너무 많아져서 본사에 통합기능을 전담하는 상설 부서가 만들어지기도 한다. 보통, 이러한 일은 사업부 간 통합의 필요성이 높은 다각화된 거대기업에서 일어난다.

분화와 통합

성장과 다각화로 인해 분화 수준이 높아질 때, 기업은 여러 선택 가능한 대안을 가지게 된다. 이때 경영자들이 직면하는 실행의 주요 이슈는 조직 목표 달성을 위해 분화 수준과 통합 수준을 일치시키는 것이다. 과도한 분화와 충분치 않은 통합은 실행의 실패로 이어진다. 그 반대도 마찬가지다. 낮은 분화와 높은 통합의 조합은 통제가 과도한 관료화된 조직으로 이어지고, 이는 대응 속도나 유연성을 감소시키는 결과를 초래한다. 더욱이, 과도한 통합은 많은 비용이 소요된다. 이러한 이유 때문에, 조직의 목표에 맞는 최적의 통합 수준을 결정해야 한다. 기업은 효과적인 전략 수행을 가능하게 하는 여러 대안 중 최대한 단순한 구조를 선택해야 한다.

현실에서, 통합 메커니즘은 활동을 조정하기 위해 기업이 사용할 수 있는 첫 번째 수단이고, 그 두 번째 수단은 통제 시스템이다.

> 조직 통제
> 조직 활동이 효과적이고 효율적으로 수행되고 있는지 평가하고, 그렇지 않을 경우 이를 시정하기 위해서, 현재의 조직 활동과 구성원들을 감독하는 프로세스

조직 통제의 유형

조직 통제(organizational control)는 경영자들이 조직 활동이 효과적이고 효율적으로 수행되고 있는지 평가하고, 그렇지 않을 경우 이를 시정하기 위해서, 현재

의 조직 활동과 구성원들을 감독하는 프로세스를 말한다. 먼저 전략적 경영자는 고객에게 가치를 창출하기 위해 조직의 자원을 가장 효과적으로 사용하도록 하는 조직 전략과 구조를 선택한다. 그 다음에 전략적 경영자는 선택된 조직 전략과 구조가 의도대로 작동하는지, 이를 어떻게 향상시킬 수 있는지, 제대로 작동하지 않는다면 어떻게 개선해야 할지를 평가하고 감독하기 위해 통제 시스템을 구축한다.

조직 통제가 이미 벌어진 사건에 대한 사후 대응만을 의미하진 않는다. 이는 또한 조직이 정상 궤도에서 벗어나지 않게 하고, 미래에 발생 가능한 사건들을 예측하며, 새로운 기회에 빠르게 대응하는 것을 의미하기도 한다. 이러한 이유 때문에, 통제는 전략적 프로세스이다. 기업은 전략적 통제 시스템(strategic control systems)을 개발하여 모든 경영자와 직원이 야심찬 목표와 표적을 설정하도록 한다. 그리고 기업은 성과 척도(performance measures)를 개발하여 경영자와 직원들이 성과를 초과 달성하도록 능력을 최대한 끌어내고 사기를 북돋는다. 따라서 통제는 단순히 조직과 구성원이 현재 목표를 잘 달성하고 있는지, 기업이 자원을 잘 활용하고 있는지를 감독하는 것에 그치지 않는다. 통제는 직원들을 지속적으로 동기부여하고, 현재나 미래에 조직에 닥칠 중요한 문제에 집중하게 하며, 서로 협력하여 시간이 지남에 따라 기업이 점차 나아지게 할 방법을 찾도록 한다.

전략적 통제

전략적 통제 시스템은 기업, 사업부, 기능, 개인의 네 조직 수준에서 성과를 측정하기 위해 개발된다. 모든 수준의 경영자들은 각 수준의 성과를 평가하는데 가장 적절한 척도를 개발해야 한다. 이러한 척도들은 우월한 효율성, 품질, 혁신, 고객 대응능력의 확보라는 목표와 최대한 밀접하게 연계되어야 한다. 그러나 각 수준의 기준들이 다른 수준에서 문제를 일으키지 않도록 주의해야 한다. 오히려 한 수준에서의 통제는 하위 수준 경영자들이 자신의 통제 시스템을 구축할 때 기반이 되어주어야 한다.

[그림 9.9] 효과적인 통제 시스템 설계를 위한 단계

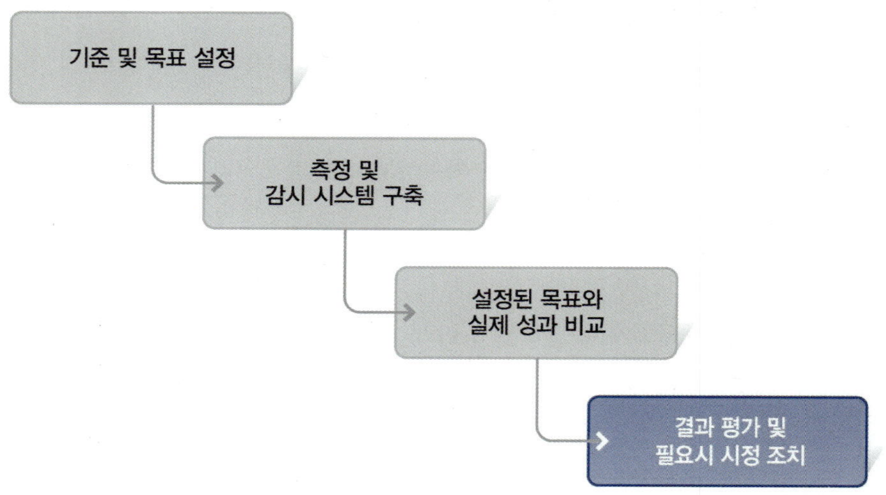

> **전략적 통제 시스템**
> 전략적 경영자가 기업의 전략이 성공적으로 실행되었는지를 평가할 수 있는 공식적인 목표설정, 측정, 피드백 시스템

전략적 통제 시스템(strategic control system)은 공식적인 목표설정, 측정, 피드백 시스템을 의미한다. 이를 통해 전략적 경영자들은 기업이 우월한 효율성, 품질, 혁신, 고객 대응능력을 달성하여 전략을 성공적으로 실행했는지 평가할 수 있다. 효과적인 통제 시스템은 다음의 세 가지 특징을 지녀야 한다. 첫째, 예상치 못한 사건에 경영자가 대응할 수 있을 만큼 유연해야 한다. 둘째, 정확한 정보를 제공하여 조직 성과를 사실대로 보여줘야 한다. 셋째, 시의적절하게 정보를 제공해야 하는데, 때늦은 정보를 바탕으로 한 의사결정은 실패의 지름길이기 때문이다. [그림 9.9]에서와 같이, 효과적인 전략적 통제 시스템을 설계하기 위해서는 네 단계를 거쳐야 한다.

1. **성과 평가를 위한 기준과 목표 설정**: 경영자가 선택한 기준과 목표는 기업이 성과를 평가하는 방식이 된다. 일반적인 성과 기준은 주로 우월한 효율성, 품질, 혁신, 고객 대응능력의 달성에서 도출된다. 구체적인 성과 목표는 기업이 추구하는 전략에서 도출된다. 예를 들어 만약 기업이 저원가 전략을 추구한다면, 7% 비용절감이 목표가 될 수 있다. 만약 기업이 월마트나 맥도

날드 같은 서비스 조직이라면, 기업의 성과 기준은 고객 대응 시간이나 음식 품질 수준의 목표치가 될 수 있다.

2 **목표 달성여부 판단을 위한 측정과 감시시스템 구축**: 기업은 조직 내 모든 수준의 목표가 달성되었는지를 평가하기 위한 절차를 수립한다. 성과측정이 매우 명확한 경우도 있다. 예를 들어 금전등록기의 영수증을 세는 것으로 직원들이 얼마나 많은 고객에게 서비스를 제공했는지 쉽게 측정할 수 있다. 그러나 많은 경우, 조직이 여러 복잡한 활동을 수행하기 때문에, 성과를 측정하는 것은 쉽지 않다. 만약 제품 개발에 5년이 걸렸다면, 연구개발 부서가 얼마나 잘하고 있는지를 어떻게 판단할 것인가? 기업이 새로운 시장에 진입하여 새로운 고객에게 서비스한다면, 어떻게 기업 성과를 측정할 수 있을 것인가? 사업부들이 활동을 잘 통합시키고 있는지 어떻게 평가할 것인가? 정답은 경영자들이 다양한 통제 시스템을 활용해야 한다는 것이다. 이는 뒤에서 다뤄질 것이다.

3 **설정된 목표와 실제 성과 비교**: 경영자들은 1단계에서 설정된 기준과 목표로부터 성과가 벗어났는지, 그리고 어느 정도 벗어났는지 평가한다. 만약 실제 성과가 너무 높다면, 경영진은 기준이 너무 낮게 설정되었다고 평가하여 차후 기준을 상향시키기로 결정할 수 있다. 일본 기업들은 생산라인에 부과하는 목표를 활용하여 비용을 통제하는 방식으로 유명하다. 그들은 끊임없이 성과 향상을 위해 노력하며, 경영자가 목표달성을 위해 노력하도록 기준을 상향시킨다. 이와 반대로, 실제 성과가 너무 낮으면, 경영자는 시정 조치를 취할 것인지 결정해야 한다. 이러한 결정은, 높은 인건비 같은 성과 부진의 원인을 파악할 수 있다면 수월할 것이다. 하지만 대부분의 경우에는 성과 부진의 원인을 찾는 것이 쉽지 않다. 이는 불경기와 같은 외부적 요인 때문일 수 있고, 원인이 내부에 있을 수도 있다. 예를 들어 연구개발 조직이 발생 가능한 문제를 과소평가했을 수 있고, 계획에 없던 연구를 하게 되어 비용이 상승했을 수 있다.

4 **시정 조치**: 통제 과정의 마지막 단계는 조직의 목표달성을 위해 시정조치를 취하는 것이다. 그러한 시정조치는 이 책에서 논의된 전략이나 구조의 변화를 의미한다. 예를 들어 경영자들은 연구개발의 개선이나 다각화 추진을 위해 더 많은 자원을 투자할 수도 있고, 심지어 조직구조를 변화시키기로 결정할 수도 있다. 이 때의 목표는 지속적으로 조직의 경쟁우위를 강화시키는 것이다.

[표 9.1]은 경영자가 조직 활동을 감독하고 조정하는데 사용하는 전략적 통제 시스템의 유형을 보여주고 있다. 전략적 통제 시스템의 유형은 재무적 통제, 결과 통제, 행동 통제(조직적 통제를 포함)로 나눌 수 있다. 지금부터 각각의 통제 유형에 대해 자세히 살펴보자.

[표 9.1] 통제 시스템의 유형

재무적 통제	결과 통제	행동 통제	조직적 통제
주가	사업부 목표	예산	가치
ROI	기능조직 목표	표준화	규범
	개인 목표	규정과 절차	사회화

재무적 통제

경영자들과 다른 이해관계자들이 기업의 성과를 감독하고 평가하는데 가장 흔히 사용하는 방식이 재무적 통제(financial control)이다. 일반적으로 전략적 경영자는 성장률, 수익률, 주주수익률과 같은 재무적 목표를 세우고, 이러한 목표가 달성되었는지를 측정한다. 재무적 성과 측정이 선호되는 가장 큰 이유는 객관성 때문이다. 기업의 성과는 주가, 투자수익률, 현금흐름 등을 통해 객관적으로 측정되어 다른 기업과 비교될 수 있기 때문에, 전략적 경영자와 주주를 포함한 이해관계자들은 기업의 성과를 타기업과 비교하여 판단할 수 있다.

주가는 시장에서 수많은 구매자와 판매자에 의해 결정되기 때문에 기업의 성과를 측정하는데 매우 유용한 척도이다. 주식의 가치는 기업의 미래 성과에 대한 시장의 예측을 반영한다. 따라서 주가의 움직임은 기업과 경영자의 성과에 대한 피드백을 주주에게 제공할 수 있다. 주가가 성과를 평가하는 중요한 척도이기 때문에 최고경영자들은 항상 주가를 예의주시하고 주가의 등락에 매우 민감하다. 예를 들어 2000년대 포드의 주가가 폭락했을 때, 당시 최고경영진은 기업의 운영비용이 너무 높다는 주주의 항의에 주의를 기울였다. 이에 따라 주가와 수익성을 높이기 위해서, 수천 명의 직원을 해고하고, 많은 공장을 폐쇄하는 등 급진적인 방법으로 비용을 절감하려 노력했다. 또한 주가는 주식의 보유로 인한 장기적인 미래 수익을 반영하기 때문에, 기업의 장기적인 잠재력 지표로 간주될 수도 있다.

투자수익률(ROI: return on investment)은 순수익을 투하자본으로 나눈 수익성 지표의 하나로 재무적 통제의 매우 유명한 척도이다. 기업수준에서, 전체 기업의 성과는 다른 기업과의 비교를 통해 상대적으로 평가될 수 있다. 예를 들어 최고경영자는 유사한 다른 기업과 성과를 비교함으로써 전략의 성공여부를 평가할 수 있다. PC 산업에서, 델컴퓨터, HP, 애플 같은 기업들은 경쟁사 대비 자신의 성과를 측정하기 위해 투자수익률을 사용한다. 투자수익률이 떨어지는 것은 기업의 전략이나 구조에 잠재적인 문제점이 있다는 것을 뜻한다. 2000년대 초반 HP는 재고관리 시스템의 효율성 차이로 인해 델에 비해 투자수익률이 감소하였다. 이에 따라 HP의 경영진은 새롭고 향상된 자재관리 전략을 모색하기 시작했다. 2007년에 이르러 HP는 이에 성공했으며, 델을 추월하고 가장 큰 글로벌 PC제조사가 되었다.

투자수익률은 내부적으로 특정 사업부의 성과를 다른 사업부나 부서와 비교하여 평가하기 위해 사용되기도 한다. 사업부제 조직구조를 선택하는 중요한 이유 중 하나는 각 사업부가 독자적인 이익 창출 센터로서 평가될 수 있기 때문이다. 따라서 경영진은 기업 내 다른 사업부와의 직접적인 비교를 통해 사업부의 성과를 평가할 수 있다. HP는 부분적으로 사업부제 조직구조를 도입했다. 사업부제 조직구조가 경영자에게 여러 사업부의 상대적 비용에 대한 정보를 제공하므로, 사업부의 상대적 성과에 기초한 자본 할당을 가능하게 하기 때문이다.

이와 유사하게, 국내외 여러 지역에 생산설비를 가진 제조기업들은 이들 간 비교를 통해 상대적 성과를 측정할 수 있다. 예를 들어 제록스는 미국 사업부의 수익성을 일본 사업부와 비교함으로써, 미국 사업부가 상대적으로 비효율적임을 발견할 수 있었다. 다른 사업부에 대비한 상대적 성과를 바탕으로 사업부 경영진의 보상이 결정되는 경우, 투자수익률은 더욱 강력한 사업부 통제 방법이 될 수 있다. 이러한 경쟁에서 가장 성공적인 사업부 경영자가 차세대 기업 경영자로 승진하게 된다.

주가나 투자수익률 목표의 달성에 실패하면 이에 대한 시정조치가 뒤따른다. 이러한 실패는 기업에 리스트럭처링이 필요함을 의미하고, 리스트럭처링에는 조직구조의 변화나 사업부의 청산 또는 매각을 포함하여 다양한 방법이 있다. 이러한 실패는 경우에 따라서는 새로운 전략적 리더십의 필요성을 시사할 수도 있다. 최근 경쟁사 대비 성과가 하락한 머크, 포드, 모토로라 등의 회사에서는 이사회에 의해 최고경영진의 교체가 이루어졌다.

결과 통제

재무적 목표와 통제는 중요하다. 그러나 동시에 경영자들이 전략을 통해 미래의 성공에 필요한 경쟁우위와 차별적 역량을 얼마나 창출하고 구축했는지를 판단할 수 있는 목표와 통제 방식의 개발 또한 반드시 필요하다. 결과 통제는 전략적 경영자가 효율성, 품질, 혁신, 고객 대응능력을 평가하기 위해 설정한 목표와 척도이다. **결과 통제**(output control)를 통해, 전략적 경영자는 각 사업부, 부서, 직원들의 적절한 성과목표를 예측하여 산출하고, 목표대비 실제 성과를 측정한다. 보통 기업의 보상 시스템은 이러한 목표대비 성과와 연동되기 때문에, 결과통제는 조직 내 모든 수준의 직원들을 동기부여하기 위한 인센티브 구조를 제공하기도 한다.

결과 통제
전략적 경영자가 각 사업부, 부서, 직원들의 적절한 성과목표를 예측 및 산출하고, 목표대비 실제 성과를 측정하는 통제 시스템

사업부 목표

사업부 목표는 효율성, 품질, 혁신, 고객 대응능력 차원의 사업부 성과에 대한 기업수준 경영진의 기대를 보여준다. 일반적으로, 기업수준 경영자는 사업부 경영자들이 더욱 효과적인 전략과 구조를 추구하도록 하기 위해 도전적인 사업부 목표를 설정한다. 예를 들어 GE의 최고경영자 잭 웰치(Jack Welch)는 150개가 넘는 사업부에 대해 명확한 성과 목표를 부여했다. 그는 각 사업부가 시장 점유율에서 산업 내 1위 또는 2위가 되기를 기대했다. 이러한 목표 달성을 위한 전략의 추진에는 높은 수준의 자율권이 사업부 경영진에 부여되었다. 하지만 성과 평가 후 목표 달성에 실패한 사업부는 가차없이 매각이나 청산의 대상이 되었다.

기능조직 및 개인 목표

기능조직 및 개인 수준의 결과 통제는 사업부 수준의 통제와 연계된다. 사업부 경영자들은 사업부의 목표 달성을 위하여 기능조직 경영자들에게 목표를 부여한다. 사업부 수준과 마찬가지로, 기능별 목표는 경쟁우위 확보를 위한 역량의 개발이다. 마찬가지로 효율성, 품질, 혁신, 고객 대응능력의 네 가지 경쟁우위 구성요소가 성과 평가의 기준이 된다. 예를 들어 영업 및 마케팅 기능에서는 판매비용(효율성), 반품된 제품의 수(품질), 고객 대응시간(고객 대응능력)과 관련된 목표가 수립될 수 있다.

마지막으로, 기능수준 경영자들은 기능의 목표 달성을 위해 개별 직원의 목표를 설정한다. 이에 따라 기능조직의 직원들에게는 기능 전체의 목표와 연계된 구체적인 목표가 부여된다. 기능조직과 개인은 이후에 목표 달성 수준을 평가받는다. 일반적으로 목표의 달성 여부는 보상과 연계된다. 이러한 목표 달성은 기업전략이 성공적으로 작동하고 있음을 보여주며, 기업이 전체의 목표 달성에 가까워지고 있음을 의미한다.

행동 통제

전략실행에 있어서 첫 번째 단계는 경영진이 올바른 유형의 조직구조를 설계하는 것이다. 그러나 구조를 작동시키기 위해서는, 우선 직원들이 자신에게 기대되는 행동이 무엇인지를 알아야 한다. 직원들이 해야 할 행동을 경영자가 일일이 지시하게 되면, 조직 위계가 늘어나고 비용이 증가하게 된다. 따라서 전략적 경영자들은 행동 통제에 의존하게 된다. **행동 통제**(behavior control)는 사업부, 기능, 개인의 행동에 관한 규정과 절차의 포괄적인 시스템을 구축함으로써 통제하는 것이다.

> **행동 통제**
> 사업부, 기능, 개인의 행동에 관한 규정과 절차의 포괄적인 시스템을 구축하여 통제하는 방식

행동 통제를 사용하는 목적은 목표가 아닌, 목표로 향하는 방법을 표준화하는 것이다. 규정들은 행동을 표준화하고 결과를 예측 가능하도록 만든다. 직원들이 규정을 준수하면, 행동과 의사결정은 같은 방식으로 반복해서 이루어진다. 그리고 그 결과는 모든 통제 시스템의 중요한 목적인 예측가능성과 정확성을 향상시킨다. 행동 통제의 주요 유형에는 운영예산, 표준화, 규정과 절차, 조직 문화가 있다.

운영예산

조직의 각 수준 경영자에게 목표가 부여되면, 목표의 달성 방식을 결정하는 운영예산이 편성된다. **운영예산**(operating budget)은 조직의 목표를 가장 효율적으로 달성하기 위해, 자원을 어떻게 활용할지에 대한 경영자의 의지를 보여주는 청사진이다. 일반적으로 상위 수준의 경영자가 하위 수준의 경영자에게 필요한 자원의 양을 결정하여 배분하게 된다.

> **운영예산**
> 조직 목표를 가장 효율적으로 달성하기 위해 자원이 어떻게 활용되어야 하는지를 보여주는 청사진

일단 예산을 배정받으면, 경영자들은 자금을 다양한 조직의 활동에 할당할 방법을 결정해야 한다. 이후에 이들 하위 수준의 경영자들은 예산 범위를 초과하지 않으면서 예산을 가장 효과적으로 활용하는 능력을 평가 받는다. 예를 들어 만약 GE의 세탁기 사업부 경영자들이 새로운 라인의 세탁기 개발과 판매를 위해 5,000만 달러의 예산을 배정 받았다고 하면, 이 예산으로 최대한의 수익을 창출하기 위해 연구개발, 엔지니어링, 영업 등의 기능에 어떻게 다시 예산을 배분할지를 신중하게 결정해야 한다.

표준화

표준화(standardization)는 직원 행동을 예측 가능하게 만들기 위해 의사결정의 방식을 규정하는 정도를 말한다. 실제로 조직은 투입(inputs), 전환활동(conversion activities), 산출(outputs)의 세 가지 모두를 표준화할 수 있다. 첫째, 조직 내 투입을 표준화하여 사람과 자원의 행동을 통제할 수 있다. 이는 경영자들이 투입되는 생산요소를 선정할 때, 이미 수립된 표준과 기준에 따라 조직에 투입할지 여부를 결정하는 것이다. 만약 투입하고자 하는 생산요소가 인적자원이라고 한다면, 미리 정해진 기준에 따라 특정 스킬이나 자격을 보유한 지원자를 선발하는 것이다. 일본기업은 제조 단계에서 문제를 최소화하기 위해, 부품에 대해 매우 높은 품질과 낮은 허용오차를 요구하는 것으로 유명하다. JIT 재고 시스템 또한 투입의 흐름을 표준화하는데 도움을 준다.

표준화
직원 행동을 예측 가능하게 만들기 위해 의사결정의 방식을 규정하는 정도

둘째, 전환활동을 표준화하는 목적은 업무 활동이 동일한 방식으로 계속 반복되도록 설계하여 예측가능성을 높이는 것이다. 규정 및 절차와 같은 행동 통제는 투입을 산출로 바꾸는 과정을 표준화할 수 있는 주요한 수단 중 하나다. 예를 들어 맥도날드나 버거킹과 같은 패스트푸드 업체들은 식당의 모든 운영 체계를 표준화하고 있다. 그 결과 표준화된 패스트푸드(산출물)를 제공한다.

셋째, 산출의 표준화는 규격이나 허용오차 같은 최종 제품이나 서비스의 성능 특성을 구체적으로 정하는 것이다. 기업은 제품의 표준화를 위해 품질 관리를 도입하고 다양한 측정 기준을 활용한다. 반품된 제품 수, 고객불만 숫자 등이 이러한 기준이 될 수 있다. 성능 기준을 만족하는지 파악하기 위해 생산라인에서 주기적으로 표본을 추출하기도 한다.

규정과 절차

다른 유형의 통제와 마찬가지로, 행동 통제 또한 기업이 전략적 문제를 방지하기 위해 관리해야 하는 잠재적 위험을 내포하고 있다. 최고경영진은 시간이 지남에 따라 변화할 수 있는 행동 통제의 유용성에 대해 항상 감시하고 평가해야 한다. 규정은 사람들을 제약하여 표준화되고 예측 가능한 행동을 하도록 한다. 그

러나 언제나 규정은 없애는 것보다는 만드는 것이 더 쉬워서, 시간이 지남에 따라 조직이 사용하는 규정의 수는 늘어나게 된다. 새로운 변화가 추가적인 규정으로 이어질 때, 가끔 오래된 규정들이 폐지되지 않고 남는데, 그 결과 기업은 과도하게 관료화된다. 이 경우 조직과 직원들의 유연성은 감소하며, 환경변화에 대한 대응이 느려진다. 그러한 경직성은 혁신의 속도를 늦추고, 고객 대응능력을 떨어뜨림으로써 기업의 경쟁우위에 악영향을 미친다.

이와 유사하게, 조직 내부에서는 규정이 기능 간 의사소통을 방해하여 통합과 조정을 해칠 수 있다. 그러므로 경영자들은 항상 규정과 절차의 수를 줄일 기회에 주의를 기울여야 하고, 새로운 규정을 추가하는 것보다 제거하는데 신경을 써야 한다. 결국, 규정과 절차를 최소한으로 하는 것이 매우 중요한 것이다. 그럼에도 불구하고, 전략적인 경영자들이 이 일에 적극적이지 않은 경우도 많은데, 이런 경우 경영자의 교체만이 기업의 지속적 발전을 가능하게 하기도 한다.

조직 문화

조직 문화
조직 내의 개인과 집단에서 공유되며, 서로간에 또는 외부 이해관계자와 상호작용하는 방식을 통제하는 가치와 규범의 집합체

조직 가치
구성원들이 추구해야 할 목표와, 목표 달성을 위한 행동과 행동기준에 대한 믿음과 생각

조직 문화는 조직 구성원이 목표지향적이면서, 동시에 새로운 가치 창출 기회에 열린 자세를 갖도록 하는 중요한 행동 통제 수단이다. **조직 문화**(organizational culture)는 조직 내 개인과 집단에서 공유되며, 구성원 간 또는 외부 이해관계자와 상호작용하는 방식을 통제하는 가치와 규범의 집합체이다. **조직 가치**(organizational values)는 구성원들이 추구해야 할 목표와 목표 달성을 위한 행동과 행동기준에 대한 믿음과 생각을 말한다. 마이크로소프트의 빌 게이츠는 자신이 만든 조직 가치로 유명한데, 여기에는 기업가 정신, 주인의식, 정직, 솔직함, 열린 소통이 포함된다. 빌 게이츠는 마이크로소프트가 거대한 관료 조직이 아닌, 작고 적응력이 뛰어난 벤처기업의 집합처럼 움직이길 원했기 때문에 기업가 정신과 주인의식을 특히 강조하였다. 또한 빌 게이츠는 의사결정에 있어서 하위 경영자들에게 최대한의 자율성을 부여하고자 했고, 그들이 위험을 감수하도록 격려했다. 즉 관료가 아닌 기업가처럼 행동하길 바란 것이다. 진실성, 솔직함, 열린 소통의 가치를 빌 게이츠와 최고경영진들이 강조한 이유는 조직 내의 열린 의

사소통이 마이크로소프트의 성공에 필수적이라고 생각했기 때문이다.

조직 규범은 조직 가치에서 나온다. **조직 규범**(organizational norms)은 특정 상황에서 구성원들의 적절한 행동을 제시하고, 서로가 서로에게 하는 행동을 통제하는 가이드라인이나 기대를 의미한다. 마이크로소프트에서 소프트웨어 프로그래머의 행동에 대한 규범 중 대표적인 것은 주말을 포함하여 오랜 시간 동안 일하고, 편하기만 하면 어떤 복장도 허용되며, 반면 정장과 넥타이는 절대 안 되고, 정크 푸드를 즐겨 먹으며, 전자메일이나 첨단 인트라넷을 활용하여 다른 구성원과 의사소통하는 것이다.

조직 규범
특정 상황에서 구성원들의 적절한 행동을 제시하고, 서로가 서로에게 하는 행동을 통제하는 가이드라인이나 기대

조직 문화는 전략적 경영자가 조직 가치와 규범, 즉 적절하거나 부적절한 행동을 제시하고 구성원들의 행동 방식을 결정하는 가치와 규범에 영향을 미칠 수 있다는 점에서, 통제의 한 형태로 작용한다. 예를 들어 빌 게이츠와 마이클 델(Michael Dell)과 같은 전략적 경영자들은 의도적으로 부하의 혁신적이고 창의적인 역할 수행을 북돋는 가치를 창출하였다. 혁신적이고 기업가적인 조직을 위해, 직원들은 실패가능성이 높더라도 실험과 위험감수를 주저해서는 안 된다는 규범을 수립하고 적극 지원하였다.

이와는 반대로 어떤 기업의 경영자들은 직원들이 다른 사람과의 관계에서 항상 보수적이며 조심스러울 것을 장려하고, 중요한 의사결정을 내리기 전에 상급자와 상의하도록 하며, 책임소재 파악을 위해 행동을 항상 기록에 남기도록 하는 규범을 확립해 나갈 수 있다. 화학회사, 석유회사, 금융기관, 보험회사와 같이 특별한 주의가 필요한 조직의 경영자들에게는 의사결정에 대한 이와 같은 접근 방식이 바람직할 수 있다. 증권사나 은행에서는 자칫하면 고객이 평생 모은 전 재산을 잃게 할 수 있기 때문에, 투자에 있어서 이와 같은 신중한 접근이 적절한 것이다. 따라서 각기 다른 조직의 경영자들은 자신의 전략과 구조에 맞는 각기 다른 조직 가치 및 규범을 배양하고 발전시키고자 노력해야 한다.

문화와 전략적 리더십

조직구조와 문화 모두가 구성원의 행동에 큰 영향을 미치기 때문에, 성공적인

전략실행을 위해서는 이 둘을 연계하는 것이 매우 중요하다. 경영자는 어떻게 문화를 설계하고 창조하는가? 일반적으로 조직 문화는 설립자와 최고경영진이 발휘하는 전략적 리더십(strategic leadership)의 산물이다. 조직의 설립자는 자신의 가치와 경영 스타일을 조직에 각인시키기 때문에, 문화를 결정함에 있어서 특히 중요하다. 예를 들어 설립자인 월트 디즈니(Walt Disney)의 보수성은 그의 사후까지 기업에 영향을 미쳤다. 경영자들은 월트 디즈니가 싫어할 것이라는 생각 때문에, 새로운 형태의 엔터테인먼트에 대한 실험에 소극적이었다.

설립자에 의해 구축된 리더십 스타일은 기업의 경영자들에게 전달된다. 그리고 이들은 기업이 성장함에 따라 같은 가치를 공유하는 새로운 경영자와 직원들을 끌어들인다. 더욱이 조직 구성원들은 자신과 가치를 공유할 수 있는 사람을 선발하려 한다. 따라서 구성원들의 성향이 비슷해지면서 기업 문화는 더욱 분명해진다.

이러한 공유된 가치와 문화의 장점은 조직 구성원 간 통합을 증가시키고 조정을 향상시킨다는 것이다. 예를 들어, 일반적으로, 같은 믿음과 가치를 공유하기 때문에 생겨나는 공통의 언어는 경영자들 간의 협력으로 이어진다. 이와 유사하게, 공유된 규범과 가치가 구성원들의 행동을 통제하고 동기부여할 때, 규정 및 절차와 직접적인 감독의 필요성은 낮아진다. 조직 구성원들이 조직의 문화적인 규범과 가치에 동조하면, 조직과의 유대감이 형성되어 조직의 성공을 위해 몰입하게 된다. 즉, 이러한 구성원들은 조직 목표에 자발적으로 몰입하며, 목표 달성에 필요한 새로운 스킬과 역량을 개발하기 위해 적극적으로 노력한다. 따라서 전략적 경영자들은 조직의 미래를 밝게 할 수 있는 가치와 규범을 확립해야 한다.

샘 월튼은 월마트의 원가 우위 전략을 성공적으로 실행하기 위해 앞서 논의된 모든 종류의 통제 시스템을 활용하였다. 특히 그는 매우 검소해서 30년 된 픽업 트럭을 직접 운전했고, 거대 기업의 최고경영자에게는 어울리지 않는 허름한 집에서 거주하였다. 중간 사례에서 좀 더 자세히 살펴보자.

중간사례 샘 월튼은 어떻게 월마트의 문화를 창조했나

아칸소 주에 본사를 둔 월마트는 세계 최대의 유통업체이다. 이 기업은 2009년 현재 7천억 달러 이상의 매출을 올렸다. 설립자가 만들어낸 문화적 특성은 월마트의 성공에 크게 기여하였다. 월튼은 직원들이 자신의 일을 능동적으로 수행하고, 총체적 고객 만족(TCS: total customer satisfaction)이라는 월마트의 핵심 목표에 헌신하기를 원했다. 그는 직원들을 동기부여하기 위해서, '동료'라고 불리는 모든 직원들에게 지속적으로 그들 개인과 기업의 성과에 대해 피드백하는 문화를 창조했다.

월튼은 '동료들'이 사업에 관심을 가지고 양질의 고객 서비스 제공에 초점을 맞춰 행동하도록 북돋기 위해 강력한 문화적 가치와 규범을 확립하였다. 그의 '동료'가 따라야 하는 규범 중 하나는 '10피트에서의 몸가짐(10 foot attitude)'이다. 월튼의 말을 빌리자면, 이는 "고객이 10피트 이내로 접근하면 언제나 고객의 눈을 보고 반갑게 인사하며 도와줄 것이 있는지를 물어야 한다"는 규범이다. '일몰 원칙(sundown rule)'은 고객의 요청에 대해 당일 해가 지기 전까지 답하기 위해 노력해야 한다는 규범이다. 월튼이 한국의 테니스 공 공장을 방문했을 때 영감을 받아서 만들어낸 "Give me a W! Give me an A! Give me an L!"로 시작하는 월마트의 구호는 모든 매장에서 들을 수 있다.

월튼이 창출한 강력한 고객 중심 가치는 고객을 배려한 행동들이 구성원 사이에 널리 퍼지면서 확고해졌다. 예를 들어 위험을 무릅쓰고 뛰어들어 어린아이가 차에 치이는 것을 막은 직원의 이야기, 매장 안에서 심장마비를 일으킨 고객에게 심폐소생술을 한 이야기, 자신의 아들을 위해 구매 예약한 파워레인저 장난감을 고객의 아들의 생일 선물로 양보한 이야기 등이다. 강력한 월마트의 문화는 기업이 설정한 엄정한 결과 목표와 재무적 목표를 달성하도록 직원들을 통제하고 동기부여하는데 도움이 되었다. 기업의 성공을 화려하게 자축하는 자리인 연례 주주총회 또한 월마트의 문화를 구축하는 독특한 수단이 되었다. 매년, 월마트는 뛰어난 성과를 이룬 수천 명의 직원을 알칸소의 본사에서 열리는 주주총회에 초청하여 유명 연예인들이 등장하는 쇼를 관람하도록 했다. 월마트는 값비싼 이벤트가 직원에 대한 마땅한 보상이며, 이러한 행사가 높은 성과를 지향하는 가치와 문화를 강화할 것이라고 믿었다. 심지어 직원들이 기업이 이룬 성취를 함께 즐길 수 있도록, 행사를 모든 월마트 매장에 생방송으로 중계했다.

샘 월튼의 사망 이후, 1만 명 이상의 직원을 보유한 월마트에 대한 대중의 관심은 월마트 문화의 숨겨진 어두운 면으로 쏠렸다. 비평가들은 극소수의 월마트 직원들만이 적정한 건강보험과 복지 혜택을 누리고, 대부분의 직원들은 최저임금을 약간 상회하는 수준의 급여만을 받고 있다고 주장했다. 그들은 또한 경영진들이 월마트가 가격을 낮추기 위해서는 직원들의 급여와 혜택을 낮은 수준으로 유지할 수밖에 없다고 직원들을 지속적으로 설득했기 때문에, 직원들이 이러한 정책에 의문을 제기하지도 않는다고 주장했다. 2009년 월마트는 건강보험 관련 제도의 변화로 인해 지출이 훨씬 커지는 위협에 직면하게 되었다. 월마트의 충성스러운 직원들이 샘 월튼이 만든 '10피트에서의 몸가짐' 원칙을 미래에도 계속 지켜나갈 것인가?

요약

1 전략의 성공적 실행은 기업 전략에 적합한 통제 시스템과 조직구조를 선택하는데 달렸다.

2 전략실행의 기본적 수단은 조직설계이다. 적절한 조직설계는 다음의 두 방식으로 수익을 향상시킨다. 첫째, 조직설계는 운영비용 및 가치 창출 비용을 줄인다. 둘째, 우월한 효율성, 품질, 혁신, 고객 대응능력을 통해 차별화 우위를 달성할 수 있도록, 기업의 가치 창출 능력을 강화시킨다.

3 분화와 통합은 조직구조의 작동 방식을 좌우하는 조직설계의 개념이다. 분화에는 두 가지 차원이 있다. 수직적 분화는 기업이 의사결정 권한을 배분하는 방법에 대한 것이고, 수평적 분화는 조직의 활동을 기능조직, 부서, 사업부로 그룹화하는 방식에 대한 것이다.

4 고층의 위계구조는 의사소통, 정보의 전달, 동기부여, 비용 측면 등에서 많은 약점을 가지고 있다. 분권화 또는 권한 위임이 이러한 문제점 중 몇몇을 해결할 수 있다.

5 대부분의 기업은 먼저 기능별 구조를 선택한다. 이후 기업이 성장하고 다각화 되면서, 사업부제 구조를 받아들인다. 비록 사업부제 구조가 기능별 구조보다 더 높은 비용을 필요로 하지만, 이 구조는 기능별 구조와 관련된 통제의 문제를 극복하도록 하고, 가치 창출 활동을 효과적으로 다루는 능력을 기업에 제공한다.

6 이외의 조직구조에는 제품별, 제품-팀, 지역별 구조가 있다. 각각은 특화된 용도로 사용되며, 이들이 효과적이기 위해서는, 각 구조가 조직의 니즈에 부합해야 한다.

7 기업이 복잡할수록, 분화 정도는 더 높아지고, 그 구조를 다루기 위한 통합

수준도 높아진다. 기업이 활용할 수 있는 통합 구조는 직접 접촉으로부터 통합자 역할의 설정까지 다양하다. 통합 메커니즘이 정교할수록, 이를 활용하는 비용도 커진다. 따라서 기업은 어떤 메커니즘이 전략적 니즈에 맞는지 주의 깊게 살펴야 한다.

8 전략적 통제는 목표를 세우고, 감독하며, 평가하고, 보상하는 과정이다. 경영자들은 조직 성과의 중요한 측면 모두를 측정할 수 있는 전략적 통제 시스템을 개발해야 한다.

9 통제는 기업, 사업부, 기능, 개인의 조직 내 모든 수준에서 일어난다. 효과적인 통제 시스템은 유연하고, 정확하며, 전략적 경영자에게 빠른 피드백을 제공할 수 있다.

10 통제 시스템에는 결과를 측정하는 시스템과 행동을 측정하는 시스템이 있다. 결과 통제는 사업부, 기능조직, 개인의 목표를 설정하며 시작된다. 이는 결과물이 객관적으로 측정될 수 있을 때 사용되며, 흔히 '목표에 의한 관리(MBO: management by objective)' 시스템과 연계된다. 행동 통제는 운영예산, 표준화, 규정과 절차, 그리고 조직구성원의 행동 방식을 지배하는 규범과 가치의 집합체인 조직 문화를 통해 이루어진다.

토의 주제

1 수직적 분화와 수평적 분화의 차이점은 무엇인가? 두 차원을 기준으로 이번 장에서 논의된 다양한 구조들의 순위를 정하시오.

2 어떤 종류의 조직구조가 당신이 속한 학교 또는 경영대학(원)의 운영 방식을 가장 잘 보여주는가? 왜 그 구조가 적절한가? 다른 구조가 더 적합하지 않은가?

3 기업은 언제 기능별 구조에서 사업부제 구조로 변화하는가?

4 분화, 통합, 전략적 통제 시스템 사이의 관계는 무엇인가? 왜 이러한 관계가 중요한가?

5 이 장에서 논의한 각 조직구조에 가장 적절한 통제 시스템은 무엇인지 설명하시오.

6 (a) 중소 제조기업, (b) 체인 소매점, (c) 하이테크 기업, (d) 대형 회계법인에서 전형적으로 발견되는 통제와 보상 시스템은 어떠한 것들인가?

전략경영 연습

소그룹 활동: 제품 개발 속도 향상

3~5명의 그룹으로 나눈 후, 다음의 시나리오에 대해 토의해 보시오. 1명을 그룹의 대변인으로 지정하여, 강사의 요청 시 그룹의 의견을 다른 학생들과 공유하시오.

당신은 카드를 만드는 중소기업에서 기능별 경영자 중 최고 선임자이다. 최근 기업이 새롭게 출시한 유머 카드 계열의 제품들이 불티나게 팔리고 있다. 현재, 직원들은 마케팅과 생산뿐 아니라, 카드 디자이너, 아티스트, 유머 작가와 같은 제 각각의 세분화된 기능조직에 나뉘어져 있다. 각 기능조직은 엄청나게 광범위한 다양한 종류의 카드(생일, 크리스마스, 추수감사절 등)를 동시에 다루고 있다. 가끔씩 디자인 부서는 새로운 카드에 대한 초기 아이디어를 고안하여, 이를 그리고 색칠하는 아티스트에게 전달한다. 그 후 카드는 이에 잘 맞는 농담을 쓰는 유머 작가에게 보내진다. 경우에 따라서는 이 과정이 농담을 적는 것으로 시작하여, 디자인 부서로 보내져 아이디어를 가장 잘 활용할 방법을 찾기도 한다.

현재 당신이 겪는 문제는 새로운 카드의 출시속도가 고객 니즈를 충족시키기에 충분치 못하다는 것이다. 보통 새로운 카드가 출시되려면 1년 정도가 걸린다. 그리고 당신은 유머 카드의 틈새시장을 보호하고 확장하기 위해서, 현재 소요되는 시간을 절반으로 줄이고 싶어한다.

1 제품 개발의 속도를 높이기 위해, 현재 기능별 조직구조의 운영 방식을 향상시킬 수 있는 방법에 대하여 논하시오.

2 카드 개발 기간을 줄이기 위해 (a) 사업부제 (b) 매트릭스 (c) 제품-팀 구조로 조직을 바꾸는 것에 대한 찬반을 논하시오.

3 당신은 이 조직구조들 중 무엇이 가장 적절하다고 생각하는가? 그 이유는 무엇인가?

웹 탐색

구글의 통제 시스템

구글 웹사이트를 방문하여, 기업 문화와 운영 철학 부분을 확인하시오.

1 당신은 구글의 전략적 통제에 대한 접근 방식을 어떻게 규정할 것인가?

2 그 통제 시스템이 전략을 실행하는데 어떻게 도움을 주는가?

일반 과제

기업의 조직도 또는 조직구조를 관리하고 통제하는 방식을 보여주는 웹사이트를 찾아 방문하라. (예를 들어 기업은 집권화와 분권화 중 어떤 접근 방식을 추구하는가?) 기업이 활동을 관리하기 위해서, 어떤 종류의 조직구조와 통제 시스템을 사용하는가? 그 이유는 무엇인가?

마무리 사례 델컴퓨터의 전략실행

1990년대 델컴퓨터는 성장 속도가 가장 빠른 기업 중 하나였다. 주가는 매년 100%씩 올랐고, 주주들은 행복했다. 마이클 델은 이러한 높은 수익을 달성하기 위해 끊임없는 도전에 직면하였다. 그의 가장 큰 난제 중 하나는 기업이 성장함에 따라 조직구조와 통제 시스템을 변화시키고 관리하는 것이었다. 마이클 델은 19살이던 1984년에 1,000달러에 부품을 구입하여 컴퓨터를 조립한 후 전화를 통해 판매했다. 그의 PC에 대한 수요가 빠르게 늘어나서, 몇 주 만에 자신을 도와줄 사람들을 고용해야만 했다. 곧 그는 두 명의 직원들이 전화로 주문을 받는 동안, 3명이 직원들이 6피트의 테이블에 둘러앉아 컴퓨터를 조립하는 것을 감독하는 사람이 되어 있었다. 1993년에 델은 4,500명의 직원을 보유하며, 컴퓨터 수요를 따라가기 위해 매주 100명 이상의 신입직원을 추가로 채용하고 있었다. 급격히 커진 회사를 경영하기 위해 하루 18시간 이상을 일하다 보니, 더 이상 한 사람으로는 회사를 이끌어갈 수가 없다는 것을 깨닫게 되었다. 자신은 기업의 성장을 관리해야 하기 때문에, 마케팅, 재무, 생산과 같은 다른 기능 분야의 경력자를 전략적 경영자로 채용해야 한다고 생각했다. 따라서 그는 IBM과 컴팩 출신의 경영자들을 영입했다. 그들의 도움으로 기능별 조직구조를 만들 수 있었다. 가치 사슬 활동을 조직화하기 위해, 영업, 생산 등 공통의 스킬이나 업무에 따라 직원들을 그룹화하였다. 이런 조직화의 과정에서, 델의 구조는 점점 더 고층화되어 갔다. 그와 경영진들이 성장하는 사업의 다양한 활동에 대한 충분한 통제권을 쥐어야 했기 때문이다. 이후 마이클 델은 기능적 가치사슬 활동에 대한 통제 권한을 기능별 경영자들에게 위임했는데, 이에 따라 그는 새로운 사업 기회를 찾는 기업가적 업무에 더 많은 시간을 할애할 수 있게 되었다.

델컴퓨터의 기능별 구조는 잘 작동했고, 새로운 경영진 하에서 기업은 계속 성장해나갔다. 더욱이, 델의 새로운 구조는 기능별 경영자에게 비용 절감에 필요한 통제 권한을 부여했고, 이를 통해 델은 최저 비용의 PC 제조사가 되었다. 애널리스트들은 델이 '린 조직 문화(lean organizational culture)'를 발전시켰다고 분석하였다. 즉, 종업원들이 낮은 비용과 높은 신뢰성을 동시에 달성할 수 있는 혁신적인 방법을 찾기 위해, 협력의 중요성을 강조하는 규범과 가치를 공유하게 되었다는 것이다. 제품에 대한 불만을 제기하는 고객이 거의 없었기 때문에, 델은 PC제조사의 소비자 만족도 순위에서 최고를 차지했다. 델의 직원들은 컴퓨터 세팅에 문제를 겪는 PC구매자들에게 훌륭한 고객 서비스를 제공하는 것으로 잘 알려지게 되었다.

그러나 마이클 델은 다른 종류의 새로운 문제들이 발생하고 있다는 것을 깨달았다. 예를 들어 델은 수많은 컴퓨터를 각기 다른 유형의 고객들, 예를 들면, 가정, 기업, 교육기관과 다양한 정부 조직에 판매하고 있었다. 각 고객집단은 서로 다른 속성의 컴퓨터를 요구했기 때문에 제품라인은 급속하게 확대되었다. 이러한 각기 다른 고객의 니즈를 직원들이 효율적으로 충족시키기는 점점 더 어려워졌다. 각 직원들이 모든 제품의 속성과 수천 개에 달하는 서로 다른 판매 조건에 대한 정보를 모두 알아야 했기 때문이다.

1990년대 후반, 마이클 델은 사업부제 구조를 도입하였고, 서로 다른 고객 그룹의 니즈에 맞춘 가정용 사업부, 기업용 사업부 등 분리된 사업부들을 만들었다. 각 사업부는 여러 고객 그룹 중 하나의 니즈를 충족시키는데 특화되었다. 보다 정교한 조직구조를 채택함에 따라 각 사업부는 자신의 업무에 맞는 독특한 하위 문화를 발전시켜 나갔다. 또한 직원들은 자신의 시장 니즈에 대한 심도 있는 지식을 습득할 수 있었다. 구조와 문화에서의 이러한 변화는 매우 성공적이어서, 2000년 즈음, 델컴퓨터의 매출액은 350억 달러에 달했으며, 이익은 30억 달러를 상회했다.

2000년대에 마이클 델은 변화하는 고객의 니즈와 점차 심화되는 애플, HP등과의 경쟁에 대응하여 기업의 구조를 지속적으로 변화시켰다. 예를 들어 마이클 델은 원자재관리, 생산, 인터넷 판매에서의 강점을 다양한 컴퓨터 하드웨어 제품에 활용할 수 있다고 생각했다. 따라서 그는 IBM, 선 마이크로시스템스, HP와 경쟁하기 위해, 서버, 워크스테이션, 저장장치를 조립하기로 결정했다. 인터넷의 중요성이 더욱 커짐에 따라, 그는 더욱 특화된 고객 그룹에 주목했고, 각 그룹의 인터넷에 대한 특정 니즈에 맞춤화된 최적의 접근 방식을 찾기 위해 노력하였다. 예를 들어 오늘날 델컴퓨터는 대기업, 중소기업, 개인 구매자를 대상으로 그들의 니즈에 맞춤화된 컴퓨터, 워크스테이션, 저장장치의 완벽한 제품라인을 구비하고 있다.

델은 늘어나는 활동들을 조정하기 위하여, 즉, 사업부의 활동을 표준화하고 기능의 활동을 통합하여 비용을 절감하려는 목적으로 사내 인트라넷의 활용을 점차 늘리고 있다. 직원들은 첨단 IT 기술로 인해 뛰어난 고객 서비스를 위해 필요한 정보를 쉽게 획득하고 활용할 수 있다. 경영자들이 이러한 직원들에게 점차 더 많은 의사결정을 위임함에 따라 조직의 위계 단계는 줄어들었다. 델은 비용절감을 위해 고객 서비스 기능을 인도 기업에 위탁하였다. 또한 2010년 6월 마지막 미국 공장이 문을 닫게 됨에 따라 모든 조립이 중국과 대만에서 아웃소싱을 통해 이루어지게 되었다. 그 결과, 수가 줄어든 미국 인력들은 고객에 적절히 대응하면서도 최대한 원가를 절감하는 방법을 찾는데 더욱 전념하게 되었다. 델의 비용절감 전략을 모방해 온 HP와 에이서 같은 경쟁자로부터 저원가 경쟁우위를 되찾기 위해 오늘도 델의 전 직원은 노력하고 있다.

토의 주제

1. 델이 계속해서 다른 유형의 조직구조로 옮겨간 이유는 무엇인가?
2. 델의 성과는 계속 향상되어 왔는가?
3. 델이 성과를 향상시키기 위해 어떻게 노력을 했는지, 그리고 HP나 에이서와 같은 경쟁사들이 성과를 향상시키기 위해서 어떻게 해왔는지를 인터넷을 통해 알아보시오.

찾아보기

ㄱ

ㄴ

ㄷ

주요참고문헌

제 1 장

Andrews, K. R., *The Concept of Corporate Strategy* (Homewood, Ill.: Dow Jones Irwin, 1971).

Ansoff, H. I., *Corporate Strategy* (New York: McGraw- Hill, 1965).

Brews, P. J. and M. R. Hunt, "Learning to Plan and Planning to Learn," *Strategic Management Journal* 20 (1999): 889–913.

Brown, S. and K. M. Eisenhardt, "The Art of Continuous Change: Linking Complexity Theory and Time Based Evolution in Relentlessly Shifting Organizations," *Administrative Science Quarterly* 29 (1997): 1–34.

Burgelman, R. A., "Intraorganizational Ecology of Strategy Making and Organizational Adaptation: Theory and Field Research," *Organization Science* 2 (1991): 239–262.

Burgelman, R. A. and A. S. Grove, "Strategic Dissonance," *California Management Review* (Winter 1996): 8–28.

Copeland, T., T. Koller, and J. Murrin, *Valuation: Measuring and Managing the Value of Companies* (New York: Wiley, 1996).

Cosier, R. A. and J. C. Aplin, "A Critical View of Dialectic Inquiry in Strategic Planning," *Strategic Management Journal* 1 (1980): 343–356.

Courtney, H., J. Kirkland, and P. Viguerie, "Strategy under Uncertainty," *Harvard Business Review,* 75, November–December 1997, 66–79.

Eisenhardt, K. M. and M. Zbaracki, "Strategic Decision Making," *Strategic Management Journal* 13 (Special Issue, 1992): 17–37.

Fama, E. F., "Agency Problems and the Theory of the Firm," *Journal of Political Economy* 88 (1980): 375–390.

Gaveti, G., D. A. Levinthal, and J. W. Rivkin, "Strategy Making in Novel and Complex Worlds: The Power of Analogy," *Strategic Management Journal* 26 (2005): 691–712.

Goldman, D., "What Makes a Leader?" *Harvard Business Review,* November–December

1998, 92-105.

Grant, R. W., "Planning in a Turbulent Environment," *Strategic Management Journal* 24 (2003): 491-517.

Hambrick, D. C., "Putting Top Managers Back into the Picture," *Strategic Management Journal* 10 (Special Issue, 1989): 5-15.

Hamel, G., "Strategy as Revolution," *Harvard Business Review,* 74, July-August 1996, 69-83.

Hammond, J. S., R. L. Keeny, and H. Raiffa, "The Hidden Traps in Decision Making," *Harvard Business Review,* 76, September-October 1998, 25-34.

Hart, S. L., "An Integrative Framework for Strategy Making Processes," *Academy of Management Review* 17 (1992): 327-351.

Hill, C. W. L. and F. T. Rothaermel, "The Performance of Incumbent Firms in the Face of Radical technological Innovation," *Academy of Management Review* 28 (2003): 257-274.

Hiller, N. J. and D. C. Hambrick, "Conceptualizing Executive Hubris: The Role of (Hyper) Core Self-Evaluations in Strategic Decision Making," *Strategic Management Journal* 26 (2005): 297-320.

Hofer, C. W. and D. Schendel, *Strategy Formulation: Analytical Concepts* (St. Paul, Minn.: West, 1978).

Jensen, M. C. and W. H. Meckling, "Theory of the Firm: Managerial Behavior, Agency Costs and Ownership Structure," *Journal of Financial Economics* 3 (1976): 305-360.

Lovallo, D. and D. Kahneman, "Delusions of Success: How Optimism Undermines Executives' Decisions," *Harvard Business Review,* 81, July 2003, 56-67.

Mason, R. O., "A Dialectic Approach to Strategic Planning," *Management Science* 13 (1969): 403-414.

Mauri, A. J. and M. P. Michaels, "Firm and Industry Effects within Strategic Management: An Empirical Examination," *Strategic Management Journal* 19 (1998): 211-219.

Miller, C. C. and L. B. Cardinal, "Strategic Planning and Firm Performance: A Synthesis of More Than Two Decades of Research," *Academy of Management Journal* 37 (1994): 1649-1665.

Mintroff, I. I. and R. O. Mason, "Structuring III-Structured Policy Issues: Further Explorations in a Methodology for Messy Problems," *Strategic Management Journal* 1 (1980): 331-342.

Mintzberg, H., "Covert Leadership," *Harvard Business Review,* November-December 1998, 140-148.

Mintzberg, H., "Patterns in Strategy Formulation," *Management Science* 24 (1978):

934–948.

Pfeffer, J., *Managing with Power* (Boston, Mass.: Harvard Business School Press, 1992).

Rogers, P. R., A. Miller, and W. Q. Judge, "Using Information Processing Theory to Understand Planning/Performance Relationships in the Context of Strategy," *Strategic Management Journal* 20 (1999): 567–577.

Roll, R., "The Hubris Hypotheses of Corporate Takeovers," *Journal of Business* 59 (1986): 197–216.

Rumelt, R. P., "How Much Does Industry Matter?" *Strategic Management Journal* 12 (1991): 167–185.

Schoemaker, P. J. H., "Multiple Scenario Development: Its Conceptual and Behavioral Foundation," *Strategic Management Journal* 14 (1993): 193–213.

Schoemaker, P. J. H., van der Heijden, and A. J. M. Cornelius, "Integrating Scenarios into Strategic Planning at Royal Dutch Shell," *Planning Review* 20, no. 3 (1992): 41–47.

Schwenk, C. R., "Cognitive Simplification Processes in Strategic Decision Making," *Strategic Management Journal* 5 (1984): 111–128.

Simon, H., *Administrative Behavior* (New York: McGraw-Hill, 1957).

Slater, R., *The Walmart Triumph*, (New York: Portfolio, 2004).

Spanos, Y. E. and S. Lioukas, "An Examination of the Causal Logic of Rent Generation," *Strategic Management Journal* 22, no. 10 (October 2001): 907–934.

Stacey, R. and D. Parker, *Chaos, Management and Economics* (London: Institute for Economic Affairs, 1994).

Staw, B. M., "The Escalation of Commitment to a Course of Action," *Academy of Management Review* 6 (1981): 577–587.

Taleb, N. N., *Fooled by Randomness* (New York: Random House, 2005).

Tedlow, R. S., "What Titans Can Teach Us," *Harvard Business Review,* December 2001, 70–79.

Tichy, N. M. and D. O. Ulrich, "The Leadership Challenge: A Call for the Transformational Leader," *Sloan Management Review,* Fall 1984, 59–68.

Tversky, A. and D. Kahneman, "Judgment under Uncertainty: Heuristics and Biases," *Science* 185 (1974): 1124–1131.

Westley, F. and H. Mintzberg, "Visionary Leadership and Strategic Management," *Strategic Management Journal* 10 (Special Issue, 1989): 17–32.

Wrapp, E., "Good Managers Don't Make Policy Decisions," *Harvard Business Review,* September–October 1967, 91–99.

제 2 장

Abell, D. F., *Defining the Business: The Starting Point of Strategic Planning* (Englewood Cliffs, NJ: Prentice-Hall, 1980).

Baldwin, C. Y., "Fundamental Enterprise Valuation: Return on Invested Capital," *Harvard Business School* Note 9-801-125, July 3, 2004.

Baliga, B. R. and R. C. Moyer, "CEO Duality and Firm Performance," *Strategic Management Journal* 17 (1996): 41–53.

Collins, J. C. and J. I. Porras, "Building Your Company's Vision," *Harvard Business Review*, September–October 1996, 65–77.

Drucker, P. F., *Management—Tasks, Responsibilities, Practices* (New York: Harper & Row, 1974).

Fama, E. F., "Agency Problems and the Theory of the Firm," *Journal of Political Economy* 88 (1980): 375–390.

Finkelstein, S. and R. D'Aveni, "CEO Duality as a Double Edged Sword," *Academy of Management Journal* 37 (1994): 1079–1108.

Freeman, E., *Strategic Management: A Stakeholder Approach* (Boston, Mass.: Pitman Press, 1984).

Galbraith, J. K., *The New Industrial State* (Boston, Mass.: Houghton Mifflin, 1970).

Hamel, G. and C. K. Prahalad, "Strategic Intent," *Harvard Business Review*, May–June 1989, 63–78.

Hayes, R. H. and W. J. Abernathy, "Managing Our Way to Economic Decline," *Harvard Business Review*, July–August 1980, 67–77.

Hill, C. W. L. and P. Phan, "CEO Tenure as a Determinant of CEO Pay," *Academy of Management Journal* 34 (1991): 707–717.

Hill, C. W. L. and S. A. Snell, "External Control, Corporate Strategy, and Firm Performance," *Strategic Management Journal* 9 (1988): 577–590.

Hill, C. W. L. and T. M. Jones, "Stakeholder-Agency Theory," *Journal of Management Studies* 29 (1992): 131–154.

Hoskisson, R. E., M. A. Hitt, and C. W. L. Hill, "Managerial Incentives and Investment in R&D in Large Multiproduct Firms," *Organization Science* 3 (1993): 325–341.

Jensen, M. C. and K. J. Murphy, "Performance Pay and Top Management Incentives," *Journal of Political Economy* 98 (1990): 225–264.

Jensen, M. C. and W. H. Meckling, "Theory of the Firm: Managerial Behavior, Agency Costs and Ownership Structure," *Journal of Financial Economics* 3 (1976): 305–360.

Kidwell, P. A. and P. E. Ceruzzi, *Landmarks in Digital Computing* (Washington DC:

Smithsonian Institute, 1994).

Kotter, J. P. and J. L. Heskett, *Corporate Culture and Performance* (New York: Free Press, 1992).

Lane, P. J., A. A. Cannella, and M. H. Lubatkin, "Agency Problems as Antecedents to Unrelated Mergers and Diversification: Amihud and Lev Reconsidered," *Strategic Management Journal* 19 (1998): 555-578.

Lewellen, W. G., C. Eoderer, and A. Rosenfeld, "Merger Decisions and Executive Stock Ownership in Acquiring Firms," *Journal of Accounting and Economics* 7 (1985): 209-231.

Lie, E., "On the Timing of CEO Stock Option Awards," *Management Science* 51 (2005): 802-812.

Locke, E. A., G. P. Latham, and M. Erez, "The Determinants of Goal Commitment," *Academy of Management Review* 13 (1988): 23-39.

Mace, M. L., *Directors: Myth and Reality* (Cambridge, Mass.: Harvard University Press, 1971).

Macmillan, I. C. and P. E. Jones, *Strategy Formulation: Power and Politics* (St. Paul, Minn.: West, 1986).

March, J. G. and H. A. Simon, *Organizations* (New York: Wiley, 1958).

Marris, R., *The Economic Theory of Managerial Capitalism* (London: Macmillan, 1964).

Penrose, E. T., *The Theory of the Growth of the Firm* (London: Macmillan, 1958).

Porac, J. F., J. B. Wade, and T. G. Pollock, "Industry Categories and the Politics of the Comparable Firm in CEO Compensation," *Administrative Science Quarterly* 44 (1999): 112-144.

Rappaport, A., "New Thinking on How to Link Executive Pay with Performance," *Harvard Business Review*, March-April 1999, 91-105.

Richards, M. D., *Setting Strategic Goals and Objectives* (St. Paul, Minn.: West, 1986).

Tosi, H. L. and L. R. Gomez-Mejia, "CEO Compensation Monitoring and Firm Performance," *Academy of Management Journal* 37 (1994): 1002-1016.

Vance, S. C., *Corporate Leadership: Boards of Directors and Strategy* (New York: McGraw-Hill, 1983).

Williamson, O. E., *The Economic Institutions of Capitalism* (New York: Free Press, 1985).

제3장

Anand, J. and H. Singh, "Asset Redeployment, Acquisitions and Corporate Strategy in Declining Industries," *Strategic Management Journal* 18 (1997): 99–118.

Anderson, C. R. and C. P. Zeithaml, "Stages of the Product Life Cycle, Business Strategy, and Business Performance," *Academy of Management Journal* 27 (1984): 5–24.

Bain, J. E., *Barriers to New Competition* (Cambridge, Mass.: Harvard University Press, 1956).

Bryce, D. J. and J. H. Dyer, "Strategies to Crack Well Guarded Markets," *Harvard Business Review,* 85, May 2007, 84–95.

Busse, M., "Firm Financial Condition and Airline Price Wars," *Rand Journal of Economics* 33 (2002): 298–318.

Caves, R. E. and M. E. Porter, "From Entry Barriers to Mobility Barriers," *Quarterly Journal of Economics* (May 1977): 241–262.

Cetorelli, N. and P. E. Strahan, "Finance as a Barrier to Entry," *Journal of Finance* 61 (2006): 437–456.

Comanor, W. S. and T. A. Wilson, "Advertising, Market Structure and Performance," *Review of Economics and Statistics* 49 (1967): 423–440.

Cool, K. and D. Schendel, "Performance Differences among Strategic Group Members," *Strategic Management Journal* 9 (1988): 207–233.

Cool, K. and I. Dierickx, "Rivalry, Strategic Groups, and Firm Profitability," *Strategic Management Journal* 14 (1993): 47–59.

Cool, K., L. H. Roller, and B. Leleux, "The Relative Impact of Actual and Potential Rivalry on Firm Profitability in the Pharmaceutical Industry," *Strategic Management Journal* 20 (1999): 1–14.

Deans, G. K., F. Kroeger, and S. Zeisel, "The Consolidation Curve," *Harvard Business Review*, December 2002, 2–3.

Decker, C. and T. Mellewight, "Thirty Years after Michael E. Porter: What do We Know about Business Exit," *Academy of Management Review* 21 (2007): 41–60.

Ghemawat, P., *Commitment: The Dynamics of Strategy* (Boston, Mass.: Harvard Business School Press, 1991).

Gilbert, R. J., "Mobility Barriers and the Value of Incumbency," in *Handbook of Industrial Organization,* eds. R. Schmalensee and R. D. Willig, vol. 1 (Amsterdam, The Netherlands: North- Holland, 1989).

Gort, M. and J. Klepper, "Time Paths in the Diffusion of Product Innovations," *Economic Journal* (September 1982): 630–653.

Hambrick, D. C. and D. Lei, "Towards an Empirical Prioritization of Contingency Variables for Business Strategy," *Academy of Management Journal* 28 (1985): 763-788.

Harrigan, K. R., "An Application of Clustering for Strategic Group Analysis," *Strategic Management Journal* 6 (1985): 55-73.

Harrigan, K. R., "Strategy Formulation in Declining Industries," *Academy of Management Review* 5 (1980): 599-604.

Hatten, K. J. and D. E. Schendel, "Heterogeneity Within an Industry: Firm Conduct in the U.S. Brewing Industry, 1952-71," *Journal of Industrial Economics* 26 (1977): 97-113.

Hofer, C. W., "Towards a Contingency Theory of Business Strategy," *Academy of Management Journal* 18 (1975): 784-810.

Karakaya, F., "Market Exit and Barriers to Exit: Theory and Practice," *Psychology and Marketing* 17 (2000): 651-668.

Mainkar, A. V., M. Lubatkin, and W. S. Schulze, "Towards a Product Proliferation Theory of Entry Barriers," *Academy of Management Review* 31 (2006): 1062-1082.

Mann, M., "Seller Concentration, Barriers to Entry and Rates of Return in 30 Industries," *Review of Economics and Statistics* 48 (1966): 296-307.

McAfee, R. P., H. M. Mialon, and M. A. Williams, "What is a Barrier to Entry?" *American Economic Review* 94 (May 2004): 461-468.

McNamara, G., D. L. Deephouse, and R. A. Luce, "Competitive Positioning Within and Across a Strategic Group Structure," *Strategic Management Journal* (2003): 161-180.

Miles, G., C. C. Snow, and M. P. Sharfman, "Industry Variety and Performance," *Strategic Management Journal* 14 (1993): 163-177.

Nair, A. and S. Kotha, "Does Group Membership Matter? Evidence from the Japanese Steel Industry," *Strategic Management Journal* (2001): 221-235.

North, D. C., *Institutions, Institutional Change and Economic Performance* (Cambridge, Mass.: Cambridge University Press, 1990).

Porter, M. E., *Competitive Strategy* (New York: Free Press, 1980).

Porter, M. E., "Strategy and the Internet," *Harvard Business Review,* March 2001, 62-79.

Porter, M. E., "The Structure Within Industries and Companies' Performance," *Review of Economics and Statistics* 61 (1979): 214-227.

Schelling, T. C., *The Strategy of Conflict* (Cambridge, Mass.: Harvard University Press, 1960).

Schumpeter, J., *Capitalism, Socialism and Democracy* (London: Macmillan, 1950).

Shapiro, C. and H. R. Varian, *Information Rules: A Strategic Guide to the Network Economy* (Boston, Mass.: Harvard Business School Press, 1999).

Short, J. C., T. B. Palmer, and G. M. Hult, "Firm, Strategic Group, and Industry Influences on Performance," *Strategic Management Journal* 28 (2007): 147-165.

제 4 장

Amit, R. and P. J. H. Schoemaker, "Strategic Assets and Organizational Rent," *Strategic Management Journal* 14 (1993): 33–46.

Bamberger, P. and I. Meshoulam, *Human Resource Strategy: Formulation, Implementation, and Impact* (Thousand Oaks, Calif.: Sage, 2000).

Barney, J. B., "Company Resources and Sustained Competitive Advantage," *Journal of Management* 17 (1991): 99–120.

Berman, S. L., J. Down, and C. W. L. Hill, "Tacit Knowledge as a Source of Competitive Advantage in the National Basketball Association," *Academy of Management Journal* (2002): 13–33.

Besanko, D., D. Dranove, and M. Shanley, *Economics of Strategy* (New York: John Wiley & Sons, 1996).

Brown, S. L. and K. M. Eisenhardt, "Product Development: Past Research, Present Findings, and Future Directions," *Academy of Management Review* 20 (1995): 343–378.

Busch, H. F., "Integrated Materials Management," *International Journal of Physical. Distribution and Materials Management* 18 (1990): 28–39.

Chambers, S. and R. Johnston, "Experience Curves in Services," *International Journal of Operations and Production Management* 20 (2000): 842–860.

Christensen, C., "Quantum Corporation—Business and Product Teams," *Harvard Business School Case*, #9- 692-023.

Clark, K. B. and S. C. Wheelwright, *Managing New Product and Process Development* (New York: Free Press, 1993).

Clark, K. B. and T. Fujimoto, "The Power of Product Integrity," *Harvard Business Review,* November– December 1990, 107–118.

Cooper, R. G., *Product Leadership* (Reading, Mass.: Perseus Books, 1999).

Crosby, P. B., *Quality is Free* (New York: Mentor, 1980).

Cusumano, M., *The Japanese Automobile Industry* (Cambridge, Mass.: Harvard University Press, 1989).

Dean, J. W. and D. E. Bowen, "Management Theory and Total Quality," *Academy of Management Review* 19 (1994): 392–418.

Eisenhardt, K. M. and J. A. Martin, "Dynamic Capabilities: What are They?" *Strategic Management Journal* 21 (2000): 1105–1121.

Gabor, A., *The Man Who Discovered Quality* (New York: Times Books, 1990).

Garvin, D., "Competing on the Eight Dimensions of Quality," *Harvard Business Review,* November–December 1987, 101–119.

Garvin, D., "What Does Product Quality Really Mean," *Sloan Management Review,* Fall 1984, 25-44.

Gates, B., *Business @ the Speed of Thought* (New York: Warner Books, 1999).

Ghemawat, P., *Commitment: The Dynamic of Strategy* (New York: Free Press, 1991).

Gilmore, J. H. and B. J. Pine II, "The Four Faces of Mass Customization," *Harvard Business Review*, January-February 1997, 91-101.

Greenwood, N., *Implementing Flexible Manufacturing Systems* (New York: Halstead Press, 1986).

Hill, C. W. L. and D. Deeds, "The Importance of Industry Structure for the Determination of Company Profitability: A Neo-Austrian Perspective," *Journal of Management Studies* 33 (1996): 429-451.

Kim, W. C. and R. Mauborgne, "Value Innovation: The Strategic Logic of High Growth," *Harvard Business Review*, January-February 1997, 102-115.

Kotha, S., "Mass Customization: Implementing the Emerging Paradigm for Competitive Advantage," *Strategic Management Journal* 16 (1995): 21-42.

Kotler, P., *Marketing Management* (Millennium ed.) (Upper Saddle River, N.J.: Prentice-Hall, 2000).

Lancaster, K., *Consumer Demand: A New Approach* (New York: Columbia University Press, 1971).

Lieberman, M. B. and D. B. Montgomery, "First Mover Advantages," *Strategic Management Journal* 9 (Special Issue, Summer 1988): 41-58.

Luft, H., J. Bunker, and A. C. Enthoven, "Should Operations Be Regionalized?" *New England Journal of Medicine* 301 (1979): 1364-1369.

Mahoney, J. T. and J. R. Pandian, "The Resource-Based View within the Conversation of Strategic Management," *Strategic Management Journal* 13 (1992): 363-380.

Mansfield, E., "How Economists See R&D," *Harvard Business Review*, November-December 1981, 98-106.

Nelson, R. R. and S. G. Winter, *An Evolutionary Theory of Economic Change* (Cambridge, Mass.: Belknap Press, 1982).

Nemetz, P. L. and L. W. Fry, "Flexible Manufacturing Organizations: Implications for Strategy Formulation," *Academy of Management Review* 13 (1988): 627-638.

Parthasarthy, R. and S. P. Seith, "The Impact of Flexible Automation on Business Strategy and Organizational Structure," *Academy of Management Review* 17 (1992): 86-111.

Peteraf, M. A., "The Cornerstones of Competitive Advantage: A Resource-Based View," *Strategic Management Journal* 14(1993): 179-191.

Pine, B. J., *Mass Customization: The New Frontier in Business Competition* (Boston, Mass.: Harvard Business School Press, 1993).

Pisano, G. P., R. M. J. Bohmer, and A. C. Edmondson, "Organizational Differences in Rates of Learning: Evidence from the Adoption of Minimally Invasive Cardiac Surgery," *Management Science* 47 (2001): 752–768.

Porter, M. E., *Competitive Advantage* (New York: Free Press, 1985).

Porter, M. E., *Competitive Strategy* (New York: Free Press, 1980).

Powell, T. C., "Total Quality Management as Competitive Advantage," *Strategic Management Journal* 16 (1995): 15–37.

Powell, T. C. and A. Dent-Micallef, "Information Technology as Competitive Advantage: The Role of Human, Business, and Technology Resource," *Strategic Management Journal* 18 (1997): 375–405.

Prahalad, C. K. and M. S. Krishnan, "The New Meaning of Quality in the Information Age," *Harvard Business Review,* September–October 1999, 109–118.

Reed, R. and R. J. DeFillippi, "Causal Ambiguity, Barriers to Imitation, and Sustainable Competitive Advantage," *Academy of Management Review* 15 (1990): 88–102.

Reichheld, F. F. and W. E. Sasser, "Zero Defections: Quality Comes to Service," *Harvard Business Review,* September–October 1990, 105–111.

Ries, A. and J. Trout, *Positioning: The Battle for Your Mind* (New York: Warner Books, 1982).

Schilling, M. A. and C. W. L. Hill, "Managing the New Product Development Process," *Academy of Management Executive* 12, no. 3 (August 1998): 67–81.

Spear, S. and H. K. Bowen, "Decoding the DNA of the Toyota Production System," *Harvard Business Review*, September–October 1999, 96–108.

Stalk, G. and T. M. Hout, *Competing Against Time* (New York: Free Press, 1990).

Stevens, G. A. and J. Burley, "Piloting the Rocket of Radical Innovation," *Research Technology Management* 46 (2003): 16–26.

Teece, D. J., "Profiting from Technological Innovation: Implications for Integration, Collaboration, Licensing and Public Policy," *Research Policy* 15 (1987): 285–305.

Tellis, G. J. and P. N. Golder, "First to Market, First to Fail?" *Sloan Management Review,* Winter 1996, 65–75.

Walton, S. and J. Huey, *Sam Walton: Made in America* (New York: Bantam, 1993).

Wernerfelt, B., "A Resource Based View of the Company," *Strategic Management Journal* 15 (1994): 171–180.

Womack, J. P., D. T. Jones, and D. Roos, *The Machine That Changed the World* (New York: Rawson Associates, 1990).

Wright, P. M. and S. Snell, "Towards a Unifying Framework for Exploring Fit and Flexibility in Human Resource Management," *Academy of Management Review* 23 (October 1998): 756–772.

제 5 장

Abell, D. F., *Defining the Business: The Starting Point of Strategic Planning* (Englewood Cliffs, NJ.: Prentice-Hall, 1980).

Ansoff, I., *Corporate Strategy* (London: Penguin Books, 1984).

Brander, J. and J. Eaton, "Product Line Rivalry," *American Economic Review* 74 (1985): 323–334.

Brown, S. L. and K. M. Eisenhardt, "Product Development: Past Research, Present Findings, and Future Directions," *Academy of Management Review* 20 (1995): 343–378.

Buzzell, R. D., B. T. Gale, and R. G. M. Sultan, "Market Share—A Key to Profitability," *Harvard Business Review*, January–February 1975, 97–103.

Buzzell, R. D. and F. D. Wiersema, "Successful Share Building Strategies," *Harvard Business Review*, January–February 1981, 135–144.

Darby, M. R. and E. Karni, "Free Competition and the Optimal Amount of Fraud," *Journal of Law and Economics* 16 (1973): 67–86.

Drucker, P. F., *The Practice of Management* (New York: Harper, 1954).

Hall, W. K., "Survival Strategies in a Hostile Environment," *Harvard Business Review* 58 (1980): 75–85.

Hambrick, D. C., "High Profit Strategies in Mature Capital Goods Industries: A Contingency Approach," *Academy of Management Journal* 26 (1983): 687–707.

Hay, D. A. and D. J. Morris, *Industrial Economics: Theory and Evidence* (New York: Oxford University Press, 1979).

Heil, O. and T. S. Robertson, "Towards a Theory of Competitive Market Signaling: A Research Agenda," *Strategic Management Journal* 12 (1991): 403–418.

Hofer, C. W. and D. Schendel, *Strategy Formulation: Analytical Concepts* (St. Paul, Minn.: West, 1978).

Jacobson, R. and D. A. Aaker, "Is Market Share All That It's Cracked Up to Be?" *Journal of Marketing* 49 (1985): 11–22.

Kotler, P., *Marketing Management,* 5th. ed. (Englewood Cliffs, NJ.: Prentice-Hall, 1984)

Milgrom, P. and J. Roberts, "Predation, Reputation, and Entry Deterrence," *Journal of Economic Theory* 27 (1982): 280–312.

Miller, D., "Configurations of Strategy and Structure: Towards a Synthesis," *Strategic Management Journal* 7 (1986): 217–231.

Oster, S. M., *Modern Competitive Analysis* (New York: Oxford University Press, 1990).

Phillips, L. W., D. R. Chang, and R. D. Buzzell, "Product Quality, Cost Position, and

Business Performance: A Test of Some Key Hypotheses," *Journal of Marketing* 47 (1983): 26-43.

Porter, M. E., *Competitive Advantage: Creating and Sustaining Superior Performance* (New York: Free Press, 1985).

Porter, M. E., *Competitive Strategy: Techniques for Analyzing Industries and Competitors* (New York: Free Press, 1980).

Scherer, F., *Industrial Market Structure and Economic Performance*, 2nd ed. (Boston, Mass.: Houghton Mifflin, 1980).

제 6 장

Anderson, E. and H. Gatignon, "Modes of Foreign Entry: A Transaction Cost Analysis and Propositions," *Journal of International Business Studies* 17 (1986): 1-26.

Andersson, U., M. Forsgren, and U. Holm, "The Strategic Impact of External Networks," *Strategic Management Journal* 23 (2002): 979-996.

Birkinshaw, J., A. Morrison, and J. Hulland, "Structural and Competitive Determinants of a Global Integration Strategy," *Strategic Management Journal* 16 (1995): 637-655.

Birkinshaw, J. and N. Hood, "Multinational Subsidiary Evolution: Capability and Charter Change in Foreign Owned Subsidiary Companies;" *Academy of Management Review* 23 (October 1998): 773-795.

Bradley, D. G., "Managing Against Expropriation," *Harvard Business Review,* July-August 1977, 78-90.

Contractor, F. J., "The Role of Licensing in International Strategy," *Columbia Journal of World Business* (Winter 1982): 73-83.

Dicken, P., *Global Shift* (New York: Guilford Press, 1992).

Frost, T. S., J. M. Birkinshaw, and P. C. Ensign, "Centers of Excellence in Multinational Corporations," *Strategic Management Journal* 23 (2002), 997-1018.

Govindarajan, V. J. and A. K. Gupta, *The Quest for Global Dominance* (San Francisco, Calif.: Jossey Bass, 2001).

Gupta, A. K. and V. J. Govindarajan, "Knowledge Flows within Multinational Corporations," *Strategic Management Journal* 21 (2000): 473-496.

Hill, C. W. L., "Strategies for Exploiting Technological Innovations," *Organization Science* 3 (1992): 428-441.

Hill, C. W. L., P. Hwang, and W. C. Kim, "An Eclectic Theory of the Choice of International Entry Mode," *Strategic Management Journal* 11 (1990): 117-128.

Hill, C. W. L. and W. C. Kim, "Searching for a Dynamic Theory of the Multinational

Company: A Transaction Cost Model," *Strategic Management Journal* 9 (Special Issue on Strategy Content, 1988): 93–104.

Kogut, B., "Joint Ventures: Theoretical and Empirical Perspectives," *Strategic Management Journal* 9 (1988): 319–332.

Levitt, T., "The Globalization of Markets," *Harvard Business Review,* May–June 1983, 92–102.

Madhok, A., "Cost, Value and Foreign Market Entry: The Transaction and the Company," *Strategic Management Journal* 18 (1997): 39–61.

Porter, M. E., *The Competitive Advantage of Nations* (New York: Free Press, 1990).

Prahalad, C. K. and Yves L. Doz, *The Multinational Mission: Balancing Local Demands and Global Vision* (New York: Free Press, 1987).

Root, F. R., *Entry Strategies for International Markets* (Lexington, Mass.: D. C. Heath, 1980).

제 7 장

Chandler, A. D., *Strategy and Structure* (Cambridge, Mass.: MIT Press, 1962).

Chesbrough, H. W. and D. J. Teece, "When Is Virtual Virtuous? Organizing for Innovation," *Harvard Business Review,* January– February 1996, 65–74.

Coyne, W. E., "How 3M Innovated for Long-Term Growth," *Research Technology Management* (March-April 2001): 21–24.

Davidow, W. H. and M. S. Malone, *The Virtual Corporation* (New York: Harper & Row, 1992).

Harrigan, K. R., *Strategic Flexibility* (Lexington, Mass.: Lexington Books, 1985).

Harrigan, K. R., "Vertical Integration and Corporate Strategy," *Academy of Management Journal* 28 (1985): 397–425.

Hatfield, D. E., J. P. Liebskind, and T. C. Opler, "The Effects of Corporate Restructuring on Aggregate Industry Specialization," *Strategic Management Journal* 17 (1996): 55–72.

Hill, C. W. L., "Diversified Growth and Competition," *Applied Economics* 17 (1985): 827–847.

Hill, C. W. L. and R. E. Hoskisson, "Strategy and Structure in the Multi-product Firm," *Academy of Management Review* 12 (1987): 331–341.

Jones, G. R. and C. W. L. Hill, "A Transaction Cost Analysis of Strategy-Structure Choice," *Strategic Management Journal* 9 (1988): 159–172.

Lamont, O. A. and C. Polk, "The Diversification Discount: Cash Flows versus Returns,"

Journal of Finance 56 (October 2001): 1693–1721.

Penrose, E. T., *The Theory of the Growth of the Firm* (Oxford: Oxford University Press, 1959).

Peters, T. J. and R. H. Waterman, *In Search of Excellence* (New York: Harper & Row, 1982).

Pfeffer, J. and G. R. Salancik, *The External Control of Organizations* (New York: Harper & Row, 1978).

Poppo, L. and T. Zenger, "Testing Alternative Theories of the Firm: Transaction Cost, Knowledge Based, and Measurement Explanations for Make or Buy Decisions in Information Services," *Strategic Management Journal* 19 (1998): 853–878.

Porter, M. E., *Competitive Advantage: Creating and Sustaining Superior Performance* (New York: Free Press, 1985).

Raju, R., H. Servaes, and L. Zingales, "The Cost of Diversity: The Diversification Discount and Inefficient Investment," *Journal of Finance* 55 (February 2000): 35–80.

Rumelt, R. P., *Strategy, Structure and Economic Performance* (Boston, Mass.: Harvard Business School Press, 1974).

Scherer, F. M., *Industrial Market Structure and Economic Performance* (Chicago, Ill.: Rand McNally, 1981).

Schleifer, A. and R. W. Vishny, "Takeovers in the 60s and 80s: Evidence and Implications," *Strategic Management Journal* 12 (Special Issue, Winter 1991): 51–60.

St. John, C. H. and J. S. Harrison, "Manufacturing Based Relatedness, Synergy and Coordination," *Strategic Management Journal* 20 (1999): 129–145.

Teece, D. J., "Economies of Scope and the Scope of the Enterprise," *Journal of Economic Behavior and Organization* 3 (1980): 223–247.

Williamson, O. E., *Markets and Hierarchies* (New York: Free Press, 1975).

Williamson, O. E., *The Economic Institutions of Capitalism* (New York: Free Press, 1985).

제 8 장

Anslinger, P. L. and T. E. Copeland, "Growth through Acquisition: A Fresh Look," *Harvard Business Review*, January–February 1996, 126–135.

Barton, D. L. and G. Pisano, "Monsanto's March into Biotechnology," *Harvard Business School Case*, 1990, 690009.

Beardsley, G. and E. Mansfield, "A Note on the Accuracy of Industrial Forecasts of the Profitability of New Products and Processes," *Journal of Business* 23 (1978): 127–130.

Beckhard, R., *Organizational Development* (Reading, Mass.: Addison-Wesley, 1969).

Biggadike, R., "The Risky Business of Diversification," *Harvard Business Review*, May–June 1979, 103–111.

Bleeke, J. and D. Ernst, "The Way to Win in Cross-Border Alliances," *Harvard Business Review*, November–December 1991, 127–135.

Block, Z. and I. C. MacMillan, *Corporate Venturing* (Boston, Mass.: Harvard Business School Press, 1993).

Brush, T. H., "Predicted Changes in Operational Synergy and Post Acquisition Performance of Acquired Businesses," *Strategic Management Journal* 17 (1996): 1–24.

Burgelman, R. A., "A Process Model of Internal Corporate Venturing in the Diversified Major Firm," *Administrative Science Quarterly* 28 (1983): 223–244.

Burgers, W., C. W. L. Hill, and W. C. Kim, "Alliances in the Global Auto Industry," *Strategic Management Journal* 14 (1993): 419–432.

Cannella, A. A. and D. C. Hambrick, "Executive Departure and Acquisition Performance," *Strategic Management Journal* 14 (1993): 137–152.

Caves, R. E., "Mergers, Takeovers, and Economic Efficiency," *International Journal of Industrial Organization* 7 (1989): 151–174.

Coch, L. C. and R. P. French, Jr., "Overcoming Resistance to Change," *Human Relations*, August 1948, 512–532.

Fray, L. L., D. H. Gaylin, and J. W. Down, "Successful Acquisition Planning," *Journal of Business Strategy* 5 (1984): 46–55.

French, W. L. and C. H. Bell, Jr., *Organizational Development*, 2nd ed. (Englewood Cliffs, N.J.: Prentice-Hall, 1978).

Hamel, G. and C. K. Prahalad, *Competing for the Future* (Cambridge, Mass.: Harvard Business School Press, 1994).

Hamel, G., Y. L. Doz, and C. K. Prahalad, "Collaborate with Your Competitors and Win!" *Harvard Business Review*, January–February 1989, 133–139.

Hammer, M. and J. Champy, *Reengineering the Corporation* (New York: HarperCollins, 1993).

Haspeslagh, P. and D. Jemison, *Managing Acquisitions* (New York: Free Press, 1991).

Hill, C. W. L., "Profile of a Conglomerate Takeover: BTR and Thomas Tilling," *Journal of General Management* 10 (1984): 34–50.

Jensen, M. C. and R. S. Ruback, "The Market for Corporate Control: The Scientific Evidence," *Journal of Financial Economics* 11 (1983): 5–50.

Kale, P., H. Singh, and H. Perlmutter, "Learning and Protection of Proprietary Assets in Strategic Alliances: Building Relational Capital," *Strategic Management Journal* 21 (2000): 217–237.

Khanna, T., R. Gulati, and N. Nohria, "The Dynamics of Learning Alliances: Competition, Cooperation, and Relative Scope," *Strategic Management Journal* 19 (1998): 193–210.

Kotter, P. and L. A. Schlesinger, "Choosing Strategies for Change," *Harvard Business Review*, March–April 1979, 106–114.

Lawrence, P. R., "How to Deal with Resistance to Change," *Harvard Business Review*, January–February 1969, 4–12.

Loughran, T. and A. M. Vijh, "Do Long Term Shareholders Benefit from Corporate Acquisitions?" *Journal of Finance* 5 (1997): 1765–1787.

MacMillan, I. C. and R. George, "Corporate Venturing: Challenges for Senior Managers," *Journal of Business Strategy* 5 (1985): 34–43.

MacMillan, I. C. and R. G. McGrath, "Nine New Roles for Technology Managers," *Research Technology Management* 47 (2004): 16–25.

Mansfield, E., "How Economists See R&D," *Harvard Business Review*, November–December 1981, 98–106.

Moeller, S. B., F. P. Schlingemann, and R. M. Stulz, "Wealth Destruction on a Massive Scale? A Study of Acquiring Firm Returns in the Recent Merger Wave," *Journal of Finance* 60, no. 2 (2005): 757–783.

Ohmae, K., "The Global Logic of Strategic Alliances," *Harvard Business Review*, March–April 1989, 143–154.

Ravenscraft, D. J. and F. M. Scherer, *Mergers, Selloffs, and Economic Efficiency* (Washington, D.C.: Brookings Institution, 1987).

Reich, R. B. and E. D. Mankin, "Joint Ventures with Japan Give Away Our Future," *Harvard Business Review*, March–April 1986, 78–90.

Roehl, W. and J. F. Truitt, "Stormy Open Marriages Are Better," *Columbia Journal of World Business* (Summer 1987): 87–95.

Roll, R., "Empirical Evidence on Takeover Activity and Shareholder Wealth," in *Knights, Raiders and Targets*, edited by J. C. Coffee, L. Lowenstein, and S. Rose (Oxford: Oxford University Press, 1989).

Roll, R., "The Hubris Hypothesis of Corporate Takeovers," *Journal of Business* 59 (1986): 197–216.

Schleifer, A. and R. W. Vishny, "Takeovers in the 60s and 80s: Evidence and Implications," *Strategic Management Journal* 12 (Special Issue, Winter 1991): 51–60.

Walsh, J. P., "Top Management Turnover Following Mergers and Acquisitions," *Strategic Management Journal* 9 (1988): 173–183.

Willensky, D. R., "Making It Happen: How to Execute an Acquisition," *Business Horizons*, March–April 1985, 38–45.

제 9 장

Armour, H. O. and D. J. Teece, "Organizational Structure and Economic Performance: A Test of the Multidivisional Hypothesis," *Bell Journal of Economics* 9 (1978): 106–122.

Carzo, R. Jr. and J. N. Yanousas, "Effects of Flat and Tall Organization Structure," *Administrative Science Quarterly* 14 (1969): 178–191.

Chandler, A. D., *Strategy and Structure* (Cambridge, Mass.: MIT Press, 1971).

Child, J., *Organization: A Guide for Managers and Administrators* (New York: Harper & Row, 1977).

Daft, R. L., *Organizational Theory and Design*, 3rd ed. (St. Paul, Minn.: West, 1986).

Duncan, R., "What Is the Right Organization Structure?" *Organizational Dynamics*, Winter 1979, 59–80.

Galbraith, J. R., *Designing Complex Organizations* (Reading, Mass.: Addison-Wesley, 1973).

Galbraith, J. R. and R. K. Kazanjian, *Strategy Implementation: Structure System and Process*, 2nd ed. (St. Paul, Minn.: West, 1986).

Graicunas, V. A., "Relationships in Organizations," in *Papers on the Science of Administration*, ed. L. Gulick and L. Urwick (New York: Institute of Public Administration, 1937).

Gupta, A. and V. Govindarajan, "Business Unit Strategy, Managerial Characteristics, and Business Unit Effectiveness at Strategy Implementation," *Academy of Management Journal* 27 (1984): 25–41.

Jones, G. R., "Organization-Client Transactions and Organizational Governance Structures," *Academy of Management Journal* 30 (1987): 197–218.

Jones, G. R., *Organizational Theory, Design, and Change*, 6th ed. (Upper Saddle River, N.J.: Prentice Hall, 2007).

Jones, G. R., "Task Visibility, Free Riding and Shirking: Explaining the Effect of Organization Structure on Employee Behavior," *Academy of Management Review* 4 (1984): 684–695.

Jones, G. R. and C. W. L. Hill, "Transaction Cost Analysis of Strategy-Structure Choice," *Strategic Management Journal* 9 (1988): 159–172.

Lawrence, P. R. and J. Lorsch, *Organization and Environment* (Homewood, Ill.: Irwin, 1967).

Lenz, R. T., "Determinants of Organizational Performance: An Interdisciplinary Review," *Strategic Management Journal* 2 (1981): 131–154.

Miles, R. H., *Macro Organizational Behavior* (Santa Monica, Calif.: Goodyear, 1980).

Mintzberg, H., *The Nature of Managerial Work* (Englewood Cliffs, N.J.: Prentice-Hall, 1973).

Mintzberg, H., *The Structuring of Organizations* (Englewood Cliffs, N.J.: Prentice-Hall, 1979).

Newman, W. H., *Constructive Control* (Englewood Cliffs, N.J.: Prentice-Hall, 1975).

Ouchi, W. G., "Markets, Bureaucracies, and Clans," *Administrative Science Quarterly* 25 (1980): 109–141.

Ouchi, W. G., "The Transmission of Control through Organizational Hierarchy," *Academy of Management Journal* 21 (1978): 173–192.

Rumelt, R. P., *Strategy, Structure, and Economic Performance* (Boston, Mass.: Division of Research, Harvard Business School, 1974)

Scott, B. R., *Stages of Corporate Development* (Cambridge, Mass.: Harvard Business School, 1971).

Simmons, R., "Strategic Orientation and Top Management Attention to Control Systems," *Strategic Management Journal* 10 (1991): 49–62.

Sloan, A., *My Years at General Motors* (New York: Doubleday, 1983).

Smircich, L., "Concepts of Culture and Organizational Analysis," *Administrative Science Quarterly* 28 (1983): 339–358.

Williamson, O. E., *Markets and Hierarchies: Analysis and Antitrust Implications* (New York: Free Press, 1975).

Woolridge, B. and S. W. Floyd, "The Strategy Process, Middle Management Involvement, and Organizational Performance," *Strategic Management Journal* 9 (1990): 231–241.

Worthy, J. C., "Organizational Structure and Company Morale," *American Sociological Review* 15 (1950): 169–179.

Wrigley, L., *Divisional Autonomy and Diversification* (Ph. D. diss., Harvard Business School, 1970).

저자소개

찰스 힐(Charles W. L. Hill)

- 현 University of Washington 교수
- Ph.D., University of Manchester

게러스 존스(Gareth R. Jones)

- 현 Texas A&M University 교수
- Ph.D., University of Lancaster

역자소개

박철순

- 현 서울대학교 경영대학 · 경영대학원 교수
- Columbia University 경영학 박사(Ph.D.)

김성훈

- 현 울산대학교 경영대학 부교수
- 서울대학교 경영학 박사(Ph.D.)

서정일

- 현 서강대학교 경영대학 부교수
- University of Wisconsin–Madison 경영학 박사(Ph.D.)

최원용

- 현 상명대학교 경영대학 조교수
- 서울대학교 경영학 박사(Ph.D.)

전략경영

저　　자	Charles W. L. Hill · Gareth R. Jones
역　　자	박철순 · 김성훈 · 서정일 · 최원용
펴 낸 이	한헌주
펴 낸 곳	도서출판 **경문사**
등　　록	1995년 11월 9일 제300-1995-138호
주　　소	서울특별시 서대문구 독립문로 21-9
전　　화	738-7035(대표)
FAX	722-4678
e-mail	kmsp@korea.com
홈페이지	http://www.kmsp.co.kr
초판인쇄	2017년 6월 23일
초판발행	2017년 6월 30일

값 30,000원
ISBN 978-89-420-0870-1 93320